地方自治制度の歴史

明治の激論 ── 官治か自治か

自治体議会政策学会 会長　竹下 譲 著

イマジン出版

まえがき …………………………………………………………………… 4

第1章　明治政府の出現 …………………………………………… 11
1. 王政復古のクーデター ………………………………………… 11
2. 京都政府と幕府の戦争 ………………………………………… 13
3. 村々の自主的な行動！ ………………………………………… 16
4. 中央集権国家の出現！ ………………………………………… 18
5. 各藩の借金の後始末は？ ……………………………………… 22
6. "自治体"としての「村」を解体？ …………………………… 25

第2章　文明開化 …………………………………………………… 31
1. 伊藤博文の"日の丸演説" ……………………………………… 31
2. 国際法の秩序─対等の関係か？　植民地化か？ …………… 34
3. 明治政府の外交政策 …………………………………………… 36

第3章　明治初期の府県 …………………………………………… 41
1. 廃藩置県後の府県の設置 ……………………………………… 41
2. 地方官（職員）の格付けは？ ………………………………… 44
3. 府県の権限は？ ………………………………………………… 47
4. 裁判権の分離 …………………………………………………… 52
5. 佐賀の乱 ………………………………………………………… 55
6. 地方裁判所が地方官を保護！ ………………………………… 57

第4章　大区・小区と区長・戸長 ………………………………… 60
1. 村の自治＝「寄合」 …………………………………………… 60
2. 「支配される村」の機能 ……………………………………… 63
3. "区"の設置と戸長の配置─戸籍法の施行─ ………………… 67
4. 戸籍法の「戸長」の廃止と大区・小区の設置
　　　　　　─大区は区長、小区は戸長、村は用掛！─ ……… 70
5. 区長・戸長の立場は？ ………………………………………… 77

第5章 「公選民会」の設置は「町村会」から？······83
1. 明治維新の三傑······83
2. 地方官会議（第1回）の発足······87
3. 木戸孝允と大久保利通の"自治"の発想······100

第6章 町村"自治"と「府県会」の設置······111
1. 大久保利通の提言 ―町村の"自治"の区画―······111
2. 町村の"自治"構想の消滅？ ―郡区町村編制法の審議―······115
3. 府県会の設置······137
4. 町村の実態は？······162

第7章 政党（自由党、改進党）の誕生と地方政治······174
1. 明治10年前後の政治状況······174
2. 大隈重信の積極財政······178
3. 明治14年の政変······181
4. 松方正義のデフレ政策······184
5. 政党（自由党・改進党・帝政党）の出現······187
6. 府県と政党 ―官憲の弾圧か？ 政党の腐敗か？―······195
7. 政府（内務省）の姿勢は？ ―山縣有朋の民権運動への対応―······206

第8章 地方制度の確立 ―市制・町村制、府県制の制定―······212
1. 「町村法案」の制定と不採択······212
2. 地方制度編纂員の設置······215
3. 「地方制度編纂委員」はモッセ草案の翻訳委員会？······218
4. 元老院での"論議"······220
5. モッセが考える「地方自治」とは？······226
6. 「市制町村制」のもとでの市町村······233
7. 「市制町村制」の施行と東京・京都・大阪3市の特例······255
8. 府県制・郡制の制定······261

第 9 章　地方制度の実施と改正 … 293
　1.　帝国憲法後の国政・地方政治の動き … 293
　2.　府県と市町村の政治状況 … 313
　3.　府県制の改正；明治 32 年 … 321
　4.　市制・町村制の改正 … 336
　5.　普通選挙の実施と地方制度の改正 … 354
　6.　補足；戦後の地方制度の改正 … 382

あとがき … 388
索引 … 391
　人名索引 … 391
　人名以外の索引 … 393
著者紹介 … 401

まえがき
―本書の視点―

　"地方自治"は憲法によって保障されているというのが、現在の一般的な理解である。そのためであろう。都道府県や市町村は"自治体"であると表現されることが多い。しかし、都道府県や市町村は、実際に、"自治"を享受しているのだろうか。

　たとえば、"自治"ということからいえば、何はともあれ、財源をどのように調達し、それをどのように使うかを、都道府県や市町村自身が決めるようになっていなければなるまい。もちろん、いまの都道府県や市町村などの地方団体は多くの財源を、国から交付される地方交付税や国庫支出金（補助金）などに依存している。そして、これらの財源は国から交付されるものであるため、地方団体自身が交付される額を決めることができないのは当然であるが、地方団体には独自の財源もある。住民から徴収する税金、地方税と総称される税金がそれである。そして、それこそ地方団体の本来の財源というべきものである。この地方税を、地方団体はどのように決めているのであろうか。果たして、自主的に、その額を決めているのであろうか。形式的には、それぞれの地方団体が条例を定め、それに基づいて徴収していることは確かである。したがって、それぞれの地方団体が、徴収する税額を自主的に決めているということもできそうであるが、しかし、実態はそうではない。国の法律（地方税法）にほぼ全面的にしたがった条例を制定し、それに基づいて地方税を徴収しているのである。これでは、"自治"とは言い難いのではなかろうか。

　次に、財源の使い方についてみてみると…。都道府県や市町村は、毎年度、予算を作成し、それに基づいて財源の支出をしている。その予算を決定しているのは、住民の選挙で選ばれた議会である。議会は、住民を代表して、いわば"自治"のために、地方団体の意思を決定する機関だといってよい。そうした議会の議員が、住民全体のことを考えて、自主的に予算を検討し、議員全員で討議を重ねた後に、予算を決定しているというのであれば、それこそ"自治"である。しかし、現実の予算審議は、そうではない。議会はあくまでも受け身であり、行政職員から「予算案」を示されて、はじめて、予算審議を開始する。

しかも、行政職員の説明を受けるだけで、住民の予算案に対する反応を見ることもなく、短期間で議決（すなわち、決定）をする。その上、審議の過程で、たとえば予算案を減額修正しようとしても、それは法令で定められた支出であるというような行政職員の説明を受けると、修正提案を引っ込めてしまう。結局、行政職員から示された予算案をそのまま予算として議決するというのが、ほとんどの地方団体の実態である。これでは、議会が自主的に予算を決めているとは言えず、"自治"とはほど遠いといわなければならない。そもそも、議員が予算決定の責任者であるなどといわれれば、戸惑いを感じる議員が多いのではないだろうか。

　それでは、予算を主体的に編成しているのは行政職員かというと、これも、実態とはかなり違うといわなければならない。地方団体が処理している仕事のほとんどは法令によって義務づけられたもの、あるいは、中央省庁の要請によるものであり、それらの仕事を遂行するための支出が、予算のほとんどを占めているからである。もちろん、予算の支出のなかには、知事や市町村長の要請で、あるいは、住民の要望を受けて組み込まれた支出もあるに違いない。しかし、そうした支出は、ごくわずかだというのが、ほとんどの地方団体の状況であろう。要するに、行政職員も、議員も、主体的に予算を決めることができないというのが、いまの地方団体の実態だといえる。言い換えれば、"自治"ではなく、むしろ、"官治"によって予算がつくられているといえそうである。

　また、地方団体の仕事についても、その処理の仕方が、法令で事細かく、しかも、曖昧な表現で定められていることが多い。そして、そうした法令の指示にしたがっていないということで、中央省庁から是正を強く迫られることもある。たとえば、数年前に、沖縄県の竹富町が文部科学省から是正要求を突きつけられたことがあるが、その状況を見てみると…。

　事の起こりは、平成23年（2011年）の夏に、竹富町が単独で中学校で用いる教科書を選んだことにあった。当時、竹富町は、隣接する石垣市・与那国町とともに、沖縄県教育委員会によって、「八重山採択地区」に所属するものとされ、この3市町の協議で、「八重山採択地区」に共通する教科書を決定することとされていた。この「採択地区」の設定は教科書無償措置法の規定にしたがったものであり、小中学校の教科書を無償にするための手続きであった。そして、3市町の協議では、「八重山採択地区」の中学校の教科書（「公民」の教

科書）を育鵬社出版のものにすると決定された。ところが、竹富町の教育委員会はこの決定に従わず、独自に、東京書籍出版の教科書を採用したのであるが、それが文部科学省によって問題視された。文部科学省は、平成23年9月、竹富町を指導するように、沖縄県（教育委員会）に文書で要請。さらに、10月末には、竹富町のこの教科書選定を、教科書の無償の対象にしないと表明した。竹富町に自前で教科書を買わないと駄目だぞと、脅迫したわけである。しかし、竹富町は、篤志家の支援を受けてこれを切り抜け、平成24年（2012年）4月、中学生に「公民」の教科書を無償で配布した。

　それでも、文部科学省のプレッシャーは続いた。平成24年（2012年）9月には、沖縄県に対して、竹富町を指導するように文書で指示。翌年の平成25年（2013年）3月には、文部科学省の政務官が沖縄県教育委員会と竹富町教育委員会に出向き、育鵬社の教科書を使うように、面と向かって是正の要請をした。また、平成25年10月には、今度は、文部科学大臣が沖縄県教育委員会と竹富町教育委員会に対して是正を要請。さらに、平成26年（2014年）3月にも、文部科学省が竹富町に是正の要請をした。このように、竹富町に是正を迫り続けたが、竹富町はそれに従わなかった。そうしたなかで、沖縄県教育委員会が、文部科学省の要請とは異なり、竹富町の違法性を解消する方向に動き始めた。石垣市・与那国町・竹富町の3市町から成る教科書の「採択地区」の再編に取りかかったのである。そして、平成26年5月、竹富町を単独の「採択地区」に指定し、竹富町の違法状態を解消した。こうして、平成27年4月から、竹富町は3年ぶりに、教科書の国による無償配布が復活することとなった。

　ところで、この竹富町の教科書の自主的選択という行為は、文部科学省にとって、これほど執拗に是正を迫らなければならない行為であったのだろうか。教科書無償措置法の規定に違反したことは確かだとしても、実質的には、些細な手続き違反に過ぎない。しかも、教育行政の基本法ともいえる教育行政組織法は、教科書を採択する責任はそれぞれの市町村の教育委員会にあると定めているのである。このことからいえば、竹富町（教育委員会）の行為は、むしろ、あるべき行為、教育委員会としての責任を果たす行為ともいえるものであった。しかも、竹富町が選んだ東京書籍の教科書は、文部科学省の検定を通過したものであり、多くの市町村がその教科書を採択しているのである。その教科書を選んだ竹富町に、文部科学省は、なぜ、こんなに反発したのか理解に

苦しむところであるが、あるいは、これが中央省庁の体質そのものであるのかもしれない。地方団体が中央省庁の指示に従わない場合には、どれだけ些細なものであっても、牙をむくという体質である。これでは、中央省庁は"自治"を認めているとはとても言えないであろう。むしろ、地方団体の職員を中央省庁の配下にいる職員として、中央省庁の指示に従って仕事をする職員として、扱っているといわなければなるまい。そのことからいえば、中央省庁は、"官治"を目指しているということもできる。

　もっとも、この教科書の選定に関しては、竹富町は文部科学省のプレッシャーに屈することがなく、また、沖縄県もそれをバックアップした。しかし、これは、あくまでも例外的な現象といえそうである。一般的には、このようなプレッシャーを中央省庁から受ければ、都道府県も市町村も、それに抵抗するどころか、すぐに従うのではないだろうか。

　そもそも、地方団体は、一般に、中央省庁から指示されることにあまり抵抗感をもっていないように感じられる。それどころか、何か変わった事態が生じれば、中央省庁にその対処方法を問い合わせ、指示を待つという傾向が強いとすらいえそうである。地方団体は"自治体"としての誇りをもっているのであろうか。

　2000年代に入ってからは、いわゆる地方分権一括法などの施行を根拠にして、日本の地方分権は飛躍的に進んだといわれることが多い。さらに、2010年代になると、第2期分権改革で、地方分権がますます進んだといわれている。しかし、これらの分権改革によって、実際に、地方団体の仕事の仕方がどれだけ変わったのであろうか。

　もちろん、形式的には、若干の変化があったことは確かである。たとえば、図書館法という法律は、県立図書館や市立図書館などの公立図書館に、館長の諮問機関として、図書館協議会を設置することができると定めているが、従来は、この協議会の委員の任命基準、定数、任期などはすべて文部科学省令で定められていた。それが、分権改革で、地方団体の条例で定めることになったというような変化があった。しかし、地方団体は、この条例を制定する際には、文部科学省の省令を"参酌"しなければならないということになっているのである。これでは、実際の委員の任命の仕方などは、従来の省令に基づいて行われていたときと、何ら変わりがないことであろう。そもそも、公立図書館の運

営の仕方を、何故、図書館法で定める必要があるのだろうか。県立図書館とか、市立図書館というのであれば、その設置から運営の仕方まで、それぞれの県や市の裁量に任せればよいはずである。運営の仕方にまで、法令が踏み込み、中央省庁が指示するのは、まさに"官治"そのものだといわなければなるまい。こういう状況に、地方団体の職員も、知事や市町村長も、また教育委員会などの行政委員会も、安住しているようである。別の言い方をすれば、"地方自治"などということは忘れられてしまい、"官治"にどっぷりとつかっているようにみえるが、これは将来のためにも問題だというべきであろう。

　その上、議員もこうした地方団体の状況に疑問をいだいていないようにみえる。たとえば、予算案などの議会の審議をみると、議員は、議案の提案者である職員に様々な質問を浴びせているものの、職員から「法律や省令に定められた仕事をするためです」といった説明を受けると、一も二もなく納得してしまうのが常である。こうした議員の姿勢は、まさに、中央省庁の介入に信頼を置いていることの現れとみなければならない。なかには、ただ義務として審議に参加し質問（発言）しているだけで、その修正など何も考えていない議員もいるのではなかろうか…。

　このような状態は、決して健全な状態ではないのはもちろんである。日本の人口は、これまで100年以上にわたって増え続けてきたが、ついに減り始めた。今後、人口減少はもっと急激になるといわれている。住民の高齢化も確実に進む。外国人の定住者の数も増えることであろう。そうしたなかで、地域社会は変貌していくことは確実である。いまのような"官治"の色合いが濃厚な運営はできなくなるに違いない。それぞれの地方団体が、それぞれの状況に応じて、自らを律し、運営していくことが必要となろう。"地方自治"がどうしても必要となるわけである。

　地方団体の意思決定機関は、それぞれの地方団体の議会である。ところが、議員のなかには、たとえば「一般質問」のなかで、行政職員に意思決定を含む対応を迫るものが少なくない。しかし、行政職員は、地方公務員法で、法令に従うことを義務づけられている。法令というのは、法律だけを意味するものではない。国会の審議を経由しない中央省庁の省令、すなわち、中央省庁の命令も含まれているのである。

　そうした職員に"地方自治"への方向転換を要請するのは無理な注文だとい

わなければならない。"地方自治"に向かって舵を切るというのは、いまの体制に逆らうものでもあるからである。いわば"自治"は地方団体が自ら獲得すべきものであるといえるが、それができるのは、それぞれの地方団体の意思決定機関である議会だといってよいであろう。もちろん、知事や市町村長も、強硬に職員をリードし、住民を巻き込むことができれば、"自治"の獲得は可能である。そして、これまでは、公害防止にしても、乱開発の防止にしても、中央省庁の意向に逆らって、わずかながらに"自治"を実現してきたのは知事や市町村長であった。中央省庁は、これらの知事や市町村長の反乱ともいえる施策を、すぐに法令に組み込み、したたかに"官治"を続けてきたが…。

　しかし、今後、"地方自治"に向かっていくためには、しかも、それを確実なものにしようとすれば、地方団体の意思決定機関である議会に期待することが必要である。"地方自治"を実現して行くには、"官治"に慣れきった住民を説得し、住民全体の考えをまとめあげていくことが必要であるが、それができるのは議会以外にないともいえる。しかし、議会が"地方自治"実現の中心的な存在となるには、かなり高いハードルを越える必要があることはいうまでもない。たとえば、予算を審議する際には、まずは、予算案を住民に示し、それに対する反応を見ることが必要である。もちろん、これは、住民の個々の要望をそのままかなえるということを意味するものではない。住民の様々な意見や要望を議会に持ち寄り、それを議員全員で分析し、議論し、議会としての意思決定をする。これが"地方自治"を実現していくための議会の姿勢であるいうべきであろう。そして、こうした審議の状況を住民に示せば、住民も納得し、議会を支持するようになることは必然ではなかろうか。

　また、いまの議会には"受け身"の姿勢が染みついているといってよい。知事や市町村長に、議会を招集してもらい、議案を出してもらい、さらに、議会の審議は、職員の説明だけで淡々と進めていく。議案の内容に疑問を感じたとしても、職員に質問するだけで、自ら調べるということはしない。そして、職員の説明のみにもとづいて、意思決定をする。これでは、議会の意思決定とはとても言えないのではなかろうか。議会は、もっと、主体的に審議する必要があるというべきである。

　しかし、こうした議会の現実の姿は、長い歴史のなかで根付いてきたものである。それを改めるためには、まずは、いまの議会の審議の形態が、あるいは、

議員の活動の仕方が、どのようにして、どういうねらいのもとに形づくられてきたのかを検討することが必要であろう。議会・議員の歴史だけではない。府県や市町村そのものについても、どのようにして"官治"のための末端機構に仕立て上げられてきたかについて理解する必要がある。

本書は、こういう意図のもとに、日本の地方制度がどのように整備されてきたかをみたものである。第2次大戦後の昭和22年（1947年）に日本国憲法が制定され、また、地方自治法が制定されたことによって、日本の地方制度は抜本的に変えられたといわれることもあるが、本書を読んでもらえれば、実際は、ほとんど同じであるということも理解してもらえるのではなかろうか。

"地方自治"を実現するために、多くの人々に、とりわけ議員の人たちに、いわば基礎となる歴史上の知識を身につけるために、そして、いまの議会の欠陥を理解してもらうために、是非読んでもらえればと願っているところである。

第1章 明治政府の出現

1. 王政復古のクーデター

　慶応3年（1867年）12月8日。この日、朝廷で非常に重要な会議が開かれた。この2か月前、将軍・徳川慶喜が大政奉還を申し出たことを受けて、どのような新体制にするかを検討するために開かれたのである。出席者は、当時摂政であった藤原北家の二条斉敬以下、公卿のお歴々、そして、諸侯（大名）であった。諸侯は、10万石以上のものが召集されたとのことであるが、会議に出席したのは、徳川慶勝（尾張藩）、松平春嶽（越前福井藩）、浅野茂勲（安芸広島藩）など、少数の諸侯に過ぎず、多くの諸侯は、召集に応じなかった。

　この会議では、1864年（元治元年）に禁門の変を引き起こし、「朝敵」の汚名を着せられていた長州藩の罪が赦され、また、岩倉具視などの公卿の政治犯が赦免されることが決められた。しかし、肝心の新体制については、どういう検討があったのか、定かでないが、恐らく、公卿と有力諸侯が協力して日本の国を治めるという、いわゆる公武合体論をどのようにするかが検討されたのであろう。会議は徹夜となった。が、意見はまとまらず、翌9日の朝、散会となった。ここで、二条摂政以下、公卿のお歴々は御所を退出。しかし、中山忠能や正親町三条実愛など、少数のいわゆる王政復古派と言われた公卿、さらに、徳川慶勝（尾張藩）などの諸侯はそのまま御所に居残った。

　しばらく後、西郷隆盛が指揮する薩摩藩（鹿児島）の兵が御所に現れ、続いて尾張藩（名古屋）、越前藩（福井）、安芸藩（広島）の兵が出現して、乾門など9つの御所の御門を封鎖。薩摩藩は乾門に大砲を据えるということまでした。当時、御所の警備は、会津・桑名の藩兵が担っていたが、不意をつかれたため、抵抗することができなかった。やむを得ず、少し離れた場所にある二条城に退去。そこには、将軍・徳川慶喜が滞在していた。

　この御所の封鎖の動きと同じころ、前日（8日）の会議で罪を赦されたばかりの岩倉具視が参内した。その手には、「王政復古」の勅書の文案が携えられていた。また、武力で幕府を倒さなければならないと主張していた大久保利通（薩摩藩士）も参内した。

　夕刻になると、土佐藩（高知）の藩兵も御所の封鎖に加わった。王政復古派

の親王や公卿も加わり、薩摩藩主の島津茂久、土佐藩主の山内容堂も側近を引き連れて参内した。その直後、これらの人々を前に、天皇が「王政復古」の大号令を読み上げた。まさに"クーデター"であった。
　この「王政復古」の大号令は、岩倉具視が、玉松操(たままつみさお)（国学者、岩倉の師）や大久保利通などとともに、作成したものだといわれている。内容は、征夷大将軍（幕府）を廃止し、統治組織として、総裁・議定・参与の3つの職を置くというもの、言い換えれば、天皇親政にするというものであった。徳川幕府はもちろんのこと、それまで700年近く続いた武家政治を、これで、廃止しようとしたわけである。が、一枚の紙切れで、これが成功するということは実際にはなかった。
　夜に入り、御所内にある小御所(こごしょ)で、天皇の臨席のもとに、会議が始まった。この会議は冒頭からもめにもめた。山内容堂（土佐藩主）が、「王政復古」を、幼い天子を擁して一・二の藩が策動したものだと主張。会議に徳川慶喜（将軍）を招き、その慶喜を中心にして改めて新しい政体を決めようと力説した。これに対して、「王政復古」の中心となった岩倉具視と薩摩藩の面々は、幕府の罪状を訴えてこれに反発したが、山内容堂の説に同調するものが多かった。追い詰められた岩倉具視らは、休憩時間中に、策略をこらした。岩倉が、山内容堂と刺し違えるという旨を、安芸藩主の浅野に伝えたのである。驚いた浅野は、家臣の辻将曹を通して、これを山内容堂の側近・後藤象二郎（土佐藩士）に連絡。そして、後藤象二郎は山内容堂の身を案じて発言を控えさせた。
　こうして、この小御所会議では、岩倉ら王政復古派は強引に話を進めることに成功し、徳川慶喜に将軍の辞官と領地の返還を命じるという結論を獲得した。これを二条城に滞在する慶喜に伝えたのは、徳川一門の徳川慶勝（尾張）と松平春嶽（越前福井）であった。
　この命令に、二条城を守っていた会津、桑名の藩兵、それに幕府の旗本勢が激昂した。薩摩藩を討てという声も強かった。しかし、徳川慶喜は京都で混乱を引き起こすことを憂慮し、12日、彼らを引き連れ、大阪城に移った。とはいえ、慶喜は、全面的に、「王政復古」派の意向に従うという考えではなかった。たとえば、16日には、各国の公使を大阪城で引見し、京都の「王政復古」は二・三の大名（諸侯）が勝手に天皇を担いで騒いでいるだけであり、自分がこの紛争を必ず解決すると話していた。そして、各国の公使は、薩摩藩をひいきにし

ていたパークス（Sir Harry Smith Parkes）イギリス公使も含め、この慶喜の言い分を承認していたという。

いわば、クーデター直後は、2つの政府が並立するという状態にあった。ひとつは、クーデターによってつくられた京都の新政府。もうひとつは、大阪城に滞在している徳川将軍の政府（幕府）であった。とはいっても、京都の政府は自ら政府だと言っているだけのあやうい政府であり、外国の公使も、客観的に見て、徳川幕府を正統な政府として扱っていたようである。

しかも、その京都の新政府のなかでも、強引に新政府をつくりあげた岩倉具視と薩摩藩の影響力はすぐに小さくなり、むしろ、孤立するような状態になっていた。新政府の中枢部の多くは、幕府と協調しようという動きが強いだけでなく、クーデター前の状況に戻そうという動きすらあった。

この2つの政府にあまり入り込んでいない各藩の間でも、たとえば、京都屋敷をもっていた阿波藩（徳島）や筑前藩（福岡）、肥後藩（熊本）、肥前藩（佐賀）などの重臣が、クーデターから3日後の12月12日に、連名でクーデター批判の意見書を朝廷に提出したというように、薩摩藩のクーデターの動きは一般に評判が悪かった。

このように、クーデター直後は、折角つくりあげた京都政府がいつ瓦解するか分からないという状況であった[1]。しかし、薩摩藩はしたたかであった。西郷の策略により、のるかそるかの"倒幕"戦争に、幕府を引き込むことに成功したのである。

2. 京都政府と幕府の戦争

徹底した改革をするためには、幕府と一戦を交え、倒さなければならない。これが、西郷の考えであった。そのため、薩摩藩の江戸藩邸に浪士を集め、豪商の攻撃など、江戸での攪乱工作を行った。この攪乱工作は、クーデターの後も続いていた。将軍の留守を守っていた老中・稲葉正邦（淀藩）は、この攪乱に我慢しきれず、ついに、江戸市中の警備に当たっていた庄内藩に命じて、薩

---

[1] クーデターの中心人物であった薩摩藩の大久保利通が、クーデターから1か月もたっていない慶応4年（1868年）1月3日の日記に、このままでは「大御変革も尽く水泡画餅と相成るべく」と悲痛な見通しを記述していた。毛利敏彦『大久保利通』（中公新書、昭和44年、128頁）より再引用。

摩藩の江戸藩邸を焼き討ちにしてしまった。この報せが大阪城にとどくと、そこに滞在していた会津、桑名、旗本兵の意気が揚がり、京都に滞在する薩摩兵の掃討を徳川慶喜（将軍）に迫ることとなった。慶喜はこれを阻止することができず、慶応4年（1868年）1月2日、1万5,000人の幕府軍が京都に進撃を開始。翌3日、京都政府軍との戦いが始まった。鳥羽伏見の戦いである。西郷隆盛は、後に、この戦いは百万の味方を得たよりもうれしかったと話していたという[2]。まさに、西郷の思う壺にはまったわけである。

とはいうものの、この戦いは、京都政府軍にとって、大変な戦いであった。この時には、長州藩（山口）兵も京都側に加わり、薩摩兵と並ぶ京都政府軍の中心部隊となっていたが、それでも、京都政府軍は5,000人の兵力に過ぎなかった。一方の幕府軍は1万5,000人。数の上では、京都政府軍は圧倒的に少なく、その上、武器も、幕府軍のほうが最新型小銃を装備しているなど、どちらかといえば、幕府軍のほうが勝っていたようである。

そのため、西郷も、万一の敗戦に備えて、天皇の避難を準備していたとのことであり、一方の徳川慶喜は、京都にいた徳川慶勝（尾張）や松平春嶽（越前福井）に親書を送り、薩摩が天皇を連れ出さないように監視してくれと頼んでいたという。幕府の首脳は負けることは恐らく念頭になく、それに対して、西郷の率いる京都政府軍は一か八かの勝負だったといえる。

ところが、1月3日の夕刻、両軍が衝突すると、京都側が勝ってしまった。西郷の巧みな軍略があったといわれているが、その後も幕府軍は敗退を重ね、6日、大阪城に撤退した。この日の夜、徳川慶喜は、少数の側近とともに、海路で密かに江戸に逃げ帰った。総大将が消えた幕府軍は総崩れになり、ばらばらに江戸に落ちていった。

こうなると、薩摩藩、そして、遅れて加わった長州藩の"倒幕"派は一挙にその勢力を拡大。それまで、薩摩や長州を嫌っていた各藩も、あるいは、日和見をしていた各藩も、一挙に薩摩そして長州の討幕派を支持するようになり、多くの藩、とりわけ西日本の藩が、京都政府に恭順の意を示すようになった。

---

2) 明治時代に明治期に海軍少輔・元老院議官・貴族院議員を歴任した薩摩藩士で、この鳥羽伏見の戦いにも参加した伊集院兼寛がその手記に、「鳥羽一発の砲声は、百万の味方を得たるよりも嬉しかりしと、（西郷は）予輩に向かって一笑せり」と記述している。毛利敏彦、同上、130頁より再引用。

大阪、京都の大商人も、政府に協力するようになったという。また、京都政府は、西日本の旧幕領を没収。これによって、年貢（税）を徴収することができるようにもなり、ひとまず、財政面で安堵したが、しかし、東日本には、まだまだ、京都政府に恭順しない藩が多かった。そこで、新政府は東征軍を組織。京都政府に恭順の意を示した多くの藩はその東征軍に参加し、2月はじめから東に向かって進軍を開始した。鳥羽伏見の戦いにはじまる、この一連の戦争は、後に、戊辰戦争という名で呼ばれるようになった。

　3月には、東征軍は、甲府城を接収。4月、幕府内では、京都政府に恭順しようという勢力が強くなり、江戸城を自発的に開城した。徳川家は駿府に移封され、70万石の一大名（諸侯）となった。こうして、京都政府の東征は江戸までは順調に進んだものの、若干の抵抗もあった。江戸城開城に納得しない幕臣が少なくなく、これらの幕臣は、船橋（千葉）で、あるいは宇都宮で、さらには江戸上野の寛永寺で抵抗するという一幕があったのである。が、東征軍にとって、これらの戦いは、圧勝の連続であり、楽な戦いであった。東征軍が、多数の戦死者を出しながら戦ったのは、東北地方での各藩との戦いであった。この戦争から150年以上経過した現在でも、二本松（福島）や会津（福島）、白河（福島）、長岡（新潟）などに行くと、住民の間で、まだこの争いが語り継がれているほどである。

　そうした激戦の後、慶応4年（1868年）7月29日に二本松城（福島）、長岡城（新潟）が落城。8月7日には相馬藩（福島）が降伏。9月4日には米沢藩（山形）が降伏、10日には仙台藩、22日には会津藩、そして、24日には庄内藩（山形）が降伏。こうして、東北地方も京都政府によって鎮圧された。

　京都政府が、実質的に、実権を握る唯一の政府となることが明らかとなったためであろう。この東北各藩との戦いがまだ続いているさなかの8月27日、明治天皇が京都御所で即位の礼を執り行い、9月8日には「明治」と改元された[3]。いわゆる明治政府が公式に出現した。この直後に、天皇は京都を出発、10月13日に江戸城に入った。12月に京都に帰ったものの、翌明治2年（1869年）3月には、再び東京に到着。その後、諸官庁も東京に移し、事実上の奠都

---

3) 改元は、慶応4年1月1日に遡って適用されるとされたため、形式的には、慶応4年は明治元年ということになった。

となった。

　明治元年の時点で、東北地方はこの明治政府の傘下に入っていたが、それでも、まだ明治政府に屈服しない地域があった。北海道の函館である。ここには、旧幕府海軍を中心に、政府軍から逃れていった勢力が独立の立場をとっていたのである。しかし、この函館の勢力も、翌明治2年（1869年）5月18日には、政府軍に降伏。ここに、鳥羽・伏見の戦いから始まった戊辰戦争が終結した。この戦争に動員された政府軍は約12万人、戦死者は3,500人で、日清戦争の規模に匹敵する戦争であった[4]。

3. 村々の自主的な行動！

　徳川幕府から明治政府への移行に際して、住民はどういう対応をしたのであろうか。支配者の交代を、自分たちに関係ないこととして、黙ってみていたのであろうか。それとも、政府の交代に何等かの意思表示をしたのであろうか。飛騨高山（岐阜）の住民を事例にして、住民の対応を見ることにしたい[5]。

　飛騨高山は、徳川幕府のもとでは、幕府の直轄地、いわゆる天領で、幕府から派遣されてきた郡代によって治められていた。郡代の下には、幕臣の役人（幕臣）がいたのはもちろんであるが、その数はごく少数で、郡代の役所である「陣屋」に出仕していた役人の多くは「地役人」であった。「地役人」は高山の地元採用の役人で、形式的には、それぞれの郡代によって採用されるという位置づけをされていたものの、実際には、世襲の役人であったという。

　この飛騨高山に、鳥羽・伏見の戦いの直後に、「京都に異変あり」のニュースが飛び込んできた。郡代は、直ちに、"浮説"を流すことを禁じ、また、住民が高山から出ることを禁止した。そして、真相を確認するために、部下を京都に派遣。その部下が慶応4年（1868年）1月23日に帰り、「京都の異変」が真実だということが判明すると、翌24日、急遽、「陣屋」に「地役人」および町民の代表者格である「町年寄」を集め、会議を開催した。対応策を論じるためであった。郡代は京都政府とあくまでも戦う意向であったという。しかし、「地役人」は"帰順説"を唱え、また、「町年寄」一同も"帰順説"を主張した

---

[4] 毛利敏彦、前掲書、145頁。
[5] 参照、志見正次『明治期における高山縣の政治学的研究』昭和12年、高陽書院、67～115頁。

ため、京都政府に"帰順"することに決定した。

この結果、郡代は、一夜明けた25日に、幕臣である部下を引き連れて江戸に逃亡。結局、「地役人」と「町年寄」が、28日、「天朝へご奉公すべき旨」という誓紙に署名し、2月5日に京都からやってきた竹澤鎮撫使に提出した。

高山天領内にある村々でも、村の寄合などで村人が集まり、その総意で"帰順"を決めた。そして、飛騨国益田郡惣代、大野郡惣代、古城郡惣代等の名前で署名した誓紙を同じく竹澤鎮撫使に提出している。

こうした状況を見ると、少なくとも、飛騨高山の村々は、徳川幕府から明治政府への移行を、傍観者として、あるいは被支配者として、黙って見ていたわけではなく、むしろ、幕府側につくか、それとも、明治政府側につくかを、村として、あるいは村々の集合体である郡として、自主的に、さらには自発的に、決めていたと見なければなるまい。

こうした村の"自主性"はその後も強く示されていた。たとえば、京都政府は、竹澤を鎮撫使として高山に派遣すると同時に、隣接する郡上藩に、飛騨高山の取り調べを命じていた。そのため、郡上藩は藩士300人を高山に送り込み、高山の調べをはじめたが、これに高山の村々は強く反発。会所に村々の代表者が集まって協議し、「天朝支配の嘆願」をすることを決め、代表2人を京都に派遣するということもしていた。この嘆願はみごとに成功し、京都から派遣された鎮撫使竹澤に高山を全面的に任せるということになり、郡上藩は高山から引き離された。もっとも、この竹澤の治世は、あまりにも村々の住民を大事にしすぎるという京都政府の判断もあって、1か月半ほどしか続かなかったが…。

竹澤に代わって、梅村知事の治世となった。そして、京都政府（明治政府）の基盤が固まったこともあって、天領は「府」や「県」となり、天領高山は「飛騨県」そしてすぐに「高山県」となった。梅村知事は「高山県」知事となったわけであるが、この知事の治世に今度は村々の住民が反発。罷免運動が起こり、結局、梅村知事は1年ほどで罷免された。

なお、次ぎに任命されたのは宮原知事であり、この知事は住民に受け入れられたこともあって、その治世は2年以上続いた。しかし、明治4年（1871年）の廃藩置県に伴い、高山県が近辺の県と統合したため、この知事の治世も終了した。

もちろん、これは、全国に共通してみられた現象ではあるまい。明治政府側

につくか幕府側につくかを村々、町々で自主的に決めたなどというのは、むしろ、飛騨高山が幕府直轄地であり、さらに、明治政府の東征軍に攻め込まれていなかったという事情によるというべきである。東征軍という何をするか分からない武装集団に攻め込まれれば、村人や町人は黙ってそれに従うというのが、常識的な姿勢であるに違いない。事実、現在の東京・町田市の一部になっている小野路村など37の村々では、東征軍から、軍費立替として村の石高100石について3両ずつ納めよ、後でそれに見合ったお金を下げ渡すという趣旨の厳命があり、苦心惨憺の上、それを納入した。しかし、明治政府は、お金を下げ渡すという約束を実行しなかった。となると、村々の住民は泣き寝入りで幕が降りる…というのが、この時代を見る現代人の感覚であろう。しかし、現実はそうではなかった。これらの村々は、全体の寄合をもち、その寄合で37か村の惣代として4人を公選し、その4人が「早期下ケ金」の嘆願運動をし、4か月後に、半金の返済があったという。このように、村々は、そしてその住民は、結構、自主的に行動していたのである[6]。

4. 中央集権国家の出現！

　この戊辰戦争が残した傷跡は、敗北した幕府軍、あるいは東北諸藩だけではなく、勝利した明治政府側の陣営にとっても、大きかった。とりわけ、大変だったのは、経済の混乱であった。明治政府は戦費を調達するために大量の紙幣（太政官札）を乱発し、戦争に参加した多くの藩も独自の紙幣（藩札）を大量に発行した。このため、必然的に、インフレーションを招き、その結果、イギリスのパークス公使などの各国公使団から、それぞれの国の商人が大損害を被ったという抗議を受け、その補償をしなければならないことになったのである。

　明治政府は、戊申戦争後は、徳川家から没収した領地（800万石）を財政基盤としていたが、収入増をはかるために、これらの領地内の税を引き上げただけではなく、従来とられてきたさまざまな減免措置も撤廃した。人々、とりわけ農民は、情け容赦なく、税を取り立てられるようになり、それに伴い、新政府（明治政府）に対する納税者（農民）の不満が高まり、各地で農民一揆が頻発するようになった。

---

6) 渡辺奨『村落の明治維新研究』1984年、三一書房、46頁。

この時の明治政府の中心的な存在であった大久保利通も、明治2年（1869年）に、農民は旧幕府の頃よりも困苦しており、「腸寸断の心地」になってしまうと日記を残しているという[7]。

　しかし、それでも足りず、中央政府とは別に、各地方は、戊辰戦争後も、独自の紙幣を乱発していた。当時、明治政府は、幕府時代に奉行所や城代などの支配地であったところには「府」、それ以外の旧幕府直轄地には「県」を置いていた。長崎奉行所があった長崎も「府」、山田奉行所があった伊勢地域も「府」とされ、「度会府」となった。明治元年に「府」「県」が創設さ

太政官札
（金一両札・慶應4年発行）
図1

れた頃から、これらの、府・県の多くはすぐに独自の紙幣を発行するようになり、明治2年12月、明治政府の最高機関である太政官が「府」「県」の紙幣発行を禁止したにも拘わらず、その後も続き、兵庫県は明治4年4月頃まで発行していたという[8]。

　それだけ、運営資金が足りなかったことを現していると推測できるが、これが、また、住民の生活を混乱させ、苦しくさせ、さらには、苛酷な課税に結びついていった。明治政府が成立した直後の頃は日田県知事になっていた松方正義も、明治3年3月時点に、明治政府の大蔵省が「旧藩にも無き税金」を発令し、民心を全く顧みることなく農民を"誅求"していると、大久保利通に報告していた[9]。

　こうした経済・財政状況の下で、各藩が残ったままでは、明治政府はとうてい国としての経営を安定させることができず、その結果、ますます住民の反発を買うことになりかねないという考え方が明治政府の中枢部の間で強くなってきた。そして、そこから、すべての藩を明治政府の地方機関にするという発想が出てくるようになった。要は、藩の住民に対する"支配権"を明治政府が奪

---

7) 毛利敏彦、前掲書、155頁。
8) 宮武外骨『府藩縣制史』昭和16年、名取書店、174頁。
9) 坂本多加雄『明治国家の建設』（日本の近代2）1999年、中央公論社、101頁。この苛酷な税をめぐって、明治4年（1871年）には総勢6,000人から1万人の農民一揆が発生し、県兵の宿舎や県の施設を襲ったという（日田市編纂『日田市史』1990年参照）。

い取り、明治政府の指示のもとに各藩が動くようにしようという発想であった。「版籍奉還」という発想である。

　もっとも、明治政府の中枢部の中には、経済や財政とは別の側面から、すなわち、王政復古ということから「版籍奉還」を主張するものもいた。表面的には、むしろ、王政復古の立場から、主張するものの方が多かったようである。たとえば、後に日本の最初の首相となった伊藤博文は、「幕府の政権を奪い徳川氏の罪を責むるのみを以て然りとせんや、諸侯も亦将に自ら省責する所なくば…眞に王政復古を望む者に非ざるというべし」という提案を岩倉具視にしている[10]。

　ともかく、政府内で「版籍奉還」の発想が浸透していった。しかし、明治政府には自前の武力がなかった。それに対して、各藩はそれぞれ武力集団（藩兵）を抱えていた。このため、強圧的に各藩から"支配権"を奪うことはできず、藩自身によって自発的に"支配権"を政府に移譲してもらおうという作戦がとられた。

　まず、薩摩・長州の２藩を説得。次いで、土佐藩、肥前（佐賀）藩を説得した。それに応じて、明治２年１月、薩長土肥４藩の藩主が連名で天皇に「版籍奉還」を申し出た。この４藩は、当時、最も力があり、発言力のある藩であった。このため、他の諸藩も、それにならって、次々と版籍を奉還したといわれている。

　しかし、４藩がどれだけ有力な藩だったとしても、それだけで、他の諸藩がこぞって追随することは考えられない。それよりは、当時、各藩は幕末以来の借金に苦しんでいた上に、戊辰戦争で莫大な借金を上積みし、そのため、すっかり統治能力を失っていたという状況から、「版籍奉還」をしたと判断するのが素直であろう。しかも、「版籍奉還」をしたからといって、それによって、藩がなくなるわけではなかった。藩は、明治政府の地方機関とはなるものの、実質的には、ほぼそのまま存続したのである。いわば、破産寸前に追い詰められていた藩が、明治政府のお墨付きをもらって、再建できるという期待をもたらしたのが「版籍奉還」であった。諸藩にとっては、"渡りに船"だったといってよい。

10）　宮武外骨、前掲書、16頁。

とはいうものの、実際には、各藩の状況が好転するということはなかった。それどころか、ますます苦しくなるという状況ですらあった。たとえば長州藩は、幕末に、藩士・農民などの混成部隊である「騎兵隊」を結成し、戊辰戦争でもこの「騎兵隊」が大きな働きをしていたが、これを維持することができず、「版籍奉還」後、3分の2以上の人員整理をしたという。これに激怒した騎兵隊員が反乱を起こし、それを、中央政府から戻った木戸孝允が大弾圧。明治3年2月、反乱は鎮圧されたが、元騎兵隊員は争いの途中で60人近くが死亡。100人を超える者が死刑になった[11]。明治政府を実現した最大の功労者たちが殺されてしまったわけである。

また、三河国の豊橋藩・岡崎藩などの10藩は財政難で、それに対処するために、合併しようと協議会を開いていた。主唱者は豊橋藩で、藩を止めて郡県とし、10藩の中の1人を輪番で知事にしようという評議だったそうであるが、議論が入り乱れ、結局は不調に終わった[12]。

一方、版籍を奉還された明治政府側も、前途は多難であった。版籍奉還を受けた明治2年は全国的に凶作で、しかも、徴税が厳しかったために、各地で農民一揆が頻発。結果的に、租税収入も減少し、この年の明治政府の歳入は100万石の不足となった。このため、財政当局である大蔵省が徴税強化を打ち出し、一方、地方官はそれに反発するということで、政府内部が大きく混乱していたという。

こうして、浮上してきたのが、藩そのものを廃止しようという構想、すなわち「廃藩置県」であった。この「廃藩置県」は、一方的に上からの命令として宣告された。明治4年7月14日のことである。この命令を下した後、政府の中枢部は、諸藩の反抗を心配していたといわれているが、諸藩からは全く反抗の動きはなかった。おそらく、諸藩の中枢部にとっては、これで、借金財政から本当に解放されるという安堵感のほうが強かったのではないだろうか。しかも、藩主の多くは華族として生活が保障されており、一般の藩士も士族として、中央政府からいろいろな特権を与えられるのであるから、反対する理由はな

---

11) 川崎庸之、原田伴彦、奈良本辰也、小西四郎総監修『読める年表 日本史』1990年、自由国民社、823頁「長州の脱退騒動」。
12) 宮武外骨、前掲書、70頁。

かったというべきであろう[13]。

5. 各藩の借金の後始末は？

　徳川幕府の中期以後、各藩は財政的に窮乏し、借金を積み重ねるようになった。たとえば、明治5年6月に、当時の大阪府庁が市内の金貸業者に提出させた書類をみると、大阪市の金貸業・植田伊兵衛は、次のような貸金残高総額があると報告している。

肥前（佐賀）の大村藩へ、文化（1804〜1818年）以後、銀171貫571匁。
播磨（兵庫）の安志藩へ、天保（1830〜1844年）以後、銀170貫370匁。
日向（宮崎）の延岡藩へ、嘉永（1848〜1854年）以後、金1461両3朱。
江戸の幕府へ、天保（1830〜1844年）以後、金50両、銀24貫40匁。

　このときに、大阪府庁に提出した金貸業者の書類をみると、貸付先として、加賀（石川）の金沢藩、安房（千葉）の加知山藩（勝山藩）、播磨（兵庫）の明石藩、美濃（岐阜）の加納藩、美作（岡山）の津山藩、備中（岡山）の庭瀬藩、讃岐（愛媛）の高松藩、筑後（福岡）の久留米藩、肥後（熊本）の熊本藩…などなど、あらゆる藩の名前が挙がっていたという[14]。
　明治4年（1871年）の廃藩置県によって、明治政府がこの借金を引き継ぐ形になったわけであるが、その額は、一体、どれくらいあったのだろうか。廃藩置県とほぼ同時に、各藩から明治政府の大蔵省に届けられた借金総額のなかから、諸藩が旧幕府から借りたもの、あるいは、藩主が使用するために借りたものなどをのぞき、明治政府が引き継いだ借金総額は、新貨幣に換算して、74,131千円であった[15]。しかし、これは日本国内での借金であり、このほかに、外国への借金が4,002千円もあった。

---

[13] 川崎庸之・原田伴彦・奈良本辰也・小西四郎総監修、「一片の布告で廃藩置県」、『読める年表　日本史』、2001年、自由国民社、825頁。
[14] 宮武外骨、前掲書、78頁。
[15] 大蔵省が「廃藩置県」の直前に、各藩に借金額を報告させるという形で調査したもの。参照：大森徹、「明治初期の財政構造改革　―累積債務処理とその影響―」日本銀行金融研究所『金融研究』第20巻第3号（2001年9月）、130頁。なお、大森徹はこの額を修正して61,681千円であったとしている。

さらに、江戸時代には各藩がそれぞれ藩札を発行していた。明治時代になってからも、藩札の発行は続き、とくに戊辰戦争の時には、大量の藩札を発行したといわれている。廃藩置県後、明治政府は、これらの藩札の回収も行わなければならなかったが、その額は、大蔵省の調査によれば、全部で39,094千円あった。

要するに、明治政府が、廃藩置県によって、各藩から引き継いだ借金など、返済する必要があった金額は、全部で1億円をはるかに超したわけである。この当時の明治政府の歳入は、多く見積もって8千万円ほどであった（表1参照）ということを考えれば、諸藩から明治政府が引き継いだ借金は、容易に返済できる金額ではなかった。返済不可能な借金とすらいえる金額であった。そのためであろう。明治政府は、明治6年（1873年）3月、次のような荒っぽい仕方で、これらの借金を返済する方針を定めた[16]。

まず、諸藩の借金については、借金を3種類に分け、

① 天保14年（1843年）以前の借金については、いっさい償還しない。
② 弘化元年（1844年）～慶応3年（1867年）の借金は、公債（旧公債）発行で償還するが、その公債は無利息で50年賦とする。
③ 明治元年（1968年）～明治5年（1872年）の借金も公債（新公債）で償還するが、元金を3年据え置きとし、4分利付25年賦とする[17]。

そして、この方針に基づき、諸藩の借金が整理され、結局、半分以上の借金が切り捨てられた。また、償還するとされた借金も、その半分近くは、無利子50年賦で償還するという旧公債への借り換えであった。

この旧公債の償還の仕方を見ると、利子は支払わず、毎年20数万円ずつの元金の返済で、50年間かけて、完済するというものであった。この返済がスタートした明治6・7年の頃、政府の歳入は8千万円ほどしかなかった。この歳入で20数万円を返却し、それが50年間続くというのであるから、その返済は、

---

16) 宮武外骨、前掲書、77頁。この公債は、なお、これを公示したのは明治6年（1873年）3月3日であるが、公債の発行は明治5年5月となっている。
17) 公債の額面は、五百円、三百円、百円、五十円、二十五円の5種。そして、発行日は明治5年5月になっている。公債の発行は、明治6年（1873年）3月25日の「新旧公債証書発行条例」の制定によって定められた。それよりも、発行日が前になっているのは、明治5年にすでに準備されていたためだという。宮武外骨、前掲書、77頁。

表1　明治初年度以降　一般会計歳入歳出予算決算　　（単位；円）

	歳入		歳出		備考
	予算額	決算額	予算額	決算額	
第1期		33,089,313		30,505,085	慶應3年12月〜明治元年12月
第2期		34,438,404		20,785,839	明治2年1月〜明治2年9月
第3期		20,959,499		20,107,672	明治2年10月〜明治3年9月
第4期		22,144,597		19,235,158	明治3年10月〜明治4年9月
第5期		50,445,172		57,730,024	明治4年10月〜明治5年12月
第6期	48,736,883	85,507,244	46,595,618	62,678,600	明治6年1月〜明治6年12月
第7期	88,867,636	73,445,543	62,169,344	82,269,528	明治7年1月〜明治7年12月
第8期	79,332,239	86,321,077	39,022,071	66,134,772	明治8年1月〜明治8年6月
明治9年度	68,588,266	69,482,676	68,498,506	69,203,242	明治8年7月〜明治9年6月

資料；財務省統計、http://www.mof.go.jp/budget/reference/statistics/data.htm

それなりに深刻だったはずである。しかし、政府の歳入は、明治25年（1892年）には1億円、明治30年（1897年）には2億円を越え、明治41年（1908年）には8億近くになるというように、その後は増え続け、50年後の大正10年（1921年）には約20億円になっていた。これは、政府の負担が実質的に小さくなり、借金の返済が苦しくならなくなったことを意味する。しかし、それは同時に、公債証券の持ち主の収入が、実質的に見て、年々減っていったことを意味するものでもあった。言い換えれば、莫大な金銭を諸藩に貸していた債権者（貸し主）は、長い年月をかけて、実質的には、ほとんど踏み倒されてしまったわけである。事実、大正時代に入ると、債権者は公債の換金をほとんど請求しなくなったという[18]。

これに比べれば、明治時代に入ってからの諸藩の借金は、債権者（貸し主）からいえば、半分近くは戻ってきたようであるが、それでも、明治政府によって認められなかったものが多く、また、明治政府が認めた借金についても、据え置き3年、それ以後、25年かけて返済するという仕組みから見て、やはり債権者（貸し主）が大損をしたことは否定できないであろう。この借金は明治29年（1896年）に完済されたという[19]。

　また、諸藩が発行していた藩札も、藩札の総額は 39,094 千円であったが、大蔵省の調査の結果、明治政府が引き継いだのは 24,935 千円の藩札だけであり、これについては、順次、政府紙幣と交換されたとのことである[20]。

6. "自治体"としての「村」を解体？

　明治政府は、版籍奉還それに続く廃藩置県によって、その形を整えた。この「版籍奉還」の「版」というのは「領地」のことであり、また、「籍」というのは「人民」のことであるというのが、一般的な理解である。「人民」というのは、もちろん、藩士ではない。藩が「領地」だと宣言している所に住んでいた一般の住民のことである。したがって、この「版籍奉還」は、そうした住民をも「奉還」（すなわち「返却」）するという意味になるといってよい。そして、住民を返却するためには、そもそも、住民が"藩の付属物"であったということが前提となろう。

　しかし、当時の住民は"藩の付属物"であったなどとは夢にも思っていなかったに違いない。住民にとっては、藩は自分たちを武力で押さえつけている「武力集団」に過ぎず、自分たちとは直接的な関係のない"よそ者"だったのではないだろうか。藩は、とりわけ村々に対して、年貢の納付や労役の提供を命じたのはいうまでもない。村々としても、藩が武力集団である以上、それに従わざるを得なかった。しかし、それは、あくまでも表面上のことで、村としてはできるだけそれを回避したかったことであろう。村の住民（村人）のなかには、藩の命令に積極的に従おうとしたものもいたかも知れない。しかし、江

---

18)　宮田俊基「明治維新期の財政と国債」、野村総合研究所『知的資産創造』2005年1月号 82頁、参照。
19)　大蔵省編『明治大正財政史』第11巻、第12巻、経済往来社、1956年
20)　大森徹、前掲論文、134頁。

戸時代には、藩から村人に直接的に命令するということはなかった。藩が命令するのは"村"に対してであり、個々の村人がどのように行動するかは、それぞれの村のなかで、村人の総意で決められていた。その結果、"村"として、"藩"と巧妙につきあうというのが実態だったようである。とくに、年貢の負担については、たとえば、藩に内密の"隠田"を村ぐるみで持っていたという事例が各地で報告されているように、藩の命令を巧妙に緩和していた。それだけではなく、一般に、藩の命令であっても、村の秩序や権益を損ねる場合には、村々は、さまざまな抵抗をし、形骸化をはかっていたといわれている[21]。村々にとっては、藩は、むしろ侵略者であり、自分たちとは全く違う存在、いわゆる"お上"として認識されていたと見るのが妥当であろう。

「領地」にしても、村レベルでいえば、村人が耕している水田、あるいは、柴刈りをしている山林が"藩"のものだなどとは、村々は、また村人は、全く認識していなかったに違いない。水田は耕している村人のものであり、柴刈りをしている山林は村のもの、村人全体のものだという認識であったろう。事実、これらの山林は、村人が誰でも自由に使っていた。もちろん、村人が立ち入ることができない"藩有林"がかなりあった。これは確かなことであるが、しかし、これらの"藩有林"についても、武力集団である藩が、武力をバックに、勝手に、村人の使用を禁止したものだと、村人は認識していたのではないだろうか。山林はすべて村のものだというのが、恐らく、村人の潜在的な認識だったと想像できる。ところが、これらの"藩有林"は、その後、明治政府によって、政府が所有する"官有林"だという位置づけをされてしまった。それだけではなく、村人が自由に使用していた山林、言い換えれば、村の山林として藩が認めていた山林のなかにも、明治政府によって"官有林"とされてしまったものもかなりあったという[22]。

それでは、こういう一般住民の立場も加味して、「版籍奉還」から「廃藩置県」までの経緯を描写しようとすれば、どういうことになるのであろうか。税金その他の賦役を村々に押しつける特権、いわゆる"お上"としての特権が、藩か

---

[21] 水本邦彦「村の掟と村の秩序」、朝日新聞社『日本の歴史8、近世Ⅱ』、1989年4月、54-5頁参照
[22] 参照：不破和彦、「明治期の山林政策と官有林野引戻運動」、『東北大学教育学部研究年報』第24集（1976年3月）、115頁以下

ら明治政府に移ったということになるのではないだろうか。要するに、藩の"縄張り"を明治政府に明け渡したわけである。

しかし、この"お上"の交代は村々や住民に多大の変化を与えることとなった。最大の変化は、"お上"である明治政府が"村"を経由せずに、村人などの住民と直接的に接するようになったという変化である。それまでの藩は、村の場合には、"村"を押さえつけてはいたものの、個々の住民の生活に直接的に干渉することはなかった。年貢（税金）も、個々の村人に課するのではなく、"村"に課税するという形をとっていた。そして、その年貢を個々の村人がどのように負担するかは、"寄合"、すなわち、村人の総意で定められた。

また、藩の法律といえる"法度"についても、藩は、"村"に対して、それに従うことを要請するだけであり、個々の住民にそれを直接的に強制するということはなかった。その"法度"に具体的にどのように従うか、あるいは、それをどのように形骸化するかは、村人の総意で決められていた。そして、藩に対して、"村"の窓口になっていたのが、「庄屋」（地域によっては「名主」と呼ばれていた）であった。

一般には、江戸時代の藩は、こうした「庄屋」（もしくは「名主」）を含む「村方三役」を通して、村人を厳しく押さえ込んでいたとイメージされているようである。村方三役というのは、庄屋（もしくは名主）、3～5人の年寄（もしくは組頭）、2～3人の百姓代のことであるが、しかし、これらの村方三役は、そもそも、"藩"の下部機関ではなく、むしろ村人によって選ばれた"村"の代表であり、村人を押さえつけるなどということは到底できなかったといわれている。

庄屋や名主が、藩の命令にしたがって、年貢を集め、藩の土木事業に村人を動員し、あるいは御触書を貼りだすというような、藩の仕事をしていたのは事実である。しかし、個々の住民の具体的な年貢や労役の量を具体的に決めたのは、村人の"寄合"であった。庄屋・名主は、"藩"の命令を村人に伝え、"寄合"で決定された事柄を実行するだけであった。その上、幕末の頃になると、多くの庄屋・名主は村人の入れ札などで選ばれ、村で生産された米のなかから、一定額の"給米"を受けていた。庄屋・名主になるには、村人に選ばれたというだけでは足りず、"藩"に認めてもらう必要があったようであるが、それでも、村人に選ばれ、"給米"を受けている身としては、村人の側に与するのは

当然であったろう。

　また、村方三役のひとつである年寄・組頭も、庄屋・名主の補助をするという役目も担っていたが、住民の代表として、庄屋・名主の仕事ぶりを監視するという役目が強かったという。もう一つの三役である百姓代は、純然たる村人の代表であった。そして、庄屋・名主の仕事ぶりを監視していた。もちろん、藩の利益をはかるための監視ではない。村人の利益を守るための監視であった。したがって、百姓代に"給米"が支給されなかったのはいうまでもない[23]。

　庄屋・名主の仕事のなかには、藩の"法度"を村人に通達するという業務もあった。この"法度"は、幕藩体制の維持を最大のねらいとするものであり、そのため、幕府や藩の財政基盤の確保をその重要な内容としていた。たとえば、農耕への専念、田畑永代売りの禁止などを内容とするもので、その意味では、村人に対して直接的に干渉するものであった。藩のなかには、村人に対して、連判で"法度"に従う誓約書を書かせた藩もあったという。しかし、実態は、これらの"法度"を庄屋・名主に示すだけで、後は、各村々に運用を任せていたといわれている。もちろん、時には、チェックしたであろうが…。

　そして、それを受けた村々には、"法度"よりも前から運用し、村の秩序をそれによって守ってきた独自の"掟"があった。そのため、"法度"の内容がこの"掟"に矛盾しない場合には、当然、それをそのまま黙認した。村の"掟"の維持に役立つ場合には、積極的に、それを推進するということもあった。しかし、"法度"の条文が村の"掟"に矛盾する場合は、その骨抜き、もしくは形骸化を試みていたといわれている[24]。こういうことができたのは、藩の直接的な相手は"村"であり、藩にどのように従うかを、村として、村人全体で決めることができたからだといえる。村人は一人ひとりで「武力集団」の藩と対峙する事は不可能だとしても、"村"として、村人全体で、"隠田"をつくって年貢をごまかしたり、"法度"を無視したりするなどということは、それほどストレスを感じずにできたと考えられるからである。要するに、庄屋・名主は、藩に対する"村"の窓口であり、村の年貢（税金）をとりまとめ、藩に手渡す責任者であったに過ぎないというべきである。

---

23)　亀掛川浩、『自治五十年史』（制度編）、1977年3月、24-5頁。
24)　水本邦彦、前掲書、54-5頁。

一方、"藩"は村人の生活に直接的に干渉しなかったため、個々の村人の生活について、配慮する必要はなかった。年貢を確保するために"村"を維持する必要はあったが、村人の生活そのものについては、関心を持つことはなかったわけである。その結果、村人の生活を維持するための道路・橋梁・用水路などについては、"村"自身で整備しなければならなかった。村の治安の維持も、"村"自身の問題であった。もっとも、大洪水などで、河川が氾濫し、周辺の村々が大きな被害を被ったというような場合には、藩が率先して、その補修に取りくんだようであるが、これは、しかし、村人の生活を守るためというよりは、田畑を守り、年貢を取るためというのが直接の動機であった考えなければなるまい。事実、氾濫が小規模な場合には、被害を受けた村に修復を任せていたという[25]。

　そして、村の治安維持や土木作業の仕方や経費の負担は、村人の集まりである"寄合"で審議され、決定された。いわば、それぞれの"村"は、村人たちの自立したコミュニティとして機能し、そのコミュニティのなかでは、村人は「合議」で物事を決定していくという生活システムを創りあげていたのである[26]。まさに"地方自治"があったわけである。

　ところが、幕藩体制から明治政府に"お上"が交代するとともに、明治政府は、"村"や"町"を経由してではなく、住民と直接的に接するようになった。江戸時代のような○○村の住人という位置づけではなく、日本の"国民"として位置づけるようになった。戸籍法を制定し、全国の住民を統一的に、登録するというシステムを採用した。また、税金も、"村"に課税するのではなく、個人の住民に課税するようになった。そのために、土地の所有権を定めるということになったが、これは"村"のなかでの村人の結びつきを破壊していったことは否定できまい。

　こうして、新しい地方のシステムの構築を目指すようになったが、その方向は、明治時代を全体的に見ると、"村"の端々まで、すなわち、個々の住民にまで、"お上"の意向を浸透させようというものであった。別の言い方をすれば、住民の"自治"に任せるのではなく、"官治"を担う団体として、"村"を整備

25）亀掛川、前掲書、26-7頁。
26）福田アジオ、「支配の村と生活のムラ」、朝日新聞『朝日百科・日本の歴史8』（近代Ⅱ）1989年4月、260-3頁参照。

していこうというものであった。

　もっとも、この方向がある程度実現されるまでには、紆余曲折があった。また、明治政府は、幕藩体制のもとで締結された外国との不平等条約を改正するために、少なくとも国の体裁を整える必要があった。そのため、地方制度も、外国から軽く見られないように、それなりの形を整える必要があった。"お上"の意向にすべての国民を従わせるというような露骨な、地方制度をつくることはできなかった。地方を"官治"すなわち"行政"のための区画にするにしても、それをカモフラージュする必要があった。議会も設置する必要があった。そのため、地方制度を整備した先進国である外国の知恵も借りなければならなかった。とりわけ、"行政"を実施する区画として地方を整備したドイツの知恵が明治政府には必要であった。こうして、ドイツの学者の指導のもとに、あるいは、その指示にしたがって、明治政府は地方制度を整備していったが、その過程で、幕藩時代の"村"の"自治"が消えていったのはいうまでもなかった。そこで、次に、こうした地方制度がどのように整備されていったかを見ていくことにする。

第2章 文明開化

1. 伊藤博文の"日の丸演説"

　廃藩置県から4か月後の明治4年11月、岩倉具視を全権大使とする「使節団」が横浜港を出発した。この「使節団」の目的は、諸外国との通商条約を改正するための予備交渉をするところにあった、とする解説書が多い。幕末に徳川幕府と諸外国との間で締結された条約が不平等条約であったため、その改正が必要であり、そのために、この「使節団」が派遣されたというわけである。確かに、この「使節団」は、形式的には、条約改正の予備交渉を任務としていたようであるが、しかし、それと同時に、西洋の文明を学んでくるという目的もあった。

　というよりも、この「使節団」の総勢107人[27]という人数の多さ、さらには、出発から帰国まで1年9か月を要したという期間の長さを考える場合には、条約改正の予備交渉よりも、むしろ、西洋文明を学ぶところに最大の目的があったというべきできる。

　事実、最初に訪問したアメリカのサンフランシスコで、明治4年（1871年）12月14日に、（後に日本最初の首相となる）伊藤博文が"日の丸演説"として有名な演説をしているが、そのなかで、「今日我が国の政府および人民の最も熱烈なる希望は、先進諸国の享有する文明の最高点に到達」[28]することだと話していた。アメリカなど先進諸国の文明を日本に浸透させることが明治政府の願いであり、「使節団」の最大の目的は、そのための資料を持ち帰ることだと強調していたのである[29]。

　さらに、このアメリカ滞在中に、条約改正には「うかつに手をつけない方が

---

[27]　正使・岩倉具視、そして木戸孝允、大久保利通、伊藤博文、山口尚芳の4人の副使をはじめとする総勢46人の「使節団」、それに随員18人、留学生43人、合計で107人であった。
[28]　瀧井一博編『伊藤博文演説集』、2011年7月、講談社学術文庫、13頁。
　なお、この演説は英語で行われたという。伊藤は、1863年に、井上馨とともに、長州藩の秘密留学生としてイギリスに渡り、1年後の1864年に横浜に帰っている。また、明治3年（1870年）11月から約半年、アメリカで財政貨幣制度を調査というように、英語に堪能だったようである。
[29]　同上、15頁。

いい」ということになり、その後のヨーロッパでは、条約改正の予備交渉は全く行わず、全面的に西洋文明の吸収に努力することになったという[30]。

このように西洋文明を学ぶということが非常に重視されていたが、ここで疑問になるのは、「使節団」のメンバーには、当時の政府のそれこそ重鎮たちが多数含まれていたという点である。たとえば、伊藤博文は、当時はまだ弱冠30歳の青年であったが、殖産興業（電信、製糸、鉱山、鉄道、灯台）を管轄する工部省の責任者、今でいえば大臣であった。さらに、木戸孝允と大久保利通はもっと"大物"であり、この２人で当時の明治政府を仕切っていたといえる人物であり、また、使節団のトップである岩倉具視は、明治政府の最高責任者といえる人物であった。こうした面々が、２年近くも政府を留守にして、西洋文明を学ぶというのである。これは、どういうことなのであろうか。

もちろん、当時は、電話もなければ、ファックスもない。メールもない。手紙も、船で何とか運べるとしても、時間は非常にかかる。飛行機などというものはまだ存在しない。アメリカやヨーロッパに行ってしまえば、政府に残った人々と、意志の疎通をはかることができなくなることは明らかである。また、この頃の日本は、版籍奉還それに続く廃藩置県によって、明治政府の統治が全国に及ぶようになったとはいえ、地方の町々や村々が、さらにはそれらの住民が、自発的に、明治政府に従うという体制になっていたわけではない。そういう時代に、政府の実質的な中心人物たちが、政府から２年近く離れ、西洋文明を学ぶというのである。なぜ、そんなことになっただろうか。何か、大きな理由があるに違いない…と考えるのが、自然である。

また、この「使節団」が西洋文明を学ぶというのは、単に、西洋文明というものを視察し、それを参考にして、今後の日本のあり方を考えようというものではなかった。西洋文明を全面的に日本に導入し、浸透を図る、言い換えれば、模倣するということだったのである。たとえば、伊藤博文のサンフランシスコの演説（"日の丸演説"）では、次のように、それが正直に話されていた。

「我が国民は、読むこと、聞くこと並びに外国において視察することに依り、大抵の諸外国に現存する政体、風俗、習慣に就き一般的知識を獲得したり。今

---

30) 川崎庸之・原田伴彦・奈良本辰也・小西四郎総監修、「ついていない旅中の岩倉使節団」、『読める年表・日本史』、2001年4月、自由国民社、827頁。

や外国の風習は日本全国を通じて諒解せらる」[31]。

確かに、この頃には洋服がかなり浸透していたし、明治4年（1871年）には、断髪令も施行された。牛肉も食べるようになった。電信線も、明治2年（1869年）に、イギリスの電信技師を招いて東京と横浜の間に敷設していたし、明治3年（1870年）には、フランス人の技師を招いて、富岡製糸場の建設も始まっていた。明治5年には新橋―横浜を蒸気機関車が走るようになった。銀座煉瓦街の建設も始まった。

また、伊藤博文は、1年前に渡米してアメリカの財政貨幣制度を学び、それを基にして、日本最初の貨幣法である新貨条例[32]を制定したということを事例にとって、国を治める仕組みについても、西洋の制度をそのまま採用しているということを、伊藤博文は、次のように、自慢げに語っている。「1年足らず以前に、予は合衆国の財政制度を精細に調査したることありしが、その時ワシントン滞在中、貴国大蔵省高官より貴重なる援助を受けたり。而して予の学び得たる各種の事項は、誠実に我が政府に報告せしが、その献策は大抵採用せられ、すでに実行に移されたもの少なからず」[33]。

そして、その一方では、従来の日本の文明や仕組みを"封建制度"ということで一蹴し、それを打破したということを誇らしげに語っている。もちろん、この伊藤の姿勢は、伊藤博文の個人的な見解ということではなかった。「使節団」の見解、ひいては、明治政府の見解であり、それを英語をしゃべることができる伊藤博文が代表して説明したものだとみるべきである。

しかし、数年前までは、明治政府の重鎮となった人々を含めて、日本人の多くは"夷狄"（外国人）を追い払おうとしていたのである。それが、軍艦や大砲などに脅され、また、蒸気機関車や電信あるいはガスなど、技術力の差を見せつけられたとしても、手のひらを返したように、統治の制度や仕組みも、教育も、風習も、すべて西洋諸国に倣おうという姿勢は、如何にも不自然だというべきである。当時の明治政府の重鎮にも、日本人としての誇りがあったはずである。その誇りをかなぐり捨てて、西洋諸国の文化、技術、統治の仕組みなど、言い換えれば西洋の文明（civilization）を学び、それに追随するというこ

---

31) 『伊藤博文演説集』、13頁。
32) 明治4年5月10日制定。
33) 『伊藤博文演説集』、14頁。

とには、何か大きな理由、やむを得ない理由があったといわなければならない。

また、恐らく、同じ理由だといえるが、江戸時代の日本文明を封建制の遺物として否定し、その克服を目指すという姿勢は、どういう理由で出てきたのであろうか。これを見るには、当時の日本が置かれていた状況、言い換えれば世界の情勢を見る必要があろう。

なお、こういう明治政府の姿勢は、その後の地方制度の整備にも、また、そのなかで生活する住民に対しても、大きな影響を及ぼしたことはいうまでもない。地方制度も、住民の生活をめぐる諸制度も、ほとんどが、西洋の模倣をして、あるいは西洋人の手によって、定められることになったからである。

2. 国際法の秩序──対等の関係か？ 植民地化か？

明治政府が出現した頃、日本を含む東アジアでは、中国を中心とする"華夷秩序"が国家間の関係を律しているという考え方が、伝統的に浸透していた。中国の皇帝が天下を徳によって支配しているとされ、その中国の皇帝を頂点にして、その皇帝との関係の深さによって、それぞれの国の位置づけが決まるという関係であった。中国の皇帝が圧倒的に強力であったときにできあがってきた関係である。この"華夷秩序"のもとでは、周辺の国々は、中国の皇帝を訪問し、臣下の礼をとっていれば、すなわち朝貢さえしていれば、中国から政治的支配を受けることがなかった。なかでも、朝貢をし、皇帝からあらためてその地域の「王」としての資格を授与された（これを冊封という）国は、それだけ位置づけが高いとされていた[34]。

日本と関係の深い国でいえば、朝鮮の首長は、伝統的に中国に朝貢することで、朝鮮国王として冊封されていたが、同時に、日本と対等の立場でつきあうという関係にあった。また、琉球も、中国と日本の双方に朝貢するという独自の姿勢をとっていたが、中国によって、これが咎められるということはなかった。

日本は、古代には、中国に朝貢していたが、江戸時代には、"華夷秩序"から離脱していた。しかし、国際関係の理解の仕方は、少なくとも国民レベルでは、"華夷秩序"が基本になっていたといってよい。

---

34) 坂本多加雄『明治国家の建設』（日本の近代2）、1999年1月、135-6頁。

西洋諸国は、もちろん、このような"華夷秩序"とは関係がなかった。そのため、アジアの国の人々は、"南蛮"や"北狄"などというように、少なくとも観念的には、西洋の国々を野蛮な国だと総称していた。日本人も、幕末の「尊皇攘夷」という言葉に端的に見るように、西洋諸国の人々を野蛮な夷狄だと位置づけるのが一般的であった。

　とはいうものの、武力や科学力に優れたヨーロッパ諸国は、このような"華夷秩序"を考慮することなく、ヨーロッパ流の「国際法の秩序」でもって、東アジアにも侵攻してきた。この「国際法の秩序」は、もともとは、各国の軍事力や経済力がさまざまであるとしても、法的には平等だという秩序、いわば横並びの秩序であった。それぞれの国には、その領土と人民を排他的に支配する"主権"があり、その主権を、各国がお互いに認め合うという秩序であった。そして、国と国の関係は、互いに相手のことを思いやる契約（すなわち"条約"）によって定められ、多数の国々の間で、力のバランスをはかりながら平和を保っていこうと考えられていた。

　しかし、これはあくまでも、考え方を共通にする国々の秩序、文明を同じくする国々の秩序であった。そのため、このヨーロッパの国際法の秩序の網が世界各地に広がって行くに従い、この秩序は、世界を対等のものではなく、3つのカテゴリーに区分するという秩序に変質していった。世界を、「文明国」、「半文明国」、「未開国」の3つのカテゴリーに区分するようになったのである。

　第1のカテゴリーの「文明国」は、文明があり、国家としての主権があるとされた国々であった。具体的には欧米諸国がこれに該当した。

　第2の「半文明国」のカテゴリーに分類されたのは、文明はあるが、それは遅れた文明であり、その結果、"主権"も完全なものとしては認められないとされた国々であった。「文明国」は、これらの「半文明国」とも、"条約"によって、相互の関係を定めることとされていたが、その"条約"は不平等なものでよいとされた。もちろん、実際には、軍艦や大砲などの軍事力をバックに、「文明国」が都合の良い条約を押しつけたのであるが…。具体的には、トルコや中国がこの第2のカテゴリーに位置づけられ、日本もここに位置づけられていた。

　第3の「未開国」のカテゴリーに位置づけられた国々はもっと悲惨であった。これらの国々は、欧米人の基準から見て、土地があり人民が住んでいるが、国家が存在していないと見なされた国々であった。「未開国」だとみなされると、

国際法的には、"無主"の土地であるとされ、欧米諸国は、いわば早い者勝ちで、一方的に支配することができるとされた。具体的に、「未開国」とされたのは、アジアやアフリカの植民地となった国々である。

3. 明治政府の外交政策

　ヨーロッパ流の「国際法の秩序」を世界的に広めたのは、アメリカ人のヘンリー・ホイートン（Henry Wheaton）であった。法律家であると同時にアメリカの外交官であったホイートンは、1836年に『国際法原理（Elements of International Law）』という国際法の解説書を発刊。これが、アメリカだけではなく、ヨーロッパ諸国でも評判を呼び、すぐにフランス語やドイツ語に翻訳された。

　また、宣教師として中国に滞在していたアメリカ人のマーティン（W. A. P. Martin）によって中国語にも翻訳され、1864年に『万国公法』として出版された[35]。これが、幕末当時の日本にも伝来し、はやくも1865年には、開成所[36]で西周によって訓典がつけられて発行されている。巻数などの体裁は中国版と全く同じ形で、本のタイトルも『万国公法』と同じであった。この『万国公法』は、明治政府に多大の影響を与えることになった。明治政府が開国の方針を決する際の参考書となり、また、外交の絶対的な基準として、明治政府の高官たちがそれを習得し、それに従って行動するようになったのである。

　この状況を、たとえば、大審院判事や明治大学法学部教授などを務めた法制史の研究者、尾佐竹猛が昭和12年（1937年）の著書で説明している。少し長くなるが、それを見てみると…。

　「鎖国攘夷の旗印を以て幕府を倒した明治政府は、固より真に攘夷を決行する意なく、いよいよ天下を取りてすぐ外国と交通することになるが、さて、その豹変の態度をなんと天下に説明していいものかに一寸困ったのである。幕府に代わって、新政府こそ本当に攘夷を断行して呉れると信じたのに、其の新政府がおめおめ外国と交通するとは何事ぞと悲憤慷慨するものも随分多かった。そこで新政府はいろいろ苦心した。その結果発見した一条の活路は、

---

[35]　佐藤慎一『近代中国の知識人と文明』、東京大学出版会、1996年。
[36]　幕府の洋学教育研究機関。幕府の崩壊により、一度閉鎖されたが、明治元年（1868年）9月「開成学校」として再興され、その後、東大の源流となった。

外夷は禽獣にひとしいものと従来考えていたが、能く調べてみると必ずしもそうでない。彼らは宇内の公法を以て我々に接するという居る。然らば敢えてこれを排斥すべきものではないのみならず、我も亦正義公道を以て接するのが礼ではないか、という理屈であった。斯くしてやっと民間の不平を抑えるに成功したが、其処から自らも宇内の公法という一種の形而上学的規範が存在するかの如き観念が生じたのである。そこで当時の人に取って公法はすなわち天道というが如きものであり、公法の書は一種の経典の類いと見做されたのである。公法や天道は儒書からも教えられた。併し、新時代に応ずるには之では足りぬ。西洋で謂う公法を知らなくてはならぬということになり、斯くしてわが『万国公法』は当時恰も宗教の経典の如き権威を以て多くの人々に読まれたのであった」[37]。

ところで、明治政府がその治世の根本方針を最初に示したのは、王政復古のクーデターの直後であった。明治元年（1868年）3月14日に、明治天皇が明らかにした「五箇条の御誓文」がそれである。そして、この「五箇条の御誓文」も、『万国公法』の遵守を前提としていた。それをもっとも端的に示しているのは、第4条である。とはいえ、この第4条の表現、すなわち「旧来の陋習を破り天地の公道に基づくべし」という表現を、現代の感覚で素直に読む場合には、これが開国を示しているとは読み取りにくい。

しかし、この「五箇条の御誓文」の第4条は、原案にはなく、王政復古を仕

五箇条の御誓文の内容

1. 広く会議を興し万機公論に決すべし
2. 上下心を一にして盛んに経綸を行うべし
3. 官武一途庶民に至る迄其志を遂げ人心をして倦まざらしめん事を要す
4. 旧来の陋習を破り天地の公道に基づくべし
5. 智識を世界に求め大に皇基を振起すべし

---

37) 尾佐竹猛『近世日本の国際観念の発達』共立社、1932年、34頁。

掛けた中心人物の1人である木戸孝允が、つけ加えたものであった。しかも、その意図は、開国和親の方針を徹底させるところにあったといわれている[38]。これは、木戸が書き加えた当初の案が「旧来の陋習を破り宇内の通義に従うべし」であったことからも窺うことができる。ここで「宇内」というのは、もちろん、「世界」のことである。そして、「通義」というのは「一般に通用する道理」のこと、言い換えれば、「公法」のことだと理解できる。

　「御誓文」は、この「宇内の通義」という表現を、「天地の公道」というように、修正を加えたが、もちろん、これは、「万国公法」にしたがうということを否定したわけではない。それどころか、世界全体に通じる「天地の公道」として、「万国公法」をさらに強調したということすらできる。

　ただし、当時の日本の状況は、"尊皇攘夷"という旗印の下に倒幕をし、王政復古をした直後であった。そういう状況の下で、それこそ"攘夷"の対象である欧米人を追い払うどころか、その"夷狄"のルールである「宇内の公法」（万国公法）にしたがうというのである。これを露骨に表現すれば、人々の反発を買う可能性があり、できれば、それを避けたかった。そこで、それをカムフラージュするために、儒教的な考えの人々にも受け入れやすい「天地の公道」というような表現にしたというべきである。要するに、王政復古のクーデターをしかけ、その後、明治政府の担い手となった人々は、開国は避けられないこととして受け入れており、開国するためには、必然的に「万国公法」にしたがう必要があると認識していたのであった。事実、王政復古のそれこそ中心の仕掛け人であった岩倉具視が、王政復古のクーデターの直後に、開国を強調し、「外国交際之儀は宇内公法を以て」取り扱うと強調している[39]。こうした明治政府の中枢部の意向のもとに、この第4条が採用され、「天地の公道」すなわち「万国公法」に基づいて開国するという方針が、すなわち、欧米諸国の人々を"夷狄"と見なすような悪い習慣を打ち破り、国を開くということが表明されたわけである[40]。もっとも、江戸時代のもとで行われてきた一般的に悪い習慣を打破するという意味も併せて含まれているとみるべきであろうが…[41]。

---

38)　坂本多加雄、前掲書、59頁。
39)　同上、139-40頁。

しかし、「万国公法」すなわちヨーロッパ流の「国際法の秩序」に従って開国するというのは、必ずしも簡単なことではなかった。日本は、"半文明国"として位置づけられ、完全な意味での"主権国家"とは認められていなかったからである。その結果として、不平等条約を押しつけられていただけではなく、その状態が続けば、"未開国"へと位置づけが転落し、欧米諸国の植民地になってしまう可能性すらあった。

　当時の明治政府が望んでいた"開国"は、もちろん、そうした"半文明国"としての開国ではなかった。それどころか、「国際法の秩序」のもとで、欧米諸国と対等につきあうという開国であった。そのため、何はともあれ、徳川幕府の時代に締結された不平等条約を改正する必要があった。しかし、条約を改正し、対等の条約とするためには、日本が"文明国"として認知されなければならなかった。この判断をするのは、軍事力で圧倒的な力を持つ欧米諸国であり、その判断の基準は、当然のことであるが、欧米流のいわゆる西洋文明を有しているかどうかであった。日本流、あるいはアジア流の「文明」をどれだけ成熟させたとしても、そうした「文明」は、「国際法の秩序」のもとで欧米と対等につきあうためには、無意味であった。

　こうして、明治政府は、早急に西洋流の「文明」化をはかるという方向を採用することとなった。法制度や統治制度、地方制度、さらには、社会制度や風俗習慣すら、それまでの日本の「文明」を否定し、欧米諸国の模倣をすることとなった。西洋文明を模倣することによって、欧米諸国に日本を「文明国」として認知してもらい、それによって、欧米諸国と対等につきあうことのできる

---

40) 陋習の最も端的なものは、"夷狄"すなわち欧米人に対する襲撃であったろう。慶応4年（明治元年）1月には、神戸で備前藩の隊列が前を横切ったフランス人水兵を負傷させた「神戸事件」が発生。また、2月には、今度は堺で市中を見回っていた土佐藩の藩士がフランスの水兵と衝突、銃撃戦となり、11人のフランス人が死亡したという「堺事件」。さらに、同じく2月に、イギリス公使パークス一行が、明治天皇に謁見するため御所に向かう途中、2人の男に襲撃されるという事件が、相次いで発生していた。このため、3月には、明治政府は、すでに明治政府の統治下に入っている村や町に「外国人を殺害したり、不心得な所業をするものには…極刑を科す」という趣旨の通告をしていたが、その通告でも、朝廷は「万国の公法」を以て条約を履行すると宣言していた。たとえば、下部町史編纂委員会、『下部町史』（現・山梨県身延町）、昭和56年12月、404頁は、「外国交際之儀…朝廷直チニ…万国之公法ヲ以テ条約御履行…」とする明治政府（太政官）の「覚」が残されているとしている。

41) 尾佐竹猛は、この条文は、開国の方針を規定しただけであると狭く解しているようであるが…（前掲書41-2頁）。

「主権国」に成り上がろうと考えたわけである。明治4年に、岩倉具視、木戸孝允、大久保利通、伊藤博文など、当時の明治政府の中枢を占める人々が、大挙して「使節団」を編成し、1年9か月もの長きにわたって欧米諸国を訪問したのは、まさに、西洋文明を学ぶという明治政府の決意の現れであった[42]。

「使節団」の副使であった伊藤博文が、サンフランシスコで後に"日の丸演説"ということで有名になった演説をしたことは前述したが、その、演説の最後を、次のように、「文明国」の一員になるという決意の表明をして、締めくくっていた。

「我が国旗の中央に点ぜる赤き丸形は、最早帝国を封ぜし封蝋(ふうろう)の如くに見ゆることなく、将来は事実上その本来の意匠たる、昇る朝日の尊き徽章となり、世界に於ける文明諸国の間に伍して前方に且つ上方に動かんとす」[43]。

こういう発想の下に、明治政府は、「文明開化」を目指して突き進んでいったが、本書では、「文明」の中のひとつの側面、具体的には、地方制度の整備について、また、その整備に伴ういくつかの社会現象に焦点を絞って、見ていくことにしたい。

---

42) 坂本多加雄、前掲書、148頁。
43) 瀧井一博編『伊藤博文演説集』講談社学術文庫、2011年、15頁。

第3章 — 明治初期の府県

1. 廃藩置県後の府県の設置

　明治4年の廃藩置県により、明治政府と地方の住民の関係は激変した。日本のすべての地域が"府県"という政府の地方出先機関になり、その結果、住民は、明治政府によって、直接的に、治められるということになったのである。

　しかし、藩の廃止によって出現した"府県"は、全部で3府302県もあるというように、あまりにも数が多すぎた。これでは、"府県"の運営がうまくいかないのは必然であった。こうして、明治政府は、先ずは、府県の統合に着手。明治4年末までに、3府72県に統合した[44]。

　この時の状況を、たとえば現在の三重県の場合でみると、三重県の北部は、幕府時代の幕府直轄地と津・亀山・長島・神戸・菰野・桑名の各藩の区域が統合されて「安濃津県」となり、また、南部は、伊勢神宮領と幕府直轄地、久居藩や鳥羽藩などの区域が合わされて「度会県」ということになった。

　この後も、明治9年（1876年）に大規模な統合が行われて3府35県となったが、今度は、分権運動や復活運動が盛んになり、結局、明治21年（1888年）に、現在と同数の45府県に統合した。三重県も、明治9年の統合で、「安濃津県」と「度会県」が統合され、現在の三重県となった。

　ただし、いまの沖縄は、こうした動きとは異なっていた。沖縄は、明治の初め頃までは、琉球王国として、薩摩藩に所属するという扱いを受けてきたが、明治5年に、琉球藩として位置づけられ、国王は"藩王"ということになった。そして、琉球を管轄するのは外務省ということで、他の府県とは別の位置づけをされていた。それが、明治7年に、外務省の管轄ではなく、内務省の管轄だとされたために、他の府県と同格になり、さらに、明治12年（1879年）に「琉球藩を廃し沖縄県を置く」という明治政府の通達によって、沖縄県となった。

　これらは、しかし、明治政府の勝手な行動であった。琉球（沖縄）は、日本だけではなく、中国の皇帝を訪問して臣下の礼をとるという"朝貢"をしてい

---

44) 3府は東京府、京都府、大阪府。

たので、安易に明治政府に従うことはできなかった。そのため、沖縄県は、沖縄「県」にするという明治政府の措置は中国政府の了解を得た上のものかなどと詰問したものの、明治政府に反抗する武力がなく、泣く泣く首里城を明け渡し、沖縄県になったという。しかし、この沖縄県の設置については、中国政府からも抗議があり、必然的に、日本と中国の間でもめていた。最終的には、アメリカの直前の大統領グラント将軍が「琉球は日本領が正当なり」と宣言したために、けりが付いたとのことであるが…[45]。（北海道も、明治の初めは「開拓使」として政府直轄の位置づけをされ、明治15年からは札幌県、函館県、根室県の3県体制、そして、明治19年からは「北海道庁」が設置されるというような特殊な扱いを受けてきた）。

　これらの府県には、明治政府（中央政府）から官吏（職員）が送り込まれた。いつの頃からか、これらの官吏（職員）は、とくにその上層部の職員は、"地方官"と呼ばれるようになった。そして、それらの職員のトップである地方長官には、明治4年（1871年）の時点でいえば、府の場合は「府知事」、県の場合は「令」が就任した[46]。しかし、規則上は、「府知事」や「県令」よりもランクが一つ下の「権知事」、「権令」を地方長官にすることができると定められており、実際に、「権知事」や「権令」あるいは「参事」が職員のトップになるという事例もあった。たとえば、地方長官としての在任期間が最も長かったことで有名な岐阜県令の小崎利準の経歴をみると、小崎は亀山藩（三重県）出身で、明治元年に笠松県（美濃国・岐阜県）に勤務したのをスタートに、以後、順調に出世し、明治5年（1872年）に岐阜県参事に就任。この参事の地位で「地方長官」を務め、明治6年に岐阜県の「県令」に就任している。しかし、明治8年（1875年）に、地方長官はそのまま継続したものの、「権令」となっているのである。もっとも、明治11年（1878年）には、再び「県令」となっているが…[47]。こういう事例が多いかどうかは定かではない。「県令」と「権令」

---

45)　宮武外骨『府藩縣政史』、名取書店、昭和16年、76頁。
46)　府県官制（太政官布告565、明治4年10月28日）、縣治条例（太政官達623、明治4年11月27日）。"縣治条例"といっても、これは、現在の表現でいえば、国の"法令"に該当するものである。また、この縣治条例で定められている「県令」の名称は、明治19年地方官官制により、知事に改められた。
47)　宮武外骨、前掲書、128頁。

は実際にはほとんど区別されておらず、そのために、記録も多くの場合「県令」として一括されているようである[48]。

　これらの「府知事」や「県令」は、当時の明治政府の中枢機関であった"太政官"によって任命された。"太政官"とはいっても、これは個人の官名ではない。明治政府の中枢の組織、いわば、現在の内閣のようなものであった。当時、地方を統括していた大蔵省は、この太政官の下に、外務省や兵部省などとともに設置されていた。なお、太政官は、明治18年（1885年）に明治政府が内閣制を採用したときに廃止されたが、それはともかくとして…。

　太政官は、知事や県令だけではなく、「参事」や「権参事」など府県の上層部の官吏についても、任免権を握っていた。ただ、廃藩置県の頃にこの人事がどれだけ適切に行われていたか、かなり疑問である。

　たとえば、林茂平という人物の場合、最初に、明治4年12月、香川県の「参事」に任命されたが、実質的に、「県令」としての職務を遂行する地方長官であった。翌5年10月に豊岡県（現在の兵庫県と京都府の一部）に「権令」として転任。しかし、1か月後に、香川県の「権令」に任命され、再び、香川県の地方長官を務めた人物である。林茂平が香川県を離れた1ヶ月間にも、もちろん、香川県に地方長官がいた。その人物はたった1ヶ月間で香川県の地方長官を馘首されたわけであるが、この人物については、辞職とあるだけで、その後どうなったかは不明。こうした事例をみる場合には、当時の太政官は地方長官をかなり荒っぽく任命していたともいえそうである。

　各府県には、これらのトップクラスの職員の外に、「典事」、「大属」、「小属」などという名称の地方官（職員）もかなりいた。たとえば、廃藩置県の直後の時点でみると、石高が20万石の県で、次ページ表2のような職員を配置することとされていた[49]。

　しかし、府県のほとんどは、もっと石高が高かったため、地方官（職員）の定数ももっと多かった。たとえば、いまの三重県でいうと、安濃津県は52万石だったため、職員の定数は56人、また、度会県は34万石で46人の定数であっ

---

48) 朝日新聞社通信部編『縣政物語』（世界社、昭和3年）に、各府県の歴代の地方長官、すなわち、「府知事」「県令」が掲載されているが、これを見る限り、歴代の地方長官はすべて「府知事」「県令」と記されており、「権知事」、「権令」という肩書きのものは見当たらない。
49) 縣治条例（太政官達623、明治4年11月27日）（達）

表2　石高 20 万石の県の地方官

	名称	人数
奏任官	令	1人
	権令	
	参事	1人
	権参事	
判任官	典事・権典事	2人
	大属	5人
	権大属	5人
	小属	5人
	権小属	6人
	史生	5人
	縣掌	2人

宮武外骨、府藩縣制史、119 頁。

た[50]。

（この石高は明治6年に廃止された。そのため、それ以後は、土地の面積と人口に応じて定員数が定められるようになったという）。

2. 地方官（職員）の格付けは？

　府県の長官（府知事・県令）には、一般に、他府県出身の士族が任命されるというのが、明治初期の府県の特色であった。また、その地方長官に任命された府県の職員も、多くは、明治政府（中央政府）から派遣されてきた地方官（職員）であった。

　そして、多くの府県では、宿舎が造られ、そこに、「府知事」や「県令」の官舎を中心に、職員の官舎が建ち並んでいたようである。（たとえば、次の図2栃木県の官舎を参照）。

50）　縣治条例によれば、21 万石以上の県は、40 万石までは、1万石につき1人を増員。41 万石以上は、1万石につき5人を増員すると定めていた。

これらの職員は、「府知事」・「県令」・「参事」という本当のトップクラスは別として、すべて"判任官"であった。現在は、中央の各省庁に勤務する職員は"国家公務員"とされているが、この頃は、"官吏"と呼ばれていた。官吏の位置づけは民間と比べてはるかに高かったが、その官吏のなかでも身分の違いがあった。「親任官」、「勅任官」、「奏任官」、「判任官」という４つの序列に区分され、宮中での席次や位階勲等、さらには待遇も、この序列によって決められたのである。そして、府県の職

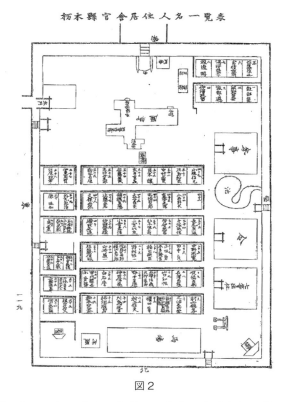

図２

員は、このなかの"判任官"、すなわち、官吏の序列では末席の身分として位置づけられていた。(この"判任官"としての府県の職員の下に、"雇員"や"嘱託"などの「官吏ではない」職員もいたが…)。

　このような府県に対して、中央の各省の行政を仕切っていたのは、もっぱら、もう一つ上のレベルの"奏任官"の官吏（職員）であった。当時、奏任官以上の職員は"高等官"といわれていたが、高等官といってもイメージしにくいのではないだろうか。そこで、軍人のランクでみると、大佐から少尉までが奏任官であったという。士官クラスはすべて奏任官であったわけである。いまの自衛隊でいえば、１佐から３尉の自衛隊員ということになる。少尉がそんなに高い地位なのかと驚くが、明治時代の県レベルで、この奏任官として位置づけられていたのは、わずかに「県令」と「参事」だけ、それこそ、トップの中のトップという職員だけであった。

しかも、中央レベルには、奏任官よりも、さらに格が高い、言い換えれば、身分が上の"勅任官"がいた。各省庁の次官や局長クラスはこの勅任官であった。また、軍人の中将、少将が勅任官であった。地方では、「府知事」だけが、「県令」よりも高い地位にいるものとして、勅任官に任じられていた。中央政府の首相や国務大臣、あるいは軍人の陸軍大将、海軍大将などは、さらに格上の"親任官"であった。

　明治の中頃になると、府県の官吏（職員）は、「大書記官」や「少書記官」などと変わり、また、「県令」は「県知事」にと、その名称は変わっていったが、判任官や奏任官という位置づけには変わるところがなかった。（次表を参照）。

　このように、府県の職員は、国（中央官庁）の職員と比べて、かなり下のランク付けをされていた。「府知事」でも、せいぜいのところ、中央官庁の局長クラスでしかなく、「県令」にいたっては、局長にも及ばないという格付けであった[51]。

　しかし、そうはいっても、「府知事」や「県令」は、それぞれが管轄する府県のなかでは、絶対的な存在であった。府県のナンバー・ツーにあたる「参事」についても、太政官が任命していたが、しかし、誰を「参事」にするかは、「府知事」・「県令」の申し出を受けて決めていた。それ以外の職員の人事は、全面的に、「府知事」・「県令」の権限であった。

表3　国・府県の職員の地位

---

51)　大島美津子『明治国家と地域社会』1994 年、岩波書店、30-1 頁。

もっとも、これらの職員の人事は、太政官に報告しなければならず、その意味では、「府知事」と「県令」はむやみなことはできなかったが、しかし、職員との関係では、絶対的な力を持っていたことは確かであろう。

　また、ちょっと馬鹿らしく思えるが、奏任官か判任官かで、歴然とした身分的な差別があった。たとえば、明治6年（1873年）の新潟県の「県庁例規」は次のように定めていた[52]。

　　「出庁之節奏任以上玄関ヨリ判任以下等外及市郡戸長計算掛ハ中ノ口ヨリ昇降スベキ事…」

　要するに、県庁に出入りする時は、奏任官の「県令」と「参事」の2人は"玄関"を通るが、それ以外の判任官の職員は、また、県庁の指示のもとに、収税や戸籍事務、あるいは種々の連絡伝達などのために働かされている戸長たちは、"玄関"を使うことができず、"中の口"を通らなければならなかったわけである。

　さらに、判任官とそれ以外の職員、あるいは町村の戸長等との間でも、身分差があった。たとえば、上述の新潟県の例でみると、判任官の職員は、県庁の敷地に入る時には"表門"を使うことができたが、雇員や戸長等は"脇門"から出入りしなければならなかった。

　「府知事」や「県令」は、住民との関係でも、特別の存在であった。「県令」が視察にきたときには、住民は土下座をして迎えていたという[53]。まさに、幕府時代の藩主に近い存在が、明治の頃の「府知事」・「県令」であったといわなければなるまい。

3. 府県の権限は？

　明治初期の府県の地方官（職員）は、住民との関係では、絶対的な存在であった。住民の"支配者"であるということもできた。税金の徴収を決めるのは地方官であり、住民に道路の整備など、大々的な土木工事を命令するのも地方官であった。地方官は、また、住民を取り締まることもできた。裁判も、刑事裁

52）　大島美津子、前掲書（41頁注）より再引用。
53）　朝日新聞社通信部編、前掲書には「明治4年、初代の長野縣令に任ぜられた立木兼善などが、鞍上ゆたかに民情視察と出かければ、人民どもは土下座したものだ」（209頁）と描写されている。

判であれ、民事裁判であれ、ともに地方官が仕切っていた。さらに、明治政府は、地方の住民を直接的に掌握するという意図のもとに、各町や村にどういう人々が住んでいるかを明確にする"戸籍"を創るという作業に取り組んだが、この"戸籍"づくりを指揮したのも、府県の地方官（職員）であった。次の表は、明治6年の新潟県庁の機構を示したものである。

このなかの「聴訴課」というのは裁判のことであり、「聴訴掛」がいまの表現でいえば民事裁判、そして、「断獄掛」が刑事裁判である。「明法掛」というのは、恐らく、法律や命令の調査する掛のことであり、「監獄掛」が刑務所の掛であることはいうまでもない。また、「邏卒取締掛」は警察のことである。「庶務課」のなかの「進達往復」というのは、恐らく、中央政府との窓口、すなわち、中央政府に対する文書を立案するところであろうと思われる。「学務」は学校に関連する事務を処理するところであり、「貫属、戸籍掛」はまさに戸籍を作成するための指示をする担当である。「出納課」は歳入歳出を決めるところであるが、その中の「営繕掛」は土木工事などを担当するところと考えてよ

表4　新潟県庁機構一覧（明治6年）

課　名	分　課　名	配置人員
庶務課 16人	進達往復、市郡、学務掛	6人
	官省受付、外務、浄写、活版、職員、駅逓郵便掛	3人
	社寺、貫属、戸籍掛	4人
	受付掛	3人
聴訴課 44人	聴訴掛	4人
	断獄掛	4人
	明法掛	11人
	10カ所取締出張所	21人
	監獄掛	3人
	邏卒取締掛（外に捕亡史23人、邏卒35人）	1人
租税課 53人	当務掛（但し各大区分割担当）	29人
	堤防掛（但し各大区分割担当）	14人
	雑税掛（但し各大区分割担当）	10人
出納課 13人	当務掛	8人
	営繕掛	2人
	用務掛	3人
外務課 15人	本庁在勤	2人
	税関在勤	11人
	訳官	2人

大島美津子、『明治国家と地域社会』1994年、39頁より引用

い。また、「租税課」は税金の徴収をする担当である。もちろん、国税の徴収が中心であった。

　この新潟県庁の組織をみても、非常に幅広い権限を処理していたことがわかるが、こうした組織をもっていたのは、もちろん、新潟県だけではなかった。そもそも、新潟県の4つの課（庶務課・聴訴課・租税課・出納課）の設置は、明治4年（1871年）11月27日の太政官達にしたがったものであった。そのことからいえば、廃藩置県の直後の頃は、どこの県でも、この4つの課をもち、住民に対して、広範な力を揮っていたといわなければならない。

　これらの権限のなかには、中央政府と稟議した上で行使すると定められているものもあった。そして、廃藩置県の直後から数年間にかけて府県を監督していた大蔵省は、何か問題があると見なした時には、容赦なく、職員を派遣し、事態の収拾にあたらせていたとのことである[54]。そのことからいえば、地方官は、大蔵省（中央政府）の指示にしたがって、それぞれの府県を運営していただけということもできそうであるが、しかし、実際には、ほとんどの地方長官（府知事・県令）は自分自身の裁量で府県を運営していたといわれている。そのため、仕事熱心な人物、あるいは、国家の財政的な安定を考えるような人物が地方長官になった場合には、税金の取り立てが厳しくなり、それだけ住民が大変な目にあうということが多かった。

　明治9年（1876年）から明治18年（1885年）まで山形県令・福島県令・栃木県令を務めた三島通庸は、こうした県令の典型的な人物で、何れの赴任地でも、庁舎新築、道路開墾、橋梁架設などの土木工事を起こして県民の負担を重くし、住民が反発すると、「官権を濫用して圧迫を加えた」という[55]。

　三島が山形県の県令であった明治11年、府県会規則が公布され、そのもとで、明治12年にはじめて山形県会議員の選挙が行われたが、この県会の議員に対しても、三島は、批判をされると、圧力を加えたようである。たとえば、明治13年（1880年）6月11日発行の時事評論誌（扶桑新誌）は、三島県令の態度を次のように報道していた。5月22日に開かれた山形県会で、佐藤里治

---

54) 大島美津子、前掲書、31-4頁。
55) 宮武外骨、前掲書、233頁。

議員が、「三島県令が毎年土木工事を起こして重き地方税を徴収する事は、民力の堪(たえ)る所にあらず」と発言。このため、三島県令は、佐藤議員を県庁に呼びつけ、「議場に於いてあんな言辞を述べてはならぬぞ」[56]と諭したというのである。

三島県令は、次の福島県の県令の時も、県会と対立して、後述のように、「福島事件」という事件を引き起こしている[57]。さらに、その次の赴任地である栃木県でも「加波山事件」を引き起こしているが、この栃木県令時代の事件については、朝日新聞社通信部編『県政物語』の次ぎのような解説がある。

「明治16年10月3日、三島通庸が赴任し県政料理の大任に当たったが…貧乏県の財政を顧みるところなく、県庁を宇都宮に移して三階造りの堂々たる建築を行い、栃木福島をつなぐ大道路を拡造した。

17年9月15日、この専制に奮起した鯉沼九八郎、河野広躰(ひろみ)、横山信六、杉浦吉副(きっぷく)等が爆弾を新装の縣庁開庁式に投げ込み要路の縣官暗殺を企てたが、事半ばに発覚し同士は辛うじて加波山に脱走し幾度か警官隊と衝突して血の雨を降らせ、鯉沼九八郎の父兵衛、九八郎妻時子、田中正造、中山丹治郎、岩崎萬次郎、田村順之助等数十名が検挙された。いわゆる加波山事件は栃木県に於ける官僚対民衆闘争の凄惨な序幕であった」[58]。

このように、三島通庸は、とくに6年頃から20年頃までの新聞記事では、"圧制県令"として悪名を広めていたが、同じように、評判の悪い県令としては、岡山県令だった高崎五六、愛媛県令だった関新平を挙げる記事が多い。この3人を「地方官中の三酷吏」と位置づけるものも多かったという[59]。

一方、評判の良かった地方長官ももちろんいた。たとえば、愛媛県令・岩村

---

56) 東京共同社『扶桑新誌』、第116号、明治13年6月11日。宮武外骨、前掲書、231頁より引用。もっとも、この時は、佐藤議員は逆に怒って、「左様な事で県庁へ呼びつけられる理由はない。議場に於いて吐くべからざる言論ならば、議長が制止する筈である。其の事もないのに県令が容喙するは何故ぞ」と叱咤したと、この『扶桑新誌』は報道している。さらに、『扶桑新誌』は、佐藤議員がこのような反論をしたことを「国家のために慶祝する」と評したために、三島県令に告訴され、結局は県令を誹謗したとして罰金5円に処せられたとのことである。

57) 「福島事件」については、第7章(6)の「府県と政党」を参照。

58) 朝日新聞社通信部編『縣政物語』、世界社、昭和3年、41-2頁。

59) 宮武外骨、前掲書、260頁。

高俊はその代表格であった。岩村県令の評判が高いのは、官僚政治に批判の目を向け、明治11年（1878年）の府県会規則（法律）によって府県会が全国的に設置される前に、愛媛県独自の県会を開設したためである。岩村高俊が愛媛県に赴任したのは明治7年（1874年）11月。その3年後の明治10年5月8日に愛媛県会議員の選挙規則を定めて、任期2年の議員70人を選出し、はやくも6月22日に最初の議会を開いていたのである。しかも、この愛媛県の選挙では、20歳以上の男子がことごとく選挙権・被選挙権を与えられていた[60]。国の法律が、このような男子だけではあるが、普通選挙を認めたのは大正14年（1925年）のことであり、しかも、その時の年齢は25歳以上であった。この岩村県令について、朝日新聞の『県政物語』（昭和3年出版）は、次のように記述している。

「この岩村県令は、その頃流行した自由民権論の熱心な主導者で…自ら主宰して機関紙『愛媛新聞』を発行し、奔放自由な自由思想を鼓吹し、また庁内に政治結社『共耕社』を設けて時の官僚政府に反抗的規制を示すなど、今日から考えてとても想像の出来ない乱暴をやった。…（しかし）あまりの傍若無人な自由党鼓吹のおかげで政府から睨まれ、明治13年3月、内務大書記官に転任を命ぜられ、六代目長官として関晋平が任命された。新県令は岩村と反対に、自由民権論を排し、純官僚県政にのぞみ、極端な抑圧政策をもって進んだ。この政策は今までの自由民権思想に狎れ親しんでいた県民に容れられず、遂に官民相反する現象を誘致するに至った」[61]。

このように、岩村高俊は、愛媛県では、住民に評判の高い県令であった。しかし、明治16年（1883年）に再び県令として石川県に赴任。途中で、県令の名称が"知事"に変わったが、明治23年（1890年）まで地方長官として務めた時の評判は最悪であった。たとえば、前述の『縣政物語』をみると…

「土佐人、岩村高俊の六年八か月は、県当局と議会が妥協して、悪政をやった暗黒時代であった。…岩村知事は勝手放題なことをやった。娼妓賦金で豪壮な邸宅を建てたり、東郭池田屋の池鶴を落籍して、日夜豪遊を極め、鹿鳴館時代の欧化万能主義がここへも入って来て、洋風の金谷館をたて、名もハイカラ

---

60) 朝日新聞社通信部編、前掲書、493-4頁。
61) 同上、494-5頁。

なクラブと称して、与党議員や紳商を引っ張り込んで酒宴を続けたりした。まるで岩村知事の地位は百万石のお殿様といった有様だった」[62]。

次の赴任地の愛知県でも、「官僚政治で一般県民に縁遠かった[63]」と評判が悪かった。愛媛県から国に呼び戻された3年間によっぽど痛めつけられたのか、それとも、愛媛県での評判が正鵠を得ていなかったのであろうか。

ともかく、廃藩置県以後の府県には広範な権限があり、そのトップに君臨する地方長官（府知事・県令）の力は絶大であった。

4. 裁判権の分離

この広範な地方官の権限に"待った"をかけた者がいた。数年後に佐賀の乱に巻き込まれて処刑された江藤新平である。明治4年（1871年）7月、江藤の提言にもとづいて「司法省」が設置されたのがそのスタートであった。司法権の独立、言い換えれば、裁判権を地方官から奪おうとしたのであるが、当初は、いまの大臣にあたる"司法卿"が置かれなかったこともあって、急激に変革するということはなかった。3か月後の明治4年11月に定められた縣治条例でも、聴訴（裁判）は府県の事務であると位置づけられ、地方官が実際の民事裁判・刑事裁判を担当することになっていた。地方官が、裁判権を一手に握ることによって、住民に向かって絶対的な力を揮うことが可能だったわけである。もちろん、地方官の処置が適切でない場合でも、住民は、それに対抗することができなかった。

ただし、裁判が地方官によって行われていたため、時には、裁判らしからぬ裁判、いわば人間味のあふれる裁判もあった。

たとえば、明治の初めに、父親に代わって、自分が刑罰を受けるという娘の申し出を受け入れるという裁判をし、実際に、その娘が2年あまり苦役の刑を受けていた。ところが、本来の受刑者である父親が死亡したため、明治5年（1872年）3月18日、「この度、本刑人…病死いたし候につき、今日限り、代刑を免じる」とした京都府の地方官が下した判決があった。これは、まさに、地方官ならではの裁判であったろう。しかも、この判決では、続けて、父親が

---

62) 朝日新聞社通信部編、前掲書、242-3頁。
63) 同上、282頁。

刑場ではなく、「自宅に於いて天然の死を遂げ候は全く其の方孝心の致す処、処女の身として奇特の事に付き、褒美として金2円これを遣わし候事」[64]というように、娘の孝心を称える粋なはからいをしているのであった。

こういう裁判が良いかどうかは別として、地方官が、行政権だけではなく、裁判権をも一手に握っているというのは、少なくとも住民の立場からみれば、大きな問題であった。地方官は、課税権や警察権などの行使によって住民を制圧することができ、そうした制圧が客観的にみて適切でない場合でも、自分自身で、それが適切であったと決定することができたからである。そうした状況を、住民の権利という側面から問題視したのが、江藤新平であった。

江藤新平の活躍の舞台は、岩倉具視の「使節団」の出発によってもたらされた。司法省のトップであった佐々木高行「大輔」(いまの次官)が明治4年10月末に「使節団」の一員に任命され、海外に出かけてしまったのである。この結果、トップ不在となった司法省の内部から強力なリーダーを求める声が強くなり、明治5年(1872年)4月25日、江藤新平が司法卿(いまの大臣)に就任した。司法権の独立を唱え続けてきた江藤は、ついに、司法行政の最高責任者となったわけである[65]。

それからの江藤の行動は素早かった。就任後すぐに、府県の末端に至るまで全国の裁判事務はすべて司法省のもとに統一したいと主張。就任してから4か月も経たない8月5日に、はやくも神奈川・埼玉・入間(明治9年に埼玉県に統合)の3県に裁判所を開設した。つづいて12日には、足柄県(現在の神奈川県・静岡県の一部)、木更津県(現在の千葉県の一部)、新治県(現在の千葉県・茨城県の一部)、栃木県、茨城県、印旛県(現在の千葉県の一部)、群馬県、宇都宮県(現在の栃木県の一部)の8県に、また、9月13日に兵庫裁判所、10月7日には京都裁判所、20日は大阪裁判所が設置されたというように、次々と裁判所が開設されていった。しかし、裁判所の数が増えていっても、そこに配置される法律専門家の数は限られていた。そのため、これら新設された裁判所のなかには、それぞれの府県で裁判を担当していた「聴訴課」の職員を引き

---

64) 京都新聞、壬申(明治5年)3月18日。宮武外骨、前掲書、217頁より引用。
65) 毛利輝彦『江藤新平―急進改革論者の悲劇―』(中公新書)、昭和62年5月、中央公論社、144頁。

取り、司法省の官吏に任命替えして急場をしのいだところもあった[66]。

　ただし、これらの職員の仕事ぶりをそのまま認めたわけではなかった。江藤は、司法卿に就任すると、すぐに、司法機関は「民の司直」であり、「人民の権利」の保護が司法機関の最重要職務であると強調していた。そして、これらの府県から移ってきた職員にも、この「民の司直」という精神を徹底させようとしたのである[67]。その意味では、江藤司法卿のもとで設置された裁判所の裁判は、府県の「聴訴課」で行われていた裁判とは異質のものになったというべきである。

　江藤新平は、このように、各地に府県裁判所を設置し、地方官の手から裁判権を奪っていったが、権限を奪われた地方官のほうは大いに不満だったに違いない。たとえば、京都府は、京都裁判所が設置された直後に、「そもそも地方の官として、人民の訴えを聞くこと能わず、人民の獄を断ずること能わず、何を以て人民を教育し治方を施し申すべきや」という異議を中央政府に申し立てていた。そして、京都府は、陰に陽に、裁判所の活動を妨げていたという[68]。

　地方官に対する江藤新平の攻撃は止まることがなかった。今度は、司法卿に就任してから半年後の明治5年（1872年）11月末のことであったが、地方官の勝手な振る舞いによって、住民の権利が侵害されたときには、住民は裁判所に訴えることができるという「達」を発布したのである[69]。

　この「達」にもとづいて、明治6年（1873年）5月27日、京都裁判所にひとつの訴訟が提起された。訴えたのは、江戸時代以来の大商人の小野家であった。小野家は神戸および東京に転籍を願い出たにもかかわらず、京都府はそれを認めず、それどころか、転籍を断念せよと強要する有様であったので、困った小野家は、江藤新平が発布した司法省の「達」にとびつき、京都裁判所に訴

---

[66] 毛利輝彦、前掲書、153-4頁。
[67] 江藤は、司法卿に就任した直後に、「『司法省誓約』五箇条」を定め、そのなかで、「民の司直たるべき事」、「人民の権利を保護すべき事」などの自覚を持つようにと、司法関係者を戒めていた。それと同じように、急造の裁判所の現場に対しても、裁判は「人民の権利を伸ばすためのもの」だという考え方を徹底しようとしたようである。たとえば、明治5年8月10日、新設の裁判所にたいして、この趣旨の布達を出している。
[68] 藤原明久『明治6年における京都府と京都裁判所との裁判権限争議』、『神戸法学会雑誌』34巻、1984年（毛利輝彦、『江藤新平』155-6頁より引用）。
[69] 明治5年11月28日、司法省達第46号。

えたのである。京都府が小野一族の転籍を妨害したのは、その転籍によって金(かね)蔓(づる)の富豪が離れるのを認めたくなかったからであった。

　明治6年6月15日、京都裁判所は、小野家の訴えを認め、京都府に「戸籍の送付」を命令した。しかし、京都府はこの命令を履行せず、それどころか、小野家を呼び出し、裁判所に出訴したのは不届きだと叱責する有様であった。府側のこうした対応に、京都裁判所は、今度は、府知事・長谷信篤に贖罪金8円、参事・槇村正直に同6円を言い渡した。それでも、なお、府側は裁判所の命令を無視したため、裁判所は府知事と参事の逮捕を中央政府に申請するという事態になった。

　しかし、中央政府には、長州藩出身の実力者が多かった。そもそも、京都府がこれだけ京都裁判所を無視できたのは、京都府を実際に仕切っていた参事の槇村正直が長州藩出身であり、しかも、長州閥のボスである木戸孝允の腹心であったというところにあった。また、全国の地方官の支持、さらには、地方官を統率していた大蔵省（このすぐ後の明治6年11月10日に「内務省」が設置され、地方官を統率することになったが）の支持も期待していたはずであり、実際に、京都府を支持していたようである。こうして、京都裁判所と京都府の争いは、「地方官」対「裁判所」の抗争、「大蔵省（内務省）」対「司法省」の対立という、中央政府内での政治問題になっていった[70]。

5. 佐賀の乱

　このように京都裁判所と京都府がつばぜり合いをしている頃、2年近くにわたって西洋文明を視察してきた岩倉「使節団」の一行がようやく帰国したが、これに伴い、政府内で思わぬ事件が起こった。明治6年10月14日の閣議で、いわゆる征韓論をめぐって、大久保利通や岩倉具視などの「帰国組」と西郷隆盛や江藤新平などの「留守政府組」が対立し、「留守組」が敗れるという事件が起こったのである。

　当時、明治政府の最高の意志決定機関は太政大臣や右大臣などを擁する太政

---

[70] 毛利輝彦『江藤新平』183-5頁。
　なお、この京都裁判所と京都府の争いは、明治7年に入ってから、木戸孝允の説得もあって、京都府が裁判所の命令を受け入れた。小野家は、ようやく転籍することができたわけである。

官であったが、その太政大臣や右大臣を輔佐する役として、"参議"が置かれていた。廃藩置県後の明治4年に、この参議となったのは、薩摩藩の西郷隆盛、長州藩の木戸孝允、土佐藩の板垣退助、佐賀藩の大隈重信であったが、明治6年4月19日、留守政府によって、司法卿の江藤新平、文部卿の大木喬任などが参議に追加任命された。これにより、江藤新平は司法卿ではなくなったが、それ以後も、格上の参議として、司法省をバックアップしていた。また、この追加任命の直後、留守政府は太政官の仕組みを修正して、参議の役割を変更した。太政官のなかに「内閣」[71]を設置し、「内閣」の閣議で、政府の意志を決定することとしたのであるが、参議は、太政大臣や右大臣などとともに、この「内閣」の構成メンバーとなった。それまでの太政大臣などに対する"輔佐役"ではなく、太政大臣などと共に、政府の最高意志決定者となったわけである[72]。

　帰国した大久保利通も10月13日にこの参議に就任した。こうして、10月14日、帰国組・留守政府組の参議が勢揃いして閣議が開かれた（ただし、木戸孝允は病気で欠席）。議題は征韓論であった。そして、留守政府組の主流が、西郷を使節として朝鮮に派遣することを主張。一方、岩倉、大久保などの「帰国組」が中心となって、これに反発し、閣議は紛糾した。結局、この日は結論が出ず、翌15日の閣議で、ようやく西郷を朝鮮に派遣することが決まった。

　後は、三条太政大臣が天皇に上奏し、天皇にその旨を宣言してもらうだけとなったが、ここで、岩倉と大久保は巻き返しを図った。大久保が17日早朝に三条太政大臣を訪問して"参議"の辞任をほのめかし、続いて、岩倉も右大臣の辞任をほのめかすという巻き返しであった。こうした動きに、三条太政大臣は錯乱状態に陥り、執務不能になってしまったといわれているが、ともかく、岩倉具視が太政大臣の代理に就任し、天皇に上奏するという役を引き受けることとなった。そして、あろうことか、10月23日、朝鮮使節の派遣はすべきでないという岩倉個人の見解を付けて、閣議決定を天皇に上奏した。この岩倉の意見にしたがい、翌24日、天皇は、朝鮮使節派遣を「不可」とする裁定をした。閣議での決定が、天皇に否認されてしまったわけである[73]。

---

71) 明治18年（1885年）に発足した「内閣制度」（これが現在まで続いている）とは別の「内閣」の制度である。
72) 坂本多加雄、前掲書、160-2頁。

こうなると、朝鮮使節派遣を主張し、閣議決定に持ち込んだ面々は、必然的に、責任をとらざるを得ない。案の定、西郷・江藤・板垣・副島・後藤は、即座に、"参議"を辞任し、征韓論争は政府の大分裂という形で幕を閉じた。

この後、板垣や後藤は、自由党を結成し、自由民権運動を展開することになる。江藤は、明治7年（1874年）1月13日、佐賀に帰郷。佐賀県の不平士族に担がれ、2月16日、明治政府に対して武力反乱を引き起こした。しかし、2月下旬に、この反乱軍は壊滅状態となり、江藤は逃亡したが、3月28日に四国で捕らえられてしまった。佐賀藩出身の江藤が、司法卿や参議として、長州閥や薩摩閥の官吏（官僚）のしたい放題の行動に厳しく対処したために、よほど嫌われていたのであろうか。江藤は、ろくな審理もされずに、4月13日、処刑された。しかも、梟首(きょうしゅ)（さらし首）であった[74]。

6．地方裁判所が地方官を保護！

司法卿に就任したのが明治5年4月25日。それから、2年も経たないうちに、江藤新平はこの世を去ってしまった。が、地方裁判所を設置し、地方官の権限から裁判権を分離するという彼の方向付けは、その後も、変わることなく、続けられていった。

しかし、その一方では、「人民の権利」の保護を裁判所の最重要任務とするという江藤新平が打ち立てた精神は薄らいでいった。逆に、地方官が何をしようとも、住民から、あるいは新聞などの報道から、地方官を守るという方向に転換していったのである。たとえば明治8年（1875年）6月18日に讒謗律(ざんぼうりつ)（太政官布告）が定められたが、これは、次のような内容に見るように、地方官を守るための端的な法律であった。讒謗律は、その第1条で、次のように規定した。

「第1条：凡そ事実の有無を論ぜず人の栄誉を害すべき行事を摘発公布する者，之を讒謗とす。人の行事を挙るに非ずして悪名を以て人に加え公布する者、之を誹謗とす…」。（これを、もう少し易しく表現すると、次のようになろう…。

---

73) この征韓論の論争については、参照。板垣退助監修（遠山茂樹・佐藤誠朗 校訂）『自由党史』（上）（岩波文庫）、昭和32年、岩波書店、59-79頁。また、毛利敏彦『江藤新平』185-200頁。
74) 毛利輝彦『江藤新平』204-210頁。

「第1条：事実の有無に関係なく、他人の行状を摘発して、その人の名誉を傷つけることを讒謗（ざんぼう）とする。その人の行状を明示せずに、他人のことを悪くいうことを誹謗とする」。）

そして、地方官を讒謗もしくは誹謗した者に対して、第4条で「官吏の職務に関し讒謗する者は、禁獄十日以上二年以下、罰金十円以上五百円以下、誹謗する者は、禁獄五日以上一年以下、罰金五円以上三百円以下」の罪を科すると定めていたのである。

この条文を見れば明らかなように、地方官の公私の生活に対する批判を一切許さないというのが、この讒謗律の規定であった[75]。この布告（法律）が定められた時に、江藤新平が参事や司法卿を続けていれば、どういう態度をとったであろうか。江藤新平が地方裁判所を設置し、地方官の権限から裁判権を分離しようとしたのは、「人民の権利」を保護するためであった。この江藤の動機・目的からいえば、こうした地方官などの官吏に対する一切の批判を許さないという規定には、恐らく猛反対をしたのではないだろうか。

しかし、残念ながら江藤は中央政府の政争に敗れて処刑されてしまい、その後、讒謗律が定められた。これにより、以後、地方裁判所は、地方官をとくに新聞の批判から守るという"役割"を実際に果たすようになった。たとえば…

明治8年（1875年）、当時、いまの長野県の中南部（信濃国）と岐阜県の飛騨地方は"筑摩県"と称されていたが、この県令であった永山盛輝が新潟県に転任する経緯を、同年11月15日発行の「信飛新聞」が次のように報道した。

「我が県令永山盛輝公は前に東京に御出になりしが、今般新潟県という開港場へお乗り出しになりました。しかし、永山公は御蔓がおつるだから御出世、我が人民は是迄の御厚恩忘れは致しません」。

この報道の「御蔓がおつるだから」という表現に永山県令は怒り、"不埒"な報道だとして、すなわち誹謗だとして告訴。裁判所は、この記事を書いた記者に対して、禁獄1か月の刑を科した[76]。

また、「圧制県令」として有名だった三島通庸は、この讒謗律を常習的に活

---

[75] 明治15年（1882年）1月以後は、明治13年に定められた刑法の官吏侮辱罪が適用されることになり、讒謗律は消滅した。
[76] 宮武外骨、前掲書、230頁。

用していた。たとえば、鶴岡県令[77]時代に、「三島県令が芸妓を愛し、青楼で夜通しの宴を催した」という投書を東京曙新聞が掲載したことがあるが、このために同新聞の編集長は、東京裁判所に訴えられ、明治8年12月18日に、禁獄2か月、罰金2百円を科されたというのを初めとして、明治12年10月には、山形県令・三島通庸の土木工事を非難した投書を掲載したということで、同じく東京裁判所が郵便報知新聞の編集長に罰金10円を科した、等々、多くの記録が残っている[78]。

このように、自分の思うところを押し通し、それに対する批判を許さなかった三島通庸であったが、政府内では評価が高かったようであり、明治18年（1885年）には警視総監になっている。また、現在の山形県のホームページをみても、三島通庸については、次のように説明されている。

「三島通庸が山形で過ごしたのは、明治7年から明治15年までの7年間である。この7年間で、山形県庁舎を中心とした都市整備事業や地方郡役所の建築、新道開削や石橋架橋の道路整備事業など、多くの実績を残し山形県の振興に尽力した」[79]。

要するに、三島通庸の評価は高いのであるが、これは、恐らくは、たとえ「圧制県令」として住民を痛めつけるということがあったとしても、土木建設面で多くの実績を残したという点が重視されているのであろう。

地方官などの職務に関係する事件は、その後、明治23年（1890年）に行政裁判として通常の裁判から切り離されることとなった。「行政裁判所」の管轄事項となったのであるが、この裁判所の初代の長官に、京都裁判所の明治6年の判決にまったく従おうとしなかった槇村正直が任命されているのである。これは、槇村正直が長州閥であったこともひとつの理由であろうが、同時に、彼の裁判所に抵抗する姿勢が、中央・地方の官吏によって高く評価されていたことを示すものでもあろう。

要するに、明治初期の府県は完全に中央政府の出先機関であり、住民は、府県に派遣されてきた地方官の支配の対象に過ぎなかったわけである。

---

77) 明治9年（1876年）9月、山形県に編入された。
78) 宮武外骨、前掲書、225-33頁
79) 山形県ホームページ（https://www.pref.yamagata.jp/）

第4章 大区・小区と区長・戸長

1. 村の自治＝「寄合」

　江戸時代の村々には広範な自治権があった。というよりも、幕府や藩にとって、村は年貢を徴収する対象であり、年貢が納められるという補償さえあれば、あとはむしろ何の干渉もせずに放置していたといわれている[80]。

　そして、これらの村が、村を維持するための意思決定をしていたのは、言い換えれば、自治体としての意志を決定していたのは、村の住民が集まる総会であった。これらの総会は「寄合」という名称で説明されることが多いが、実際には、他の名前で呼んでいた村も多かったようである。

　村の人々は、それぞれの「寄合」で、道路をどのように整備するか、生活に難渋するようになった人をどのように助けるか、水田の水利をどのように管理するか、村のお祭りをどのように開催するか、等々、村人の生活に関連するすべてのことを検討し、決めていた。幕府や藩の年貢についても、幕府や藩が定めていたのは、それぞれの村からどれだけの年貢を徴収するかという村全体の年貢の量だけであり、その年貢を個々の住民が具体的にどれだけ負担するかは、村人がこの「寄合」で決めていた。

　明治時代に入ってからも、このような「寄合」の仕組みは、多くの村で、続けられていたようである。たとえば、明治8年に、新潟県が「村寄合と号し些細の事に多人数集会候儀は相ならず」[81]というように、「寄合」を否定する布達を出していることをみても、「寄合」が一般的なものであったと推測できる。

　ところが、明治22年に、全国的に大規模な町村合併が行われ、それまでの「村」は町や村の一部になってしまったために、「寄合」の機能も自然に消えてしまったようである。この町村合併については、後に説明するが（後述の第8章「地方制度の確立」を参照）、しかし、その合併に組み込まれなかった村もあった。こうした村では、新潟県のように県の地方官によって「寄合」が禁止されたところは別として、少なくとも明治時代末の頃までは、「寄合」が村の

---

80) 大島美津子、『明治国家と地域社会』、岩波書店、76頁。
81) 明治8年11月2日、新潟県布達372号。

意識決定機関として機能していたようである。

　たとえば、現在、福島県金山町の一部になっている「本名村」がそうであった。この「本名村」は、明治22年の合併を切り抜け、江戸時代末と同じ区域で昭和30年（1955年）まで続いた村であるが、福島県の明治末期の文献を見ると、少なくとも、明治末期まで「寄合」が開かれていた。その文献から、本名村の「寄合」がどのような働きをしていたかを見てみると…。

　本名村は、明治初期から後半まで、戸数や人口にあまり変動はなく、約110戸の戸数、700人弱の人口であった。そして、村の運営、たとえば道路の修復や治水、神社や寺の管理は村の有志によって行われていたが、それらの道路の修復をどのようにするか、治水・防火をどうするか、その費用負担をどうするか等々、重要な事柄は、住民の「寄合」で決められていた。本名村では、この「寄合」を"総会"と名づけていたが、この「総会」を開く時は、"小走"と呼ばれた村の使丁（用務員）が村内に触れ回り、また、法螺貝を吹いて、「総会」の開会時刻を村民に知らせたという[82]。

　ただし、この「総会」の開催回数は年2回と少なかった。通常は1月と12月に開催しただけであった。これは「総会」で協議するのは重要事項あるいは基本的条項だけだったからである。が、実際に村を運営していくためには、もっといろいろな事項を検討しなければならなかった。そこで、本名村の「総会」では、10戸につき1人ずつ"什長"を選んでいた。これらの什長が必要に応じて集まり、「什長会」を開いて、協議・決定していたわけである[83]。

　江戸時代の年貢は各村に科せられていたのに対し、明治政府の"税金（国税）"は、制度的には、明治6年7月28日の地租改正の公布により、個々の土地の所有者、すなわち個々の村人に課税されるようになった。しかし、本名村では、この地租改正以後も、個々の住民が税金を納めるのではなく、実質的には、村全体で、村人が連帯して納めていた。本名村に配布された課税の令書をもとにして、本名村が「取立帳」を作成。この「取立帳」にもとづき、"什長"が各戸から税金を徴収し、それを村全体として、まとめて納めていたのであるが、納税できない住民がいたときには、それぞれの"什長"のもとで、他の村

82）　福島県『福島縣町村治績』第一輯、明治41年、1-2頁。
83）　同　上

人が"立て替え"て、納税するという仕組みになっていたのである。そのためであろう。村人は勝手な行動をすることができず、少なくとも明治30年代末の頃まで、本名村には税金の滞納者がいなかった[84]。

また、明治5年の「学制」（太政官布告）の公布により、本名村も、小学校を建設し、住民の子ども達に教育しなければならなくなった。この小学校の建設費や維持管理費には多額のお金が必要であったが、その費用をどのように捻出するか、住民がどのように負担するかを定めたのも、もちろん、住民の「総会」であった[85]。

この「総会」は、いまの日本の自治体とは異なり、住民の生活の仕方に干渉するということもあった。たとえば、本名村には村有の山林があったが、明治時代に入ってから、この山林の木が酒樽として売れるようになり、山林の伐採が村人の大きな収入源となった。しかも、その収入があまりにも多かったため、村人の生活に余裕が生じ、明治14・5年の頃には、村人はすっかり奢侈に流れ、また、賭博に耽るようになっていたという。ところが、明治18・9年の米価の暴騰で酒があまり造られなくなった。それに伴い、酒樽の材料となる木も売れなくなった。本名村の住民の収入が途絶えてしまったわけである。そして、借金をして破産するという村人も続出した。このため、明治21年12月の村の「総会」で、村人の生活をどうするかが議題となり、先ずは、各家庭の家計を調査。村全体の合計で、毎年、支出が収入を上回っていることが確認された。そこで、それまでの悪習を改め、冠婚葬祭の冗費を節約することを「総会」で決定。"什長"の監督のもとに、それを村全体で実施することとなった。しかし、数年経っても、経済的に立ち直らない村人が多かったため、明治29年の「総会」では、酒を飲まないことを決定。冠婚葬祭のときは例外とするが、そのときも、1人につき2合徳利1本だけにし、それを厳守することを決定した。また、この「総会で」では、積立金の規約、植樹の規約を定め、さらには、賭博の悪習を根絶するために村人3名が1組となって、村内を巡視し、厳重に取り締まるという決定もし、実行した。そして、これによって、ようやく、放逸遊惰の風習がなくなり、昔年の債務を弁済できるようになったという[86]。

---

84) 福島県『福島縣町村治績』第一輯、11-12頁。
85) 同　上　2頁、4頁。
86) 同　上　2-4頁。

このような「総会」の機能からいえば、本名村は、"自治体"というよりも、まさに"生活協同体"であったというべきかもしれない。しかも、この「総会」は、明治政府によって、あるいは、県の地方官によって設置されたものではなかった。設置を薦められたものですらなかった。村人自身の自主判断で、江戸時代から続いてきた仕組みを継続したもの、それがこの「総会」であった。したがって、当然のことであるが、「総会」で定めた事柄について、村の住民が守らなくても、中央政府あるいは府県の警察などの機関によって罰せられることはなかった。「総会」での決定事項を如何に守らせるかは、村人自身が定めることであり、村人自身が実施することであった。いわば、本名村は、少なくとも「総会」で協議する事柄については、"村人自身が治める村"であったわけである。

　そして、この「総会」で協議する事柄は、酒の謹慎や賭博の禁止などに見るように、かなり広範囲なものであった。住民のなかには、こうした"生活共同体"としての村の自治を煩わしく感じていた者もいたであろうが…、明治初期の村は、このように、いまの市町村に比べて、はるかに大きな"自治"があったわけである。

　このような村の"自治"権は、しかし、明治政府（中央政府）の意向を実現しようと考えている府県の地方官にとっては、非常に厄介なものであったに違いない。地方官の指示が「総会」（あるいは「寄合」）で批判され、抵抗されることが多かったと思えるからである。そのためであろう。新潟県のように、明治8年時点で、早くも「寄合は…今後、相成らず候」[87]というように、「寄合」禁止の命令を出す地方官もいた。また、岡山県の地方官も、明治10年に、「寄合」が区長や戸長の村費の使い方を詮索することを問題視し、その結果、「寄合」を禁止する布達を出している[88]。（区長・戸長については、後述）。

2.「支配される村」の機能

　江戸時代の村は2つの機能を持っていた。ひとつは、"生活共同体"としての機能である。そして、もうひとつは、幕府や藩の命令にしたがって村の住民

---

87)　明治8年11月2日、新潟県布達372号。
88)　明治10年4月1日、岡山県布達甲40号。

から年貢などを集めるという機能、いわば「支配される村」としての機能であり、この年貢を徴収する役割を担っていたのが庄屋（名主）であった。いわば、庄屋（名主）は支配者側の立場に立って村人に年貢の納付などを命じる人間であったわけであるが、しかし、少なくとも江戸時代末期の頃には、庄屋（名主）は幕府や藩の指名ではなく、村の「寄合」で選ばれていた。庄屋（名主）は、実質的には村人の側に立ち、村人の代表として、幕府や藩（支配者）の命令を受けていたのである。

　明治政府のもとにおいても、当初は、この村の機能には変わるところがなかった。政府の出先機関である府県（あるいは地方官）の命令にしたがって、庄屋（名主）が住民から税金を集め、また地方官から種々の命令を受けるという役割を担っていた。しかし、江戸時代の頃と比べると、村が受ける命令の数は飛躍的に多くなったという違いがあった。

　江戸時代においては、幕府や藩の御触書、年貢納入の指示、呼び出しなどは、大庄屋を経由して村に廻ってきた。これは"布令"といわれたが、その"布令"を受け取った村の庄屋（名主）は、それを「御用留」という帳面に写し取って、次の村に廻す。これが、命令伝達の方法であった。もちろん、庄屋（名主）はこの"布令"を自分なりに解釈し、それを村人に伝えていた。当時は、もちろん、コピー機もなければ、印刷機すらない時代である。庄屋（名主）は、それを筆で書き写し、必要に応じて、解説を付け加えなければならなかった。これは、大変な作業だと思えるが、幸いにも、江戸時代の頃は"布令"はあまりなかった。たとえば、現在の東京都青梅市の一部になっている新町村の名主であった吉野家の「御用留」の記録[89]によると、ペリー来航前の嘉永2-4年（1850年）前後の3年間の"布令"は平均17件であった[90]。月に1通強である。これなら筆写も解説も十分にできたと思われるが、この数の少なさは、何よりも、村に対する支配者の干渉が緩やかだったということを示すものといってよいであろう。

　明治政府の時代になっても、当初は、このような村の支配体制は変わることなく、明治政府の地方官は庄屋（名主）を通して村を支配していた。しかし、

---

89) 『東京都古文書集』第4―7巻。
90) 鈴木淳『維新の構想と展開』（日本の歴史20）、講談社学術文庫、2010年、91頁。

その干渉の仕方は、江戸時代に比べれば、厳格であった。新町村・吉野家の「御用留」の記録を見ても、明治2年（1869年）には"布令"が65件、翌3年には42件と少し減ったものの、明治4年には81件、5年には153件と"布令"の数は増え続け、明治6年には375件となった[91]。ペリー来航の頃の月平均1件の"布令"であったものが、毎日のように廻ってくるようになっていたのである。

　また、明治政府が村々に押し付けた税金は、江戸時代の年貢に比べて、はるかに過酷なものであった。たとえば、廃藩置県の前のことであるが、明治3年4月、日田県（現在の大分県の一部）の地方官であった松方正義[92]自身が当時の政府の中枢であった大久保利通に対して、中央政府から要請してくる徴税額は、「旧幕にも無き税金」であり、民心を全く考慮していないと訴えていたほどであった[93]。

　とはいっても、明治政府は、必ずしも、でたらめに税金を徴収していたということではなかった。当時の状況からいえば、明治政府は、住民の反発がある

図3　旧吉野家

（この住宅は、代々名主を務めた家の特徴として、玄関と称される部屋には幕府の役人などを迎え入れるときにだけ使う「式台」がある。江戸時代末期の名主の家としての多室間取りを保有する遺構として、昭和51年、都指定有形文化財に指定された。）

---

91)　鈴木淳『維新の構想と展開』（日本の歴史20）、講談社学術文庫、2010年、91-2頁。
92)　後に、大蔵大臣として有名になった人物。明治24年及び29年には総理大臣にも就任。
93)　坂本多加雄『明治国家の建設』（日本の近代2）、中央公論社、1998年、101頁。

としても、どうしても、過酷な税金を徴収しなければならないという事情があった。たとえば、戊辰戦争のときに、戦費の調達に苦しんだ藩や明治政府は大量の太政官札や藩札を発行したことによって、インフレーションを招き、外国の商人に大損害を被らせたということで、イギリスをはじめとする諸外国から強硬な抗議を受けていた。そして、明治2年（1869年）7月、外国人が所持しているこれらの太政官札や藩札さらには贋札をすべて"正貨"と引き替えるという約束をさせられていたが、これを実現するには莫大な資金が必要であり、その結果として、過酷な税金を徴収しなければならなかったのである。

　明治政府は、また、欧米諸国によって日本が主権を持った対等の国であると認めてもらうためには、言い換えれば、欧米諸国の植民地にならないためには、国際法（万国公法）秩序のもとで、日本が"文明国"であると欧米諸国に認めてもらわなければならないという事態に直面していた。明治政府が発足した頃の日本は、トルコや中国などと同じように、"半文明国"だというのが欧米諸国の扱いであった。欧米諸国は、自分たちと異なる文明については、十分な文明とは認めていなかったわけである（第2章参照）。したがって、日本が文明国として認めてもらうためには、何はともあれ、西洋文明を導入する必要があった。このため、明治政府は、はやくも明治2年（1869年）には、神奈川県の三浦半島に、いわゆる西洋風の観音埼灯台を点灯させるなど、西洋風灯台の建設に取り組みはじめていたし、また、同じく明治2年から、東京・横浜間で電信網を張り巡らすという工事に着手。明治3年には、新橋・横浜間の鉄道建設にも着手していた（明治5年開通）。ほかにも、明治7年（1874年）から釜石製鉄所の建設を始めるという大事業もあった。これらのインフラストラクチャーの整備には、途方もない資金が必要であったことはいうまでもない。そして、この当時の税制度上、明治政府は財源の大部分を農民から徴収するしかなかった。

　村の住民は、これらの税負担に加えて、府県（地方官）から、道路改修の費用も押しつけられた。さらには、道路改修工事に動員されるということもあった。明治5年の学制が公布されてからは、いくつかの村で小学校を建設しなければならないという負担もあった。明治7年からは、全国で徴兵制も実施されるようになった。村の住民がこうした負担の増大に反発するのは必然であったろう。そして、反発がある場合、政府・府県（地方官）から指示を受ける庄屋

（名主）が村の「寄合」で選ばれるという仕組み、あるいは、「寄合」で村の合意形成をするという仕組みは、明治政府にとっては、いかにも不都合な仕組みであった。ここに、明治政府としては、村の仕組みに何らかの干渉を加えることが必要となってきた。

3. "区"の設置と戸長の配置——戸籍法の施行——

明治政府が全国の村[94]に対する最初の干渉は、明治5年（1872年）1月の戸籍法（太政官布告）の施行であった。江戸時代には、幕府や藩は村を媒介にして、言い換えれば、村の住民として、人々を把握していたが、明治政府は住民を、国民として、直接的に把握するために、戸籍法を定めたのである。明治4年7月の廃藩置県により全国に配置された地方官の最初の仕事は、この戸籍法の実施であった[95]。

もちろん、江戸時代においても、住民が把握されていなかったわけではない。村の庄屋（名主）が宗門人別改帳を原則としては毎年作成し、村の各家にどういう住民がいるか、どの寺の檀徒になっているか、家族の年齢、続柄などを把握していた。そして、8代将軍の徳川吉宗の時代に（正確には1721年に）諸国の耕地面積の調査と並行して全国の人口を調査して以来、この人別改めの結果をまとめて、定期的に、人口調査をするようになっていたといわれている[96]。しかし、これは、幕府や藩がそれぞれの村の住民を直接的に把握していたということではなかった。宗門人別改帳を作成し、保管していたのは、村の庄屋（名主）であった。そして、村の住民が勝手に村を離れることはできなかった。婚姻や丁稚奉公などで村を離れるときには、まずは、村の庄屋（名主）に認めてもらう必要があった。移転先の村（あるいは町）の庄屋（名主）宛の証文を書いてもらい、それから、移転先の庄屋（名主）に認めてもらって、人別改帳に記載してもらうという手続きが必要だったのである。まさに、村の住民は、藩や幕府の住民ではなく、それぞれの村の住民として存在していたわけである。藩や幕府は、住民をそれぞれの村（あるいは町）の構成員として全体的に把握しているだけであった。

---

94) "村"として説明しているが、"町"にも当てはまることがほとんどである。
95) 磯野誠一・磯野富士子、『家族制度』、岩波新書、昭和30年、10頁。
96) 鬼頭宏『文明としての江戸システム』（日本の歴史⑲）講談社学術文庫、2010年、65頁

これに対して、明治政府は、こうした間接的な把握ではなく、住民を直接的に把握しようとした。そのねらいは、その後の明治政府の政策から見れば、統一的に国家を支配するというところにあったといってよい[97]。しかし、戸籍をつくるには、何よりも、住民に納得してもらう必要があった。そのためであろう。戸籍法は、その前文で、「戸数人員を詳らかに」することは最重要事項であり、真っ先に戸籍をつくらなければならないと強調し、続けて、なぜ戸籍を作る必要があるかについても説明をしている。すなわち、「全国人民の保護は大政の本務」である。しかし、「保護すべき人民」が詳らかでない場合には、人民を保護することができない。これが、戸籍をつくる理由である。また、人民が平穏無事な生活をするためには、政府の保護が必要であるが、戸籍の記載を拒むものは、自ら、日本の国民ではないというのに近い。これでは、政府の保護を受けることができない道理である。これまでの民の治め方は地域によってばらばらであった。戸籍の法もまとまりがなかった。戸籍を逃れ、戸籍を欺くものも少なからずいた。今回、全国統一の戸籍法を定めたので、これを粗略にしてはならない…という説明をしていた[98]。

　こうして、明治5年（1872年）1月29日を期して、戸籍法が施行され、全国で一斉に戸籍がつくられることになった。戸籍を作成するには、すべての国民を巻き込むことが必要である。そのため、まずは村の庄屋（名主）を巻き込み、それぞれの村を単位として、戸数、人員、生死の状況などを庄屋（名主）に調べてもらう。これがごく当たり前の発想であろう。ところが、明治政府は、こうした当然ともいえる発想をせず、独自の行政区画を設定して戸籍を作成するという方針を採用した。

---

[97]　たとえば、徴兵制を実施するためには、住民（国民）の個々人を具体的に把握していなければならず、また、地租改正による課税は、村に課税するものではなく、個々の住民に課税するものであり、そのためには、個々の住民を明治政府が直接的に把握している必要があった。

[98]　前文の"原文"を一部紹介すると…。「戸数人員ヲ詳ニシテ猥リナラサラシムルハ政務ノ最モ先シ重スル所ナリ夫レ全国人民ノ保護ハ大政ノ本務ナルコト素ヨリ云フヲ待タス然ルニ其保護スヘキ人民ヲ詳ニセス何ヲ以テ其保護スヘキコトヲ得ンヤ是レ政府戸籍ヲ詳ニセサルヘカラサル儀ナリ又人民ノ安康ヲ得テ其生ヲ遂ル所以ノモノハ政府保護ノ庇蔭ニヨラサルハナシ去レハ其籍ヲ逃レ其数ニ漏ルルモノハ其保護ヲ受ケサル理ニテ自ラ国民ノ外タルニ近シ此レ人民戸籍ヲ納メサルヲ得サルノ儀ナリ…」（戸籍法、太政官布告、明治4年4月4日、前文）。

そして、その行政区画として、たとえば村レベルでは、7・8村をあわせて一つの行政区画とするというように、それまでの村や町に比べて、非常に広域な区画を構想していた。また、それぞれの行政区画（すなわち"区"）に戸長と副戸長を配置し、区内の戸数、人員、生死、出入りなどを検査させるというのが、戸籍法の原則的な規定であった。言い換えれば、戸籍の作成という明治政府の行政事務に村や町を関与させないでおこうとしたわけである[99]。しかし、これはあくまでも原則的な方針に過ぎず、戸籍法でも、多くの例外規定を設けていた。

たとえば、"区"については、数十の町村をあわせてひとつの区にしてもよいし、逆に、1・2の町村で区をつくってもかまわないという規定があった。その上、独自の行政区画を定めるのが難しいところでは、「1町1村にて検査せしむるも妨げなし」ということも、戸籍法で定められていた。また、戸長についても、庄屋（名主）を戸長にしても、別人を戸長にしてもよいというのが、戸籍法の規定であった。

要するに、実際に"区"をどのように設定するか、誰を戸長にするかは、すべて、府県の地方官に任せるとしていたわけである。その結果、各府県の地方官によって、規模がばらばらの"区"が設定されたと思われるが、全体的には、戸籍法の原則的な方針にもとづいて、設定されたようである。たとえば、明治6年に明治政府に出仕し、以後、地方制度の整備に大きな働きをし続けた大森鍾一が「自治制制定の顛末」という題で、大正4年に京都府庁で講演しているが、そのなかで、この"区"の設置状況を次のように説明している。

「当時統計が充分にわからぬけれども、明治5年の調べによると、6,748区という数になって居る。古来我が国に自然に存在する町村は全国を通じて約7・8万の間であった。其の7・8万の町村の処へ6,748の区を置いたのである。…之れを以て見るも、昔の町村という関係を眼中に置かずして、勝手次第に行政

---

[99] また、住民が移動しようという際には、それまでは、村の庄屋（名主）が移転先の庄屋（名主）に宛てて証文を書き、村と村（あるいは町）の間で住民の移動を認めていたということは前述したが、戸籍法では、戸長を経由して地方官に届け出なければならないとした。ここにも、村のそれまでの地位を剥奪するという方針が現れているといえる。

区画を極めたのであることが分る」[100]。

　こうして明治5年に全国一斉に作成された戸籍は、一般に、「壬申戸籍」と呼ばれているが、この戸籍に記載された日本の総人口は33,110,0815人であった。以後、この戸籍によって、個々の家を直接的に把握できるようになった明治政府は、種々の政策を効率的に、また、効果的に展開できるようになった。その典型的なものとしては、徴兵制の実施をあげることができるが、税金を「村請」ではなく、個々の家あるいは個人に科することができるようになったのも、その基盤にこの戸籍があったといわなければならない。明治5年に学制を公布し、義務教育を実施できるようになったのも、戸籍があったためといえる。

　明治政府は、種々の政策を効果的に実施するために、戸籍を作成するにあたって、工夫を凝らしていたのではないかとも考えられる。家族をひとつの「戸」としてとらえ、その長を「戸主」として特別の地位を持つようにしたという工夫である。戸主が変われば、戸籍がつくりかえられ、その家族は「戸主」の配下として、母・妻・長男というように、定まった序列で記載されたし、これらの家族の出生や結婚・養子縁組なども、「戸主」が届け出なければならないとされていた。つまり、家は統治機構の最小単位をして扱われ、「戸主」はそれぞれの家の責任者として、明治政府の統治の最末端を、村を経由してではなく、直接的に担うということになったわけである[101]。

　これは、村や町の中央政府からの自立性をそれだけ小さくするものであったことはいうまでもない。

4．戸籍法の「戸長」の廃止と大区・小区の設置
　　　　　　　　―大区は区長、小区は戸長、村は用掛！―

　戸籍法にもとづいて各地域に設置された「戸長」は、制度上は、戸籍作成の事務を取り扱う権限を有するだけであった。いわば"戸籍係"にすぎなかった。

---

100)　大森鍾一、「自治制制定の顛末」、全国町村長会『自治行政参考資料』、昭和3年、11頁。
　　　これは、大森鍾一の講演を、昭和3年に、当時の全国の町村長に読んでもらうために、全国町村長会が冊子にして出版したものである。
101)　磯野誠一・磯野富士子、前掲書、11頁。

しかし、その「戸長」には、村々の庄屋（名主）のなかでも、有力な庄屋（名主）が任命されることが多く、その「戸長」が管轄する「区」には、通常は、7つとか8つの村が含まれていた。その上、「戸長」は府県の地方官によって任命される役職であった。しかも、戸籍の編成については、「戸長」が各村の庄屋（名主）に指示するという立場にあった。となれば、「戸長」は並の庄屋（名主）よりも格上であるという意識を、「戸長」自身が抱くようになるのは必然であったろう。その結果、「戸長」は、管轄内の村々の一般的な業務についても、口を挟むことが多かった。また、これは、府県の地方官にとっても、好都合であった。「戸長」に指示さえすれば、村々の庄屋（名主）に浸透するということになったからである。

　しかし、村の一般業務に口を挟むという「戸長」の行為は、各村の庄屋（名主）にとっては、さらには、村の「寄合」にとっても、よけいな干渉であったに違いない。このため、「戸長」の活動がはじまると、「戸長」と村々との間で、摩擦が生じるようになるのは必然であった。

　この当時、中央政府のなかで、大蔵省が地方を管轄していた。大蔵省の実質的なトップは井上馨大蔵大輔であったが、全国的な戸籍編成をはじめてから2か月も経っていない明治5年（1872年）3月18日に、はやくも、太政官に文書を提出し[102]、「戸長」と庄屋（名主）の摩擦の処置について伺いを出している。そして、井上馨が解決策として示したのは、庄屋（名主）の名称を廃止し、それに代わって"戸長"にするというものであった。

　太政官は明治4年の廃藩置県の後、正院（中枢機関）と左院（諮問機関）と右院（調整機関）に区分けされるようになっていたが、その左院も、「地方官」と村の庄屋（名主）の間に「紛雑の弊」があることを認め、大筋で大蔵大輔の解決策を支持していた。ただし、その解決策は簡明で誰もが理解しやすいものが良いという条件をつけていたが…[103]。

---

102)　「庄屋名主等改称ノ儀伺」（明治5年3月18日）がそれであるが、「「諸国町村ニ於テ従前庄屋名主ヤ年寄ト称シ公事ニ関係ノ庶務取扱来候処戸籍編成ニ付テハ別段戸長副戸長差置土地人民ノ処分為致候向モ不少一事両様ニ渉リ主宰抵抗ノ弊害モ有之随テ村長諸入費モ相増候儀ニ付一般旧来ノ名義ヲ廃シ都テ戸長副戸長ト改称諸事総括為致候方可為便宜適用ト存候之別紙布達案相添此段相伺候也」（参事院編『維新以来町村沿革』明治16年7月、22頁）
103)　ただし、その内容は、戸長副戸長の職掌書を大蔵省が精細に取り調べ、一般の規則を確定の上、庄屋名主を廃止すべきというように、指摘内容があまり明確ではなかった。

こうして、明治5年4月5日、府県に対して、太政官（正院）から、次のような布告がなされた。
「庄屋名主年寄等都（すべ）て廃止、戸長副戸長と改称し、是迄取扱来り候事務は勿論、土地人民に関係の事務は一切 為取扱候様可致事（とりあつかわせるようたすべきこと）」（布告第117号）。

村の庄屋（名主）を廃止して、戸籍作成の事務を取り扱う「戸長」と同じ名称の"戸長"とし、その"戸長"が土地人民の関係する事件をすべて取り扱うこととしたのである。

これは、府県の地方官に、大変な混乱をもたらした。村の庄屋や名主の名称を変えるだけのことなのか、それとも、全く別の"戸長"を設置するという意味なのか、明確ではなかったからである。

また、村の長を"戸長"にするというのは、村を廃止するということなのか、それとも、戸籍作成のために設置した7・8村を包括する「区」を廃止するということなのか。あるいは、村と「区」を併存させるということなのか。併存するとすれば、「区」の「戸長」と、村の"戸長"の立場はどう違うのか、等々も明らかではなかった。

この当時、まだ電話は整備されていない。もちろん、メールが登場するのは百数十年先の話である。布告の意味が分からないからといって、簡単に問い合わせをすることはできない。せいぜいのところ、書簡を送るていどであるが、郵便制度がはじまったのもこの1年前の明治4年のことであり、5年当時は、まだ全国的な郵便網の整備にはほど遠かった。そのため、ほとんどの府県の地方官は、自分たち自身で、この布告の意味を判断して、適用していたようであるが、なかには、問い合わせをした府県もあった。

たとえば、明治5年（1872年）4月に、栃木県が、庄屋（名主）を廃止する第117号布告の趣旨は「名目のみを改称し、その実は従前の通り差し置き候や、又は名実ともに相廃し…候儀に可有之や」と訊ねていた。これに対する井上馨大蔵大輔の回答は「全く名目のみの改称」であった[104]。

また、山梨県は、明治5年6月18日に、次のように、戸籍法によって設置

---

[104] 明治5年4月18日の回答、栃木県資料・第20冊。福島正夫・徳田良治、「明治初年の町村会」、明治史資料研究連絡会編『地租改正と地方自治制』、御茶の水書房、1956年、131頁より引用。

した「区」をどうするのか、その「戸長」は「区長」とでも改称するのかという問い合わせをしていた。すなわち、

「今般、庄屋名主等すべて廃止。戸長副戸長と改称し、これまで取り扱い候事務は勿論、土地人民に関係の事件は一切取り扱わせし候様致すべき旨の申達これあり候ところ、当管内の儀は先般御達の戸籍法則によって、凡そ千戸内外をもって1区と定め、区内7・8か村より24・5か村に至り候もこれあり。毎区戸長1人副戸長2人ずつ置き、専ら戸籍調べ中にこれあり候。然るところ各村吏員の称を廃止。戸長副戸長と改称いたし候上は右戸籍法によって相設置候長副は区長副区長と改称致すべき儀に之あり候や」。

これに対しては、少し時間がかかったが、2か月後の8月27日に、大蔵大輔井上馨から回答があった。それによると、次のように、戸籍法によって設置された「区」の戸長は廃止すると指示していた。
「戸籍法によって相設置候戸長副戸長はすべて相廃止申すべきこと」[105]。

要するに、大蔵省（明治政府）が明治5年4月5日に出した第117号布告の意図は、「区」の「戸長」と村の摩擦や紛雑を解決するために、「区」の「戸長」を廃止し、代わりに、村の庄屋（名主）を"戸長"として、戸籍作成の事務も担わせるというところにあるとしたわけであった。

そして、この回答を直接的にもらった山梨県は、明治5年10月25日に、実際に、各「区」の正副「戸長」を廃止。代わりに、各村に正副戸長を選挙させたという。実際には、名主がそのまま"戸長"となったのであろう。選挙をしたのは副戸長だけであったといわれている[106]。

しかし、こういう山梨県の事例は、例外中の例外ともいえるものであった。ほとんどの府県は、それぞれの地方官の裁量で、「区」の「戸長」をそのまま残した上で、村の庄屋（名主）を"戸長"と改称するという選択をしたようである。

---

105) 山梨県資料第24冊。福島正夫・徳田良治、前掲書、131頁より引用。
106) 福島正夫・徳田良治、前掲書、131-2頁。

そして、そうした地方官の姿勢に押されて、大蔵省自身の決断もひっくりかえることとなった。山梨県に対して、「区」の「戸長」は廃止すると回答した舌の根も乾かないうちに、今度は、「区」に「区長」を設置したいという伺いを太政官（正院）にしたのである。山梨県に回答してから20日ほどしか経っていない明治5年（1872年）9月19日のことであった。この伺いの内容の趣旨は、現在の表現でいえば、次のようなものであった。すなわち…

明治5年4月に「区」の戸長を廃止するという布告をしたが、各地方とも大小の区画がある以上、ここに「区長」を置きたいという申し立てが多く、戸籍法の「区」の廃止は難しい。また、土地の便宜に任せて「区長」を設置したほうが得策であると思われるが、いかがなものであろうか[107]。

太政官はこの伺いを受け入れたため、大蔵省は、明治5年10月10日、「各地方土地の便宜により、大区に区長一人、小区に副区長等を置くこと苦しからざるにつき…」[108]とする布達を出した。布達第146号として知られているもので、いわゆる大区、小区を設置するという布達である。

山梨県が各「区」の戸長・副戸長を廃止したのは、この布達が出されてから後のことであった。しかし、これは、山梨県が大蔵省に逆らったからでなく、おそらくは、大蔵省（明治政府）の姿勢の変更が地方に伝わるのに、それだけ日数がかかったということを意味するだけであろう。あるいは、布達146号の意味があまり明確ではなかったことによるのかも知れない。

それはともかく、この布達以後、各地方には大区・小区が設置されるようになったが、全国で画一的に設置されたというものではなかった。各府県の地方官の考え方で、あるいは、時期によって、その設置の仕方は異なっていた。

たとえば、度会県（いまの三重県の一部）の場合、明治5年に、7大区に分けられ、それらの大区がいくつかの小区に区分されたが、長期的には続かず、2年後の明治7年7月には、大区制が廃止されている。県内が大区―小区という2層の区ではなく、1層制の20の区に分けられたのである。なお、度会県

---

107) 参事院編「維新以来町村沿革」明治16年7月、24頁。
108) 同上。（表現は、理解しやすいように変更）

は、明治9年（1876年）4月18日に旧三重県と合併して三重県となったこともあり、その後、明治11年（1878年）3月に、20の区がそれぞれ"聯区(れんく)"と呼称されるようになり、これが、明治12年（1879年）に地方制度が改革されるまで続いた[109]。

しかし、こういう度会県の状況は、むしろ例外的な状況であった。一般的には、布達146号で指示されてから以後は、戸籍作成のために設置された区がそのまま「小区」として継続し、その上に、いくつかの「小区」を含む形で、「大区」が設置されたところが多かったようである。また、布達では、大区に"区長"、小区に"副区長"を設置することが前提とされていたが、実際には、「大区」の長は"区長"とされていたものの、「小区」の長については、戸籍編制の時からの踏襲で、"戸長"として位置づける地方官が多かった。

たとえば、明治8年（1875年）6月20日から開かれた第1回地方官会議での政府委員と地方官のやりとりをみても、中央政府の制度上の認識と、地方官が実際に施行している現実の認識の違いが、次のように、明確に現れていた。すなわち、

政府委員が、次のように、大区の長は区長で、小区の長は副区長であると説明。

「此の法案は、戸籍法に基づき、大区の長を区長とし、小区の長を副区長となすの制に依る」…と。

ところが、地方官（大阪府知事）の渡辺昇は、実態はそうではないと反論。

「仮令(たとい)法案を取り調べたる人の見込みは斯くなるべしと雖も、現に大区に正副区長を置き、小区に正副戸長を置くを通法とするに似たり。故に取り調べの如何にかかわらず…通法により区戸長の別を為すべき」であると…。

そして、審議の末、次のように決議された。

「正副区長は大区の長なり。正副戸長は小区の長なり」[110]。

---

109) 三重県、『発見、三重県の歴史』による。
　　参照：http://www.bunka.pref.mie.lg.jp/rekishi/kenshi/asp/hakken/detail.
110) 参照：第1回地方官会議日誌、明治文化全集、第4回憲政編、33頁。しかし、それでも、地方官のなかには、従来どおりの呼称を用いているものもいた。たとえば、明治11年3月に、地方官の総元締めである内務省のトップ（大久保利通内務卿）が三条太政大臣に対して地方制度を改正する必要があると提言しているが、その文書（「地方之体制等改正之儀」）のなか

このように、この当時の多くの地方官は、中央政府の思惑がどうであれ、小区の長を「戸長」として位置づけていたわけである。そして、それが明治8年の地方官会議で議論されたのであるが、この時の地方官会議というのは、「地方官を地方の代表者と見なして、地方の利害得失を地方官に言わしめ、その意見を採て以て国是を定むる」[111)]という会議であり、明治憲法の下で開かれた帝国議会（国会）に匹敵するものであった。事実、この明治8年に地方官会議が開かれたときには、帝国議会（国会）の開院式と同じように天皇陛下が出席された。（地方官会議については後述する）。その地方官会議で、大区の長は「区長」、小区の長は「戸長」と決議されたのであるから、これは公式に認められたことといってよい。

　しかし、前述したように、明治5年（1872年）4月5日の第117号布告によって、村々にも"戸長"を置くことになっていた。このため、第117号布告に忠実にしたがった地方では、各村に"戸長"がいると同時に、小区にも戸長がいるという状況が生まれていたはずであるが、これは、大きな混乱をもたらしたに違いない。その結果、こうした事態を収束させるために、各村の"戸長"は次第に廃止されるようになり、その仕事は次第に小区に引き継がれていった。

　たとえば、前述した新町村（しんまちむら）が位置する現在の東京・青梅市の地域では、村々に置かれていた戸長・副戸長は明治6年（1873年）末に廃止され、村々が管理してきた書類は小区の戸長に引き継がれたという[112)]。同じように、静岡県では、明治7年（1874年）8月に、各村の戸長が廃止された[113)]。

　そして、村々には、小区の戸長の部下として、副戸長、組頭、用掛などの吏員が村々に配置されるようになった[114)]。県庁（地方官）－大区（区長）－小区（戸長）－村（用掛など）という上意下達のルートが確立されていったわけで

　で、「大区に大区長を置き、小区に小区長を置くあり。大区に区長を置き、小区に副区長を置くあり。大区に区長を置き、小区に戸長を置くある等、不倫煩冗甚（はんじょう）だしく…」と指摘している。
111)　大森鉦一、「自治制制定の顚末」、18頁。
112)　鈴木淳、前掲書、95頁。
113)　筒井正夫、「大区小区制下の地方行財政―静岡駿東郡御殿場・小山地方の村々を事例として―」、『滋賀大学経済学部研究年報』Vol.12、2005年、25頁。
114)　福島正夫、徳田良治、前掲書、133-4頁。この村の吏員の名称は、地域より、あるいは時期により、さまざまであった。

あるが、明治 11 年（1878 年）には、元老院会議での内閣委員（政府官僚）の次の説明に見るように、この仕組みがすっかり定着していた。

「現今の町村に用掛あり、その上に戸長あり、その上に区長あり…」[115]。

5. 区長・戸長の立場は？

　明治 5 年（1872 年）10 月 10 日の布達第 146 号によって、大区・小区の制度がスタートしたとき、明治政府は、区長・戸長の給与をすべて"民費"で賄うとしていた[116]。これは、区長・戸長に政府や府県の業務を執行させるものの、その身分は"官吏"ではないということを宣言するものであった。一般の住民と同じだと位置づけたわけである。

　しかし、区長や戸長をどのようにとり扱うかは、実際には、それぞれの府県の地方官に一任していた。そのため、地方官のなかには、区長・戸長を"官吏"として扱うものがいたのであろう[117]。翌明治 6 年（1873 年）12 月 3 日の「達し」で、各府県の地方官に対して、次のように、区長・戸長の身分は「一般人民の取り扱い」とすることを念押ししていた。

　区長・戸長の身分の取り扱いについて、地方のなかには、種々の等級を設けているところがあり、あるいは、官吏に準ずる扱いをしているところがあるが、これは不都合である。区長・戸長は「一般人民の取り扱い」をしなければならない[118]。

　ところが、明治 7 年になると、明治政府はこの方針を一変させ、区長・戸長を「官吏に準じる」ものとした。民主主義が浸透している現代の常識からいえば、こうした変化があったとしても、さして重要なこととは感じられないかも知れない。しかし、この当時の"官吏"というのは、一般の住民とは根本的に

---

115)　元老院会議筆記、明治 11 年 5 月 14 日、11 頁。
116)　明治 5 年（1872 年）5 月の布達第 146 号には、「給料その他諸費用共 悉（ことごと）く皆民費と心得べく」とあった。
117)　静岡県では、明治 6 年 5 月に大区の正副区長を任命しているが、これらのものは地方官（県官）の兼務であったという。この兼務は明治 7 年 7 月に廃止され、独自の正副区長が選ばれるようになった。（参照：筒井正夫「大区小区制下の地方行財政」『滋賀大学経済学部研究年報　Vol. 12、2005 年、24 頁。
118)　明治 6 年 12 月 4 日第 400 号達（参事院『維新以来町村沿革』明治 16 年 7 月、24 頁）。

異なる人々であった。官吏というのは、天皇の大権に基づいて任命され、国家を治めていた人々、国家公務に服した人々のことである。地方官もこれらの官吏の一員であることはいうまでもない。

　国家の統治は、まず法律が定められ、その法律に基づいて、官吏がそれぞれの業務を遂行するということになる。このように考えるのが、現代流の常識であろう。しかし、この当時、すなわち明治初期の頃は、まだ、"法律"は存在しなかった。明治4年の戸籍法などのように、法律という名称がつけられていたものはあったが、それらは、いまの国会のような立法機関によって定められたものではなく、官吏の中枢部である太政官で定められたものであった。要するに、国家を如何に治めていくか、府県を如何に治めていくかは、すべて、官吏によって、官吏の意向だけで決められていたのである。もちろん、太政官の正院のなかで審議し、左院のなかでの意見を調整するというように、"官吏"の間での合議はあったであろうが…。

　明治23年（1890年）に帝国議会（いまの国会）が設置されてからは、ここで法律がつくられることになり、必然的に、官吏も何かしようとすれば、根拠となる法律が必要となった。が、官吏には別の道もあった。帝国議会に法律を制定してもらわなくても、天皇の"勅令"があれば、その"勅令"に基づいて業務を遂行することができた。しかも、この"勅令"は法律をはるかに上回る権威と力をもっていたのである。その上、"勅令"を定めていたのは官吏であり、住民の代表者で構成される帝国議会は何ら関与することがなかった。

　こうした状況からいえば、明治時代の官吏は、いまの国家公務員とは全く別のものであり、一般の住民（人民）とは次元の異なる人々であったというべきである。国や府県の治め方は、住民（人民）の意向にしたがってというよりは、いわば住民（人民）の上に立って、国や府県のあるべき形を想定し、それに向かって、官吏の自らの考えで、住民の負担を決め、強制したのが、官吏であったといわなければならない。分かりやすくいえば、住民（人民）を「支配する人々」、それがこの頃の官吏であった。

　そして、区長・戸長は、明治7年（1874年）3月8日、太政官（第28号達）によって、こうした官吏に準じることとされた[119]。それまでは、「支配される」住民（人民）の立場に立って区長・戸長という任務を遂行していたものが、これ以後、「支配する」側に立つことになったのである。

しかも、太政官法制課は、区長・戸長の位置づけについて、次のように解説していた。
　「そもそも区長・副区長たるものは、その一地方の官吏にして、その責め軽からず…民政緊要の筋に係る大事の官吏なれば、判任官中にも上等の位置に据え置かれて然るべし」[120]。
　この当時、政府としての意識は大区の長が区長で、小区の長が副区長であった。ところが、実際には、明治8年の地方官会議で、大阪府の渡辺知事が「現に大区に正副区長を置き、小区に正副戸長を置くを通法とするに似たり」と発言しているように、大区に区長、小区に戸長を置く府県が多かった。このことからいえば、太政官法制課の見解は、区長・戸長ともに、判任官のなかでも上位にランク付けできるものであったといってよい。そして、府県の地方官のランクは、第3章で説明したように、県令と参事のトップの2人だけが奏任官で、残りの地方官は全員が判任官であった。ほかに雇員や雇人といわれた人々が県の職員として勤務していたが、これらに人々はもちろん官吏ではなかった。
　このように、区長や戸長は、判任官のなかでも「上等の位置」に位置づけられるというのであるから、区長や戸長は単に「支配する」側に立っただけではなく、支配者としてのランク付けもかなり高い方であったといわなければならない。また、実際には、戸長の名称を外され、用掛などの名称になっていた村レベルの長についても、政府は「戸長」としての位置づけをしていたのであるから、"官吏に準ずる"扱いにしようとしていたことは確かである。いわば、この明治7年3月の太政官第28号達により、大区の区長、小区の戸長、町村の用掛をともに、「支配される」側から、「支配する」側に組み込んだのであった。
　そして、それまでは、区長・戸長が実質的に住民の公選で選ばれているところが少なくなかったが、これに伴い、ほとんどは"官選"で選ばれるようになった。それでも、秋田県や宮城県などのように、実質的な公選を続けたところはあった。

---

119) 明治7年3月8日、太政官第28号達（参事院『維新以来町村沿革』明治16年7月、24-5頁）。
120) 太政官法制課按（大島美津子『明治国家と地域社会』岩波書店、1994年、84頁より再引用）。

同じ年（明治7年）の11月27日には、区長・戸長が公用の際に持ち歩く"御用提灯"が制定されたという[121]。こうした権威付けにより、区長・戸長・用掛は、意識の上でも、ますます「支配される」側の住民から離れ、「支配する」側に立っているというと意識が強くなっていったことであろう。事実、次第に、村の「寄合」に相談するなどということはなくなり、独断で村の利害に関係することを決めるようになっていった[122]。

　しかし、これは必然的に村の住民の反発を引き起こした。ことに、住民に負担を強いる財政面での反発が強まっていった。この当時、それまで村全体で引き受けていた「村請」の税金が地租改正によって個人納税に変革され、「寄合」で個々の住民の税額を決めるという必要性はなくなっていたが、この地租以外にも、村の住民が負担しなければならない民費というものがあった。膨大の費用を消費する道路の整備も、水利や堤防の整備も、この民費で賄われることが多かった。これらの民費は戸数割り・住民割りなどによって村々に課せられたが、それだけではもちろん不十分で、村や大区・小区で借財するというのが慣習であった。これらの借財は、最終的には、各村の住民の負担金で返すことになるのはいうまでもない。そのため、従来は、村の「寄合」で道路の整備や水利堤防の整備を協議し、借財額などを定めていた。それを、「寄合」に協議することなく、区長や戸長が、専断で道路工事や堤防工事を決めるようになり、また、村や区の借財や共有物の売却を決めるという傾向が出てきたのである。

　こうした区長・戸長などの行動は、必然的に、村の人々の反発を招くこととなった。そして、村の「寄合」で、区長や戸長の活動費用の当否を詮索し、費用の弁償を区長や戸長に要求するということもあった。このような紛争がある場合、府県の地方官は、区長・戸長に肩入れしたのはもちろんであろう。事実、岡山県では、明治10年4月に、「村々において間々集会を催し、村吏を狐疑して、前々の村費帳を取り出し、頻りにこれを詮索。当時の費用の当否を論議して、村吏の費用弁償を要求するということがあるが…今後、こういう集会を開いてはならず、これまでの費用弁償の決議も差し止める」と布達していた[123]。

---

121)　大島美津子『明治国家と地域社会』、85頁。
122)　福島正夫、徳田良治、前掲書、138頁。
123)　岡山県、明治10年4月10日布達甲40号。（福島正夫・徳田良治、前掲書146頁より再引用）。

新潟県も、明治8年に、「村寄合と号し、些細のことに多人数集会することは…今後してはならない」という「寄合」禁止の布達を出している。この意図は明らかではないが、しかし、「支配する」側に組み入れられた区長・戸長・用掛を支援するために、その障害となり得る「寄合」を否定したものとみてよいであろう。

　もっとも、地方官のなかには、「支配される」側の住民に理解を示したという事例もあった。たとえば、滋賀県では、明治7年9月に、正副戸長の給与は「町村の戸主一般が集まり、協議して決定」すべきであると布達していた[124]。「寄合」の協議を重視していたわけである。

　また、土木工事や水利工事を、「寄合」の意見を無視して、区長や戸長が強行することは、実際上は、不可能に近かったに違いない。たとえ、専断で実行したとしても、工事費などの借財の返却で行き詰まることは目に見えていたといってよいであろう。事実、明治9年9月21日の元老院会議で、明治政府の官吏が次のような説明をしていた。

　　各地方に於いて水利堤防道路橋梁などの起工をするときは、区で借金をするのが慣習である。然し、区長や戸長がこの借金を住民に協議せず、専断で挙行し、あるいは区町村名で巨額の負債をし、最終的に、逃亡失踪する。このような弊害、「枚挙に暇あらず」[125]。

　また、区や村が共有する土地や建物を売却する場合にも、それを共有物として使用している人々の合意が必要だったはずである。したがって、明治政府としても、区長や戸長の"専断"という行為を、さらには府県の行政官がそうした区長・戸長の専断に味方する行為を、制約するようになるのは必然であった。果たせるかな、明治9年10月17日、次のような布告をした[126]。

① 大区・小区で、金銭や穀物を借用し、あるいは、共有の土地建物を売却するときは、区長・戸長・用掛、そして、その区域内の各町村の総代2名ずつのうち、6分以上の者の連印を確保する必要がある。

---

124) 明治7年9月滋賀県布達1263号（福島正夫・徳田良治、前掲書、146頁より再引用）。
125) 明治9年9月21日の元老院会議筆記（福島正夫。徳田良治、前掲書、146頁より再引用）。
126) 明治9年10月17日、太政官布告第130号（参事院『維新以来町村沿革』明治16年7月、26-7頁）。

② 区長・戸長の印のみしかない場合は、それを"私借"とみなす。あるいは、そうした借金による工事は"私の土木起工"とみなす。
また、建物の売却の場合は、無効とする。

　これは明治政府の譲歩であったことは確かであろう。しかし、ここで注意する必要があるのは、村の「寄合」を否定し、それに代わって、村の"総代"という制度を設けたことである。
　それまでの村の住民の慣習からいえば、土木工事などをする場合は、その経費の負担を含め、「寄合」の話し合いで決定するというのが常識であった。いわば、住民は、自らの意志で納得して土木工事などをし、それぞれの住民の負担額を決定してきたのであったが、そのシステムが公的に否定されたわけである。以後、住民が選出したわけではない区長・戸長・用掛によって、一方的に土木工事などが決定されというシステムが公のルールとなった。
　もちろん、区長・戸長は、"総代"を区内のそれぞれの村から2名ずつ選び、それらの半数以上の合意を得る必要があった。しかし、これは、区長・戸長にとって都合のよい人々を"総代"に選出すればよいことであり、あまり大きな制約にはならなかったのではないだろうか。
　要するに、「寄合」での決定が公的に否定されたことにより、住民の力がますます弱くなり、それだけ、区長・戸長の支配者としての力が強まっていくこととなったみることができよう。また、これに伴い、村の自立性がそれだけ薄れ、大区・小区の村々を統制する力が大きくなっていったことは確かである。ひいては、府県の村を支配する力が大きくなっていったことはいうまでもない。

第5章 「公選民会」の設置は「町村会」から？

― 木戸・大久保は"議会"をどのように考えたか？―

1. 明治維新の三傑

　明治政府の創設にとりわけ大きな貢献をした人々として、西郷隆盛、大久保利通、木戸孝允の3人の名前が挙げられ、明治維新の"三傑"だといわれることが多い。

　この3人は、倒幕の時は一致団結して大きな力を発揮し、明治政府の樹立に大きな貢献をした。明治4年（1871年）7月の廃藩置県も、3人の協調の結果であった。また、同年11月に、大久保利通と木戸孝允が岩倉「使節団」の副使として、西洋文化を学ぶために1年9ヶ月もの長きにわたってアメリカ・ヨーロッパを訪問したときにも、西郷隆盛が留守政府を預かるという形で、この協調体制は続いた。しかし、大久保・木戸の帰国とともに、3人の協調体制は瓦解していった。

　きっかけは、征韓論であった。西郷や板垣退助・江藤新平などの留守政府が、武力をもって朝鮮を開国させるということを、実質的に決定していたにもかかわらず、大久保・木戸・岩倉具視などの帰国組がそれに猛反対。最後には、帰国組が画策をして、明治6年（1873年）10月、留守政府の征韓論をつぶしてしまったという事件である。この事態に、西郷隆盛が激怒し、10月24日に辞表を提出。翌25日には、江藤新平や板垣退助、副島種臣、後藤象二郎も辞表を提出したため、明治政府はまっぷたつに割れてしまった。以後、板垣退助などは、自由民権運動を全国的に展開することとなる。

　こうした状況のもとで、いわゆる勝ち組として政府に残った大久保利通は、分裂直後の11月10日に内務省を創設。警察と地方行政の全権をここに集中し、大久保自身がそのトップである内務卿に就任した。しかも、内務卿は天皇に直接的に責任を負うという形で、他の省の卿よりも一段高い位置づけをしたのであった。事実上の「首相」となったわけである[127]。

127）　毛利俊彦『大久保利通』中公新書、昭和44年5月、186頁。

これに対して、三傑のもうひとりである木戸孝允も勝ち組であり、もちろん、政府の参議として政府のトップ集団の一員になったが、それ以上に、政局にかかわることには消極的だったとするものが多い。大久保利通や伊藤博文の執拗ともいえる説得で、ようやく参議兼文部卿に就任したものの、すぐに、台湾征討に反対して辞任したというのが通説的な理解である[128]。そして、その原因としては、一般には、体調が不全であったという点が挙げられている。欧米諸国の視察以後、木戸は、「健康を害したこともあって、かなり感情の起伏が激しくなり、情緒不安定気味で、晩年は一種のノイローゼ症状が目立つようになって来た」[129]と論ずる者すらいる。

　この頃、木戸孝允は伊藤博文に対してかなり頻繁に手紙を書いているが、そのなかで、体調の不全を訴えていることが多い。たとえば、「不快より一層気力も衰弱致し、容易に全快の目途もこれなく…」[130]（明治6年11月30日）、あるいは、「病気にて頭脳平常ならず、せめて1年なりとも保養相加えたく…」（12月1日）といった具合に、調子の悪さを訴えている。したがって、欧米視察から帰国したときは、すでに、身体の調子がかなり悪くなっていたことは、確かなようである。しかし、それらの手紙からは、地方官の人事や課税の仕方に注文をつけているように、政局に大きな関心をもっていたことも窺える。さらに、帰国直後の明治6年7月には、「憲法制定の建言書」を朝廷に提出。そのなかで、国を維持していくには国務を「一致協合の民意」を承けて進めていくことが必要であり、それを実現するためには、種々の典則（法律）の制定し、また、それらの典則の「本拠」となる「政規」（いまの表現では憲法）の制定が必要となる。そして、それを実現していくことが、国務に携わる人々の責務だと強調していた[131]。まさに、やってやるぞという姿勢を示していたものといわなければならない。

　このような木戸の姿勢から見れば、政局への参加に消極的だったという分析には問題があるというべきであろう。文部卿になったのも、大久保や伊藤から執拗に説得されたからではなく、木戸自身が、「政府能く勉めて生民を教育し、

---

128) たとえば、坂本多加雄『明治国家の建設』（日本の近代2）中央公論社、1999年、186頁。
129) 鳥海靖『逆賊と元勲の明治』講談社学術文庫、2011年、55-6頁。
130) 木戸孝允文書（第五）、126頁、（国会図書館近代デジタルライブラリー）。
131) 木戸孝允文書（第八）、118-127頁、（国会図書館近代デジタルライブラリー）。

徐
ゆ
るやかに」[132] 民意を形成していかなければならないという持論を実現するためであったとみるべきである。しかも、木戸が主張していた教育は、単なる学校教育だけではなかった。自分たちの地域や国をどのように運営していくかを、住民自身が考え、合意するという能力を身につけてもらうための教育、言い換えれば、政治教育を含むものが木戸の構想する教育であった。そのため、文部省の管轄事項だけではなく、他省庁の分野、とくに内務省管轄の地方行政にも大きな関心を持っていたはずである。

　そして、大久保内務卿も、このことを認めていたようにみえる。というよりも、その後の大久保の行動を見ると、木戸の考え方に同調し、木戸と大久保の2人で政局を取り仕切ろうとしていたようである。たとえば、大久保が内務省を設置し、その内務卿に就任してから3か月も経たないうちに、内務卿の地位を木戸に譲り渡しているのである。これをみても、大久保の木戸に対する信頼、また、木戸が政府の運営に積極的であったことが示されているといえるであろう。ともかく、これにより、木戸は、内務卿と文部卿を兼任するということになった。

　しかし、この2人の関係は、明治7年2月6日の台湾出兵の閣議決定が原因となって、一時期、決裂した。琉球（沖縄）の住民が台湾で殺されたことを理由に、大久保が大隈重信と諮って、台湾への出兵を提案し、この日、閣議が開かれたのである。この提案に対し、木戸孝允は、内務卿および文部卿の立場から、とてもそんな余裕はないと強く反発した[133]。が、木戸の意見に同調するものがなく、結局、台湾への出兵が閣議決定されてしまった。そして、4月に入ると、西郷従道が台湾蕃地事務都督に任じられ、実際に出兵するということにもなった。このため、あくまで台湾出兵に反対であった木戸は、ついに、明治7年4月18日、辞表を提出してしまったのである[134]。これに伴い、大久保利通が再び内務卿に就任した。

　この木戸の退陣は、大久保にとっては、大変な痛手であった。明治政府を創り上げ、その後、実質的に政府の舵取りをしてきた盟友の西郷と木戸が2人とも政府を去ってしまい、いわば政府の実質的なリーダーは大久保1人というこ

---

132)「憲法制定の建言書」、木戸孝允文書（第八）、125頁。
133)「外政反対の意見書」、木戸孝允文書（第八）、147-150頁。
134)「征台の不可を論じ辞官を請うの表」、木戸孝允文書（第八）、151-155頁。

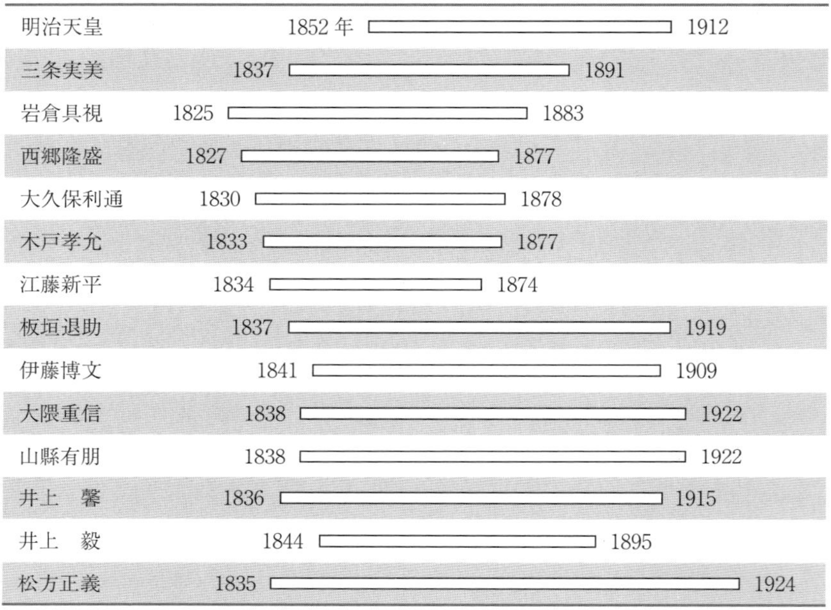

明治天皇	1852年	1912
三条実美	1837	1891
岩倉具視	1825	1883
西郷隆盛	1827	1877
大久保利通	1830	1878
木戸孝允	1833	1877
江藤新平	1834	1874
板垣退助	1837	1919
伊藤博文	1841	1909
大隈重信	1838	1922
山縣有朋	1838	1922
井上 馨	1836	1915
井上 毅	1844	1895
松方正義	1835	1924

図4 明治初期・主要人物の生存年表

とになってしまったからである。伊藤博文や大隈重信など、政府に残った人材は、大久保から見れば、次の世代の人材であった。この頃、大久保は、伊藤博文に次のような趣旨の話をしていたという。「私は木戸氏の識見を尊敬し、それにしたがってきた。その木戸氏が山口（長州）に引っ込んでしまった。私は、木戸氏を迎えるために山口に行くつもりだ」。しかし、伊藤博文は「そんなことをしたら、政府の弱さを示すことになる」と反対。「使いを出して、木戸を大阪に招くことにするから、大久保公もそこに行って欲しい」と要請し、大久保と伊藤は大阪で会談することになった[135]。

　伊藤博文はこの2人の会談の準備を井上馨と協議し、その協議で、自由民権

---

135) 板垣退助監修、遠山茂樹・佐藤誠朗校訂、『自由党史』（上）、岩波文庫、昭和32年、162頁。なお、本書は、明治33年、憲政党総会の決議にもとづいて「自由党史編纂局」を設け、同党総務委員の監督の下に、宇田友猪が編集に従事、後に、その材料の全部を板垣退助に提供し、板垣邸のなかに「自由党史編纂事務所」を置き、板垣の監修のもとに、和田三郎が編纂の責任者となってまとめた『自由党史』（明治43年刊）の復刻版である。

を全国的に広めている板垣退助も巻き込もうということになり、明治8年2月11日、大久保・木戸・板垣の三者の会談が実現した。世に言う「大阪会議」である。

この会談では、木戸の意向が大幅に取り入れられた。具体的には、立法機関として元老院を設置すること、司法機関として大審院を設置することが合意され、それだけではなく、民情を反映するために、地方官会議を開くということも決められた。段階的に、国会（衆議院）を開設するという木戸の言い分が通り、先ずその準備段階として、地方官会議を設置するという合意がなされたわけである[136]。そして、この大阪会議で、木戸と板垣が政府に復帰すること、すなわち参議に就任するということが合意された。

この合意は、4月には元老院が、また、大審院が5月に設置されたというように、すぐに実現を見た。また、地方官会議も、6月20日、天皇臨席のもとに開会式が盛大に開かれたが、その議長になったのは、内務卿の大久保利通ではなかった。参議の木戸孝允が議長に就任したのである。

2. 地方官会議（第1回）の発足

(1) 地方官会議の開催 ―なぜ、地方官会議か？―

明治8年（1875年）6月20日。この日、浅草本願寺（現・東本願寺）に、朝の8時頃から、礼服に身を固めた皇族、太政大臣の三条実美、参議の大久保利通や伊藤博文、板垣退助などが、続々と集まってきた。第1回地方官会議の開催儀式に参加するためであった。この会議のいわゆる「議員」といえる各府県の地方長官（知事・県令・権令など）は、数日前から次々に上京[137]。この日は、議長に就任した木戸孝允（参議）に率いられ、浅草本願寺の門前に、天皇陛下出迎えの整列をしていた。午前11時20分、海兵楽隊の伴奏とともに天皇陛下が到着。開会式が始まった。11時50分に天皇陛下が引き上げ、その後、

---

136) 参照：『自由党史』（上）、162-5頁。
137) 『地方官会議記録』（明治8年）（後藤・安田記念東京都市研究所・市政専門図書館に所蔵されている）をみると、6月2日に上山和歌山県令、村上磐前県（現・福島県）権令より着京届け、6月3日に岩村愛媛県権令、4日に小崎岐阜県参事、久保度会県（現・三重県）権令より着京届けというように、各議員の上京日が記録されている。

審議方法の打ち合わせなどをして散会[138]。この地方官会議に参加した議員は、3府59県の62人の地方官であった。

翌日は、木戸議長以下、これらの議員が午前10時に、宮内省を訪問。11時に天皇陛下が引見し、その後、各議員は庭を散策、そして、食事会が開かれた[139]。実際の審議が開始されたのは、6月22日からであった。

ところで、この地方官会議は、なぜ、このように盛大に、また、格式張って開かれたのだろうか。いまの時代に、都道府県知事がこうした形で、会議を開くなどということは、恐らく、あり得ないはずである。この当時でも、たとえば地方長官である知事や県令の官吏としての地位は、それほど高いものではなかった。地方では、それこそ明治政府から派遣された支配者として、大きな力をもっていたとしても、中央の省には、もっと高い地位をもつ官吏が多数いたのである。そのような当時の地方官との対比でいえば、いまの都道府県の知事は、実質的にみて、もっと高い地位にあるということができる。それにもかかわらず、明治8年の地方官会議が、なぜ、このような仰々しい取り扱いをされたのであろうか。

この地方官会議が開かれた直接のきっかけは、大阪会議で木戸孝允が提案したところにある。その提案に、大久保利通と板垣退助が同調し、それによって、地方官会議が開かれることになったのであるが、なぜ、木戸孝允がそれを主張したのであろうか。また、その扱いが、なぜ、これほど仰々しいものになったのであろうか。当時の明治政府が置かれていた政治状況が、その大きな原因であったことは疑いない。

図5　地方官会議開会式（第1回）
浅草本願寺
聖徳記念絵画館
壁画「地方官会議臨御御深曾木」
磯田長秋　筆　　公爵木戸孝一奉納

---

138)　『地方官会議日誌』（明治8年）（市政専門図書館所蔵）3-7頁にこの日の状況が記録されている。
139)　同上、9-10頁。

2年前（明治6年：1873年）の征韓論論争に端を発する政治状況である。この論争で、大久保利通や木戸孝允など岩倉使節団の西洋文明視察組と西郷隆盛などの留守政府組が対立。その結果、政争に破れた留守組の西郷や江藤新平、板垣退助などが政府を去り、明治政府に激しく抵抗するという姿勢を示していたのである。たとえば、負け組の首領格であった西郷隆盛は、鹿児島に引っ込み、当初は静かにしていたもの

図6　明治初期の宮内省
宮内省は明治2年に設置された。
この頃の宮内卿は徳大寺実則

の、最終的には、明治10年（1877年）になってからであるが、西南戦争を引き起こすということになった。江藤新平も、郷里の佐賀で不平士族にかつぎあげられ、地方官会議が開かれた前の年の明治7年（1874年）に佐賀の乱を起こし、この地方官会議の時には、既に処刑済みであった。いわば、この2人は"武闘派"の形で明治政府に抵抗したわけであるが、板垣退助や後藤象二郎、副島種臣などは、言論と筆で政府に立ち向かうという戦法を採用した。民撰議院の設立を建白し、その実現を目指すという運動を展開したのである。ただし、その運動に同調し、参加した人々の多くは、少なくとも当初は、不平士族であり、各地で反乱を引き起こした"武闘派"と根は同じであった。事実、機会があれば、"武闘派"の反乱に加わろうとしているものが少なくなかったようである。

　ただ、民撰議院設立という発想は、不平士族以外の人々にも受け入れられやすかった。そのため、"武闘派"の抵抗よりも大きな力を発揮し、いわゆる自由民権運動として、各地の人々に受け入れられ、全国的に広まるようになっていった。これは、地方レベルでも、当然に、議会（当時は"民会"と呼ばれていた）を設置すべきという要請を生み出すこととなった。各府県の長官のなかには、そのプレッシャーに負けて、あるいは、なかには、長官自身の自発的な意志でということもあったようであるが、明治7年頃から、"民会"を設置するという動きが各地で見られるようになっていた。

　そうした渦中に、この地方官会議が開かれたのである。地方官会議の提唱者である木戸孝允自身も、民撰議院（国会をはじめとする種々の地方議会）の設

置に反対しているわけではなかった。それどころか、その必要性は認めていた。しかし、それを一挙に進めようとする自由民権運動には反対であった。もっと時間をかけ、まず、地方議会でそれぞれの地方独自のことを取り扱うという経験を積み、その経験をもとに、民撰議院（国会）を緩やかに、時間をかけて設置していく[140]。そうでなければ、将来に禍根を残すことになる…と、木戸は考えていたのである[141]。そして、自由民権運動の政府に対する圧力を弱めるために、地方官会議を国民の意向を反映する機関として位置づけ、それを人々にアピールするという目的をもって、地方官会議の扱いを大げさにしたのであった。

当時の「東京日日新聞」も、次のように、この旨の報道をしていた。

「此の地方官会議は民撰議院の建白より変形せしものと信ずるなり…政府は…何か議政官立法官の如き姿あるものを創立し、姑く民権家の心を慰め、且つは専制に非ざるの状を示し、以て一事協同の仮面を粧おうと欲したり。…地方官会議を思い付き、之を拡充して外貌だけは議院の体裁を模擬したるものを創立せんと謀り、堂々たる正大の命令を発して、地方長官を招集したり」[142]。

このような地方官会議の開催経緯からいっても、この地方官会議では、当然に、「地方民会」について審議する必要があった。そして、「地方民会」を審議項目とすることは早くから明らかにされていた。そのため、当然の現象といえるが、傍聴希望者が各地から集まることとなった。しかも、これらの傍聴者は、府県の地方長官に選定され、地方長官にしたがって、集まってきたようであるが、傍聴者を募るかどうか、どれだけの傍聴者を引率するかなどは、すべて、各府県の長官に一任されていたように見える。その結果、傍聴者の数は、府県によってばらばらで、最も多かったのは熊谷県（現・埼玉県）の14人であった。ほかにも福島県は7人、愛媛県は7人、広島県6人、宮城県6人など、かなり

---

140) たとえば、明治6年7月に朝廷に提出した「憲法制定の建言書」で、「人民の会議を設けるに至るは自ずから多少の歳月を費さざるを得ず」と軽挙を戒めていた。木戸孝允文書第八、128頁。
141) 参照：木戸孝允「町村会の開設並びに国会開設に関する意見書」（明治9年5月）、木戸孝允文書第8、166-176頁。
142) 東京日日新聞、明治8年4月2日。宮武外骨『府藩縣政史』昭和16年、名取書店、202頁より引用。

の数の傍聴者を引率してきた地方長官がおり、傍聴者の数は合計で144人であった。しかし、その一方では、ゼロというところも少なくなかった[143]。

これらの傍聴者はもちろん勝手に傍聴することはできず、あらかじめ許可を受ける必要があり、しかも、それぞれの引率者（地方長官）を経由して許可を受けなければならなかった。たとえば、14人の傍聴者を引率してきた熊谷県の権令・楫取素彦[144]は、6月14日付けで、太政大臣（三条実美）に対して、14人の傍聴許可を願い出ていた。

これらの傍聴希望者には、自由民権運動の当事者たちが含まれていたことは確かであり、その関心は、もっぱら、民会（地方議会）が設置されるか否かにあった。事実、民撰議院設立建白書の文案を起草し、自由民権運動の中心的な人物の1人であった小室信夫が傍聴人となっていることを、木戸孝允（議長）は心配していた。小室信夫が他の傍聴人を集めて、「民権をとるとか、奪うとか」[145]画策しており、さらには、そうした傍聴者の動きに、「県令等も扇動され、或いは傍聴人などへの見栄に不適実な言を主張」しかねないと懸念していたのである[146]。

しかし、すべての傍聴者が、民撰議院の設立、民会の設置を希望していたのかどうかということになると、疑問だと言わざるを得ない。記録に残っているものを見る限り、各地から集まってきた傍聴者は、ほとんどが大区の区長、副区長、戸長であった。これらの区長や戸長が議会の設置を望んでいたのだろうか、という疑問があるからである。一般には、戸長は、官吏に準じるものとして、住民の上に立つことを望んでいたのではないかとも推測できる。しかし、傍聴者となって上京したのは、区長や戸長のごく一部である。となれば、民会設置を望む区長や戸長だけが集まったという可能性もあるが、しかし、素直に考えれば、単に、審議の経過を知りたいというところに関心があったとみるべきであろう。

---

143) 『地方官会議記録』（明治8年）、197-204頁。
144) 楫取素彦は長州出身の官吏で、明治7年に熊谷県権令となり、明治9年に群馬県令に就任。
145) 木戸孝允の井上馨宛の書簡（明治8年7月4日）、木戸孝允文書 第6、169頁。
146) 同 上

(2) 府県レベルの議会は？―「公選民会」は成立せず（地方官会議の審議）―

　地方官会議の審議は6月22日から始まった。しかし、「民会（地方議会）」の審議が始まったのは、ようやく、7月8日になってからであった。初めの審議項目（警察や道路河川など）の審議に手間取ってしまったのである。

　この日、木戸議長は冒頭で、地方民会の開設について定めることにするが、公選の議員からなる議会を設置するか、それとも、しばらくの間、区長戸長を議員とすることにするかの審議をすると宣言。また、町村の民会については、次のような趣旨の理由のもとに、審議しないという宣言もした。

　「明治7年の調査によると、全国の人口は、北海道・樺太そして琉球を除き、3335万7千388人、戸数708万3千890戸、その平均人口1戸当たり4.7人である。また、町村の数は8万372あり、一町村の平均戸数88、平均人口は410人余りである。いま、町村会を設けるとすれば、議員を選ぶものは21歳以上の男戸主とするべきであり、土地・田圃などの財産の有無にも多少の制限を加えなければならない。こうして、女戸主および21歳未満の男戸主、さらに、官吏、兵隊などを除くと、町村の戸主は多くても50人に満たないことになり、その上、財産の制限を加えれば、有権者の数はますます少なくなる。したがって、全国統一的に町村会を設置するということはしない。しかし、地方によっては、大きな村、大きな町がないわけではない。数村、数町を合わせて議会を設置するということもあろう。既に設置しているところもあると思う。これらの村や町は、それぞれ個別に上申して、許可を受ければ宜しい」[147]。

　ここで町村会というのは、いまでいえば、市町村議会に当たる。当時は、まだ、いまの"市"に当たる自治体は存在していなかった。こうして、府縣会と区会（大区の議会）について審議されることになったが、最初に、問題となったのは、冒頭の木戸議長の宣言にあったように、これらの「民会」の議員を公選で選ぶか、それとも、区長・戸長を議員とするかという問題であった。

　まず大阪府知事の渡辺昇が次のように区長戸長を議員とするという説を主張。

　「理を以て論ずれば、公選民会が当然である。しかし、今日の実況を観察す

147）『地方官会議日誌』（明治8年）、220-1頁。

ると、人民の開化が進んで居らず、区長戸長会が適切である。そもそも、公選民会は、その人を得ることができれば、真性の利益があるけれども、その人を得ることができなければ、いたずらに開化の形を真似するに過ぎないことになり、かえって、行政上に害を及ぼすおそれがある。新聞や世情の論者が喋々と論じるところを見ると、日本人は非常に進歩したように見えるが、一般の住民は旧態依然である。いま必要なのは、上意を下に通じ、下情を上に伝えることであり、そのためにも、区戸長会が最も適切である」[148]。

　続いて、千葉県令の芝原和[149]は、この渡辺の説に、自分の体験を引き合いに出しながら、賛同した。芝原は言う。

「前年以来、人民の選挙で代議人を選び、県会を開いたものの、代議人は審議の内容、仕方を理解していない。そこで、県令が議長となり、さらに、県の職員（官吏）を議員に加えている。それでも、うまく審議できないので、命令をして、それを決議とすることもある。このように、公選民会は難しいので、区長戸長を以て議会とするほうがよい」[150]。

　このように、区長・戸長会を主張する地方官が多かったが、これに強く反発し、公選民会を開くべしと論じる地方官も少なくなかった。代表的な論者は、中島信行[151]・神奈川県令であり、区長戸長会を主張する地方官を次のように強烈に批判した。

「諸君は、今日の人民が公選民会を開くところまで進んでいないというが、もし、そうだというのであれば、区長戸長も同じだというべきである。区長戸長は県令が任命するから進んだ人材だというように聞こえるが、自分は、区長戸長が人材ばかりではないということを知っている。一方では、平民にも人材

148）『地方官会議日誌』（明治8年）、227-8頁。なお、渡辺昇は大村藩出身であるが、長州と関係が深い。
149）芝原和は龍野藩（現・兵庫県たつの市）出身。
150）『地方官会議日誌』（明治8年）220-231頁。
151）中島信行は土佐の郷士出身で1846年生まれ。この明治8年当時は、満年齢でいえば、まだ29歳であった。後、1880年（明治13年）に、板垣退助らが自由党を結成したときに参加し、副総理となっている。このことからいえば、明治8年の地方官会議で「民会」を主張するのは当然といえる。なお、中島は、1890年の第1回衆議院議員選挙で神奈川県の選挙区で当選。衆議院の初代議長となっている。

はいる。世間には、区長戸長になるのを潔しとしない人々もいるのである。議員を公選で選ぶときには、こうした人々が立候補すると想像している。また、区長戸長は如何なる人なのか。行政の一部に属する官吏である。官吏を議員とするのは、議会の根本理念に反すると言わなければならない。公選民会を開くとなれば、県令は苦労する可能性はある。それでも公選民会を開くべきである。

また、公選民会は議事に慣れていないから不適当だという者もいるが、初めから慣れている者がいるのか。試みに、兵士の訓練を見よ。徴兵された初めから、調練に慣れている者はいない。訓練で徐々に慣れていくのである。公選民会もこれと同じである」[152]。

しかし、この中島の意見に、藤村紫朗[153]・山梨県令が次のように反発し、区長戸長会を支持した。

「中島の説は、習うより慣れろということわざに類するものであるが、しかし、たとえば、就学前の児童を強いて学校に入れ、勉学させればどうなるか。その重荷に耐えることができず、病気になってしまう。いまの人民はこれと同じで、まだ、公選民会を開く程度になっていない」[154]。

多くの地方官は、公選民会ではなく、区長戸長会を主張した。この最大の理由は、住民の開化の度合いが低いという理由であった。が、その発言の端々から、議会が地方官の権限に干渉してくることを嫌ったためとも感じられる。少なくともそれが根底にあったようである。

その点を大山綱吉[155]・鹿児島県令は、かなり明確に表現し、それを理由として、公選民会どころか、区長戸長会も不要だと主張していた。大山はいう。

「民会を開き、公議世論を聞き、それを以て、政(まつりごと)をするという趣旨は悪くはない。しかし、いますぐに民会を開くのは害が極めて多い。たとえば、人民が集まって細かなことをくどくど文句を言い、論議の内容は、主として、地方官員の賢愚について議論し、また、施策の得失を議論し、この県令ははやく追

---

152) 『地方官会議日誌』（明治8年）231-233頁。
153) 藤村紫朗は熊本藩出身、1845年生まれ。
154) 『地方官会議日誌』（明治8年）240頁。
155) 大山綱吉は薩摩藩出身、1825年生まれ。後、明治10年（1877年）に西郷隆盛が西南戦争の挙兵をしたとき、官金を西郷軍に提供し、西郷軍の敗北後、その罪で処刑された。享年53。

い払うべきであるとか、この県職員は馘首すべきだという議論になってしまう。それだけではない。中央政府の大臣や参議についても批判するようになり、挙げ句の果てには、共和政治の論を主張し、政府は人民を妨害束縛するものだといいかねない。民会を開くのは、将来の人民開化の進歩の時を待ってするべきであり、いまは開くべきではない」[156]。

こうした地方官の懸念に対し、議会の権限を明確に決めれば別に心配することではないとして、区長戸長会を主張する地方官を説得しようした者もいた。関口隆吉[157]・山形県権令は言う。

「公選民会を非とする論者は頻りに権限を越え、分界を乱すという弊害を主張するが、これは公選民会であれば必ず権限を越えるというものではない。区長戸長会であっても、その会議で何を決めるかを規則で定めていなければ、権限を越え、分界を乱すことはあり得る。したがって、公選民会の権限を規則で明確にしておけば、別に問題はなく、公選民会を採用するべきである」[158]。

この関口隆吉の説はまさに的を射たもののように思えるが、しかし、これに反論したり、同調したりする者はいなかった。わずかに、区長・戸長も選挙で民会の議員になれるようにすれば、民会を開いてもいいではないかという論者がいただけであった。鳥山重信[159]・三重県参事は言う。

「人民の公選でなければ、人民の代人ではない。そうであれば、人民は、その議会の議決に従うや否や。議会の議決は政府の命令と同じく遵奉しなければならないと定めれば、従うかも知れない。しかし、行政官の一部分である区長戸長の議会の議決をもって、住民と協議した結果とすることはできない。したがって、公選の民会にするべきであるが、問題は、区長戸長を除くと、普通に文字を読むことのできる者がほとんどいない地域もあることである。こういうところは、区長戸長が選挙で選ばれても良いということにすれば済むことではないか」[160]。

しかし、こうした公選民会を擁護する主張は大きな勢力とならず、この日（7

---

156) 『地方官会議日誌』(明治8年) 249-250頁。
157) 関口隆吉は幕臣。1836年生まれ。明治4年に明治政府に請われて出仕。以後、山形県令、山口県令を努めた。
158) 『地方官会議日誌』(明治8年) 239頁。
159) 鳥山重信は長州藩出身。
160) 『地方官会議日誌』(明治8年) 243-244頁。

月8日)の議論が終了すると、採決が採られ、結局、区長を議員とする「府縣会」、戸長を議員とする「区会」を開くということに決定した。その後、区長・戸長の名称は地域によって異なるということが問題となったが、最終的には、大区の長を"区長"とし、小区の長を"戸長"とすることで決着した[161]。

翌日(7月9日)から「府県会法案」と「区会法案」の審議が始まった。とくに問題となったのは、「府県会法案」の3つの条文であった。第1に、当該府県の長官(もしくは次長)が議長となるという条文、第2に、その議長が出席しないときには「延会」になるという条文、そして、第3に「府県会は専ら府県のことを議する所にして泛く政府の大政に及ぶことを得ず」という条文が適切か否か、議論されたのである。

第1については、岩村高俊[162]・佐賀県権令が、議員の投票で議長を選ぶという修正案を出したが賛同者は少なかった。結局、神田孝平[163]・兵庫県令が提案した折衷案、すなわち、「但し、適宜、議員より議長を選ぶことができる」という但し書きを付け加えることで、この問題は解決した。

第2の議長が出席しないときは議会が「延会」となるという条文については、宮城時亮[164]・宮城県権令が、この条文は削除すべきであると提案。神田孝平も、次のように、これに同意。

「議長である府県長官(次長)が欠席する場合は、適宜、議員のなかから議長を選出することになったのであるから、この条文は削るのが当然である」[165]。

しかし、これに対し、籠手田安定[166]・滋賀県権令などが、長官(次長)に加えて、公選の議長を選ぶことができるとしても、これらの議長も、事故で欠席できないことがないわけではない。したがって、原案のままでよいと主張。

---

161) 7月13日の会議。『地方官会議日誌』(明治8年)311-312頁。
162) 岩村高俊は土佐藩出身、1845年生まれ。
163) 神田孝平は元幕府藩書調所教授、明治政府に訳官として招聘され、明治4年から兵庫県令。木戸孝允は、この神田孝平を「民撰議院家」として批判していた。たとえば、地方官会議開催中の明治8年6月24日に大久保利通に手紙を出し、その中で、「神田孝平はもっとも民撰議院家にて、頻りに政府の束縛を論じ…」問題があると述べている。(木戸孝允文書・第六の「大久保利通宛書簡」6月24日、149-150頁)。
164) 宮城時亮は長州藩出身、1838年生まれ。明治11年(1878年)に宮城県令に昇進。
165) 『地方官会議日誌』(明治8年)295頁。
166) 籠手田安定は平戸藩(現・長崎県平戸市)出身、1840年生まれ。明治8年に滋賀県権令となり、11年に滋賀県令に昇進している。

これに大多数の者が同意し、原案どおり、「議長が出席しないときは延会となる」ということで決定した。

第3の「府県会は専ら府県のことを議する所にして泛（ひろ）く政府の大政に及ぶことを得ず」については、神田孝平・兵庫県令が、次のように、疑問を提示した。

「県会といえども、議論は必ず政府の大政に論究せざるを得ない。これを避けるということになれば、県会は一言も議論できなくなる。したがって、『政府の権限を侵してはならない』という形に改めるべきである」[167]。

この後、この条文に関しては、賛否両論が相次いだと議事録にあるが、最終的には、ほとんどの者が原案に賛成し、神田孝平の修正案は通らなかった。

結局、府県会は、官吏の一員ともいえる区長の会議となり、しかも、府県の長官が議長を務め、その議長が欠席すれば、府県会は開かれないというものになってしまったのである。

(3) 地方官会議で決まったのは、町村会だけ？

明治8年の地方官会議は、いわゆる鳴り物入りで開かれたが、その審議の目玉であった公選議会すなわち「地方民会」の設置は、このように、区長戸長で府県会と区会を構成するという形で、いわば"まがい物"の議会を設置するということで終了した。

しかし、これは、各府県に、区長を議員とする府県会の設置を強制するものではなかった。同じように区会の設置も強制せず、府県会や区会を設置するか否かは、地方長官（知事・県令・権令）に任せられた。また、既に地方長官によって設置された「民会」についても、その廃止を命じるということはしなかった。千葉県令の芝原和の嘆願書に見るように、既に議会を設置している数人の地方長官からその現状維持を求める嘆願があり、明治政府はそれを認めたからである。

要するに、地方官会議は、新たに府県会や区会を設置する場合には、区長や戸長をその議員としなければならないということを決定しただけであった。

ただし、これは、地方長官が自分一人の意志で、公選「民会」を新たに設置することができなくなったことを意味した。その意味では、地方官会議は「民

---

167) 『地方官会議日誌』（明治8年）296頁。

会」を葬り去ったということも可能である。木戸孝允は、自由民権運動が政府に民撰議院開設のプレッシャーをかけていることに批判的であった。そのため、自由民権運動が主張している早急な形での「民会」の設置要求を葬り去ることを、木戸はねらっていたようである。事実、木戸の書簡など

> 地方官会議議長木戸孝允殿県会之儀に付伺書[168]
>
> 地方民会の儀は既に区戸長を以て府縣会を興すの議に御決議相成り、追々法案ご審議中に有之候処、当県に於いては…前年より公選議員を以て県会相開き候に付き、今般御決議の区戸長会議に引き直し候ては却歩（きゃくほ）の姿に立ち至り、人智開発の砕礙（さいがい）と相成可申に付き…公選議員を以て施行致し且つ区会の議も今般の御法案に準拠し…追って開く申可仕候…此の段相伺候。至急御指揮被下度候也。
>
> 　　　　　　　　　　明治8年7月12日
> 　　　　　　　　　　千葉県令　芝原　和
> 地方官会議議長木戸孝允殿

を読むと、地方官会議のメンバーに対して、間接的に、公選「民会」の設置を要求しないように働きかけていた[169]。そのことからいえば、地方官会議の審議は、木戸の"ねらい"通りに進み、"ねらい"通りの結果をもたらしたということができる。とはいえ、それによって、自由民権運動の政府に対するプレッシャーが弱まったかどうか、大いに疑問であるが…。むしろ、この地方官会議の結果に伴い、自由民権運動はますます強まるようになっていったといえそうである。

　それはともかく、こうした木戸の姿勢のみから判断すれば、木戸孝允は中央集権を目指していたように見える。事実、そうした解説をするものも少なくない。そして、地方自治については、当然に、頭から否定していたというのが、木戸に対する一般的な理解ではないかとすらいえそうである。しかし、この見

---

168) 『地方官会議記録』（明治8年）、208-209頁。
169) 　地方官会議が始まった明治8年6月20日から、「地方民会」の審議が終わる7月12日までの間に、木戸は数多くの書簡を、大久保利通、井上馨、伊藤博文等に宛てて書いているが、そのなかには、自由民権運動を賛同する地方長官を批判し、その対応を要請しているものがかなりある。（木戸孝允文書　第六）

方は間違いといわなければならない。

　木戸は、後述するように、地方自治を恐らく21世紀の現代以上に重視し、また、公選議会（民会）の設置も当然のこととして認めていた。それを認めた上で、しかし、公選「民会」の設置は時間をかけて緩やかに行わなければならないというのが木戸の考えであった。自由民権運動家が目指しているような早急な実現は、「いまだけ、良ければいい」、「自分たちだけ、良ければいい」という発想であり[170]、将来に禍根を残し、住民に害をもたらすと考えていたのである。

　そして、公選「民会」は、まず、町村レベルで、すなわち「町村会」を整備し、そこで住民に政治に習熟してもらってから、大区レベルでの「区会」を設置する。それから「府県会」、そして、最後に国会というように、段階的に進めていく。これが、木戸の考えであった[171]。その結果、これらの議会を一挙に公選にしようという自由民権運動を嫌い、地方官会議では、府県レベル、大区レベルの公選民会を否定するように、議長として、審議を誘導したわけである[172]。

　しかし、木戸の考えからいえば、少なくとも「町村会」については、できるだけ早急に、公選の「民会」を設置する必要があった。それにもかかわらず、地方官会議では、「町村会」については、最初に、「町村会」の審議はしないという木戸議長の宣言があっただけで、その後は、何ら、審議しなかった。このことからいえば、「町村会」も設置されることにはならなかったと考えるのが常識的な理解に思えるのだが…。

　ところが、「町村会」については、公選民会の採用が決定されたということになっているのである。何故、こういうことになったのだろうか。木戸議長が冒頭で、「町村会」を開くには有権者が少なすぎるという説明をした後、大き

---

170)　「町村会の速行并に国会開設に関する意見書」（明治9年5月）木戸孝允文書　第八。
171)　たとえば、明治6年7月に朝廷に提出した「憲法制定の建言書」で、「人民の会議を設けるに至るは自ずから多少の歳月を費さざるを得ず」と軽挙を戒めていた。木戸孝允文書第八、128頁。
172)　木戸孝允は、地方官会議開催中に、大久保利通、伊藤博文、井上馨などに頻繁に手紙を送っているが、その手紙を見ると、「民会」ではなく、「区長戸長会」を目指し、審議をその方向に仕向けるための協力を要請していることが分かる。（木戸孝允文書　第六、148-179頁）。

な町村の場合、あるいは数町村で議会を設置したい場合には、「それぞれ個別に上申して、許可を受ければ宜しい」[173)]と宣言したためであろうか。さっぱり、理解できないところであるが、ともかく、「町村会」については、地方官会議で設置が認められたということになった。

たとえば、木戸孝允は、地方官会議の1年後の明治9年（1876年）5月に、「町村会の速行並に国会開設に関する意見書」[174)]を政府に提出し、そのなかで、「昨年…町村会を開かん事を議定す」[175)]と述べ、その速やかな実行を要請している。

また、自由民権運動の全容を記述しているといわれる『自由党史』（明治43年）も、次のように、地方官会議では、「町村会」だけは認められたという。

「荘重なる儀式のなかに開かれた地方官会議がもたらしたのは、わずかに町村会設定の一事に過ぎなかった」[176)]。

しかし、この「町村会」も、住民がその設置を思いつかなかったからであろうか。あるいは、町村の住民が設置したいと考えたとしても、それを認めるか否かは各府県の地方官の裁量に任されていたためであろうか。結局は、どの地域でも、設置されなかったようである。

3. 木戸孝允と大久保利通の"自治"の発想

(1)「地方自治」の重視

木戸孝允は、地方の"自治"に、特別の思い入れをもっていたようである。木戸は、明治6年（1873年）の夏に岩倉使節団の副使としての欧米視察から帰国し、大久保利通などとともに、参議（現代流にいえば、閣僚）として、明治政府の中枢である太政官に詰めていたが、その当時、太政官の職員として勤務していた大森鍾一が、次のように、この頃の木戸の考え方を解説している。

「その当時、木戸公の意思を段々伺ってみると…町村自治の制度が発達して、その上に立憲の制度が布かれなければならぬ。帝国議会もその上に築き上げら

---

173) 『地方官会議日誌』（明治8年）、220-1頁。
174) 明治9年5月、木戸孝允文書　第八
175) 同　上　174頁。
176) 板垣退助監修、遠山茂樹・佐藤誠朗校訂、『自由党史』（上）、岩波文庫、昭和32年、177頁。（なお、この引用文は現代訳をした）。

れなければならぬ。地盤、基礎は町村の自治の発達にある。しかもドイツの如きは帝国議会を開く数十年前に於いて自治の制度が立っている。どうしても自治の制度を早く我が国に施行して、而して早晩立憲の政体を立つるに就いての基を築かなければならぬという説を主張」[177]していた。

そして、この木戸の意見は「全く宰相スタインの説に符号」[178]するものであり、「欧州にありて宰相スタインあたりの説を信ぜられたのではないか」[179]と、大森鍾一はいう。

宰相スタイン（Heinrich Friedrich Karl vom Stein）というのは、19世紀の初めに、ナポレオン・ボナパルトが率いるフランス軍によって領土が半減した時のプロイセン王国（現在のドイツ）の宰相（首相）であるが、この「宰相スタインの説」とはどういうものであったのだろうか。大森鍾一は、次のように、解説する。

「普国（プロイセン）の自治制なるものは、ご承知の通り、同国がナポレオン1世の戦乱に際会して、殆ど危急存亡の境に陥った。この戦乱に鑑みてスタインという人が自治の制度を主張した。自治の制度、自治の精神が発揮されて居らぬと…、一朝国難に際会して、或いは中央の首脳たるところの政府が、何らかの政変に遭遇するというようなことがある時には、その首脳の紊れると同時に、直ちに各地方にその政変の波動を及ぼすのである。国の独立を維持するには、縦令中央の首脳たるところの政府が如何なる困難に際会し、如何なる政変に遭遇しても、各地方、各町村に自治独立の精神が充満して居って、その波動を受けぬということにならねば、国の安固は保てぬのである。深くこの点に鑑みてスタインが自治の制度を主張したのが、独逸の自治制の蓋し根本であろうと思う」[180]。

このように、木戸孝允は、プロイセンの宰相スタインが残した教訓の影響を受け、「地方自治」を非常に重視していたといわれているが、そうした「地

---

177) 大正4年5月13日、京都府会での大森鍾一（京都府知事）の講演。この講演は、後の昭和3年に、大森鍾一「自治制制定の顛末」として、全国町村長会『自治行政参考資料』として発行された。本文は、その『自治行政参考資料』の14-5頁。
178) 同上 15頁。
179) 同上 14頁。
180) 同上 4-5頁。

方自治」の重視は、木戸が明治9年5月に政府に提出した「町村会の速行並びに国会開設に関する意見書」のなかでも明確に現れている。

この意見書は、木戸に特有の美文で表現され、非常に難解であるため、現代流に訳して表現すると…

「明治になってから、資源や人材が中央に集中するようになった。この結果、地方が機能しなくなりつつあるが、地方が機能しなくなれば、中央政府も、それに応じて、必然的に衰退していく。これを防ぐためには、地方に財源と権限を分与し、地方の統治を任せることが必要である。また、地方の統治はそれぞれの土地の人々によって行われるようにしなければならない。廃藩置県後、過去の習わしを改め、新しい時代をつくるために、原則的に他郷の人々を地方官として各県に送り込んだが、これは、暫定的なやむを得ない処置であり、一時的な処置である。これからは、徐々に、各県の地方官を地元の人々に代えていかなければならない。

地元出身の地方官は、他郷出身の地方官に比べて、地元に対する思い入れが強いはずである。住民に対する親切心も強いに違いない。地元の風俗や住民の気持ちにも通じている。それだけではない。地方官が何か誤りを犯せば、それは"恥"として、子や孫にまで及ぶ。そのため、身を入れて、将来のことも考えて、仕事をしなければならない。他郷出身の地方官のなかには、今だけ良ければ良いというような、一時しのぎの仕事をする者が少なからずいる。地元出身の地方官になれば、こういう弊害は少なくなるに違いない。

そして、各県はそれぞれ独自の持ち味を出し自立するようになる。各県の住民も自主自立の志をもつようになろう。これが国の繁栄につながっていく」[181]。

このように、県レベルにおいてすら、木戸孝允は地元の人間による統治を強調していた。しかし、当時、各地で火の手を上げていた民撰議院（国会）開設の運動には冷ややかであった。明治9年の意見書のなかでも、次のような趣旨のもとに、民撰議院を早急な設置を否定していた。木戸は言う。

「民撰議院は欧米諸国がすべて設置していることから、日本でも、自由民

181）　木戸孝允文書、第八、172-174頁。

権運動の論者がその設置を希望しているようである。私も、民撰議院の設置を望んでいないわけではない。しかし、民撰議院は人民が主体的に設置するべきものである。それを、政府自らが急いで設置するなどということになれば、その害が出るだけである」[182]。

とはいえ、町村レベルでの民選の議会については、次のように、早急にその開設を主張していた。

「道路堤防橋梁などは、各県で整備するものであるが、その財源は住民に負担してもらうことになる。そのため、それらの事業をする場合には、町の議会、村の議会で審議し、町の人々、村の人々に納得してもらった上で、事業を進める必要がある。そして、このような町村会で、人々が審議に慣れ親しむようになってから、公選の区会、府県会を設置し、それから国会を設置する。これが順序である。しかも昨年の地方官会議で、町村会の設置を定めてから1年が経過している。それぞれの地方で、人々が町村会を設置するように仕向けていくべきである」[183]。

要するに、町村レベルでの自治をとりわけ重視し、住民は町村の意思決定に当然に関与するべきであるというのが木戸孝允の考えであった。そして、それを実現する手段として、木戸は、住民の発意のもとにできるだけ早く町村会を設置するべきだと考え、その実現に向けて動き出そうとしていたようである。

それでは、大久保利通は「地方自治」をどのように考えていたのであろうか。
明治11年3月に、大久保利通の名前で、地方制度を改正しなければならないという「地方之体制等改正之儀」という上申書を三条太政大臣に提出しているが、そのなかで、地方には政府の意向にしたがってそれぞれの地域を統治する"行政"とは別の、それぞれの地域の住民独自の"自治"の領域があるとし、とりわけ町村については、行政を実施するための公共体ではなく、"自治体"として中央政府から自立するべきであると強調している。

---

182)「町村会の速行並びに国会開設に関する意見書」(明治9年5月)、木戸孝允文書 第八、174頁。
183) 同 上 174頁。

この上申書は、実際には、当時の内務省の幹部であった松田道之が書いたといわれているが、それを命じたのは大久保利通（内務卿）であり、大久保の名前で上申している。このことからみれば、大久保利通も、木戸孝允と同じように、「地方自治」を非常に重視していたとみるべきであろう。
　事実、前述の太政官の職員であった大森鍾一も、木戸孝允の「地方自治」重視の考え方を説明した後、「大久保公の主張も矢張り同様であって、木戸公の説と大差はないように思われる」[184]と解説している。
　また、大久保自身、「自分本来の政治上の考えは、全く木戸公の識見及び知識に符合している」と語っていたといわれているところでもある[185]。

　しかし、木戸・大久保という当時の明治政府のそれこそ中枢のなかの中枢が「地方自治」を重視し、なかでも木戸孝允が町村会の設置を明治9年時点に具体的に明示したにもかかわらず、町村の"自治"がすぐに実現に向かうということはなかった。
　この直後から、不平士族による内乱や農民の騒動が各地で頻発するようになり、明治政府はその対応に忙殺されたからである。

(2) 不平士族の反乱と農民の騒動　―西郷と木戸の死―

　明治政府の出現、そして、明治4年（1871年）の廃藩置県によって、最も大きなダメージを受けたのは、もとの各藩の藩士、いわゆる士族であった。明治政府は、薩摩（鹿児島）や長州（山口）、土佐（高知）や肥前（佐賀）などの藩士が、命をかけて倒幕戦争に出かけ、北陸や東北で、さらには北海道の函館まで出かけて戦い、つくりあげた政府である。これら勝ち組の士族のなかには、倒幕に功績があったということで、その後、家禄の20分の1程度の賞典録（しょうてんろく）をもらうようになったものもいた。また、明治政府に奉職したものもいたことは確かであるが、多くは、何の恩賞ももらうことなく、倒幕軍の解散で、故郷に帰った。その上、明治4年に、これらの士族にとっては、天地をひっくり返すような大事件が発生した。それまで、家禄（給与）を支給してくれていた

---

184)　大森鍾一「自治制制定の顚末」、全国町村長会『自治行政参考資料』昭和3年、16頁。
185)　伊藤博文『伊藤公直話』千倉書房、昭和11年、22頁。

"藩"が、廃藩置県により、消えてしまったのである。

　もっとも、廃藩置県直後は、明治政府が士族の家禄を肩代わりするという対策を講じていた。しかし、その支給額は、明治5〜7年で政府の支出総額の約3割を占めていたというように[186]、あまりにも額が多かった。それがなくても財政難に悩まされていた明治政府にとっては、とても支払いを続けることのできる額ではなかった。そのため、明治政府は、明治6年（1873年）から、その対策を進め、それに応じて、多くの士族が家禄奉還をするようになっていたが、とてもそれでは追いつかず、明治9年（1876年）8月になると、残る31万人強の士族に対し、5年ないし14年分の家禄を公債で一括払いするという形で、家禄の支給を全面的に中止する処分を断行した。

　これは「秩禄処分」といわれているものであるが、その公債での一括払いも、5年据え置きし、その後、25年かけて逐次償還していくという30年償還の公債であった。利子も5〜7％。80％以上の士族の平均利子収入は年に20数円であったという[187]。そして、当時の東京以外の巡査の平均月俸が4〜7円であったといわれている[188]。また、当時の明治政府の財政政策は、平成時代の現在と同じように、紙幣を大量に印刷して経済の活性化を図ろうとする積極財政政策と、それを批判する緊縮財政政策とが交互に展開されていたが、明治9年以後の歳入歳出の決算額を見れば明らかなように、通貨の供給量は年々増えていた。これは、通貨の価値が年々小さくなっていくことを意味したが、それに伴い、「秩禄処分」で受け取る公債の価値も当然に小さくなっていった。要するに、大半の士族は、あまり価値のない公債を押しつけられ、そして、とても生活できないような微々たる利子を与えられて放り出されてしまったわけである。

　この「秩禄処分」は、客観的に見れば、何もしなくても家禄をもらえるという特殊な利得がなくなっただけであり、当然の現象であったといえなくもない。が、当の士族にとっては、徳川幕府の成立以来、300年近く支給され続けてきた家禄という生活基盤が突然に奪われてしまったというというのが「秩禄処分」であった。明治政府に不信の念を抱き、楯突くようになるのは必然的であったといってよいであろう。事実、多くの士族が、廃藩置県の直後から、各

---

186)　鈴木淳『維新の構想と展開』（日本の歴史⑳）、講談社学術文庫、170頁。
187)　同　上　172頁。
188)　同　上　174頁。

表5　明治9年度〜39年度歳入歳出決算（円）

	歳　入	歳　出
明治9年度	59,481,036	59,308,956
14年度	71,489,880	71,460,320
19年度	86,326,143	83,223,959
24年度	103,231,488	83,555,891
29年度	187,019,423	168,856,508
34年度	274,359,049	266,856,924
39年度	530,447,805	464,275,583

資料：財務省統計、
(http://www.mof.go.jp/budget/reference/statistics/data.htm)

地で不平をぶっつけ、明治政府に抵抗していたようである。とはいえ、その抵抗は、はじめの頃は、いわば消極的な抵抗で、それほど過激なものではなかった。たとえば、宮武外骨は、不平士族が多く、そのために、「治め難い」県が7つほどあったと、次のように解説している。

「不平士族の多い県が難治県であり…鹿児島県は中央政府が最も厄介視した県、佐賀県や高知県は長官に任ぜられた者が赴任するのをイヤがった県であり、難治厄介の酒田県石川県山口県などという標語もあった。

我が儘至極の鹿児島県は、長官県令より雇小使いに至るまで一切他県人を入れなかった。（明治政府の部局である）地租改正局の興津某が同県庁へ出張した時、何しに来たかと袋叩きにされたという話もあり、明治8年9月23日の朝野新聞[189]には『薩藩征討すべし』との論が出ている。目に余っての所見発表たること云う迄もない」[190]。

しかし、明治6年10月末に、征韓論をめぐって明治政府の中枢部が二つに

---

[189] 明治7年（1894年）9月24日から明治26年（1893年）11月9日まで発行された民権派の新聞。この朝野新聞の明治8年11月7日の記事に「士族論」というものがあり、そのなかに、次のような記事がある。「地方の形勢を談ずるものを聞くに、曰く、某県は治め難く、某県は治め易しと。而して其の難易たる所以を問えば、其の士族の気習如何にあるのみ」。要するに、不平士族が多いところは「治め難い県」で、少ないところは「治め易い県」だというわけである。

[190] 宮武外骨『府藩縣政史』、名取書店、昭和16年、110頁。

割れ、西郷隆盛や江藤新平、板垣退助などが下野するという事件が起こると、これらの不平士族もその姿勢を変え、ある程度、積極的に政府に楯突くようになった。ただし、ある者は、板垣退助などに同調して自由民権運動を展開するというように、演説と筆で楯突き、ある者は、武力反乱を引き起こすというように、2つの道に分かれたが…。

明治政府が直接的に、また、全力で対応しなければならなかったのは、武力による反乱であったが、こうした反乱は、早くも明治7年2月、征韓論で下野した江藤新平を頭領に担いだ佐賀県の士族によって引き起こされた。2,000人を超す軍勢で佐賀城を攻撃し、県令岩村高俊を敗走させたのである。いわゆる佐賀の乱である。しかし、この反乱は、他県の士族がこれに呼応しなかったこともあって、鎮圧体制を整えた政府軍によってすぐに鎮圧された。

この直後の明治7年4月に、板垣退助は郷里の土佐に帰り、立志社を結成。自由民権思想の普及に努めることとなったが、後に、西郷隆盛が西南戦争を引き起こした際、この立志社の一部では、西郷軍に呼応して大阪を衝こうとする計画を立てられていたという[191]。自由民権運動と士族の反乱は、その考え方の面でも、また、少なくとも当初は不平士族がその担い手になっていたという点でも、連動するところが多かったといわなければならない。

それはともかく、明治9年8月に最終段階の「秩禄処分」が実施されると、各地で武力反乱が引き起こされるようになった。まず、10月24日に、熊本で200人近い不平士族が熊本県庁や熊本鎮台を襲い、県令と鎮台司令官を殺害するという、いわゆる「神風連の乱」が発生[192]。これに呼応して、福岡県の秋月や山口県の萩でも不平士族の反乱があった。10月27日に200人近い不平士族が引き起こした「秋月の乱」、そして、翌28日に前原一誠[193]を中心にした

---

191) 坂本多加雄『明治国家の建設』(日本の近代2)、中央公論社、1999年、201頁。
192) この「神風連の乱」は、士族の帯刀を禁止した明治9年3月の「廃刀令」が引き金になったといわれているが(たとえば、川崎庸之・原田伴彦・奈良本辰也・小西四郎(総監修)、『読める年表・日本史』、自由国民社、2001年、837頁)、それと同時に、「秩禄処分」も明治政府に対する不満の大きな原因になっていたことは確かであろう。
　　坂本多加雄、前掲書(200頁)も、「明治9年に廃刀令が発せられ、金禄公債に夜秩禄処分が確定すると、…各地で士族反乱を頻発させ…」と解説している。
193) 前原一誠は、兵部大輔や参議など明治政府の要職についたことのある人物であるが、木戸孝允と対立し、明治3年に萩に帰っていた。

萩の不平士族、約 150 人が起こした「萩の乱」である[194]。

　これらの反乱は、しかし、いずれも、蜂起した勢力が少なかったこともあって、明治政府は速やかに鎮圧することができた。これに対して、続いて、明治 10 年に入って早々に引き起こされた鹿児島の不平士族の反乱は、一般に「西南戦争」といわれているように、規模の大きな反乱、まさに"戦争"といえるものであった。

　当時の明治政府の軍隊でただ 1 人の"大将"であった西郷隆盛が鹿児島県士族などを率いて立ち上がったときの鹿児島県令は、明治 8 年の地方官会議で公選民会を全面的に否定する論調を展開した大山綱良であった。そして、この大山県令は、県令という官職の身であるにもかかわらず、西郷が兵を挙げるのに協力し、県の職員を使って兵に食料を給付し、果ては、県の公金を軍資金に提供し、西郷軍が県の火薬庫から火薬を奪うのを黙認していたという[195]。こうして西郷は熊本県の士族など 1 万 3,000 人を率い、熊本に向けて出陣したが、そこに、旧熊本藩、延岡藩、中津藩、福岡藩などの総勢 4 万人の不平士族が加わって、熊本城を攻撃した。しかし、明治政府も、たとえば当時の海軍の軍艦を全艦九州に向かわせるなど全力で立ち向かい、明治 10 年 9 月、半年にわたる戦争をようやく終結させた。西郷隆盛は自刃した。戦死者は政府軍約 6,800 人、西郷軍約 5,000 人であった。戊辰戦争を上回る戦死者、それだけ大きな内戦だったわけである[196]。

　一方、このような不平士族の反乱だけではなく、税金を納める側、言い換えれば、明治政府の財源を提供する農民の側からも、この時期、反乱が相次いだ。この原因としては、明治 6 年に明治政府が徴兵制を採用したこと、明治 5 年の学制により小学校建設費の負担を農民などに強いたことなどを挙げることができるが、なかでも大きかったのは、明治 5 年の地券の交付、そして、明治 6 年の地租改正条例の公布であったというべきであろう。

　これは、それまでのように米の収穫高に対して税をかけるのではなく、土地

---

194)　これらの反乱の不平士族の数は、坂本多加雄、前掲書（207 頁）に依る。
195)　栗林貞一『地方官界の変遷』世界社、昭和 5 年、33 頁。なお、大山綱良は、後に、この西郷軍への肩入れの罪を問われて処刑されたが、大正 5 年に、生前の功により従五位を贈られたそうである。
196)　坂本多加雄、前掲書、206-209 頁。

の価格を決め、毎年、その土地の価格の100分の3の税をかけるというものであった。それまでは、村単位で税額が決められ、各村が、村として税を納めていたが、この地租改正により、土地の所有者が決められ、その所有者が個人で税を納めなければならないという形になった。

　従来は、国家（政府）が踏み込むのは"村"までであり、各住民が具体的に税をどれだけ負担するかは村の寄合の協議で定められていた。それが、この地租改正により、税の負担は、村人みんなで決めるものではなく、国家が定め、それを住民に押しつけるというものに、いわば国家と個々の住民の法的な問題に変質したわけである。

　こうした変質に、恐らく、多くの住民（農民）がとまどいを感じたのではないだろうか。所有者、所有権という概念についても理解できないものが多かったに違いない。その上、地価の100分の3という税金は非常に"高い"税であった。このため、たとえば、明治7年には、秋田・高知・水沢（岩手県）・日向美々津（宮崎県）・山形などの各県で農民一揆があり、秋田の一揆は1万人を超える農民が参加しての騒動で、県令を交代させた[197]。また、明治9年5月になると、和歌山県で一揆が起こり、12月には、茨城県で数千人の農民が一揆を起こし、三重県でも農民の騒動があった。この三重県の騒動は、一般に"伊勢暴動"と呼ばれている一揆である。明治9年12月に三重県飯野郡（現在は松阪市）で始まり、それが瞬くうちに三重県全域に拡大。さらには県境を越えて、愛知県や岐阜県にまで拡がってしまい、政府は、名古屋から軍隊を出動させてようやく鎮圧したという。この騒動で処分された農民は5万人を超えたといわれる大一揆、大騒動であった。

　こうした不平士族の反乱や農民の騒動に、大久保利通や木戸孝允が、政府の中枢として、対応したのはもちろんである。たとえば、伊勢暴動の際には、木戸孝允の判断もあり、大久保利通が不平士族の反乱との連動を懸念して地租の減額を決意。地租を地価の3％から2.5％に引き下げられた[198]。

　しかし、西南戦争が勃発したときには、木戸孝允は病床にあった。それでも、たとえば明治10年4月には、政府の閣僚に対して、書簡で、鹿児島を特別扱

---

197) 川崎庸之・原田伴彦・奈良本辰也・小西四郎（総監修）、『読める年表・日本史』、自由国民社、2001年、832頁。
198) 坂本多加雄、前掲書、196頁。

いしてはならないという趣旨[199]の注意をするほどであったが、残念ながら、西南戦争のさなかの明治10年5月26日に亡くなってしまった。

　木戸孝允、西郷隆盛が相次いでこの世を去り、"地方自治"を如何に実現していくかは、大久保利通ただ1人に全面的に托されることとなったのである。その大久保にも、1年後の明治11年5月に凶刃に倒れるという運命が待っていたが…。

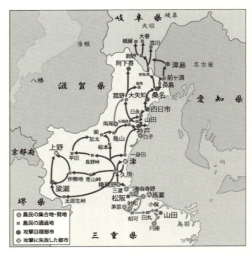

図7　伊勢暴動の拡がり

---

199) 明治10年4月の書簡。木戸孝允文書（近代デジタルライブラリー）第7、422-3頁。

第6章 町村"自治"と「府県会」の設置

1. 大久保利通の提言 ―町村の"自治"の区画―

(1) 大区小区の廃止の提言 ―町村を"自治"に任すべき―

　西南戦争などの不平士族の反乱や地租改正に端を発する農民騒動などが一段落した明治11年（1878年）はじめ、3傑の中でただ1人残った大久保利通はいよいよ地方制度の全面的な見直しに取りかかることになった。そこで、まず、なぜ地方制度の見直しをはかる必要があるか、どのような地方制度を創るべきかなどを説明する文書（「地方之体制等改正之儀」）を準備し、明治11年3月11日、当時の政府の形式的なトップである太政大臣・三条実臣に上申した[200]。

　この上申書を、実際に起草したのは、当時内務大書記官であった松田道之である[201]。しかし、その起草をさせたのは内務卿の大久保利通であり、起草者として松田道之の名前も挙げていたものの、太政大臣に対する提出責任者として名前を明記していたのは大久保利通の名前であった。そうである以上、この上申書は、大久保の考えそのものだとして間違いはないはずである。

　上申書は、大きくいって、2つの内容をもっていた。ひとつは、大区小区を廃止し、それに代わって、伝統的な郡、町村を復活させるというものであり、いまひとつは、府県や郡に議会を設置するという内容であった[202]。上申書には、このほかに、府県・郡・町村の税金の徴収の仕方についての提言も含まれていたが、ここでは、大区小区廃止の提言と、「議会」設置の提言について、

---

200) 「三条公への伺書」（明治11年3月11日）という形で提出。そのなかで、「偏に閣下の採択を仰ぐ」としていた。大久保利通文書 第9、近代デジタルライブラリー。
201) 明治15年に福沢諭吉によって創刊された日刊新聞「時事新報」に、「官場回顧」と銘打って官界のこと回顧談が掲載されたが、そのなかに、松田道之について、次のような話が掲載されていたと宮武外骨はいう。
　「地方官のなかに弁舌家があった。その最も雄なるものは滋賀県令であった松田道之で、明快な頭脳、痛烈な語調、悠揚たる態度を持し、起って滔々と述べる時は、満堂水を打った様に静まるのが常であった。
　木戸孝允や伊藤博文は松田を滋賀地方に措くのは惜しい人物と見て東京に招き、内務大丞とし、後に東京府知事にしたが、明治15年7月6日、知事在職中享年44で没した」（宮武外骨、『府藩縣政史』、名取書店、昭和16年、203頁）。
202) この原文については、亀掛川浩『自治五十年史』、良書普及会、昭和15年、45-51頁参照。

大久保利通が何を考えていたか、その内容を見ることにしたい。
　まず、上申書の最初の提言である「大区小区の廃止に関する提言」の内容についてであるが、提言には、次の3つの事柄が含まれていた。

① 大区小区は、それまで数百年続いてきた「郡制」を破り、「新規に奇異の区画を設けた」ものである。そのため、弊害があり、改正しなければならない。
② そもそも地方の区画は、固有の慣習によるべきである。固有の慣習を無視して、新規の制度を導入しても実益はない。したがって、大区小区を廃止して、「古来の郡制」にもどし、町村の制度にもどすべきである。
③ 大区小区の地方制度は、「行政の区画」と「住民社会独立の区画」とを混淆しており、その結果、官と民が互いに相手の権限を侵すという事態をもたらしている。府県と郡は「行政の区画」と「住民社会独立の区画」の2種類の性質を持つものとし、町村は純然たる「住民社会独立の区画」としなければならない。

　このなかで、大久保利通が最も重視していたのは、「行政の区画」と「住民社会独立の区画」の区分であったといってよい。この「住民社会独立」というのは"自治"のことであるが、しかし、いまの21世紀の日本の市町村が実施している自治とは、全くといってよいほど、異なるものであった。法律で何の縛りもせず、全て住民やその代表機関に任せてしまおうという"自治"、言い換えれば"純粋の自治"を意味していたのである。
　この"地方自治"の概念は、木戸孝允が生きていれば、恐らく全面的な賛同を得たことであろう。まさに木戸の持論というべきものでもあった。しかし、この大久保の発想は、木戸が存在しない明治政府の中枢部にとって、理解の範囲を超えた発想であったようである。また、地方の知事や県令も、多くのものは、理解できなかったようにみえる。そのためであろう。この大久保の提言にもとづいて作成された法案が、明治11年4月から5月にかけて開かれた地方官会議にかけられたときには、議員として出席した各府県の知事や県令などの地方官の間から、異論が続出した。こうした反発を強引ともいえる形で切り抜けたものの、地方官会議に続いて開かれた元老院の審議では、途中から、大久保流の町村の"自治"に反発する元老院議官が続出した。そして、最終的には、

町村を純粋の"自治体"にするという大久保構想は葬り去られてしまった。これについては、後に、もう少し詳しく、検討してみることにする。
　それはともかく、大久保利通は、町村を"自治"の団体として位置づける一方、府県と郡については、本質的には「行政区画」ではあるが、同時に、「自治」の団体でもあると位置づけていた。「行政区画」としては、もちろん、中央政府の法律や命令、あるいは、その指示にしたがわなければならないものの、「自治」の分野では、各府県が自立して処理すべきものとしたのである。ただし、この「自治」の機能は、町村の"自治"とはかなり違うもの、いわば、「行政区画」としての制約のもとでの「自治」であった。

(2) 議会の設置
　そして、各府県、各郡の意志を決定するために、「議会」の設置を次のように提言した。
① 「自治」の分野の業務は、各地方が独立の公権をもって行わなければならない。
② 公権を定めるのは、各地方の「議会の法」である。
③ 各地方の議会が法を定めるときは、「自治」の分野の業務については、その利害得失の責任は議会の責任、言い換えれば、住民の共同の責任ということになる。
④ 地方の議会が関与するのは、もっぱら地方公費の歳入、歳出についてである。

　この上申書は、「自治」の分野において、各地方がそれぞれ何をするか、どのようにするかは、それぞれの議会で定めるべきだと強調している。議会が定めることになれば、住民は中央政府に対して「小怨(しょうえん)」さえも懐くことがなくなるはずであり、その結果、地方は安定し、ひいては国も安定するというわけである。
　ただし、大久保利通の上申書が「議会」の設置を強調しているのは、府県及び郡についてであり、町村の「議会」については、何ら言及していない。これは何を意味するのであろうか。町村には「議会」が不要だということでは、もちろん、ないはずである。大久保は、町村を完全なる"自治"体として位置づ

けている。そのことからいえば、町村の場合は、それぞれの町村自身の判断で、言い換えれば、各町村の住民が自分たちで、「議会」を設置するかどうか、あるいは、「寄合」を復活させるか、それとも別の形態するかにするか等々を自由に決めるという趣旨であろう。事実、後に見るように、法案審議の段階で、大久保利通の上申書の作成者である松田道之（内務省大書記官）が、法案提出者として、こうした趣旨の説明していた。

それはともかく、大久保利通は、太政大臣・三条実臣に対して、この提言を地方官会議で検討して欲しいと要請したとき[203]、提言内容を実現するための法案（素案）も作成し、上申書に添付していた。しかし、この法案は、大久保利通というひとりの参議が作成したもの、いわば、ひとりの参議の"私案"にすぎなかった。大久保が如何に有力な参議であったとはいえ、それをそのまま、政府の法案とすることには無理があった。

そのため、この大久保の素案は、当時、太政官に設置されていた法制局（現在の内閣法制局の最初の組織）で検討され、いくつかの点で修正され、郡区町村編制法、府県会規則、地方税規則の３つの法案となった。この法制局の一員であった大森鍾一は、数十年後の大正４年に、この修正を次のように回顧している。

「この案を太政官に於いて審議するにあたり、太政官に法制局があって…法制局の長官は伊藤博文参議が兼ねて居られ、すなわち伊藤参議の手で審議がつくされた。…

それにまた、井上毅氏は当時法制官（官名）であって、親しく筆を執って大いに力を尽くされた。地方官会議に提出された議案並びにその文章を見ると、井上先生の筆が明瞭に見えている。当時、他の案には見られぬ文案と私は存じます。松田道之氏は非常な事務家で且つ達弁な人で、地方官会議並びに元老院の議事にひとりで説明の任に当たり、雄弁をふるったことは当時名高い話である。しかし、文案は井上先生の手で修正されて、更に完きものになったようである。それで太政官の議を経て、明治11年４月６日に地方官の会議が開かれた。

---

[203] 大久保利通文書　第９、近代デジタルライブラリー、「三条公への伺書」（明治11年３月11日）。

これが即ち第二回の正式の地方官会議である。それに案となって付議せられたものが郡区町村編制法、府県会規則、地方税規則の三案である」[204]。

　これは、しかし、地方官会議にかけられた法案が、大久保利通の意向とは別のものになってしまったということを意味するものではない。大久保は、その提言を三条太政大臣に提出した後、持病の痔が悪化していたこともあって、熱海で静養していたが、その大久保のもとに、法制局長官の伊藤は修正案を送り、それでいいかどうかという相談を書簡でしているのである[205]。しかも、この伊藤の相談は、念のために、大久保の意見を聞くというものではなかった。むしろ、大久保の意見に全面的に従うというものであった。たとえば、伊藤は、大久保が東京に帰るまで、最終法案の決定を保留しかねないという懸念を、大久保に抱かせるほどであった。そのため、大久保は、明治11年3月31日に、自分に遠慮することなく、法制局で最終案を決定して欲しいという書簡を、熱海から伊藤に宛てて送っている[206]。

　要するに、郡区町村編制法、府県会規則、地方税規則の3つの法案は、大久保利通の了承のもとに、作成されたものであった。というよりも、大久保の考えを基にして、松田道之（内務省大書記官）が素案をつくり、それを法制局、特に、その法制官であった井上毅が文言などの修正したものというべきである。そして、大久保の発想は、多分に、木戸孝允の影響を受けたものであったと推測できる。

2．町村の"自治"構想の消滅？　—郡区町村編制法の審議—

(1) 郡区町村編制法の意味は？

　これらの法案は、明治11年4月10日から地方官会議、続いて、5月14日から元老院で審議された後、明治11年7月14日、太政官から「郡区町村編制法」、「府県会規則」、「地方税規則」として布告された。これらの法令は、3新法、あるいは地方3新法と呼ばれたが、この3新法は、その後、明治政府によって

204）　大森鍾一、「自治制定の顛末」（大正4年5月13日の京都府庁での講演）、全国町村町
　　会『自治行政参考資料』、昭和3年4月、25頁。
205）　同　上
206）　大久保利通文書　第9、近代デジタルライブラリー、「伊藤博文への書簡」（明治11年3
　　月31日）

制定されるようになった数々の法令と比べて、全体的に条文の数が少ないという特色を持っていた。郡区町村編制法の場合もたったの6条しかなかった。

郡区町村編制法（明治11年太政官布告第17号）
（カタカナをひらがなに修正）。

第1条　地方を画して府県の下郡区町村とす
第2条　郡町村の区域名称は総て旧に依る
第3条　郡の区域広濶に過ぎ施政に不便なる者は一郡を画して数郡となす（東西南北上中下某郡と云が如し）
第4条　三府五港其他人口輻湊の地は別に一区となし其の広濶なる者は区分して数区となす
第5条　毎郡に郡長各一員を置き毎区に区長各一員を置く。郡の狭少なるものは数郡に一員を置くことを得
第6条　毎町村に戸長各一員を置く。又数町村に一員を置くことを得

　この郡区町村編制法の条文を見る限り、定められているのは、府県の下に"郡"あるいは"区"、そして、"町村"を置き、それらの郡区町村には"郡長"や"区長"、あるいは、"戸長"を置くということだけである。これで、地方の制度を定めたということが出来るのであろうか。
　郡や区というのはどういう団体なのか。町村は何をするところか。戸長をどうやって選ぶのか。府県の知事や県令と郡長・区長、そして戸長とはどういう関係にあるのか。条文をどれだけ熟読してもさっぱり分からない。これで法令や規則といえるのであろうか。当時の人々も、この条文では、郡区町村編制法の意味するところを理解できなかったと思われるのであるが…。しかし、これが郡区町村編制法の全条文なのである。
　現在の人々は、現在の法律を前提としているために、惑わされがちであるが、これは江戸時代から続けられていた"布令"の一種だと考えるべきである。
　江戸時代には、幕府や藩の命令は、いわゆる御触書として、大庄屋（大名主）を経由して各村に廻ってきた。これは"布令"といわれたが、この"布令"を受け取った庄屋（名主）は自分なりに解釈して、それを村人に伝えていたという。この形態は、明治政府になってからも、しばらくは変わることがなかった。

ただ、大区小区の制度になってからは、大庄屋や庄屋（名主）の役割は、区長・戸長あるいは村の用掛に交代したが…（この"布令"については、第4章を参照）。

　明治政府は、この郡区町村編制法を"布令"と同じように考え、その形を踏襲したのではないだろうか。そう考えれば、条文がたったの6条しかなく、詳細で具体的な内容、あるいは運用の仕方を定めていないことも理解できる。

　なぜ郡・区・町村を置くのか、それらをどのようなものとするのか等々は、郡区町村編制法を実施する責任者が理解していれば十分であり、その実施者が必要に応じて人々に伝えればよいというのが、当時の常識であったのではないだろうか。事実、この郡区町村編制法の案は、それを実施する各府県の代表が集まった地方官会議で詳細に説明されていた。また、その後の元老院の会議でも、はじめに、その趣旨の説明があった。ただ、後述するように、元老院では、途中で、議案の文言が唐突に変更され、こと郡区町村編制法に関しては、松田道之などの思惑とはまったく違ったものとなったにもかかわらず、松田道之など政府側の抵抗もなく、変更案がそのまま元老院を通過し、法律となってしまった。なぜ、そうなったのか。これを探るためにも、そもそも、郡区町村編制法の内容がどのようなものであったのか、そして、それがどのように変わったのかを見ることが必要である。そこで、地方官会議や元老院で政府側がどういう説明をし、地方官会議の議員（地方官）や元老院の議官がどういう対応（質問・議論）をしたのかをみることにしたい。

(2) 明治11年の地方官会議での審議　―町村は純粋の"自治"の区画に―
①法案の説明　―法案のねらい―

　地方官会議が開かれたのは、明治8年に次いで、第2回目である。今回は、伊藤博文が議長となった。明治11年4月10日、開院式があり、天皇がご臨席。大礼服に身を固めた三条太政大臣や大久保利通参議も出席していた。そして、実質的な審議は4月11日から始められ、郡区町村編制法案は第1議案として最初に審議された。

　この日の審議は、何故、郡区町村編制法を制定しなければならないかを説明することからはじまった。説明者は、大久保利通の上申書の起草者であった松田道之（内務省大書記官）であった。松田は、法制定の主旨を、大きく次の3

つに整理して説明していた。

　第1は、明治4年から施行されている大区小区の制度は、大区を置くところもあれば、小区だけのところもあるなど、地方によって様々で、混乱を引き起こしている。それだけではなく、大区小区は、数百年続いてきた慣習を破って、新規に奇異な区画を設けたもので、民心に適っていない。はなはだ「宜しくない」制度である。したがって、大区小区の区画を廃止し、従前の制度、すなわち郡町村にもどすことにする。法案第1条の「地方従前の区画を廃し、府県の下、郡区町村とす」という条文が、それを端的に示しているという説明であった。

　第2は、都市は、人情利害が郡や村とは同じでなく、その政治も、郡村と同じにするべきではない。そのため、別に「区制」を設けるという説明であった。それを示したのが法案の第5条であり、「東西京大阪並びに其の他人民輻輳の地は、郡制に拘わらず別に一区となし、区長を置く」とされていた。この条文は、最終的には、第4条となり、表現の仕方も「三府五港其他人口輻湊の地は別に一区となし…」というように若干変わったが、その趣旨は変わっていない。具体的には、東京・京都・大阪に、また、横浜・神戸・函館・長崎などの5港に、さらには、名古屋・金沢・広島・和歌山・新潟・堺などに「区」が設置された[207]。

　第3は、明治政府の時代になってから、官（行政）と民（自治）の区別がはっきりしなくなっているが、この区別を明確にしなければならないという説明であった。松田道之は、日本の町村はもともと「一個人」と同じ権利を保有するものであったと説明していた。松田道之はいう。

　「町村は実に一の形体をなし、…一町一村の人民は利害相依ること一家一室の如きあるのみならず、亦財産を共有し、一個人の権利を備うるものの如し」。

　そして、府県と郡は「行政の区画」として位置づけるが、町村は「覗て以て

---

[207] 三府五港その他人口輻輳の地というのは、東京、大阪、京都、横浜や神戸などのことであり、こういう都市には、"郡"ではなく、"区"を置くという趣旨である。
　明治12年に、この規定に基づき、東京に15区が置かれ、大阪には4区、京都には2区が設置された。そのほかに、名古屋、金沢、広島、和歌山、横浜、仙台、堺などの都市がそれぞれ単一の区となった。

自然の一部落」とする。これが郡区町村編制法の法案の趣旨であると説明していた。

この「視て以て自然の一部落」というのは、一体、何を意味しているのか。理解に苦しむ用語であるが、郡区町村編制法の法案作成に関与した大森鍾一によれば、これは、大久保利通の上申書（地方之体制等改正之儀）の「住民社会独立の区画」を言い直したものだという。しかし、それでも判然としない。が、いまの用語でいえば、"自治体"という概念を表現するために使われたようである。たとえば、この当時法制局の一員であった大森鍾一が、後に、これを次のように説明している。

図8　松田道之
1839年―明治15年（1882年）

「『住民社会独立の区画』ということは、よほど奇妙な言葉で、これは諸君もお分かりになるまいから一言注解を入れます。この語はただいまの所謂『自治』という語に当たる。その当時、『自治』という字は民間では書生や学者が翻訳語に使い出したようであるが、公文にはこの時はまだ『自治』という文字がない。拠所なく立案者が首を捻ったものであろうと思われる。『住民社会独立の区画』というと甚だ分かりにくいが、（大久保）内務卿が之で出したのを、後に太政官で修正して、地方官会議に掛ける議案の時には井上毅氏が筆を入れたのであると思われるが、之を改めて『視て以て自然の部落とす』という文章にした。之も長い名称でありますが、義は正しいようである」[208]。

要するに、町村は「一個人」と同じであるとし、そうした町村には行政は立ち入らず、純粋に"自治体"にするというのが、郡区町村編制法案の趣旨だと、松田道之（内務省大書記官）は説明したわけである。そして、それを明確にするために、町村の長である戸長を、官吏ではなく、民に属するものとしたという。それを凝縮して表現したのが、郡区町村編制法の法案第6条の「毎町村に總代として戸長一人を置く」という文言であった。

208）　大正4年5月13日、京都府庁での講演。大森鍾一「自治制制定の顛末」（全国町村長会、『自治行政参考資料』、昭和3年4月、所収）。

②地方官会議での応酬 ―戸長を住民の「總代(そうだい)」にするか否か―

こうした説明の後、地方官会議の審議が始められた。先ず、大区小区の廃止が議論の対象となったが、法案に反対する議員（地方官）は少なく、大半は、廃止に賛成であった[209]。そして、ほとんどの地方官は、滋賀県の籠手田安定（権令）の次の発言にみるように、大区小区は住民に不便を強いていると認識し、郡区町村編制法を"良法"だとしていた。

「大小区の制各々区々にて、人民皆その不便に苦しむ。…今度大小区画を廃して郡制を建てらるるは至極の良法なりというべし」[210]。

また、東京・大阪・京都等の都市に区を設置するという第2の法案の趣旨についても、異論はなく、議員（地方官）の圧倒的多数で認められた。

しかし、第3の町村を"自治体"にするという趣旨については、内容が理解できなかったためであろうか。審議が始まると同時に、次のような質問が続出した[211]。

成川尚義（宮城県大書記官）：
　府県の下を郡町村としたれども、行政の区画は郡に止まりて町村には及ばず…その理(こわりいかん)如何

回答（松田道之）：
　町村はすべて人民が従来定めたる所に任せ、政府にて行政の区画とせざるなり。さりながら、行政の端(たん)は往々町村に起こるものにして、たとえば戸籍法の如きは…一町一村にて編成したるところを一群の戸籍上に登録するに及び、初めて行政の部に入るものなり。故に、郡帳(ぐんちょう)の本たる村帳は政府の公正帳面を製するの本と認めざるべからず。是れ恰(あたか)も一家一家より書き出したる人別帳は集まって行政上の戸籍帳をなすが如し。…

渡辺清（福岡県令）：
　この戸長は公選か官選か。

回答（松田道之）：
　人民の總代(そうだい)なれば固(もと)より官選に非(あら)ず。その選挙法は町村に任せて、政府

---

209)　『地方官会議傍聴録』（明治11年4月）、第2号。
210)　同　上、第1号、21頁。
211)　同　上、第1号、11-18頁。

はこれに干渉せず。あるいは一村の相談にて選ぶもあるべく。あるいは
　　　町村会にて公選するもあるべし。すべて住民の適意に任するなり。
渡辺：戸長以下は町村人民の約束上より成り立つと云えば、独立の権は大切な
　　　り。然る時は政府の法律命令並びに県庁の処分規則にかかわらず、町村
　　　内だけの協議にて成り立ちたる約束規則等は如何なる事ありとも、法律
　　　命令に違反せざる間は、政府と雖もこれを破棄いたさざるか。
回答（松田道之）：然り。一町村の規則は恰も一家則と同視すべきなり。
岡部綱紀（岩手県大書記官）：戸長にして人民の總代に耐えざる程の人物あら
　　　ば、県庁よりこれを免ずることを得べきか。
回答（松田道之）：免ずることを得ず。然れども、もし用便に足らざる程の戸
　　　長あらば、その村に令して他の戸長を選挙せしむるの便法あるべきな
　　　り。

　こうした質問と回答で明らかになった町村の位置づけ、すなわち、純然たる"自治体"としての位置づけに、かなりの数の議員（地方官）が不安感を抱いたようである。郡区町村編制法の審議が始まった翌日の4月12日と13日、町村の"自治体"としての位置づけに対する異論が相次いだ。それらの主張は、具体的には、「町村も行政区とすべき」[212]というもの、「總代として戸長を置く」という法案第6条の文言から、「總代としての文字を削るべき」[213]というもの、「戸長を行政官吏とすべき」[214]等々であった。

　これらの地方官達は、なぜ、町村を純然たる"自治体"とすることに反対していたのであろうか。それをもっとも分かりやすく表明していたのは、野村靖（神奈川県令）の発言であった。地方官会議の議事録から、その発言をみてみると…

---

212)　成川尚義（宮城県大書記官）の発言など。『地方官会議傍聴録』（明治11年4月）第2号、14頁
213)　津田要（岡山県大書記官）、鍋島幹（栃木県令）、山吉盛典（福島県令）などの発言、『地方官会議傍聴録』（明治11年4月）第2号、14-6頁）。
214)　津田要、鍋島幹などの発言、同上。

121

野村靖（神奈川県令）[215]：
> 行政の区画を郡に止め、町村に及ぼさざるとはよほど重大の改革なり。…町村は人民の自治に任せ、戸長は民に属して官に属せず。戸長が徴兵戸籍租税の調べ並びに財産の補償などを司るも、みな人民の義務上に依るものと認め、行政部の干渉するところあらんと定まるときは、是れ町村を独立と見做すものなり。3府35県都鄙によりて開化の度は一様ならず。然るを一概に独立せしめ、人民の義務に生ずと定むるは…口広き申し分なれども、今日の日本にはなかなか行われ兼ねるべし。
> 今日の現況について考うれば、矢張り町村をも行政区画に入れ、その戸長は純然たる官吏に非ざれども幾分かは行政官吏の性質を帯ぶるものと見做さざるべからず。…
> 町村を行政区画に入れ、戸長は官選を用うることこそ良全なるべし。尤も斯く申せばとて人民の自治の自由を与えざるには非ず。町村会を起こして戸長を監督せしめ、郡区会を起こして郡長を監督せしめ、府県会を起こして県令（府知事）を監督せしめば、これ地方の立法権を挙げて人民に付与するなれば、行政立法の別も立ち、所謂民権を拡張するの正理に適うべきなり[216]。

法案に対するこうした反対論に対して、法案の提起者である松田道之（内務大書記官）は一歩も譲らず、以下のように、町村を純然たる"自治体"にする必要があると主張していた。

松田道之：
> 町村の独立は開と未開とに拘わらず自然的に存在するが故に、仮令その独立を認むるを嫌うとも、その独立を破るを得ざるものなり。町村の独立自治は政権の干渉すべからざるところなれば、その自治と行政区画とは自ずから別種の性質たり。その別種を混同せんと欲するはむしろその矛盾を覚るが如し。…もし人民の總代たる戸長に怠慢あらば、政府はそ

---

215) 野村靖：長州藩出身、岩倉使節団の一員、神奈川県令の後、枢密顧問官、駐仏公使を経て、明治37年、伊藤内閣の内務大臣、39年には松方内閣の通信大臣に就任している。
216) 『地方官会議傍聴録』（明治11年4月）第2号、6-8頁。

の町村に向かいその交代を請求するの権利あり。また之を督責するの政権あらば更に事務を辨理するに差し支えなしとするなり。…また、戸長は官民の性質を混合するが慣習なりというが…、維新以前の旧慣を顧みるに庄屋名主の如きは人民より見れば誠に栄誉ある地位なれども、行政の役人にはあらざりき。之に反し、郡代奉行等は純然たる官吏にて政権を有して庄屋に臨み、庄屋は年貢上納に於いて郡奉行に対するは則ち人民総代の性質を備えたるに非ずや。……町村をして従来の独立に復せしめざるべからず[217]。

要するに、松田道之（内務省大書記官）によれば、住民がひとりの個人として自分の意志で行動できる自由を保有しているのと同じように、町村に"自治"の自由を与える。そこに法案のねらいがあり、それを具体的に現しているのが第6条、すなわち「毎町村に總代として戸長一人を置く」という条文なのだという説明であった。しかし、地方官会議に出席した議員（地方官）の多くは、こうした松田道之の発想、ひいては、その背後にいる大久保利通の発想を理解することができなかったようである。

その結果、この法案第6条をめぐって、議員（地方官）と政府側の論争が2日間続いたものの、結論に至らなかった。結局、伊藤博文が議長として、「1日の熟考時間」を与えると指示。議論は、翌々日に、持ち越されることとなった[218]。

そして、2日後の明治11年4月15日午前10時、地方官会議が再開された。が、この日、伊藤議長は議員（地方官）の議論を許さず、いきなり裁決をするという強硬姿勢をとった。結果は、23人の議員（地方官）の賛成、10人の反対であった。こうして、かなり作為的な形で、郡区町村編制法案は、地方官会議を通過した。もちろん、原案は何ら修正されないままであった。

217） 『地方官会議傍聴録』（明治11年4月）第2号、8-9頁。
218） 同　上、19-20頁。

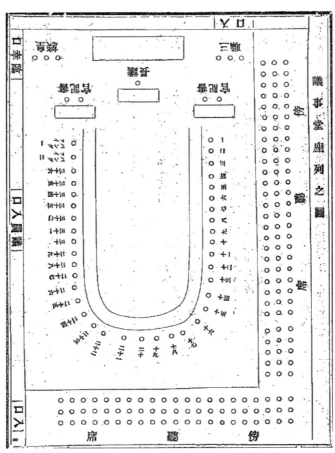

図9　地方官会議（第2回）の座席
議事堂座列之図

（注）この1番から36番までが議員（地方官）の席である。
・本来は、地方長官（県令（府知事））が議員であるが、代理の官吏が出席していることも多かった。また、議員数が府県の数に比べて少ないのは、欠席の県が多かったため。・バンヴァイ1番、2番とあるのは、松田道之など政府の官僚の席。

(3) 元老院の審議（明治11年）―町村の"自治"構想はあえなく消滅！―
①法案（原案）の承認後に見直し！

　元老院は、明治8年の大阪会議での大久保利通と木戸孝允の合意にもとづき、地方官会議とともに、立法府として設置されたものである[219]。これにより、明治8年の後半から、明治政府の法令は、元老院の審議を経て定められていたが、今回の郡区町村編制法案の審議は、明治11年5月14日にはじまった。

　提示された法案は、もちろん、地方官会議で了承された法案であった。この元老院でも、地方官会議と同じように、松田道之（内務省大書記官）が法案を説明するところからはじまった。その説明の後、数人の議官が疑問を提示したが、そのほとんどは大区小区を廃止する必要があるのかという疑問であった。町村を"自治"体にするということに疑問を示したのは、陸奥宗光[220]ただ一人に過ぎなかった。しかも、その陸奥宗光も、戸長について、「（戸長は）官民の間に立って用を為すもの」[221]ではないのか…という極めて曖昧な疑問を示しただけであった。こうした非常に穏和ともいえる疑問が提示された後、すぐに、郡区町村編制法案の主意を認めるか否かの採決が取られ、圧倒的に多数の議官がそれを支持した。法案の趣旨が認められ、以後、その趣旨に各条文が合致しているか否かの検討に入ることになったわけである。

　しかし、この条文検討の審議はすぐには行われなかった。このときの元老院には、郡区町村編制法案（第1議案）と同時に、府県会規則案（第2議案）、地方税規則案（第3議案）が提出されていたため、翌5月15日には、第2議案である府県会規則案の主意についての検討が行われたのである。とはいうものの、この日の元老院では、何人かの議官から法案の主意に賛成するという意見が述べられただけで、法案の主旨はすんなりと認められた。

　ところが、3日目の5月16日になると、状況はがらりと変わることとなった。この日は、第3議案の地方税規則案についての審議が行われたが、議場は熱気

---

219) 元老院は、明治8年（1876年）7月5日、開院式が開かれた。同じ年に開かれた地方官会議は、その後、明治11年と13年に開かれただけであったが、元老院は、常設の立法府として機能。1890年、帝国議会の開設に伴い、廃止された。
220) 陸奥宗光は和歌山藩士出身で、後に、外務大臣となり、明治27年（1894年）に、イギリスやアメリカとの条約改正（対等条約の締結）に成功した。
221) 明治法制経済史研究所編『元老院会議筆記』（前期　第5巻）、元老院会議筆記刊行会、昭和44年、87頁。

に満ち、反対論が続出した。しかも、第3議案の地方税規則案についての反対論というよりも、むしろ、2日前に元老院自身が承認の決議をした第1議案（郡区町村編制法案）を蒸し返し、それに反対するというものであった。

たとえば、陸奥宗光は、松田道之（内務省大書記官）の「町村は各自独立の者なれば、其の費用は各自支弁すべし」という説明を問題視し、町村は一個人と同視することはできないと熱弁をふるっていた。挙げ句の果てに、「戸長も亦郡長の如く、官給を附与」すべきだというほどであった[222)]。

これに対して、松田道之は、一個人と説明しているのは、政府が町村に干渉しないということを説明するためであり、決して町村と一個人を同一視しているわけではないと弁明していたが[223)]、ほとんどの議官は聞く耳を持たなかったようである。事実、この松田の弁明の直後に、議官の佐野常民[224)]は次のような意見を展開していた。

佐野常民；
> 町村は一個人と異なり、一町村は一町村の公共利害あり。一郡一県と何ぞ異ならんや。戸長の勤務の如きも皆行政上のことにして一人一己の私事に非ず。然るに其の費用は地方税の限りに非ずとするは、抑何等の理なるや。政略上にても甚だ不可なり。…是れ本官の町村を行政区外に見做すべからずとする所以なり[225)]。

もっとも、たった1人ではあったが、山口尚芳[226)]の次の発言のように、法案の主意に賛成する者もいた。

山口尚芳；
> （地方税規則の）大旨は可なり。其の之を可とするは、町村の費用は町村の協議に定むること、即ち是れなり。蓋し旧時の慣習、町村の事は町村の協議に成りたるに、維新の制度此の旧慣を破れり。之を復するは甚

---

222) 明治法制経済史研究所編、『元老院会議筆記』（前期　第5巻）、元老院会議筆記刊行会、昭和44年、191-2頁。
223) 同　上　192頁。
224) 佐野常民；佐賀藩士 1823-1902、日本赤十字社の創設者、明治8年（1875）　元老院議官、明治13年（1890）　大蔵卿、明治15年（1892）　元老院議長　などを務める。
225) 『元老院会議筆記』（前期　第5巻）194頁。
226) 山口尚芳；佐賀藩士　1839-1894（明治27年）、岩倉使節団の副使、明治8年　元老院議官、明治14年　会計検査院初代院長。

だ可なりとす。…協議支弁の道を開進するは実に人民の幸福と謂うべし[227]。

しかし、法案を批判する者が圧倒的に多く、ついには、議官の中から数人の委員を選び、その委員が議案そのものの見直しをすることにしたいという動議が出てくることとなった。その上、第3議案だけではなく、第1議案・第2議案も一緒に、見直すべきであるということになり、全員がそれに賛同した。郡区町村編制法案も、すでに法案の主意が認められ、後は、その法案の趣旨と条文が合致しているか否かの検討を残っていただけであったにもかかわらず、最初から"やり直す"ということになったわけである。そして、法案を詳細に検討し、必要な修正を加えるという委員に、柳原前光[228]、佐野常民、中島信之[229]の3人の議官が選出された[230]。

②骨抜きになった町村の"自治"

それから8日後の明治11年5月24日、20人の議官が出席し、有栖川宮熾仁親王の議長のもとで、元老院の会議が再開された。政府の説明官(内閣委員)として松田道之(内務省大書記官)も出席した。最初に郡区町村編制法案が審議されたが、そこで示された法案は、形の上では、見直しの前とあまり変わっていないようにみえた。

しかし、元々の原案にあった第6条の「毎町村に總代として戸長一人を置く」という条文が「毎町村に戸長一員を置く」と変わっていた。「總代として」の文言が削りとられてしまっていたのである。

この意味を理解するために、ここで、地方官会議での審議の経緯を少し振り返ってみると…

地方官会議で松田道之は、町村を個人(ひとりの住民)と同じ位置づけをし、ひとりの住民が"自治"の自由をもっているのと同じように、町村の運営はすべてそれぞれの町村の住民に任せ、行政(すなわち政府)が町村に干渉しない。

---

227) 『元老院会議筆記』(前期 第5巻) 194-5頁。
228) 柳原前光；公家、駐露公使 元老院議官、枢密顧問官等を歴任。明治27年 44歳で死去。
229) 中島信行；土佐藩郷士、1846-1899 (明治32年) 神奈川県令、元老院議官、自由党の結成に参加、副総理となる。後、衆議院議員、初代の議長 (1890年)。
230) 『元老院会議筆記』(前期 第5巻) 196頁。

図10　元老院議官の集合写真
明治12年（1879年）
最前列中央は初代議長の有栖川宮熾仁親王

　これが、郡区町村編制法の精神であり、その法の精神を凝縮する形で表現しているのが「總代として」戸長を置くという文言であると説明していた。そして、地方官会議で、議員（地方官）から「總代として」の文言を削れという強い要請があったにもかかわらず、答弁者である松田道之は、「總代として」の用語に固執し、頑として原案を貫き通した。

　その肝心要の「總代として」という文言が、新しく示された法案では、削られてしまっていたのである。また、「戸長一人を置く」という表現も、「戸長一員を置く」と変えられていた。
　それにもかかわらず、元老院の郡区町村編制法の審議では、松田道之（内閣委員）は、町村の"自治"について、あるいは「行政区画」について何ら触れることはなかった。議論は、もっぱら議官同士の間で行われ、松田道之（内閣委員）が発言することはあっても、形式的な発言であった。こうして、議論はほとんど白熱することはなく、「總代として」の文言についても、何ら議論されることがなかった。
　ただ、第3議案の地方税規則について審議する際に、町村の"自治"について議論されることがあった。しかし、そこで展開された議官の議論は、ことごとく、町村の"自治"を否定するものであった。
　たとえば、佐野常民は「町村公費は人民の協議に任すと謂うは…政府は自ら

職務を棄てるものと謂うべし」とし、政府は町村の公費についても、「確固たる規則」をつくらなければならないと強調していた[231]。

ほかにも、町村の公費の使い方については「県令（府知事）の認可を経て弁ずべき」という意見もあるほどであった。これらの意見に、松田道之は（内閣委員）は反論していたのはいうまでもない。しかし、議事録を読む限り、郡区町村編制法案を最初に審議した5月14日の会議では、松田道之の発言を各議官はまじめに聞いていたように感じられたが、この5月28日の審議では、それとは打って変わり、ほとんど聞く耳をもっていなかったようである。

そして、町村の公費については、知事の認可はすべきではないとされたが、戸長の給料は、地方税でもって支弁するということにされた。実質的に、府県の下部機関、言い換えれば、町村が「行政区画」とされたわけである。

こうして、松田道之、そして、その背後にいた大久保利通の"自治"の構想、言い換えれば、町村を純然たる"自治体"にするという構想は、敢えなく消えてしまった。

(4) 町村の"自治"構想 ―その妥当性は？―

ところで、町村のことは完全に町村に任せるという松田道之や大久保利通の構想は、一般に、通用するものだったのだろうか。個々の住民は、納税の義務のように法律で義務づけられ、あるいは、犯罪や交通違反などの処罰のように法律で禁止されている場合は別であるが、そうでない限り、どういう生き方をするかはすべて自分の意志で決定することができる。松田や大久保の構想は、町村を、このような個々の住民と同じように位置づけるというものであった。

地方官会議の議事録を読むと、このような構想に違和感をもつ議員（地方官）が多かった。というよりも、こうした構想を、そもそも、理解できなかった地方官が多かったようにみえる。町村には、町村独自の意志で処理する業務もあるが、同時に、中央政府や府県の指示にしたがって、業務を遂行しなければならないという側面もある。言い換えれば「行政区画」としての側面もある。こうした理解が、これらの地方官の間に、当然こととして、浸透していたようである。そして、このような状況は、元老院の議官でも同じであったといってよい。

---

231) 『元老院会議筆記』（前期　第5巻）200-1頁。

これは、何も、この時代に限られたことではなく、21世紀の現在でも、ごく一般的な理解だといえるのではないだろうか。この本の読者も、市町村が「行政区画」であることを当然視している人が多いに違いない。

　21世紀に入ってから、地方分権が非常に進んだといわれている。しかし、この地方分権も、市町村が何でも自分の意志でできるようになったということではない。単に、市町村の裁量で処理できる業務の範囲が部分的に拡大しただけである。たとえば、学校教育という業務の権限を丸ごと市町村に移すというようなことは、地方分権の範疇とは考えられていないのである。小学校で何を教えるか、どのような仕組みで教えるか、どういう人を教員に採用するか等々は、すべて、中央政府の法令や指導で定められており、しかも、それが一般に当然視されているのではないだろうか。

　こうした一般的な感覚からいえば、松田や大久保の構想が否定されたのは当然のことといわなければならない。そもそも、町村を個々の住民と同じように位置づけるなどという構想は、それ自体に問題があったということすらできる。元老院の審議の途中で、この構想が実質的に消えてしまって以来、それについて分析した研究者が見あたらないのも、こうした一般的な感覚から、松田や大久保の構想を評価するものがいなかったからであろう。

　しかし、明治時代に、あるいは大正時代・昭和時代になっても、常に、日本の模範と目されてきたイギリスで、ごく最近（2011年に）、「ローカリズム法（Localism Act）」という法律が制定されたが、この法律は、松田や大久保の構想と同じような構想を打ち出しているのである。これは注目する必要があろう。

　この法律は、「ローカリズム（地方主義）」という表現からも推測できるように、これまでの一般的な地方法とは、かなり内容を異にしている。地方自治体が自治体自身の意志で行動することを勧め、それを主眼とした内容の法律であり、しかも、そうしなければ、イギリスという国はもたないとすらほのめかしている法律なのである。

　この法律を公布したとき、イギリス政府は、この法律の簡潔な解説書[232]を公表したが、その冒頭で、当時、地方分権担当大臣であったクラーク（Rt Hon

---

232) Department for Communication and Local Government, 'A Plain English guide to the Localism Act', November 2011.

Greg Clark）は、次のように、宣言している。

「地方にもっと広い権限を任せなければならない時代となった」。

そして、次のように、内容が解説され、政府の決意が示されていた。

「地方自治体の権限や責務は法令で定められている。極端な言い方をすれば、自治体は、法律で定められていることだけが自分たちの権限であり、責務だと、考えているようにすらみえる。何か新しい施策を思いつき、それが素晴らしいアイデアだと思う場合でも、自治体は、その実施に躊躇することが多い。それが法律で認められているかどうか確信できず、裁判に持ち込まれることを恐れるからである。

政府は、こうした状況を"ひっくり返す"ことを決意した。地方自治体は、法律を犯すことがない限り、何でもできることとした。

そして、これを実現するために、このローカリズム法を制定した。この法律の精神は、地方自治体が、ひとりの住民と同じように、自分の意志で何でもできるようにするという点にある。他の法律で特別に規制されている場合は別であるが…」[233]。

この解説を読んで、どのように思われるであろうか。明治11年の地方官会議で展開された松田道之（内務省大書記官）の熱弁を彷彿とさせるのではないだろうか。

「地方自治体がひとりの住民と同じように、自分の意志で何でもできるようにする」などという件（くだり）は、松田道之の構想、ひいては大久保利通内務卿の構想と、全く同じだといっても、言いすぎではあるまい。もちろん、「ローカリズム法」は条文のなかで、法律の精神も、具体的な内容も示しているのに対し、郡区町村編制法の法案は、条文では何ら具体的な構想を示していなかった。その点では、郡区町村編制法の法案は「ローカリズム法」とは似ても似つかないものであったが、しかし、少なくとも、松田道之（内務省大書記官）と大久保利通内務卿は、「ローカリズム法」の精神と同じことを考えていたことは、松田道之の地方官会議での説明をみても、明らかだといってよい。

233）　同左、4頁。

しかも、松田道之と大久保利通が、町村を町村自身の意志で何でもできるようにしようと構想していたのは、明治11年（1878年）のこと、「ローカリズム法」より130年以上も前のことである。それだけ素晴らしい構想であったと評価しなければなるまい。もっとも、この構想は、江戸時代の町村と同じ状況にしようと考えたことから、生まれた構想のようであるが…。
　それが、元老院の審議の段階で、提案者である政府自身の手によって撤回されてしまったのは、返す返す残念なことであったといわなければなるまい。

(5) 何故、元老院は態度を急変させたのか？
　しかし、元老院の議官は、最初は、政府から提案された議案を大人しく受け入れていたにもかかわらず、3日目になると、態度を急変させたのは、何故なのであろうか。しかも、それまでに自分たち自身で承認した法案（郡区町村編制法と府県会規則の2つの法案）についても、それを撤回し、最初の審議からやり直しているのである。
　また、元老院の前の地方官会議の審議では、最初の法案の起草者である松田道之（内務省大書記官）が、政府の代弁者として、一歩も引かずに議員（地方官）と渡り合っていた。そして、最後には、地方官会議の議長（伊藤博文）が"ごり押し"ともいえる形で、法案を通過させるという強硬な姿勢をみせた。ところが、元老院の審議では、元老院の議官が態度を急変させると、松田道之も大人しくなってしまった。それだけではなく、元老院の議官も、松田道之の発言に耳を傾けなくなった。その結果、松田道之、ひいては大久保利通内務卿の思惑は崩されてしまったのはいうまでもない。
　この当時、大久保利通内務卿は、明治政府の中枢のなかの中枢であり、内務卿という地位はこの頃の明治政府の実質的な中心、いわば、いまの首相職にあたる特別の地位であった。そして、町村を純然たる"自治体"にしようという松田道之（内務省大書記官）を強く支持していた。それどころか、町村を"自治体"にするという構想の主導者であり、松田道之は大久保の意向に沿って奮戦していたといえるほどであった。地方官会議で多くの地方官の反発を受けたにもかかわらず、松田は、一歩も引かずに、その構想を貫き通したが、これは、大久保内務卿という強力な"後ろ盾"があったからにほかならないというべきである。

また、元老院の議官は、国民の選挙で選ばれたわけではなく、政府によって任命された人々であった。そうである以上、この大久保利通に逆らうことは、実際上は、無理であったといわなければならない。事実、その大久保の代弁者である松田道之は、議事録でみる限りであるが、初日の5月14日の会議では、大きな影響力を発揮していた。松田の説明に対して、数人の批判者がいたことは事実であるが、大部分の議官は松田の発言に従い、批判者の意見を、大多数の力で押さえてしまっていたのである。ところが、5月16日になると、ほぼ全員が松田の発言に耳を傾けなくなった。これは非常に不思議な現象というべきであるが、何故、こういう事態になったのであろうか。恐らく、松田の力、ひいては、大久保の力を弱める何らかの出来事が発生したためと考えるのが自然であろう。

　そこで、史実を調べてみると…。

　元老院の会議が開かれた当日の5月14日、大久保利通内務卿が明治天皇に謁見するために、馬車で赤坂仮皇居に向かったが、その途中で、石川県士族島田一郎など6名の不平士族に襲われ、暗殺されるという事件が発生していた[234]。

　「これだ！」と考えるのは、早合点だろうか。松田道之（内務省大書記官）の後ろ盾が突如として消えてしまったのである。これでは、松田道之も大勢に逆らうことができなくなったのは当然というべきであろう。また、松田が所属する内務省自体が、大久保という重鎮がいなくなったために、大勢に傾くのは必然であったとえる。そういうなかで、元老院の議官は、圧力がなくなり、自分の思うままに議論し、結局、松田や大久保の構想を葬り去ってしまった…、というのが、真相なのではないだろうか。

　とはいっても、まだ、疑念は残る。大久保が暗殺された翌日には、はやくも、大久保の後を引き継いで伊藤博文が内務卿に就任しているが、その伊藤は、法制局の長官として、郡区町村編制法の法案を策定する責任者だったのである。そうである以上、松田や大久保の構想、町村を純然たる"自治体"にしようという構想を支持していたはずであり、新しい内務卿として、その構想の実現を

234）紀尾井坂の変と呼ばれている事件である。この時、大久保利通は満47歳。その葬儀は5月17日に行われたが、日本史上最初の国葬級葬儀であったといわれている。

図るのは当然ではないかという疑念である。

しかし、伊藤は、前述したように、法案の立案に際して、逐一、大久保に報告し、了解を得ていたというのが実態のようである。言い換えれば、伊藤自身の発想で法案を策定したわけではなく、大久保に頭を押さえられながらの法案の策定だったのである。その大久保がいなくなったのであるから、大久保の構想にこだわる必要はなく、元老院の結論にしたがってしまったと考えても不思議ではない。

図11　大久保利通

あるいは、大久保利通や松田道之の構想をつぶしたのは、新内務卿としての伊藤自身の発想と合致するものであったということもあり得る。その後の伊藤の姿勢からみれば、町村を純然たる"自治体"にするという発想を認めていたなどということは、到底、想像できないからである。

いずれにしても、大久保が暗殺されたことにより、町村を純然たる"自治体"にするという構想が消えてしまったということは確かであろう。

(6) 大久保利通の遺訓　―三傑の死―

以後、町村の「行政区画」としての側面は拡大されていった。たとえば、町村の長である"戸長"は、松田や大久保の構想では、完全に住民の側に立つものとされ、どのように戸長を選ぶかは、各町村の自由であった。その結果についても、郡に届け出るだけでよいとされていた。ところが、実際に制定された郡区町村編制法のもとでは、なるべく住民の公選で戸長を選ぶとされていたものの、県令（府知事）が辞令を公布するということにされた[235]。言い換えれば、県令（府知事）の配下に戸長が配置されるという形になった。しかも、その後、明治17年には、「戸長は県令（府知事）これを選任す」[236]とされ、いわゆる官選の戸長とされてしまった。戸長は、完全に、行政のなかに取り込まれてしまったわけである。

---

235)　明治11年内務省乙第54号達。
236)　明治17年5月7日、太政官達第41号。

現在は、市町村長が住民の選挙で選ばれ、市町村議会が市町村の意志決定機関として位置づけられている。このように、住民の代表が地方行政のトップに立ち、意志の決定も民意を反映して行われる形になっているため、"自治体"と称されるのが一般的である。しかし、松田や大久保が、現在の市町村をみて、"自治"が進んでいると考えるだろうか。少なくとも、明治11年に松田や大久保が構想した自治体（＝町村）とは大きく違っているといわなければならない。松田や大久保の構想からいえば、現在の市町村は、「行政区画」としての側面が非常に強く、ただ、その行政の担い手になっている人々が民主的に選ばれているだけということになろう。

　たとえば、全国どこの市町村に行っても、小中学校で教えていることはもちろん、教え方も同じである。保育園の運営の仕方も変わりがない。ゴミ処理の仕方も違いはなかろう。老人福祉も同じように行われ、生活保護の仕方も同じである。健康保険も、全国どこでも変わりがない。上水道も下水道も同じである…。市町村によって仕事の仕方が違い、内容が異なるなどということは、ごく限られた分野でしかみられないといっても言い過ぎではない。これは、市町村の大部分の仕事が、中央政府の法令や指示にしたがって行われているからである。実質的には、市町村は「行政区画」となってしまっているわけであり、それを"自治体"と呼ぶのは、かなりの無理があるといわなければならない。

　住民も、たとえば、隣の市の行政サービスと、自分が住んでいる市の行政サービスが異なる場合、サービスが劣る市の住民は必ずといってよいほど、「公平ではない」と文句をいう。こうした住民の声にしたがおうとすれば、必然的に、全国統一の基準が必要となるが、これは、まさに「行政区画」を推し進めるということに外ならない。このような住民の声も影響して、市町村の「行政区画」という側面がますます色濃くなり、いまでは、何か困った事態が発生すれば、すぐに、助けを求めて、中央政府に駆け込むようになっているというのが市町村の実態である。"自治"のシンボル的な存在だといえる議会ですら、それぞれの議会で、住民を巻き込み、住民を説得し、知恵を絞って、自分たちの全面的な責任で、中央政府から自立して、独自の意思決定をするというようなことはしていない。それどころか、何かあれば、市町村の行政機関を批判し、また、行政サービスの拡充を行政機関に要請するだけである。そして、行政機関は中央政府に陳情して補助金をもらい、事態の収拾をはかるということにな

るが、これは「行政区画」のという側面がますます強くなることを意味する。これでは、議会が"自治体"の意志決定機関である、すなわち"立法"機関であるなどとは到底いえず、むしろ、行政機関の一種だといわなければなるまい。

　"自治"の重要性を説いていた大久保利通や木戸孝允が、こうした状態をどのように見るだろうか。日本という国の土台が切り崩されていると見るのではないだろうか。

　明治11年の紀尾井坂の変で、大久保利通が暗殺されたという事件は、こうした現在の状況の遠因になっていることは確かであろう。あるいは、木戸孝允や大久保利通など、明治三傑の後を引き継いだ伊藤博文などが"自治"の重要性をほとんど考えていなかったためといってもよい。

　こういうことをいうと、伊藤と同じく、その後の明治政府の重鎮となった山縣有朋の存在を忘れていないかと思う人が多いのではないだろうか。この山縣の発想、そして、その作品だといわれている明治21年の「市制町村制」については、後に詳細な説明をするが、その精神は、松田と大久保ひいては木戸孝允が構想していたものとは全く異なるものであった。町村を「行政区画」にするというものであったのである。

　それはともかくとして、歴史の愚痴をいっても仕方がないが、大久保が紀尾井坂で襲われていなければ、後継者たるべき人々を大久保が鍛え上げ、その結果、その後の日本、そして、いまの日本はもっと変わったものになっていたのではないだろうか。おそらくは、もっと健全な国に…。

　事実、大久保自身、もう10年、日本の舵を取る必要があると、紀尾井坂の変の1時間前に、地方官会議で上京し、この日、帰任の挨拶に大久保邸を訪れた山吉盛典（福島県令）に話しているのである。感銘を受ける話なので、ここに、大森鍾一が抄録したものを引用しておくと…[237]。

　「抑ゝ維新以来既に10年の星霜を経たり。此の間、所謂百事創始の時に際し、内外の事件輻輳せり。従って予が内務に職を奉じてより、治績の視るべきもの

---

[237]　この原文は、福島県例山吉盛典記「済世遺言」として、大久保利通文書に収録されているが、大森鍾一の抄録のほうが分かりやすいので、それに従った。

なく、実に慚愧に堪えざる所なれども、時勢上又やむを得ざるなり。今や内外の事件全く鎮定し、漸く国内の平和を見るに至れり。鋭意して王政復古の盛意を貫徹せんとす。

此の目的を達せんには、30年を期せざるを得ず。明治元年より10年に至るを第一期とし、即ち創業の時期とす。11年より20年に至るを第二期とす。実に是れ緊要にして、乃ち内治を整え、国力の充実を謀るは正に此の時にあり。予不肖と雖も、百難を廃して此の志を遂行せんとす。21年以後の10年を第三期とす。是れは守成の時期にして、後進賢者の継承大成を待つものなり。利通の素志如此。去れば第二期に属する事業は正に将来継続の基を作るものなれば、慎重に計画してこれに膺（あた）らざるべからず」[238]。

この大久保の計画は、それを話してから1時間後に、大久保の死によって崩壊してしまい、ここに、町村を純然たる"自治体"にしていこうという大久保利通たちの構想は、消えてしまった。

3．府県会の設置

(1) なぜ、府県会を設置したのか？

明治11年（1878年）5月15日。この日、政府を代表し、松田道之（内務省大書記官）が内閣委員という肩書きで元老院に出席。なぜ、「府県会規則」を制定する必要があるかについて、次のような趣旨の3つの理由を挙げていた[239]。

① 廃藩置県以後、府県はいろいろなものを整備し、その整備に必要な経費を、「民費」という名目で、住民から徴収してきたが、それをどのように徴収するか、また、その額を誰が決めるかを定めた法律がない。そのため、住民のなかには、「民費」が高すぎると考える者もいる。それだけではなく、府知事や県令が勝手に「民費」を課しているのではないか、あるいは大区小区の区長・戸長が「民費」を浪費しているのではないか

---

238) 大森鍾一、「自治制制定の顛末」（大正4年5月13日の京都府庁での講演）、全国町村町会『自治行政参考資料』、昭和3年4月、67頁
239) 『元老院会議筆記』（前期　第5巻）（明治法制経済史研究所編、元老院会議筆記刊行会）昭和44年、108頁。

という疑いを抱く住民も少なくない。その結果、騒動が勃発するということすらある。こうした騒動を防ぐために、「府県会」を設置し、住民からどのように「民費」すなわち「地方税」を徴収し、それをどのように使うかに関して、「府県会」が関与するような仕組みをつくる必要がある。これが第1の理由である。
② 明治8年に、地方官会議の議を経て、いわゆる「区長戸長会」の設置を定め、それ以後、府県会のようなものが各地で設置されるようになった。が、その形態はばらばらで、あまり、うまく機能していない。しかも、各地の現状をみると、住民は「区長戸長会」ではなく、公選議員から成る府県会を求めているようにみえる。これが府県会規則を定める第2の理由である。
③ 地方税を住民から徴収するための規則が制定されていない。こうした状況のもとで、地方官が、住民から地方税を徴収するのは大変な苦労である。府県会規則そして地方税規則という法律が制定されれば、地方官は地方税を徴収しやすくなり、また、住民から疑いの目で見られることもなくなる。これが第3の理由である。

　この3つの理由の説明からいえば、府県会の設置を考えた最大の動機は、住民から「地方税」を徴収しやすくするためであったといってよい。いわば、"官の都合"で、府県会を設立しようとしていたわけである。
　もっとも、第2の理由として、住民が公選議会の設置を求めているために、府県会を設置するという理由を挙げていた。これを素直に理解すれば、当時全国的に展開されていた自由民権運動に応えて、人々の意見を府県の運営に反映するために、「府県会」を設置しようと考えていたというようにもみえる。しかし、この当時の明治政府は、具体的には、松田道之（内務省大書記官）や、その背後にいる大久保利通内務卿は、住民の意見を府県の運営に反映するというような考えは全くもっていなかったといってよい。たとえば、府県会規則の基になった大久保利通の太政官に対する上申書、すなわち、大久保の命を受けて松田道之が作成した「地方之体制等改正之儀」では、次のように、自由民権運動の求める議会（民撰議院）は無益有害であると、はっきりと否定していた。
　「世間漫（みだり）に唱える所の民権又は民撰議院等の如き徒（いたず）らに高尚にして無益有

害」である[240]。

　したがって、松田道之と大久保利通は、公選議会の設置を構想したとはいっても、それは、第1の理由で挙げているように、「民費」すなわち「地方税」に対する住民の不満をなくすためであり、その議会（府県会）は、自由民権運動が求めているような議会ではなかったといわなければならない。
　それでは、明治11年の府県会規則で構想された議会とは、一体、どのような議会だったのであろうか。これを理解するためには、まず、府県がどのようなものとして位置づけられていたかを見る必要がある。

(2) 府県は「行政区画」

　松田道之（内務省大書記官）が作成し、明治11年3月に、大久保利通内務卿の名前で三条太政大臣に提出した上申書（「地方之体制等改正之儀」）が基になって、郡区町村編制法・府県会規則・地方税規則の3つの法案が作成され、地方官会議と元老院の審議にかけられたということは前述した。したがって、府県がどのようなものとして位置づけられていたかという点についても、この「地方之体制等改正之儀」を見る必要があるが、これを見ると、「府県」は、本質的には、「行政区画」であると位置づけられていた。
　「行政区画」というのは、中央政府の行政を実施するための区画のことである。言い換えれば、中央政府の意向にもとづいて、地方官が住民を統治する区画、それが府県であるというのが大久保や松田の発想であった。地方官が府県の行政を行うにあたって規範とするべきは中央政府の指示であり、住民の意向は全く聞く必要がないと位置づけられていたわけである。住民は、中央政府から派遣されてきた地方官によって"治められる"存在、あるいは、"支配される"存在として考えられていたということもできる。
　しかし、府県の行政のなかには、全国統一的な基準に沿って実施するよりも、地方官の裁量で、それぞれの府県の状況に見合った形で実施したほうが適切というものも少なくなかった。そのため、廃藩置県以後、たとえば、府県内の道路をつくったり、橋梁を建設したり、小学校の整備をしたり…というような施

---

240)　亀掛川浩、前掲書、49頁。

策は、地方官に"分権"するということで、その処理が地方官に任されていた[241]。

　これらの"分権"された行政を処理するためには、もちろん、経費が必要であり、これらの経費は、住民から、というよりも、実際には、国税の主な負担者である農民から、「民費」という名目で徴収された財源で、賄われていた。この「民費」は、中央政府の側からいえば、それぞれの府県で徴収し、それぞれの府県のために、ひいては府県の住民のために使うものであり、中央政府が徴収する国税とはまったく違うものであった。一方、徴収される住民（農民）の側からいえば、「民費」も国税も、地方官によって強制的に徴収されるものであり、両者の間に何ら違いはなかった。ただ、二重に取られているというだけであった。
　そのため、住民（農民）は「民費」の額や使い方を批判したのはもちろんであるが、それだけではなく、国税の引き上げにも反発し、全国各地で蜂起し、暴動をひき起こすようにもなっていた。明治9年12月に、三重県の現在の松阪市に端を発し愛知県や岐阜県にまで拡大した伊勢暴動は、その端的な事例であった。
　こうした状況のもとで、大久保や松田は、国税と「民費」を明確に区分する必要性を痛感。そこで、「民費」を改めて「地方税」とし、それぞれの府県が、府県独自の公費のために徴収する財源、ひいては、府県の住民のための財源であるという位置づけをしたのであった。そして、さらに、農民の反発を防ぐ手段として、納税者の代表で構成される「府県会」の設置を構想した。「府県会」を設置し、「地方税」の額や使い方について、「府県会」に承認してもらうようにすれば、「地方税」に関する責任はすべて「府県会」の責任となり、住民は、中央政府に対して「小怨」さえも抱くことがなくなるに違いないと考えたわけである[242]。

---

241) 大久保利通の上申書（「地方之体制等改正之儀」）のなかで、この"分権"という用語が使われている。亀掛川浩、前掲書、48頁。
242) 同　上、48頁。

(3)「府県会」の機能の限定！

このように、「府県会」の設置を構想するようになった動機が、地方税の徴収をスムーズなものにするということにあったため、「府県会」の機能は極めて限定されたものとなっていた。

まず第1に、府県会規則の第1条に、「府県会は地方税を以て支弁すべき経費の予算及び其の徴収方法を議定す」と明確に謳われたように、審議する権限を与えられたのは、「地方税」についてだけであった。その「地方税」についても、「府県会」の議員が自主的に、議案を提案することができず、地方長官（県令・府知事）から示された議案についてのみ審議できるとされた[243]。

「府県会」が審議をして決定した事柄も、そのまま、実施されるというわけではなかった。県令（府知事）が、「府県会」の決定事項を認可して、はじめて、実施されるということになっていたのである[244]。いわば、「府県会」は、県令（府知事）から意見を求められ、議員全員の審議で出した結論を県令（府知事）に示すというだけの機関であった。県令（府知事）は「府県会」の結論に拘束されず、自らの判断でその結論を採択するか否かを決定することができた。もっとも、県令（府知事）が「府県会」の議決を認可しない場合には、内務卿にその旨を申し出で、その指揮を仰がなければならなかったが…。

「府県会」の議員は、自発的に集まって、「府県会」を開くことはできなかった。県令（府知事）の命令があって、はじめて「府県会」が開かれ、閉会も県令（府知事）の命令で行われた。さらに、「府県会」は「地方税」の予算とその徴収方法を審議するための機関である以上、年間を通して「府県会」を開く必要がなかった。そのため、会期が定められ、明治11年当初は、「府県会」は毎年3月に開き、会期は30日以内にすると定められていた[245]。

ほかにも、まだまだ、制約はあった。たとえば、「府県会」での議員の論議が国の安寧を乱す可能性がある、あるいは、法律規則を犯す可能性があると判

---

243)「会議の議案は総て県令（府知事）より之を発す」(明治11年、府県会規則第3条)。
244)「凡そ地方税を以て施行すべき事件は、府県の会議に付し、其の議決は県令（府知事）認可の上、之を施行すべき者とす。若し県令（府知事）、其の議決を認可すべからざると思慮する時は、其の事由を内務卿に具状して指揮を請うべし」(明治11年、府県会規則第5条)。
245)「府県会は毎年一度三月に於いて之を開く。其の開閉は県令（府知事）より之を命じ、会期は三十日以内とす。但し、県令（府知事）は会議の衆議を取りて其の日限を延ることを得ると雖も、其の事由を直ちに内務卿に報告すべし」(明治11年、府県会規則第31条)。

断した場合、県令（府知事）は「府県会」の会議を中止できるということになっていた。中止するのは、もちろん、県令（府知事）である[246]。また、「府県会」の議長副議長は「議員中より公選」することになっていたものの、県令（府知事）の認可が必要であった[247]。

これでは、「府県会」は県令（府知事）と並び立つ機関などとはとてもいえなかった。むしろ、県令（府知事）の配下に位置し、県令が行う行政の一部を補完する機関というべきであった。そのためであろう。地方官会議や元老院で府県会規則（案）が審議されたときには、こうした「府県会」の位置づけを問題にする地方官会議の議員（地方官）や元老院の議官が少なくなかった。たとえば、明治11年6月12日の元老院の審議で、議官の佐野常民が、「府県会」の議決を府知事県令が認可することになっているのを批判して、次のように発言していた。

「（県令が）自ら議案を発し、自ら之を可否するは、施政上に於いて障碍あるは論を待たずして明らかなり」[248]。

ただ、佐野常民が示した修正案は、県令（府知事）の認可権を否定し、「府県会」の議決に県令がしたがうようにするというものではなく、「府県会」の議決を県令が中央政府（内務卿）に報告し、政府（内務卿）の認可をもらった上で、それを施行するようにするというものであった[249]。

このため、内務卿（及び内務省）にあまりにも多くの業務が集中することになるという点が問題となり、さらには、府県に分権されているものを中央集権に戻すべきではないと主張する者が多く、結局、県令（府知事）が認可するという原案がそのまま認められた。なお、この元老院で展開された分権論は、あくまでも地方官、すなわち県令（府知事）を頂点とする管理機構への分権であり、「府県会」に対する分権ではなかった。

これに対して、地方官会議では、その構成メンバーが県令（府知事）もしく

---

246) 府県会規則（明治11年）第33条。「府県会」の会議を中止したときは、内務卿に具状してその指揮を請う必要があった。
247) 府県会規則（明治11年）第11条。
248) 『元老院会議筆記』（前期　第5巻）164頁。
249) 同　上、163頁。

はその代行者であるにもかかわらず、この県令（府知事）の認可権をめぐって激しい論戦となった。口火を切ったのは、明治11年4月19日の地方官会議での小池国武（高知県権令）の発言であった。小池は言う。

「地方の事務は元来二つに区別されるものにて、第一には中央政府の法律命令を受けてこれを管内に施行するもの、第二には地方の便益進歩を謀るもの、是なり。第一の法律命令の施行するは、其の費用も国税より出（いづ）れば、府県会には関係なしと雖（いえど）も、第二たる地方の便益進歩等を謀るの事に係れば、飽くまでも人民の世論を採（さ）りて可否を定むべし。知事県令が之を左右するは然るべからず。…（府県会の）議決にて可とせざれば、即ち人民が不承知の証徴（しょうちょう）なり。去るを知事県令が之を内務卿に上申し強いて施行せんとするは、所謂（いわゆる）、倒行（とうこう）逆施（ぎゃくし）（注：道理に逆らい事を行うこと）と申すものにて、迚（とて）も行わるべきにはあらず」[250]。

こういう論法のもとに、小池（高知県権令）は、県令（府知事）の認可権をなくすという修正案を提示し、その修正案を支持する者も数人はいたが、その一方では、このような修正をすれば、県令（府知事）が必要と考える堤防や学校病院などが、「府県会」の拒絶にあって実現できなくなってしまうと反対する者が多かった。また、府県は「行政区画」であり、行政官が責任を持たなければならないにも拘わらず、この修正案では、住民に偏りすぎていると反発する者もおり、結局は、原案通り、県令（府知事）の認可権が認められた。

(4) 府県会に立法権なし

この地方官会議では、「会議の議案は総て県令（府知事）より之を発す」（第3条）という条文も論議の対象となった。その口火を切ったのは、宮城県から地方官会議に出席していた成川尚義（宮城県大書記官）であった。成川は言う。

「本条の如く、議案は県令（府知事）より之を発すと定め、議員に於いては建言の出来ざるは、其の区域甚だ狭しと言わざるべからず。故に本条の末に於いて、『其の地方税に関するの事項に付き建言せんと欲するの議員は、其の議案を草して議長に呈するを得』の文意を書き添えたし」[251]。

---

250) 『地方官会議傍聴録』（明治11年5月）、30頁。
251) 『地方官会議傍聴録』（明治11年5月）第5号、3頁。

この成川の主張に、山吉秀典（青森県令）が賛同。次のように、付け加えた。
　「（成川の）趣旨に同じ。抑も府県会の目的は第一に人民をして自治の精神を養わしめ、広く言路を開き、人民に権利を与えんと欲するにあり。斯くてこそ初めて明治元年の詔[252]に叶い万機はじめて公論に決するを得て、国家の為には幸福これより大なるはなかるべし」[253]。

　しかし、地方官会議に出席していた地方官の多くは、この成川尚義（宮城県大書記官）や山吉秀典（青森県令）の意見に反対した。たとえば、小崎利準（岐阜県権令）は言う。
　「（成川の）説には不同意なり。元来この府県会を開くに付き本案の精神は何処に在るかと問わん。民権拡張の趣意は幾分か其の中に存すれども、主要とする所は地方税にあり。其の人民の懐ろ勘定に関係するが故なり。其の上にて県令（府知事）が地方税の外にも費用関係等の廉廉につき其の議を求めんと欲せば之を下議するも可なり。…然らば則ち府県会の精神は地方税の会議が本なり。其の余に議会に意見を問うは末なり。…基本は県令（府知事）の見込みを以て議案を発するに在るなり。…原案を賛成す」[254]。

　こうした議論をしているうちに、議論は、「府県会」に立法権があるかどうかという点に移っていった。この時は、"立法権"ではなく、"立則権"と呼ばれていたが、そのきっかけをつくったのは、津田要（岡山県大書記官）の、次のような、成川尚義（宮城県大書記官）に対する反論であった。
　「（成川の説は）府県会を以て立法官の支店の如くに心得たり。府県会は立則権を有せざるが本分なり」[255]。
　成川は、これを正面から受け止め、立則権を議員に与えるべきであると主張。すなわち、
　「府県会議員に立則権を十分に与うるが趣意なり。府県会の要は地方税を議

252）明治元年（1868年）3月14日に、明治天皇によって示された「五箇条の御誓文」のことであり、そのなかの「広く会議を興し万機公論に決すべし」を指す。
253）『地方官会議傍聴録』（明治11年5月）第5号、3頁。
254）同　上、6頁。
255）同　上、7頁。

するに在り。地方税の性質を論ずれば国税とは全く別種なり。人民が自ら其の出納支払いを成すべきを、地方長官が行政官たるを以て統理するなれば、議会は其の規則を立るに十分の権理あるべきなり」[256]。

　これに対して、法案作成者で、政府側の答弁者であった松田道之（内務省大書記官）は、次のように、「府県会」に立則権を与えるべきではないと主張。
　「（成川）議員はどこまでも十分に立則権を府県会に与え度き所存なりと見ゆ。…府県会の目的は地方税の遣拂（つかいばらい）を議せしむるに止まるのみ。…地方税の遣拂を議すを主とする府県会には固より立則権を与うべからず」[257]。

　この松田の弁明に対しても、成川（宮城県大書記官）は、なおも立則権を与える必要があると論戦を挑んだが[258]、しかし、地方官会議の議長をつとめていた伊藤博文は、この論議を無用の論議であり、議事の妨げになるとして、立則権の論議を中止してしまった。そして、県令（府知事）の議案発案権についてのみ、賛否をとることになり、圧倒的多数が原案を支持し、「府県会」は、原案通り、県令（府知事）が提案する議案についてのみ審議するということにされた。

　これ以後、地方議会の立法権については、まともに議論されたことがない。昭和22年（1947年）に制定された地方自治法では、「議員は議会の議決すべき事件につき、議案を提出することができる」（第112条）とされているが、

---

256)　同　上、7頁。
257)　同　上、7-8頁。
258)　成川は、府県会は地方税について審議するだけであり、立則権を府県会に与えるべきではないという弁明に対して、たとえば、次のように主張していた。「わが所謂立則権とは物のきまりを附るの権利という云うの意にして、独り地方税支払いの事を議するの権利のみならず、例えば一県内の道路橋梁警察学校等の如き、凡そ地方税を以て其の入費を支払うべき課目は尽く議会にて其の方法を議定するの権利を備えし事を望むの謂われなり、夫れ人民は国税を出して既に経国（けいこく）の費用に供し、政府は之を収入して以て大政（たいせい）をなし、いわば人民より受け合い仕事をなすの理なり。この国税の外に出す所の民費は人民の自費なり。この自費を取り纏めたる民費を県令の手に取りて勝手に遣拂（つかいばらい）うは決して道理ありと云うべからず。故に人民をして地方税の支払いを監督せしめ、其の立則権を保有せしめんと希望するの意なり」。『地方官会議傍聴録』（明治11年5月）第5号、8頁。

長い間、地方議会は、首長から提案された議案のみを審議し続けてきた。21世紀にはいってから、ようやく、議会の立法機能に目を向ける地方議会も現れてきたが、しかし、いまでも、ほとんどの地方議会の実態は、首長から提案された議案を審議しているだけである。

　その最大の理由としては、あるいは、地方自治法が、議員の発議権を認めた第112条に"但し書き"を付け、予算については議員の発議権を認めないとしている所に求められるのかもしれない。しかし、現実の地方議会は、何の工夫もせず、慣例通りに議会の審議をしているところが多いように見える。そして、何よりも、その審議の姿が、明治11年に制定された「府県会」の姿とあまりにも似通っていることに驚かされる。たとえば、いまだに会期制が採用され、また、首長によって招集され、その上、ほとんどの議会は首長から提案された議案のみを審議しているなどというのは、まさに、明治11年の府県会規則によって設置された「府県会」そのままである。

　こうしたことからいえば、現実の地方議会は明治11年の府県会規則によって定められ、明治12年（1879年）以後、各府県で設置されるようになった「府県会」の審議の仕方が、次第に、常識的な議会の審議となり、それが、2010年代の現在まで踏襲されているといっても、言い過ぎではなかろう。

　この明治11年の「府県会」は、原則的には議会を設置する必要がないとされた府県、すなわち「行政区画」として位置づけられた府県に設置された議会である。したがって、その機能をきわめて制約したものにするというのが、法案（府県会規則）の起草者である松田道之（内務省大書記官）の認識であった。府県会規則を審議した地方官会議や元老院の多くの議員・議官も、これに同調していた。いわば、住民の自治に任せるべき自治体の議会とは全く別のものだということが認められ、それが前提となって設置されたのが「府県会」であった。その「府県会」の審議の仕方が今日まで踏襲されているというのは、大変な問題だといわなければならない。最近、地方議会が必要か否かで、マスコミが騒ぎ、各地で講演会が開かれるという動きが顕著になっているが、これは必然的な現象ともいえる。地方議会は、議会自身で、そのあり方を検討することが必要であろう。

(5) 議員を選ぶのは誰？　選ばれるのは誰？

　「府県会」の議員は、"郡"単位（東京や大阪のように区制が布かれている所は"区"単位）で、住民の選挙によって選ばれることとなったが、選挙権・被選挙権とも厳しい制限が課せられた。

　まず、選挙権であるが、選挙権を与えられたのは20歳以上の男性だけであり、女性には選挙権が与えられなかった。また、選挙区である郡（もしくは区）に本籍をもっている者に限られ、その上、地租（国税）を5円以上納めていなければならなかった。

　被選挙権の資格はもっと厳しかった。年齢は25歳以上でなければならず、男性に限られていた。また、選挙区に本籍をもつだけではなく、3年以上そこに住んでいる必要があった。納税額も、地租を10円以上と厳しかった。

　これにより、日本で初めて、全国にわたる選挙権・被選挙権の資格が定められたわけであるが、何故、女性がはずされ、また、厳しい納税額が定められたのであろうか。さらには、本籍を持つものに限定されたのであろうか。この「府県会規則」の法案を審議した地方官会議では、その審議の冒頭で、選挙権・被選挙権を制限する理由が、次のように、説明されていた。

　「議員たる者は、議員を選ぶ者と同じく、当然の能力あるを要す。未成丁[259]は選挙人たることを得ず。而して其の議員は25歳以上に限るのは更に経験あるを望むなり。必ず男子というは、女子は議員及び選挙人たることを得ざるなり。其の郡区内に住居するの人に限るのは地方の人情事宜に慣熟し其の信用を得るを欲するなり。恒産無きの人は亦恒心あること難し[260]。其の世安を図り公益を務むる者、往々資力あるの人に於いて之を得。故に、地租10円以上を納むる者に限るなり」[261]。

　要するに、法案を提出した政府（内務省）は、第1に、議員と選挙人はともに能力が必要であるということから、選挙権者は20歳以上、議員になれるの

---

259)　「丁」というのは、成年の男子の意味。
260)　孟子の「恒産なきものは恒心なし」という教えを前提としているとみてよいが、これは、広辞苑によると「一定の生業や収入のない人は常に変わらぬ道徳心を持つことができない」という意味である。
261)　『地方官会議傍聴録』（明治11年4月）第2号、24頁。

は25歳以上という年齢制限をし、第2に、地方の人情事宜に精通し、信用がある人というところから、住居制限をし[262]、第3に、定まった財産がなければ、正しい道徳心を持つことができないという前提のもとに、議員の資格として、地租10円以上納めている者という資産制限をしたわけである。

しかし、女性を選挙権・被選挙権からはずしたことについては、「女子は議員及び選挙人たることを得ざるなり」と理由にならない理由を挙げているだけであった。それにもかかわらず、女性の選挙権・被選挙権についてはほとんど問題にされず、とくに被選挙権については、地方官会議においても、また元老院においても、何ら疑問が示されることがなかった。ただ、選挙権については、地方官会議で、広島県の代表として地方官会議に出席していた平山靖彦（少書記官）が、次のように、女性にも選挙権を与えるべきではないかという意見を表明していた。

「被選人の男子に限るは然るべしと雖も、選挙人の如きは必ずしも男子に限るを要せず。女子たりとも其の分限あらば選権を有せしめ度きものなり」[263]。

しかし、この意見に賛同するものはなく、それどころか、北垣国道（熊本県大書記官）などは、何ら理由を示さないまま、次のように、女性に選挙権を与えることに強く反発するという有様であった。

「多少に拘わらず地租を納むるものと分限を立つるの説に同意なり。但し、女子に選権を有せしむるは不可なり。女子はかかる事に関係すべきものにあらず。例えば女の戸主が議員選挙の投票をなす為に7・8里を遠方より郡役場まで出掛けるときは、その不便なるは云うまでもなく、且つ左程に労するの利益なかるべし」[264]。

また、法案を作成した松田道之（内務省大書記官）も、次のように、女性には知識がなく、夫に従うものであり、さらには公権利がないという、理論的には全く意味のない理由を挙げて、平山（広島県少書記官）の意見を押さえつけた。

---

262) この時の説明では、ただ、住居していることを義務づけているだけであり、「本籍」については何ら触れていない。これは、「本籍」の義務づけが、地方官会議と元老院の審議過程で追加されたものであったからである。
263) 『地方官会議傍聴録』（明治11年4月）第3号、16-7頁
264) 同 上、17頁。

「女子に選権を与うの説、不心得なり。男子と雖も、25歳以上と定めたるは、畢竟(ひっきょう)は丁年に至らざれば、其の知識に乏しきが故なり。婦人も実にこの丁年に満たざるものに異ならず。夫(そ)れ婦人は嫁しては夫に従うものなり。然るに妻にして地主たるを得ば、或いは夫婦とも選挙人たるに至るの患なきにあらず。且つ婦人には私権利ありて公権利なきものなれば、旁々(かたがた)以て婦人を選挙人たらしむるを得ざるなり」[265]。

これに対し、平山靖彦(広島県少書記官)は、「女子の公権利なきは法律の建て方による」と再度の反論を試みたものの、地方官会議の他の議員(地方官)に全く相手にしてもらえなかった。議長(伊藤博文)も平山の意見を黙殺し、結局、女性の選挙権は葬り去られてしまった。地方官会議の議員(地方官)の面々は、頭から、女性に選挙権を与えるべきではないと思いこんでいたようである。元老院の審議では、女性の選挙権に関して、意見を表明する議官すらいなかった。

地方官会議と元老院で、「府県会規則」に関して、多くの議員・議官が意見を表明したのは、地租10円以上という資産制限についてであった。政府(内務省)が示した法案(原案)では、選挙権・被選挙権とも地租10円以上納めている者にしか与えないとしていたが、これが論議の的となったのである。
たとえば、多くの議員(地方官)は、とくに地方では、裕福な農民に限られることになると批判していた[266]。愛媛県権令の岩村高俊はいう。
「道路橋梁水利などの利益を判(わか)つにも知識が入用なれば、知識を求むるには、百姓よりは士族に多かるべし。然れども、不幸にして知識あるは地租10円以上の者少なし。…若し農村の金持ばかりの会議とならば、恐らくは毎(いつ)も原案々々と決し、折角の会議にも其の功を見ざるに至らん。地租の故を以て士族を省きては他日議会の結果如何なるべきか、太(はなは)だ懸念に堪えず」[267]。

---

265) 同 上、18頁。
266) 茨城県権令の野村維章は「地租10円は1町5反歩位の地面持ちなれば…」と発言し、また、山口県令の関口隆吉は「10円以上の地租を納むる者は2町以上を所有せねば納められず」と発言していた。(『地方官会議傍聴録』(明治11年4月)第3号、6-8頁。
267) 『地方官会議傍聴録』(明治11年4月)第3号、12頁。

この結果、地租10円以上という制限をもっと緩和するべきだと主張する議員（地方官）が多かったが、政府側の答弁者である松田道之（内務省大書記官）は、次のように、議員に知識は不要だと抗弁。

　「県会の分限は立則権の為にあらず。道路橋梁水利等に関する入費を監督する為なり。其の冗費を省かんが為なり。何ぞ学識具備せる者を要せんや」[268]。

　そして、小崎利準（岐阜県権令）の次の発言にみるように、松田道之の抗弁を支持する議員（地方官）も少なくなかった。

　「原案に異存は無し。要するに、府県会の議員は高く空理を議論する為ならず。…只々民費支払いの可否を弁ずるの才覚ありて、衆人の倚て安心する程の人物を得れば則ち足れり。故に身元の慥かにして休戚の尤も其の身に緊切なる者を選びたきものなり」[269]。

　こうした経緯の結果、地方官会議では、被選挙権については、原案を支持するものがわずかに多く、原案通り、地租を10円以上納めるものに限るということになった。

　ところが、元老院では、「府県会規則」の審議が大きく混乱した。政府が提出した「府県会規則」の法案そのものが元老院によって否定され、それに代わって、元老院の議官が委員となって、法案を新たにつくったのである。とはいっても、その内容は、実質的には、政府が作成した原案の条文を並べ替えるというようなものであったが、しかし、その新たな法案では、「議員たることを得べき者は…地租5円以上」と、被選挙人の資産制限を引き下げたものの、選挙権者については、「地租10円以を納む者」となっていた。被選挙権よりも、選挙権のほうが、厳しく制限されるという法案に変わっていたのである。

　これについて、たとえば、後に文部大臣や内務大臣など政府の要職を務めた河野敏鎌（明治11年当時は元老院議官）は、議員を選挙することは極めて重要で、「財産を所有し富裕なるものに非ざれば不可」であるが、一方、議員はその名代であり、そのため、選挙人の委託を「調理する知識」があれば十分で、富裕でなくともよいと説明している[270]。元老院の多くの議官はこうした発想

---

268) 『地方官会議傍聴録』（明治11年4月）、10頁。
269) 同　上、13頁。
270) 『元老院会議筆記』（前期　第5巻）149頁。

を受け入れていたようである。

しかし、政府原案の作成者で、元老院に内閣委員として出席していた松田道之（内務省大書記官）は、この元老院の法案を受け入れることが出来ず、「出来損ないの法案と謂わざるを得ず」[271]と非難。当初は、多数の元老院議官によって、松田の非難は無視されたものの、最終的には、政府全体の圧力で、資産制限は、議員になるには地租10円以上納めていなければならず、また、議員を選ぶ選挙権者は地租5円以上を納めている者に限るということになった。

(6)「府県会」の実態は？
①選挙；投票の仕方は？

「府県会規則」が制定されたことにより、多くの府県で、明治12年に、府県会議員の選挙が行われた。しかし、このときの選挙は、現在のように、有権者がちょっと空いた時間に、近くの投票所に出掛け、そこで投票用紙をもらって、候補者名を記入し、投票すればよいというような簡単なものではなかった。有権者は、まず、数日前に、それぞれの町村の役場に出掛けて投票用紙をもらい、その投票用紙に、自分の住所氏名・年齢そして議員に選ぶ人の住所姓名さらには年齢を記入し、それを予定された日に郡役所に出掛けて投票するというという大変な作業であった。

この頃は、まだ鉄道は東京や大阪周辺のごくごく限られた地域で走っているだけであり、また、馬車もなかった時代である。そうした中で、投票に行くというのは、有権者にとって大変なことであったが、議員に選ばれたほうは、もっと大変であった。郡役所ではなく、県庁所在地に設けられた議場まで行かなければならず、しかも、多くの議員は県庁所在地に何日も泊まり続けなければならなかったからである。たとえば、朝日新聞の全国の地方版が昭和2年（1927年）に、明治以来のそれぞれの県政史を連載したことがあるが[272]、その山形県のところでは、次のように解説されていた。

---

271)　『元老院会議筆記』（前期　第5巻）、151頁。
272)　昭和2年（1927年）に、いわゆる普通選挙（とはいっても、男子に限定されていたが）のもとで初めての府県会議員の選挙が行われたときに、この劃期的な出来事を記念して、朝日新聞の全国の地方版が、それぞれの地域の明治維新以来の県政を連載したことがある。それを一冊の本にまとめ、『縣政物語』（朝日新聞通信部編）として昭和3年に出版されている。

「明治12年1月、ほとんど官選同様に選挙された39名の議員は何れも地方における名望家であった。第1回の通常議会は地蔵町の法憧寺に開かれた。交通機関としては最上川の舟以外は何一つない時代である。庄内地方の議員が自宅を出るときは親戚と水杯をして出かけたと伝えられている。議員は何れも旅館に陣取っていたが、花柳界にも盛んに発展し、中には小姓町あたりから宿酔尚さめず、千鳥足で議場に望むものあり。種々の情話も少なくなかった。当時議員の日当は50銭。それで、毎日議場に出て頤頤の論を闘わせたのである」[273]。

　もちろん、滞在費が県から出たわけではない。すべて自費で賄わなければならなかった。山形県のように、議員の日当が出るところも多かったであろうが、それでも、日当で滞在費をすべて賄うことは難しかったであろう。たとえば、長野県の議員の日当は30銭であったが、「宿賃は1日25銭」[274]であったという。これが何十日も続くのであるから、議員にとっては大変な負担であったといわなければならない。

　そのためであろうか。あるいは、「議員候補者として自ら名乗ることを恥とした」[275]ためであろうか、少なくとも最初の頃は、議員に自ら率先して立候補する人はほとんどいなかったようである。事実、愛知県の事例をみると…

　「明治12年府県会規則が実施されたものの…候補に立つものがなく、有権者が勝手に無理矢理に議員たらしめた。当選者も別段名誉とも心得ず、短期辞任の約束で議員たることを引き受け、さっさと辞めたから、補欠選挙がしばしば行われた」[276]という。

　立候補する者がいなければ、選挙民は誰に投票していいか分からない。「府県会規則」と同時に内務省によって出された「選挙心得」という「達」によると、「候補者を選ぶときは、主立った選挙人が相談して候補者を選び、公告するようにするのがよい」[277]とされていたが、果たして、どれだけの地域でそのような候補者選出をしたことであろうか。有権者が勝手に、これはと思う人の名を書いたのではないだろうか。

---

273)　朝日新聞社通信部編『縣政物語』昭和3年、147頁。
274)　同　　上、215頁。
275)　同　　上、309頁。(岐阜県)
276)　同　　上、282頁。
277)　岐阜県議会事務局『岐阜県議会史』、昭和26年、80頁より引用。

そのためであろう。慶應義塾の創設者である福沢諭吉、あるいは、安田財閥の祖である安田善次郎などの著名人が、明治12年に、東京府会の議員に当選していた。しかも、福沢諭吉は、最初の副議長にも選ばれていたのであった。ただし、議長に選ばれたのが福地源一郎であり、「その福地の下に立つのをイヤがった」ために、福沢諭吉はその後の東京府会に出席しなかったといわれているが[278]、これは、むしろ、福沢が偉大な教育者・思想家であったとしても、政治家としての自覚がなく、また、資質もなかったことを示しているのではないだろうか。銀行人、実業家としての才能を有り余るほど持っていた安田善次郎も、政治家の資質はなかったとみるべきである。ちなみに、福地源一郎（桜痴）は、東京日々新聞（現・毎日新聞）の主筆として活躍した人であるが、明治15年に立憲帝政党を結成した人物である。

この第1回目の府県会選挙では、誰に投票するかをめぐって、町村の長（戸長）が有権者に"布令"を回し、「誰々を書いたらどうだ」と勝手に候補者を推薦することもあったという。静岡県の事例であるが、有権者は、「戸長がおっしゃるだに、みんなそうせザァ」ということになったといわれている[279]。

ところで、議員に勝手に選ばれてしまったほうは、どういう態度をとったのであろうか。喜んで引き受けたのであろうか。もちろん、人々に選ばれたという責任感で、あるいは、誇りで、議員の任務を遂行した人も多かったに違いない。しかし、なかには、はなはだ迷惑と感じた人もいたはずである。当選者が議員になることをなかなか承諾せず、選挙を取り仕切る郡長（官吏）などが苦労した県会もあった。宮城県では、次のように、議員への就任を拒む人が多く、郡の職員がその説得に難儀をしていたという。

「県会議員の…候補者になり手がなく、当選しても続々辞退を申し出るので、所定の期日までに当選報告ができず、役人が当選者を戸別訪問して、承諾を求めて歩いた。（明治12年の）第1回の時、某郡では最高位から三位まで当選を拒み、郡長が泣きを入れて、第四番目がやっと承諾したが、その県会が終える

---

278) 宮武外骨『府藩縣制史』名取書店、昭和16年、144頁。
279) 朝日新聞社通信部編『縣政物語』、269頁。なお、内務省の指令で「議員を選挙するに際し…他人をして代書せしむるも妨げなし」とされていたため、代書してもらう選挙人もかなりいたようである。

と、続々議員を辞し、その補欠選挙の際も候補者が少なく、伊具、亘理両郡はついに 15 日も期日を延して漸く選挙を済ませたが、又、最高位から 7 人まで言い合わせたように当選証書を受けず、当局者は議員の当選承諾が一番大きな悩みであった」[280]。

②県会の実態は？；三重県会の連袂(れんべい)事件！

　この当時の府県の行政職員、少なくとも上層部の職員は、いまの都道府県の職員とは異なり、中央政府から送り込まれてきた人々であった。そして、地方官あるいは官吏と呼ばれ、中央政府のために働く職員として位置づけられていた。県令（府知事）はこれらの職員のトップに位置する官吏であった。言い換えれば、府県の官吏集団を指揮監督する長官であり、県令（府知事）に指示できたのは中央政府の上官だけであった。

　そして、官吏集団の多くは、とりわけ県令（府知事）のほとんどは、江戸時代を通じて、士族以外の人々を支配してきた幕臣や藩士の出身者であった。いわば、数百年、支配階級としての意識を培ってきた階層の出身であった。

　これに対し、府県会の議員となったのは、東京府会などは違った可能性があるが、全国的に見た場合、ほとんどが農民であった。もちろん、並の農民ではない。地租を 10 円以上納めていなければ議員になれなかったということからみて、府県会の議員のほとんどは、いわゆる豪農であった。

　しかし、豪農といえども、県令や官吏にとっては、所詮、"支配される" 人々である。そうした "支配される" 人々によって構成される議会と "支配する" 側の自分たちとは「格が違う」というのが、県令や官吏の認識であったろう。

　事実、県令のなかでもっとも平民的だといわれた籠手田安定・滋賀県県令（平戸藩士出身）ですら、県会の開会式（明治 13 年）の式辞で、次のような、上から目線の挨拶をしていた。

　「ここに各議員を招集し、通常県会を開く。各議員忠実を旨とし、忌憚するところなく、審議討論することを望む」[281]。

　そして、それに対する議長の答辞は、まさに "支配される" 側という立場を彷彿とさせるものであった。

280）　朝日新聞社通信部編『縣政物語』、122 頁。
281）　同　上、336 頁。

「本日閣下の臨場を辱うし、且つ論ずるに醇々の訓戒を以てせらる。議員等実に欣快の至りに堪えざるなり。伏して誓う、審議を論じ以て県民の幸福を計り、併せて閣下の厚意に副わんことを奉答す」[282]。

こうした県令の姿勢、議員の姿勢からいえば、次のような鳥取県会の審議は、当時のごくありふれた光景であったといえそうである。少なくとも、県令の意向に沿った、ひとつの典型的な議会風景であったことは確かであろう。

「当初の県会の会議は噴飯物で、議事堂などは勿論あるはずはなく、ある寺の堂を借りてやったものだが、多くの場合、議員連は『県令殿、われわれに手数をかけるまでもなく、貴殿において然るべく取り計らい願いとうござります』と申し上げる。そこで県令も『左様の儀でございますれば、拙者取り計らいいたすでございましょう』と答え、之で議案は議会省略可決成立となった」[283]。

そもそも、府県会規則の制定自体、府県会に立法権を与えるということは明確に否定していた。府県会規則で期待されていた府県会の役割は、県令（府知事）が立案した予算案をもとにして、それを実現するための財源（地方税）を県民から徴収しやすくすること、それだけであった。そして、府県会規則を審議した明治11年の地方官会議でも、このことは強調されていた。したがって、この地方官会議に出席していた県令（府知事）はもちろんのこと、その部下を代理として送り込んだ県令たちも、府県会規則の趣旨にもとづいて、県会を位置づけていたといってよいであろう。また、県令は、自分たちは中央政府から派遣された"支配する"側の人間であり、地方の人間である県会議員とは"格が違う"という意識が強かったはずである。そうした県令に逆らう議員がいれば、そして、県令の発案が否定されるようなことがあれば、恐らく、県令は激怒したに違いない。

実際に、こうした事件は各地の府県会で起こっているが、平民的といわれた滋賀県の籠手田県令も、次のように、ある議員の発言に激怒したとのことである。

---

282) 同　左、336-7頁。
283) 同　上、432頁。

「当時としては出来のいい一議員が、予算の杜撰な点を指摘して県当局を論難攻撃すると、果然その夜、（籠手田）県令から使者が立って官舎へ出頭しろという。その議員がおそるおそる参上すると、『議員の分際で今日の議場における有様は何事ぞ！』と散々油を絞られた挙げ句、『本日議場に於いてなせる本員の言動は貴官の威信を傷つけること甚だしく、重々不都合に付き今後はきっと相慎み申すべく』という一札を入れてやっと許してもらったという話が残っている」[284]。

　ところが、こうした状況のなかでも、県令の意向に反する議決をする県会があった。しかも、そうした県会の数は、結構、多かった。
　たとえば、議員に立候補する者がおらず、戸長の指示にしたがって有権者が投票し、議員が決まったという静岡県会でも、県令の意向に反する議決が行われていた。明治12年に開かれた第1回目の県会では、県令が提案した予算案を修正し、さらに、翌13年11月20日に開かれた臨時県会では、県令が提案した特別予算案を葬り去るという荒療治をしたのであった。もちろん県令は激怒。挙げ句の果てには、12月3日に県会を解散するという暴挙に出た。それでも県会側は屈しなかった。選挙後の県会で、顔ぶれはかなり変わったものの、県令が示した特別予算案をまたまた否決するという強硬姿勢を示したのである。最終的には、県令は、中央政府のバックアップもあり、県会の否決を無視し、原案執行という形で、特別予算を実施したが…[285]。ともかく、静岡県会（そして議員）はその存在を世に示したことは確かであった。
　明治10年代も半ば以降になると、板垣退助がつくった自由党や、大隈重信が立ち上げた改進党が各地の府県会にも浸透するようになり、その結果、こうした政党を基盤にして、府県会が県令（府知事）と対抗するようになった。しかし、静岡県会が県令と張り合った明治10年代前半は、まだ、政党は静岡県会に浸透していない。それにもかかわらず、静岡県会は県令に刃向かっていたのであった。
　また、三重県会は、静岡県会よりも、もっと劇的に、もっと激しく、県令に

---

284)　朝日新聞社通信部編『縣政物語』、335-6頁。
285)　同　上、270-1頁。

対抗した。

　三重県では、第 1 回目の県会が開かれたときから、県会の審議に関心を持つ県民が多かった。たとえば第 1 回目の県会は、明治 12 年 4 月 30 日から 6 月 10 日にかけて、42 日間、津の寺町にある願王寺で開かれたが、そこでは、傍聴席が 70 余りも準備されていた。ところが、この傍聴席はいつも満員で、傍聴できない人も多かった。

　「傍聴席は僅かに 70 余名を容るるに過ぎざれば、昨年（明治 12 年）通常会の如きも毎回満員。空しく宿舎に帰るもの少なからず。かつ遠路傍聴のために出津し、是が為に徒に旅籠に滞在する輩も有之…」[286]。

　これは、議長（山本如水）が、明治 13 年 3 月に、願王寺よりももっと広い場所を探して欲しいという要請をしたときに示した理由説明である。この要請に応えて、三重県の庶務課が準備したのは旧津城内の大広間であったが、そのときに、「傍聴人を容るべき所も一層広大に付き、凡そ 2・3 百人の傍聴者を容るゝも尚余地を存する」（明治 13 年 4 月 5 日の回答）と説明していた[287]。このように、三重県の場合は、県会の活動に関心を抱き、実際に、それを見に来る県民（有権者）が非常に多かった。

　議員の立場からすれば、百人近くの人々、あるいは、それを超す人々が、自分の議会での発言を注視しているということになる。県令や官吏に言いくるめられるなどという無様な姿は、どうあっても、見せたくない。それどころか、客観的に見て、無理のあるところを否定し、毅然とした姿勢を示したいということにならざるを得まい。

　こうした状況があったためであろう。三重県会は、明治 12 年の第 1 回の議会から、予算案を減額修正するなど、県令に立ち向かう姿勢を示すこととなった。そして、翌 13 年 10 月には、もっと激しい劇的な事件、後に、"連袂事件"といわれるようになった事件を引き起こした。

　この事件のきっかけになったのは、明治 13 年 6 月の第 2 回目の通常県会の審議であった。県令から提案された予算案を審議していく過程で、郡長以下の職員の報酬を引き上げるという項目が問題となったのである。職員の報酬を引

---

286)　三重県『三重県会史』（第 1 巻）、昭和 17 年、176-7 頁。
287)　同　上、177 頁。

き上げるためには、もちろん、その分の財源（地方税）を、県民から、すなわち、土地持ちの農民から徴収しなければならなかった。そして、議員のほとんどはそうした土地持ちの豪農であった。それだけではなく、恐らくは、傍聴者も大半は農民であった。そのため、議員としては、職員報酬の引き上げを簡単に認めるわけにはいかず、議員と県当局の間の激しい論戦となった。そして、三重県会は、報酬引き上げの必要はないという結論を出し、増税を予定していた分を、予算案から削減するという議決をした。県令の政策（予算案）に真っ向から立ち向かったわけである。

　この議決の直後は、県令（岩村定高：佐賀藩士出身）は、何の反応も示さなかった。前年の第1回県会のときも、同じように県令は何ら反応せず、予算は削減されたままで実施された。ところが、今回は、そうではなかった。議決から4か月経過した明治13年10月、県令は、唐突に、臨時県会を招集し、県会開催の前日、県会議長（山本如水）に対し、県会の議決を認可しないと通告したのである。予算は原案どおり実施し、地方税は予定通り徴収するという宣言であった。この県令の態度に、議長をはじめ、多くの議員が憤慨したのはいうまでもない。そこで、臨時県会の開催日の当日、議長以下30人の議員が、連名の辞表[288]をたたきつけた[289]。辞表をたたきつけられた県令は、議員の辞職には県令の許可が必要であり、そのため、辞表ではなく、辞職願を出せという論法のもとに、これら議員の辞職を認めなかった。

　しかし、30人の議員は、「議員は元来人民に選挙せられたるものにて…之を辞するは其の裏にして、県令に対し願い出る事由これなく…」[290]と主張し、そのまま、地元に帰ってしまった。県令の威信がいたく傷つけられたわけである。臨時県会は、もちろん、流会となった。この事件は、着物のたもとを連ねて行動したということで、"連袂事件"として、東京日日、大阪日報、横浜毎日など、当時の新聞でも大きく報道され、全国的に知られるようになったという[291]。

288）『辞県会議員表』と名づけられた辞表で、辞職する理由などが30人の連記で示されていた（参照、『三重県会史』222-3頁）。

289）同　上、294-5頁。なお、この事件は、『三重県会史』（第1巻）、224-35頁に詳しく説明されている。

290）明治13年10月20日付で、三重県の県令代理下山尚三重県大書記官が松方正義内務卿に宛てて、この事件の顛末を書いた「臨時県会開場ニ際シ召集ノ議員自ラ辞職帰郷ノ顛末上申」という文書を提出しているが、その中の記述。

そして、補欠選挙ということになったが、この選挙に関して、伊勢新聞（明治13年11月5日）が次のように選挙干渉らしきことがあったかも知れないと報道していた。

「某郡の或る役所より一種特別の御説諭ありたる由にて、其の次第を仄（ほの）かに聞くに、這般選挙の各議員は成丈け温順にして口曄（くちかまびす）しくないものを選び決して辞職抔（など）せぬ議員に投票せよと懇々説諭ありたるやに承るが、まさか左様な事もあるまい」[292]。

選挙は明治14年11月に行われたが、再選されたのは、辞職議員30人のうち、11人だけであった。ただし、そのなかには、山本如水議長など、連袂事件の中心となった猛者5人は含まれていたというが…。そして、12月21日に招集された臨時議会では、新しい議長・副議長が選任され、県令が提案した予算案は、今度は修正されることなく、通過した。岩村定高県令にとっては一安心というところであったろう。

しかし、これでこの騒動が決着したということではなかった。今度は、住民が県令に反発し、さらに、裁判に訴えるという問題を引き起こしたのである。三重県で明治9年に伊勢暴動が発生したことは第5章で述べたが、こういう三重県の動きは、三重県民の自立心が強いことを意味するのであろうか。どうも、他県の人々に比べて、官に対する反発心が強いようであるが、この明治13年の連袂事件の際には、かなりの数の三重県民が、県会が議決していない地方税については納める義務がないはずであると県令に申し入れたという。しかし、県令は、内務卿の指揮を受けて執行するものであるから、「人民に於ては之に服従せざるを得ず」としたために、明治13年12月24日、員弁（いなべ）郡木村誓太郎[293]外2名の名前で、東京上等裁判所に、次のような訴えをした。

「吾々人民は、地方税を以て支弁すべき経費の額と其の徴収方法に至っては、只我が三重県会の議定を経たるもののみ之を甘諾すべき責任あり。同県会議定の額と、其の議定を経たる徴収方法に非ざれば之に応ずる責任なし。仮令被告庁（三重県）に於いて我が三重県会の議定に不満足なればとて、直ちに其の議

---

291) 『三重県会史』（第1巻）、224頁。
292) 同　上、231頁より再引用。
293) 三重県員弁郡北大社村（現東員町）の豪農。この後、三重県議会の議員となり、副議長・議長などを歴任。その後、長く衆議院議員をつとめ、また、貴族院議員となった。

定に代うるに原案を以てし、随意に之を人民に施行し得るの権力なきは無論なり…」[294]。

これに対して、東京上等裁判所は、県令の処分は、府県会規則第 5 条の手続きを経たものである以上、これらの人民の訴えを受理すべきでないとして、「却下」してしまった。これで、ひとまず、県令の処分は正しかったということになった。しかし、この事件がきっかけとなって、明治 14 年 2 月に、府県会規則の第 5 条が改正されることになったといわれている。県令がいきなり原案執行という処分をするのではなく、県会の再議に付すことができると改正されたのである。それに加えて、県会と県令の間で法律解釈の意見が衝突するときには、「双方から政府の裁定を請うべし」という条項も付け加えられた[295]。そして、この裁定を行う機関として、中央政府の中枢（太政官）に法制局（すぐに参事院となる）が設置された[296]。

その意味では、三重県の連袂事件を引き起こした三重県会の影響力は非常に大きかったというべきであるが、それも、三重県民が、傍聴者の多さにみるように、県会の審議に注目していたためではないだろうか。

表 6　最初の「府県会」と議員数

府　県	議員数	初議会開催日	備　考
東京府	48 人	12 年 3 月 20 日	多摩地方は神奈川県会
京都府	91 人	12 年 3 月 31 日	
大阪府	34 人	12 年 4 月 7 日	後の奈良県の一部を含む
神奈川県	47 人	12 年 3 月 25 日	多摩地方を含む
兵庫県	74 人	12 年 5 月 14 日	
長崎県	63 人	12 年 3 月 16 日	後の佐賀県を含む
新潟県	54 人	12 年 10 月 21 日	
埼玉県	40 人	12 年 6 月 25 日	
千葉県	48 人	12 年 3 月 25 日	
茨城県	44 人	12 年 4 月 5 日	
群馬県	44 人	12 年 4 月 28 日	
栃木県	26 人	12 年 4 月 14 日	
堺　県	40 人	13 年 6 月 1 日	後の奈良県の一部を含む
三重県	50 人	12 年 5 月 2 日	

294)　『三重県会史』232 頁より引用。
295)　同　上、234-5 頁。
296)　宮武外骨『府藩縣政史』、148 頁。

愛知県	50人	12年5月10日	
静岡県	42人	12年5月1日	
山梨県	29人	12年4月25日	
滋賀県	51人	12年4月20日	後の福井県の一部を含む
岐阜県	50人	12年4月25日	
長野県	45人	12年3月26日	
宮城県	44人	12年3月24日	
福島県	62人	12年6月1日	
岩手県	64人	12年5月10日	
青森県	23人	12年3月6日	
山形県	39人	12年3月1日	
秋田県	29人	12年3月22日	
石川県	69人	12年5月26日	後の福井県の一部、富山県を含む
島根県	49人	12年5月2日	後の鳥取県を含む
岡山県	48人	12年3月20日	
広島県	61人	12年5月2日	
山口県	47人	12年3月23日	
和歌山県	41人	12年5月5日	
愛媛県	67人	12年3月26日	後の香川県を含む
高知県	55人	12年10月30日	
福岡県	56人	12年3月12日	
大分県	47人	12年3月25日	
熊本県	42人	12年4月25日	
鹿児島県	40人	13年5月13日	後の宮崎県を含む

注)・府県会規則が制定された明治12年当時は、3府35県。このほかに沖縄県があったが、県会はなかった。
・徳島県は、明治13年3月2日、高知県から分離して設置されたが、13年にはまだ県会はなかった。
・福井県は明治14年2月7日の設置で、12年の選挙でこの地域から選出された議員は、滋賀県会議員、石川県会議員であった。
・鳥取県は明治14年9月12日の設置で、この地域から選出された議員は島根県会議員であった。
・富山県、佐賀県、宮崎県は何れも明治16年5月9日の設置であり、その前に選出された議員は、石川県会議員、長崎県会議員、鹿児島県会議員であった。
・奈良県は明治20年11月4日、大阪府を割いての設置。それより前にこの地域から選ばれた議員は、堺県会議員、大阪府会議員。
・堺県は明治14年2月に廃県になったため、それ以後は、大阪府会議員となった。なお、明治12年当時から廃県のうわさがあったため、当初は県会議員の選挙も行わなかったが、中央政府からの督責で、他府県より1年遅れで最初の県会を開催したものの、これっきりで終会となった。
・香川県は明治21年12月4日の設置。12年当時にこの地域から選出されたのは愛媛県会議員。
・徳島県は明治13年3月2日の設置。最初の県会は、堺県や鹿児島県よりも早く、13年5月15日に開催されたが、議員は高知県会議員であった29人をそのまま引き継いだ。
・この頃の鹿児島県会は「我儘横紙破り」で通っていたが、このときも、当初は、府県会規則を無視。しかし、中央政府の督責でやむなく1年遅れで、最初の県会を開いたという。
資料)宮武外骨『府藩縣制史』名取書店、昭和16年3月、141-3頁。朝日新聞社通信部編『縣政物語』世界社、昭和3年、457頁。

4. 町村の実態は？

(1) 戸長の公選から官選へ

　明治11年の郡区町村法が制定されたとき、元老院によって、大久保利通や松田道之の町村を純粋の"自治"体にするという構想がつぶされ、町村も、「行政区画」としての性質をもつものとされた。町村は、この「行政区画」として位置づけられたことにより、どのような形で運営されることになったのであろうか。

　郡区町村編制法は全部で6条しかなく、そのなかで、町村のことを定めていたのは、府県・郡の下に町村を置くということと、一人の戸長を置くということだけであった。町村の組織をどうするのか、戸長は何をするのかなどについては、中央政府の太政官や内務省から、府知事や県令に、別の指示があったわけである。

　たとえば、郡区町村編制法・府県会規則・地方税規則のいわゆる三新法制定の告知があった直後の明治11年7月に、太政官は、次のような項目の職務を戸長の職務として示さしていた[297]。

1. 布告布達を町村内に示す事
2. 地租及び諸税を取り纏め上納する事
3. 戸籍の事
4. 徴兵調べの事
5. 地所建物船舶質入れ並びに売買に奥書加印のこと
6. 地券台帳の事　　…等々

　太政官はこうした職務を戸長に直接的に示したわけではない。この指示の相手方は、府知事県令であった。そして、このほかに、府知事県令は戸長に職務を命じてもよいという指示もしていた。その上、郡長が戸長を監督するという指示もあった。郡長は府知事県令の配下にいる官吏である。したがって、この太政官の「達」は、戸長を府知事・県令の配下に置くもの、実質的に"官吏"として扱うものだということもできた。事実、戸長がその職務を遂行するにあ

---

297) 明治11年7月25日、「府県官職制」（太政官達第32号）。

たって過失があるときは、「官吏懲戒例に依り処分すべし」[298]とされていた。

しかも、この戸長の法定上の職務は、明治13年には、さらに重いものとなった。この年に、現在の刑事訴訟法にあたる治罪法が制定され、それによって、町村の戸長に、警視警部などと同じように、検事の指揮を受け、司法警察官として犯罪を捜査するという職務がかぶさってきたのである[299]。また、同じくこの年に教育令が改正され、この改正によって、戸長は、府知事県令の末端として、学校教育にも関与することとなった。それまで、学校教育は、「町村人民の選挙」で選ばれた学務委員によって自主的に管理されていたが、明治13年の教育令の改正に伴い、府知事県令がさまざまな干渉をするようになり、その一環として、戸長が学務委員の一員に加えられることになった[300]。これが、迷惑なことであったか、それとも、歓迎すべきことであったか、戸長によって受け止め方は違ったであろうが、いずれにしても、府知事県令の配下としての戸長の職務そして責任が重くなったことは確かであった。

そして、こうした職務のため、戸長の給料は、地方税で賄われることが三新法のひとつである「地方税規則」によって定められた[301]。その額を定めるのは、もちろん、府知事県令であった。府県会での審議というか承認が必要であったが、この戸長の給料については、どこの府県会でも、それが高いとか、あるいは、低すぎるというような議論はなかったようである。

とはいえ、地方税で戸長の給料を払うのは、たとえば、明治13年2月に開かれた地方官会議で、福岡県の森醇（少書記官）が、戸長の給料だけで地方税の3分の1を超すと発言していたように[302]、現実には大変な額であり、多くの府県にとって、大きな負担であった。そのためであろう。1町1村にそれぞれの戸長を配置することが難しく、いくつかの町村を併せて1人の戸長を置くという府県が多かった。福岡県の森醇少書記官も、地方官会議で、1町1村に一人ずつ戸長を置きたいけれどもできないと発言していた。

また、同じ地方官会議で、島根県の境二郎（県令）は、戸長の数を少なくし

---

298) 明治11年12月4日、内務省乙第85号通達。参照：参事院『維新以来町村沿革』明治16年7月、31頁。
299) 治罪法、明治13年12月28日布告、第60条。参照、『維新以来町村沿革』33頁。
300) 改正教育令、明治13年12月28日布告、第10条。
301) 地方税規則、第3条。
302) 明治13年2月、『地方官会議傍聴録』（第5号）、弘令社、13頁。

ているために、戸長はあまりにも繁劇で、戸長になるのを厭う者が多いとし、そのため、戸長の給料を協議費から出すように仕組みを替えるべきだと提案していた。そして、この提案に、三島通庸（山形県令）、熊野五郎（石川県大書記官）、安場保和（愛知県令）など、賛同する地方官会議の議員（地方官）が多かった[303)]。

　協議費というのは、町村の住民が協議して自主的に集めるものであり、行政とは、関係がない資金、それぞれの町村の独自の資金である。もちろん、戸長が、中央政府の指示にしたがって、集めるものではない。それぞれの町村で、慣例にしたがい、大半の住民が納得したうえで集められていたようであるが、住民の実際の負担額は、寄合などの話し合いで決められていたのではないかと想像できる。地方官会議で多くの議員（地方官）がこうした協議費で戸長の給料を払わせるようにしたいと主張したわけであるが、これは、政府委員（西村）の次のような発言にみるように、住民を統治している官吏（地方官）のあまりにも身勝手な言いぐさであった。

　「給料は協議費にて町村で負担させ、身分は行政官の方なりとしては、経済上と便宜上は好かれども、曖昧模糊たる論と申すべし。…行政事務はさせながら、町村の協議費より支給させんとは所謂お為ごかしにて…」。

　戸長は、行政の仕事を担当しているだけではなかった。それぞれの町村限りの公共事業も、戸長の責任とされていた。郡区町村編制法が布告されたときに、同時に示された太政官の「達」により、「戸長は行政事務に従事すると、その町村の理事たると二様の性質の者」であると位置づけられていたわけである[304)]。そして、「村の理事」としての戸長は、町村の公共事業に関しては、郡長の監督に服する必要がなかった[305)]。もちろん、それぞれの町村の慣習や寄合での話し合い、あるいは、町村会を設置している場合には、町村会の制約を受ける必要があったが…。

　町村の公共事業とされたのは、町村の請願、神仏祭典に関すること、勧業、水利、衛生などであり[306)]、協議費はこれらの公共事業のための経費であった。

---

303)　『地方官会議傍聴録』（明治13年2月）第5号、14-5頁。
304)　明治11年7月22日、「三法施行順序」（太政官番外達）。
305)　明治11年7月25日、「府縣官職制」（太政官第32号達）。

が、戸長の日常的な仕事のほとんどは、行政事務であり、実質的には、戸長は行政吏、あるいは官吏であるということができた。

ところで、この戸長を誰が決めたのであろうか。明治11年8月に出された内務省の「達」では、次のように指示されていた。

「戸長は町村人民に於いて可成(なるべく)公選せしめ、必ず府知事県令より辞令書相渡すべし、此旨相達候事。但し、辞令書授附の式及び公選方法等は適宜に定むべき事」[307]。

この内務省の指示を根拠にしているのであろうか。戸長は"公選"で選ばれたと説明している研究者が多い。しかし、この内務省の「達」が各府県に義務づけているのは、府知事県令が戸長の辞令を交付するということだけである。その戸長をどのように選ぶかという点については、"なるべく"住民が公選で選ぶようにというだけで、公選を義務づけているわけではない。しかも、公選の方法は各府県で"適宜"定めることとしている。要するに、原則的には、各府県に任せているわけである。その上、いまの人々は、"公選"という言葉を聞くと、すぐに、"住民の直接選挙"を連想しがちであるが、明治10年代の頃は、たとえば県会で議員が選挙で議長を選ぶような場合も、"公選"だとしていた。

こうしたことからいえば、この内務省の「達」から、いきなり、戸長は住民の直接の"公選"で選ばれていたとするのは無理である。では、実際に、どのように選ばれていたのだろうか。たとえば、東京府の場合でいえば、明治11年11月2日付で出した「戸長選挙法」という布達のなかで、郡長が与えた投票用紙に被選人の住所姓名を書き、それを郡長に届けるなどと定めていた。戸長の選挙権・被選挙権を持つとされていたのは、満20歳以上の男子で、その町村に本籍住居を定め、地租を納めている者であった[308]。

ほかにも、多くの府県がこうした布達を出していたと推測できるが、これらの府県では、実際に、住民による選挙で戸長が選ばれていたことは確かだといってよい。しかし、すべての府県ということではなかったはずである。事実、

---

306) 大島美津子『明治国家と地域社会』岩波書店、1994年、125頁。
307) 明治11年8月26日、「内務省乙第54号達」。
308) 明治11年11月2日、東京府甲第54号布達。参照；太田啓太郎輯『郡吏議員必携』時習社蔵版、明治12年2月15日、81-2頁。

滋賀県のように、明治12年5月16日に策定した「町村会規則」で、「町村会は戸長を選挙するを得」(第3条) と定めているところもあった[309]。これにより、滋賀県では、町村会で戸長を選んでいた可能性もあるが、しかし、その滋賀県では、「町村会規則」が策定されていたものの、実際に、明治10年代の初めに、町村会を設置していた町村は非常に少なかった。明治16年時点で、1,685町村のうち、町村会を設置していたのは2町村に過ぎず、大部分の町村では、江戸時代からの寄合のような仕組みが続いていたといわれているほどである。ということから推測すれば、これらの町村では、戸長も、恐らく、寄合などで選ばれていたのではないだろうかと推測できる。

　また、官選で戸長を選ぶということもあったようである。たとえば、明治13年2月の地方官会議で、戸長の給料を町村の協議費で出せないかどうかが議論されたとき、政府委員 (西村) が、次のように、戸長の官選 (特選) が行われていることを示唆する発言をしていた。

　「戸長の給料を町村協議にすれば、戸長は全くの町村人民の側となり、地方官も、彼の村には此の戸長を置かでは一村の利害に関わると思うも、特選もできず、大いに行政の不便たるべし」[310]。

　とはいえ、このような官選は、「戸長は町村人民に於いて可成(なるべく)公選せしめ」という"達"が出ている以上、あくまでも例外的な現象であったといわなければなるまい。大半の戸長は、住民の直接投票で選ばれていたか、それとも、町村会や寄合などでいわば間接的に選ばれていたかという違いはあるにしても、実質的に、住民によって選ばれていたとみてよいであろう。

　戸長が住民によって選出されるということは、もし、中央政府と町村住民の間に利害が対立する事態が発生すれば、戸長は、政府側ではなく、住民側に立つという側面をもっていたことを意味する。そして、現実に、こういう事態は、明治15・6年頃から発生していた。いわゆる松方デフレ政策の展開にともなって、農民の財政基盤である米、繭、生糸などの価格が半値近くまで下がり、農家を窮乏のどん底に落としたのである[311]。それだけではない。このデフレ政

---

309) 参照：上野裕久『わが国市町村議会の起源』真山社、1998年、430頁。
310) 明治13年2月、『地方官会議傍聴録』(第5号)、12頁。
311) 大島美津子『明治国家と地域社会』、156頁。

策の前に、大隈重信大蔵卿によって大量に印刷・発行されていた紙幣を整理するために、さらにはまた、軍備拡張のために、たばこ税・酒税などが増税され、町や村の住民を圧迫していた。地方税も引き上げられ、それまで地租の5分の1以内であった地方税が、3分の1以内ということになった。また、それまでの、小学校の運営補助金などの国の補助金が廃止され、町や村が住民から資金を募って運営しなければならなくなった。

こうした状況のもとに、町村住民は、税金や寄付金、また、徴兵などの負担がますます大きくなり、次第に中央政府や府県の方針、すなわち行政の方針に逆らうようになっていったが、行政の末端機構である戸長も、そうした住民の動きに同調するようになっていった。たとえば、明治17年5月15日の「朝野新聞」は、次のように、行政の末端機構として、徴兵を忌避する住民を戒めたり、住民から寄付金を徴収するべき立場にいるはずの戸長が、逆に、住民の側に立って、行政に抵抗していると報道していた。

「（戸長は）動もすれば人民の一方を庇蔭するの傾向あり。故に戸籍上にも曖昧の記載有りて徴兵の下調べに不都合を生じ、其の兵役を逃れて逃亡する者の所在を知るも、之を告発するに忍びず、警察署、学校の建築に因りて寄付金の世話を命ずれば、却って人民の總代となりて延期を請う…」[312]。

こうした状況のもとで、明治17年5月7日、戸長の公選が廃止され、「戸長は府知事県令之を選任す」（太政官達第41号）ということになった。また、それまでも、数町村に1人の戸長を置くというところが多かったようであるが、この官選戸長に替えるのに伴い、今度は、すべての地域で、ほぼ5町村5百人を単位として、1人の戸長を配置するということになった。戸長を住民から切り離し、行政の担い手として優良な戸長を、端的に言えば、住民を"支配する"戸長を、官選で選ぶということにしたわけである。

(2) 町村会の設置と統制
①三新法のもとでの「町村会」（明治11年）

明治8年に開かれた第1回地方官会議で「町村会」の設置が認められたが、このときは、「町村会」の設置は、実際にはほとんどなかった。全国各地で「町

---

312) 同 上、158-9頁より引用。

村会」の設置が進められるようになったのは、明治11年に、郡区町村編制法、府県会規則、地方税規則のいわゆる三新法（あるいは三法）が制定されてからであった。とはいうものの、「町村会」のことについて触れている規程は、三新法のなかには、何もなかった。「町村会」について触れていたのは、三新法を施行するための太政官の「番外達」[313]であった。現代風の表現をすれば、法律の条文には「町村会」のことを定めた規程がなく、法律を施行するための政令で突然に「町村会」を設置するという言及をしたようなものである。明治の時代においても、これは、異常な出来事というべきであろう。しかも、「町村会」については、明治8年の地方官会議でその設置が決定されているのである。

　それにもかかわらず、なぜ、三新法では何も規定されなかったのであろうか。明治8年の「地方官会議」で否定された「府県会」が、三新法ではかなり詳しく規定されているということをみても、「町村会」の規程がないのは、不思議な現象だと言わなければなるまい。

　これは、しかし、郡区町村編制法の制定経緯をみれば、理解できそうでもある。郡区町村編制法の政府草案は、大久保利通の意向を受けた松田道之の手で作成されたということは、本章（第6章）のはじめに詳しく説明したが、この政府草案では、町村は純粋の"自治"体として位置づけられていた。町村をどのように運営するかは各町村の自由とし、その結果、「町村会」についても何も決めなかったわけである。ところが、その政府草案の構想が、元老院の審議でつぶされてしまい、町村も行政の末端機構だとされてしまった。こうした状況のもとに、「町村会」の設置についても、設置するか否か、どのように設置するか等々を明らかにする必要が生じ、急遽、太政官の番外の「達」でその設置内容を宣告するということになったのではないだろうか。

　それはともかく、この番外の「達」によって、「町村会」の設置が定められたが、中央政府の姿勢は曖昧であった。「町村会」を開いてもよく、また、それぞれの地域の慣習にしたがって「寄合」などの住民総会を活用してもよく、それをどうするかは、各府県の府知事県令に任せるとしたのである。ただし、町村会を設置する場合には、その「町村会規則」を制定して内務卿に提出し、

313）「三法施行順序」、明治11年7月22日、太政官番外達。参照：太田啓太郎輯『郡吏議員必携』56頁。

その許可を受けなければならないとされていた。

この太政官の「達」を受けて、各県は、「町村会規則」を制定。内務省は、内務卿の許可を出すための内規を作り、その内規では、戸長を町村会の議長にするのは紛議の基であるとしていたが、明治 11 年 10 月 23 日につくられた岡山県の「町村会規則」をみると、「議長は戸長之を兼ぬるものとす」と定められていた[314]。内務省の内規は余り厳格には適用されなかったようである。ところで、「町村会規則」はすべての府県で制定されたが、実際に、「町村会」を設置した町村はあまりなかったという[315]。

② 「区町村会法」のもとでの「町村会」（明治 13 年）

明治 13 年 2 月、第 3 回地方官会議が開かれた。この地方官会議に対して、政府から多くの法案が提案され、審議にかけられたが、そのひとつに、「区町村会法」案があった。

「区町村会」の「区」というのは、もちろん、東京や大阪などの「区」のことである。たとえば、東京には、麹町区や牛込区、神田区、本郷区など 15 区あったが、これらの「区」にも、明治 11 年の太政官の番外の「達」にもとづき、「町村会」と同じく、「区会」が設置されるようになっていたことはいうまでもない。それらの「区会」と「町村会」が、今度は、正式に法律上の議会として設置されることになったわけであるが、なぜ、急に法制化されることになったのであろうか。

政府が地方官会議で示した法案の提出理由をみると、次のような趣旨の説明がなされていた。

明治 11 年の「番外達」によって「区町村会」の設置を許した。以来、府知事県令はそれぞれの府県内に適用する「規則」を制定し、区会、町村会を設置してきたが、しかし、それらの「規則」は、山村か否かに関係なく、府県内のすべての町村に適用され、同じような町村会の設置を勧めているため、地方の

---

[314] 岡山県町村会規則第 15 条。他に、島根県の「町村会規則」が戸長を議長としていたという。参照：上野裕久『わが国市町村議会の起源』309 頁、428 頁。

[315] 上野裕久『わが国市町村議会の起源』249-251 頁。ちなみに、この本をみると、「東京府の統計書によると、明治 12 年には 1,736 町村のすべてに町村会が設置されたことになっているが、町村会の数は 181 なので、大部分は連合会でカバーしていたと思われる」とし（249 頁）、また、京都府では明治 13 年に町村会法が公布されるまで、町村会は設置されなかったとしている（251 頁）。

便宜を損なうことが多く、町村会の設置を難しくしている。そこで、法律で大綱を示し、「町村会」の詳細は各町村が自ら決めることとする。これが、「区町村会法」を定める理由である[316]。

そして、こうした法律の制定理由からいえば、当然のことといえるが、政府から提出された法案には、実質的に、伝統的な住民総会である「寄合」を認めるという条文を掲げていた。「区町村会は寄合相談の如き従来の慣行にしたがうとも、又は新たにその規則を設くるとも、其の区町村の便宜に任す」(第1条) というのが、それであった。

この条文は、地方官会議で強い反発を受けた。その代表的な反対は、「町村の寄合相談には酒食に流れるなど、様々の不都合あり。一昨年の町村会の設置により…斯かる悪習を除きしに、今また往年の悪習に引き戻すは不可なり」[317] という山吉盛典(福島県令)の発言であった。

一方では、これらの反対論を批判し、政府案を強く支持するものもいた。たとえば、渡辺千秋(鹿児島県大書記官)の次のような政府案を支持する発言があった。

「諸君試みに思え。維新の際、専一に旧弊改革を旨とするが為に、民間の良習美慣を併せて悉く打ち壊し、為に、巨多(きょた)の不便を生じたること一にして足らず。然るに、政府も今日に至り気が付き、爰(ここ)に本案を下して、其の良法を挽回せしは、実に政治の度の進捗せしむるものと云うべく、感嘆敬服の至りなり。…鹿児島県下の如きも7百年前よりの良善なる慣習ありて、之を今日の施政に斟酌して大いに便宜なることあり。是れ本員が実験せし所なり」[318]。

しかし、政府案に反発する地方官が多く、この条文は削られてしまった。結局、この「地方官会議」の審議の後、元老院の審議を経て、「区町村会法」は明治13年4月8日に布告された。町村会の地位が法的に位置づけられたとい

---

316) 明治13年2月13日の地方官会議に「区町村会法」案が提出されたときに添付されていた「説明」である。原文は、もちろん、漢字カタカナで書かれており、文章も文語調である。明治13年2月、『地方官会議傍聴録』(第3号)、弘令社、15頁。

317) 明治13年2月15日の発言、『地方官会議傍聴録』(第4号)、14頁。なお、山吉盛典は米沢藩士出身。大久保利通が紀尾井坂の変で殺される寸前に、大久保邸を訪問し、大久保の構想を聞いた人物である。

318) 明治13年2月15日の発言、『地方官会議傍聴録』(第4号)、15頁。なお、渡辺千秋は諏訪藩士出身で、この後、京都府知事となり、また、宮内大臣となった。

うことになるが、この「区町村会法」の条文は非常に少なく、たったの10条しかなかった。極端にいえば、町村会の権限を「町村の公共に関する事件」および、「其の経費の支出徴収方法を議定す」（第1条）と定めただけで、その組織や選挙権・被選挙権、誰が議長になるのか等々については、すべて、それぞれの町村が定める「会議規則」に任せるというものであった。要は、それまで各府県でそれぞれ画一的に定めていた「会議規則」を、各町村が自ら定めることになったわけである。

このため、なかには特異な運営をする町村会があり、また、選挙権などを独特にする町村会もあった。たとえば、京都府の与謝郡（現在の宮津市や伊根町、与謝野町など）では郡内の町村が一緒になって「町村連合会」を開いていたが、その「町村連合会」では、議案の提案を、戸長だけではなく、住民にも認めていた。金沢区（現在の金沢市）の区会でも、住民の発議権を認めていたという。また、選挙権者は、ほとんどの所では、満20歳以上の男子であったが、千葉県の竹原町（現在の館山市）は17歳以上の男子が選挙権者であった[319]。

この「区町村会法」のもとで、町村会を設置する町村が増えていった。但し、当時の町村は非常に小規模なところが多かったため、近隣の町村と一緒になって「町村連合会」を設置するということも多かった。これらの町村会での議論は一般に活発で、戸長から提案された議案をおとなしく承認するというようなことはあまりなかったという。とくに、明治15・6年頃になると、松方デフレ政策が農民に深刻な打撃を与えたこともあり、戸長が提出する予算案は、町村会で大幅に削減されることが多く、そのため、戸長と議員が対立することが多かったという。また、「町村連合会」では、町村間の利害が対立し、紛争が起こったところも少なくなかったといわれている[320]。

③「区町村会法」の改正 —「町村会」の統制— （明治17年）

こうした状況のもとに、明治17年5月7日、「区町村会法」の全面的な改正が布告され、その20日後の5月27日、内務卿山縣有朋の名前で「区町村会法改正理由書」が各地方長官（府知事権令）に回付された。これをみる限り、その改正のねらいは、町村会と戸長が同一体として、互いに協調しあう機関にし

---

319) 上野裕久『わが国市町村議会の起源』312-3頁。
320) 同 上、315頁。

ていこうというところにあった。明治15・6年頃から顕著になってきた町村会と戸長の対立を緩和し、逆に、両者が協調するように仕向けていこうとしたわけである。

このため、改正法は、町村会の議員が自分たちで議員のなかから議長を選ぶということを認めず、戸長を議長に充てることとした。町村会の招集者を戸長とし、また、議案の提案者を戸長だけに限定したのはいうまでもない。要するに、戸長に招集され、戸長から提案された議案についてのみ、しかも、戸長(すなわち、議長)の指揮のもとに、議員が審議する機関。それが、町村会であるとされたのであった。言い換えれば、戸長の諮問機関のようなものとして、あるいは、補佐機関のようなものとして、町村会が位置づけられたといえる。

これに伴い、町村会の権限もなかば必然的に狭められることになった。まず、旧法では「町村の公共に関する事件」について町村会が議定するとなっていたが、これでは、町村会の議員が戸長のあらゆる業務に口を挟む可能性があった。そのため、「町村費を以て支弁すべき事件」を町村会が議定すると改められた。議会の会期、議員の数なども、各町村が自由に定めることができたが、改正法のもとでは、府知事県令によって定められることとなった。

こうした町村会への締め付け、さらには、議員への締め付けに、住民や議員が消極的に抵抗するかもしれないということが、改正法によって予測され、その対抗策も講じられていた。住民や議員の抵抗として予測されていたのは、住民が町村会の議員を選挙しないという抵抗、議員が戸長の招集に応じないという抵抗、また、町村会が議案を議定しないという抵抗であったが、こうしたことが発生したときには、府知事県令の認可を得れば、住民からお金を徴収し、予算などを施行することができるとしたのである。

このような改正法の施行により、町村会の開催数が大幅に減り、通常会はすべての府県で年1回になった。しかも、町村会にかけるべき事件がないときには、町村会を開かなくてもよいとした県もあったという。会期の日数も少なくなり、ほとんどが7日になった。そして、町村会では激論されるなどということはなくなり、多くの町村会は、実質的には、戸長と議員の談合の場となってしまったようである。その結果、当然に、反対論が少なくなり、原案可決が増えたという[321]。

この改正法の前後の町村会を比較した宮城県の次のような報告がある。すな

わち…

　従来の法のもとでは、戸長と議員の間で互いの思いが通じず、意見が食い違うことが多かった。しかし、改正法の実施後は「戸長、議長の任にありて、傍ら議按の説明をなし、議員の数亦大いに減少し、勉めて繁雑を省き、平和を主とせしを以て、殆ど日常寄合相談に異ならず…其の議事の円滑にして且つ捷速なる、復た前日の比にあらず」。

　「今審らかに其の議決の結果を察するに、前日にありては往々故さらに修正を加え、以て抵抗を試むるの状況ありしも、今や戸長の方按能く議員の脳裏に透徹し、概ね其の計画を翼賛し却って多少の増額を与うる者あるも、未だ曾て再議を要するに至りたる事あらず。是れ実に民智の進歩、議員其の責の重きを会得せしに由るものあらんと雖も、抑も亦議会の組織宜しきを得たるの致すところなり」[322]。

　この記録が書かれたのは昭和3年（1928年）のことであるが、これをみると、町村会が改正法の施行以後、戸長の言いなりになり、しかも、そうした町村会が、高く評価されていたことがよく分かる。

　なお、この「区町村会法」の改正が行われた明治17年には、戸長の公選も廃止され、官選戸長が出現したが、これは、戸長が、住民の側ではなく、中央政府の側に立って、町村を運営するようになったということを意味する。この官選戸長と対になって、区町村会法の改正も行われたのである。いわば、この改正法は、戸長だけではなく、町村会（議会）をも、中央政府の指示に黙ってしたがう機関にしようという意図があったというべきである。

321）　上野裕久『わが国市町村議会の起源』318頁。
322）　宮城県郡教育会刊『宮城郡誌』、昭和3年8月。亀掛川浩『自治五十年史』良書普及会、昭和15年、74頁より引用。

第7章 政党（自由党、改進党）の誕生と地方政治

1. 明治10年前後の政治状況

　ここで、明治10年前後の中央の政治体制を振り返って整理しておきたい。まず、前に見たように、明治6年に大きな政変があった。明治維新以来、ともに明治政府を盛り上げてきた、西郷隆盛や板垣退助、そして、大久保利通や木戸孝允が、いわゆる征韓論をめぐって分裂し、西郷隆盛と板垣退助が明治政府を飛び出してしまったという事件である。

　その後、西郷は鹿児島に戻って隠遁生活を送っていたが、結局は、不平士族に担ぎ出されて西南戦争を引き起こし、最終的には、政府軍に制圧されて、明治10年9月、自刃するという運命をたどった。また、板垣は、土佐（高知県）に戻り、士族の政治結社・立志社を組織。それを基盤に、自由民権運動を展開するようになった。

　この明治6年の政変により、明治政府の実質的な運営は、大久保利通と木戸孝允の手に委ねられることになったが、その木戸孝允も、明治7年に明治政府が台湾への出兵をしたことに反対して、参議を辞任したため、明治政府の実質的なリーダーは大久保利通1人ということになってしまった。伊藤博文や大隈重信など後世に名を残す人々も、この頃は、既に、工部卿や大蔵卿に就任し、政府の中枢になっていたが、しかし、大久保から見れば、これらの人々は、大久保の指導下で、次の人材として育っていかなければならない人々であった。

　とはいえ、生まれたばかりの明治政府を、大久保が独りで仕切っていくのは大変な難事である。そこで、大久保は、木戸孝允や板垣退助の政権への復帰をのぞみ、明治8年2月、大阪で会談。この結果、同年3月に2人とも再び参議に就任した。これにより、明治政府は、大久保・木戸・板垣の3人によって、実質的に運営されるということになったわけであるが、しかし、この3人の体制もすぐに瓦解した。

　自由民権運動の主導者であった板垣と、自由民権運動を厄介視していた大久保・木戸の意見があわなかったためである。その直接的なきっかけとなったのは、明治8年6月に相次いで布告された新聞紙条例と讒謗律であった。

明治5・6年の頃の明治政府は、新聞の発行に非常に好意的な姿勢をとっていた。東京や横浜で発行されていた新聞を官費で買い上げ、それを定期的に、地方の県庁へ発送するということもあったほどである。地方の県庁のなかにも、新聞の発行を奨励し、住民に新聞の購読を勧めているところが少なくなかった。額田県（明治5年11月に愛知県に合併）のように、学校の教師に新聞の朗読を命じる布告を出したところもあった[323]。ところが、明治8年頃になると、政府の姿勢が豹変した。自由民権運動が広まり、それとともに、新聞の紙上で、政府が酷評されるようになったためである。そして、明治8年6月、ついに、新聞紙条例を改定。次のように、政府を非難する記事の掲載に禁固刑を以てあたることになった[324]。

　「政府を変壊し国家を転覆するの論を載せ争乱を喚起せんとする者は禁獄1年以上3年に至るまでを科す」（第13条）。

　「新聞若しくは雑誌雑報に於いて人を教唆して罪を犯さしめたる者は犯す者と同罪。…其の教唆して兇衆を煽起し或いは官に強逼せしめたる者は犯す者の首と同く論ず。其の教唆に止まる者は罪前に同じ」（第12条）。

　また、同じ日に讒謗律を布告。そのなかで、政府の官吏や地方官を非難する新聞記事や雑誌記事の掲載を禁じた。

　「凡そ事実の有無を論ぜず人の栄誉を害すべき行事を摘発公布する者、之を讒謗とす。人の行事を挙るに非ずして悪名を以て人に加え公布する者、之を誹謗とす。著作文書若しくは書画肖像を用い展観し若しくは発売し若しくは貼示して人を讒謗し若しくは誹謗する者は…罪を科す」（第1条）。

　これにより、自由民権運動が大きく制約されることになったが、政府への非難が沈静化するということはなかった。実際には、逆に、「反抗の気炎、所在に蔓延」することとなったという。そして、それに伴い、明治8年から9年にわたる1年ほどで、数十名が「獄に投ぜられた」が、それ以後も、ますます、政府批判が強まっていった[325]。

　明治16年になると、兵庫県令森岡昌純などにように、学校の生徒は「自今

323）　宮武外骨『府藩縣政史』名取書店、昭和16年、208頁。
324）　以下の条文は、板垣退助監修『自由党史』岩波文庫、昭和48年（本書は明治43年刊の『自由党史』の復刻版である）、178-181頁より引用。
325）　板垣退助監修『自由党史』177頁。

新聞雑誌等、購読相成らず」という命令を出すという地方官も現れるようになった[326]。

　それは、ともかく、この新聞紙条例と讒謗律は、自由民権の運動家には大きな障害であった。しかも、それを制定した政府には、自分たちの主導者である板垣退助が、大阪会議で乞われて、その中枢メンバーに加わっていた。となると、自由民権の運動家たちが、その非難の矛先を板垣に向けるようになるのは、必然であった。「板垣は自由主義の主唱者に非ずや」。その板垣が政府の中枢にいて、それを「抑止する能わざるは何事ぞ」[327]というわけであった。

　ここに、板垣としては、自由民権運動に圧力を加えないように、政府を押さえる必要があったが、木戸や大久保を説得するのは無理であった。結局、板垣は孤立し、明治8年10月27日、辞表を提出。再び、政府を離れることになった[328]。板垣が政府の中枢にいたのは、わずか7か月であった。

　こうして、政府の実質的な担い手となったのは木戸と大久保の2人であったが、その木戸孝允も、明治9年3月に病気が悪化して、参議を辞任。その後は、内閣顧問として、手紙で意見を表明していたが、西南戦争の最中の明治10年5月、45歳で逝去した。いわば、大阪会議後の3人の体制は、それこそ1・2年で崩壊し、再び、大久保利通が1人でリーダーとして実質的に明治政府を担うこととなったわけである。

　この頃の大久保がとくに熱心に取り組んでいたのは殖産興業であった。政府の強力な指導によって、産業の発展をはかっていこうという政策である。具体的には、西洋の農業や牧畜の技術を導入するために駒場農学校（後に東京大学農学部に統合される）をつくり、優良な種苗の普及や農機具の改良のために東京・三田に三田育種場をつくり、また、官営の紡績工場をつくるという政策であった。が、それだけではなかった。

　たとえば、岩崎弥太郎の三菱汽船に補助金を与え

図12　伊藤博文

326）　宮武外骨『府藩縣政史』、212頁。
327）　板垣退助監修『自由党史』182頁。
328）　同　上、184頁。

るというように、将来性のある特定の商人を国家の保護のもとで育てるというのも、大久保にいわせれば、殖産興業であった。また、士族に仕事を与え生計を立てさせるための事業、すなわち開墾の助成や授産資金の貸与・譲与も殖産興業の一環と位置づけられていた。そして、この殖産工業の政策に、大久保の補助者として、あるいは参謀として、加わっていたのが、伊藤博文工部卿と大隈重信大蔵卿であった。大久保の内務省と伊藤の工部省が紡績工場などをつくり、大隈重信の率いる大蔵省が財政的にその殖産興業の政策を支えていたのである。

こうした殖産工業がいわば3人のネットワークによって推進されている最中の明治11年5月14日、大久保利通は宮中に参内する途中の紀尾井坂で殺されてしまった。享年49歳（満47歳）であった。この大久保の死に伴い、内務卿には伊藤博文が就任し、大隈重信はそのまま大蔵卿を続けた。いわば、大久保の腹心の2人が中心となって、その後の政権を維持することになったのであるが、ただ、伊藤は、廃藩置県の後、実質的な大蔵省のトップであった同郷（長州藩）の井上馨[329]を、自分の後釜である工部卿に据えた。これは、恐らくは、大隈を牽制するためであったろう。また、同時に、長州派と薩摩（鹿児島）派のバランスをはかるために、薩摩派の西郷従道[330]や川村純義[331]を参議に引き込み、閣内を整えたといわれている[332]。

こうした体制のもとに、大久保が死亡した後の政権運営がはじまったが、大久保時代に比べて、閣内がなかなかまとまらなかったようである。たとえば、後に、伊藤博文はこの頃の状況を次のように回顧していた。

---

329) 長州藩士出身。明治4年の廃藩置県の後、大久保利通大蔵卿のもとで、大蔵大輔になり、大久保が岩倉使節団の副使として海外視察に出かけてからは、実質的には大蔵省の長官として腕をふるった。そして、大蔵省のトップとしては当然のことであったが、各省からの多額の予算要求を削るなどをしたため、とりわけ、当時司法卿であった江藤新平と対立し、汚職事件などを追求されることとなり、結局、明治6年5月に辞職し、野に下っていた。明治11年に、再び、政権に戻ったが、その後は外務卿、外務大臣、農商務大臣、大蔵大臣などを歴任した。

330) 西郷従道は西郷隆盛の弟で薩摩藩出身。軍人。元帥海軍大将。政治家としても、文部卿、陸軍卿、農商務卿、明治19年（1886年）に内閣制が実施されてからは、海軍大臣、内務大臣などをつとめる。

331) 川村純義は薩摩藩出身。海軍軍人。海軍大将。海軍卿を長くつとめたが、以後、内閣の役職には就いていない。

332) 参照；坂本多加雄『明治国家の建設』（日本の近代2）、中央公論社、1999年、253頁。

「今日は大久保の時と違いて、百事意見ありて纏まらず。大久保の時は同人さえ納得すれば、他の参議には格別異論なし。僕は時々内談に預かりたる事にて、至て心易かりしも、其の僕は調和家となりて漸く運び来れり」[333]。

2. 大隈重信の積極財政

　明治13年（1880年）2月、それまでは、たとえば、政府の中枢である参議の伊藤博文が内務省のトップである内務卿を兼ね、また同じく参議の大隈重信が大蔵卿を兼ねるというように、参議と各省の責任者である「卿」を兼ねる者が多かったが、それを、分離することになった。伊藤の仕掛けであった。何故、この時期に参議・省卿を分離しようとしたのか、その理由はいまひとつ明らかではないが、どうも、大隈を大蔵卿から引き離し、大隈が推進している積極財政路線を転換したいという伊藤の願いがあったようである[334]。

　伊藤は内務卿を松方正義[335]に譲り、大隈も、それにあわせて、大蔵卿を退いた。しかし、その後を引き継いで大蔵卿に就任したのは、大隈の強い影響下にあるといわれた佐野常民[336]であった。大隈は、大蔵卿を退いたものの、それを監督する参議という地位に立ち、その上、配下ともいえる佐野（大蔵卿）を通してそれまで通りの財政政策（金融政策）を続けたわけである。

　明治4年以来のことであるが、当時の日本は、金本位制を採用していたが、実際には、銀を基準とする通貨体制になっていた。これは、金や銀を基準として紙幣を発行するというもので、その紙幣を、何時でも金や銀と引き換えることを保証していたというものである。この紙幣は兌換紙幣と呼ばれていた。しかし、明治10年に勃発した西南戦争の戦費を賄うために、政府は、一時的に、こうした兌換紙幣ではなく、金や銀と交換しない紙幣、いわゆる不換紙幣を発行していた。

　大隈は、この不換紙幣を大量に発行し続けるという政策を展開した。大量に紙幣を発行することによって、国内産業の育成に努め、景気をよくしていくと

333）　保古飛呂比、佐々木高行日記。坂本多加雄『明治国家の建設』、253頁より引用。
334）　坂本多加雄『明治国家の建設』、257頁。
335）　松方正義は薩摩藩士出身。後に、大蔵卿、大蔵大臣を長期間つとめた、総理大臣にもなる。日本銀行の創設者でもある。
336）　佐野常民は佐賀藩士出身。日本赤十字社の創始者で元老院議長、後に、松方内閣で農商務大臣。

いうのが、大隈のねらいであった。そして、この政策は、一面では、確かに成功した。大量のお金の流通によって、農産物などの物価が上昇し、それによって、農民などの景気は向上したからである。たとえば米の価格は、明治 9 年（1876 年）には米 1 石（180.39 リットル）が 5.13 円であったが、それが、明治 11 年には 6.39 円、明治 13 年に 10.57 円というように、たった 4 年で倍近くにまで跳ね上がった[337]。その上、明治 12 年以降、大豊作であった。明治 9 年から 12 年頃、米の収穫水準は全国で 2,500 万石前後であったが、それが、明治 12 年以降、連年 3,000 万石を越える収穫水準が続いたのである。農民の所得が、これに対応して、飛躍的に増えたことはいうまでもない。しかも、農民の所得が増えたにも拘わらず、税金（地租）は一定額であった。このため、米価の上昇とともに、地租（税）の負担率は急激に低下していった。明治 9 年には、米の生産額に占める地租の負担率は 33.9％であったが、それが、明治 13 年にはたったの 12.7％になった[338]。米をつくっている農民にとっては、大隈重信の積極財政政策は、まさに、天の恵みともいえるものであった。それに伴い、農民の生活に潤いが出るようになり、その波及効果として、農民の消費が増え、また、商店が増え、酒屋が増えるという現象が起こった。

　たとえば、明治末に福島県が発行した『福島県町村治績』には、現在は福島県金山町の一部になっている「本名村」が、酒樽の材料である"本名樽木"の売却によって、次のように、好景気ぶりを謳歌していた状況を説明している。

　「本村は元来天賦の宝庫ともいうべき御神楽嶽の村有森林を有せしが、…之を伐採し本名樽木と称し他に輸出し、1 人 1 日の収入金 2 円を下らず。随って村民奢侈に流れ遊楽是事とし、或いは賭博に耽り、或いは村芝居を興行し、山村忽ち数戸の酒舗を見るに至り、明治 14・5 年の頃、ほとんど驕奢の絶頂に達せり」[339]。

　また、農民以外のものも、たとえば、家禄を失った士族は、開墾地が払い下げられ、農業や牧畜に進出して生計の道をたてることができるようになった。

---

[337]　室山義正「松方デフレの外見と実像」、拓殖大学地方政治行政研究所『政治行政研究』第 5 巻、2014 年 2 月、42 頁。
[338]　同上、43 頁。
[339]　福島県『福島県町村治績』（第 1 輯）、明治 41 年、2-3 頁。

事業をしたいという士族には、紙幣の発行によって、資金が提供され、紡織や製茶、マッチ製造など、新しい事業に踏み出すこともできた。もっとも、いわゆる士族の商法で、事業に失敗するというものもいたようであるが…。さらに、近代的な商工業の育成ということで、民間事業にも大量の政府資金が投入された。これにより、金銭的に潤う人々が増えたのはもちろんである。

　大隈の財政政策（金融政策）は、このように、多くの人々にとっては、歓迎すべき政策であった。が、大きな問題を伴っていた。最大の問題は、大量の不換紙幣の発行によってインフレーションが誘発されたにもかかわらず、国税は一定額のままであったため、政府の財政が圧迫されるという問題であった。明治のはじめ頃までは、税金は"米"で物納されていたが、その後の地租改正によって、税金は土地の価格の一定割合をお金で納めるという、いわゆる金納に変わっていた。もし、物納を続いていれば、米価の騰貴により政府も増収ということになったはずであるが、金納になっていたために、そうはならなかった。米価騰貴の増収という恩恵を受けたのは、生産者である農民だけであった。このため、農民は生活に余裕ができ、消費を拡大するようになった。その結果、輸入が増え、国際収支が悪化するというだけではなく、諸物価の値上がりのために、各省の収入が実質的に減っていくという問題が引き起こされていたのである[340]。

　さらに、不換紙幣というのは、正貨ではなく、極論すれば、"まがい物"であった。あくまでも応急的なものであり、何れ、回収する必要があった。また、それに加えて、大隈財政のもとでは、たとえば士族授産のための"企業公債"など、"借金"も行われていた。この"借金"についても、それをどのように整理していくかという問題があった。

　とはいうものの、大隈自身は、産業を育成していけば、外国への輸出が自ずと増大し、インフレーションに伴う問題は解決するというように、楽観的に考えていた[341]。が、次第に大隈財政に対する批判が強まる

図13　大隈重信

---

340)　鈴木淳『維新の構想と展開』（日本の歴史20）、講談社文庫、198-200頁、坂本多加雄、前掲書、257-9頁などを参照。

ようになってきたため、大隈は、明治13年（1880年）5月、外債募集を提言した。当時の国家予算の8割近い額の外債を募集し、それで得た資金で不換紙幣の償却をはかるという提言であった。正貨が流通するようになれば、民間で退蔵されている金銀が市場に出回るようになり、インフレは抑制され、財政も再建されると、大隈は主張したわけである[342]。

しかし、この外債募集には反対するものが多かった。薩摩派の参議は、士族授産の継続を重視し、その維持のために、積極財政を維持する必要があると考えて、大隈の外債募集案に賛成したとのことであるが、右大臣の岩倉具視をはじめ、伊藤や井上など長州派の参議などは、外国から借金すれば植民地化を招くのではないかという危惧のもとに、強く反対した。また、松方正義内務卿は、薩摩藩出身であったが、強く反対[343]。これらの反対の結果、外債募集案は日の目を見ずに消えてしまった。

3. 明治14年の政変

明治10年代の前半には、政府は、こうした財政的な問題に加えて、それよりもっと大きな問題を抱えていた。国会開設を求める自由民権運動の盛り上がりに伴い、民心を安定させるために、国会の開設を考える必要が生じていたのである。

そこで、政府は、明治12年12月以降、各参議が意見書を提出し、調整をはかることになった。これに応じて、まず山縣有朋が建議を出し、翌13年1月に黒田清隆[344]、6月に山田顕義が、そして、井上馨が7月、12月には伊藤博文等々がそれぞれの建議を提出した。これらの建議が収録されている『自由党史』（板垣退助監修）をみると[345]、参議のなかで最も保守だと目されていた黒田清隆は、"案の定"というか、国会開設を時期尚早だとする意見書を提出し

---

341) 鈴木淳は、「大隈重信は、産業の発展により輸出が拡大して国際収支が好転することを期待していた」という。前掲書、199頁。
342) 坂本多加雄、前掲書、259頁。
343) 同 上、259頁。
344) 黒田清隆は薩摩藩出身。西郷・大久保亡き後は、薩摩派の重鎮。明治7年から参議をつとめる。北海道開拓使の長官。第2代目の総理大臣。
345) 板垣退助板垣退助監修『自由党史』（上）317-349頁

ていた。

　しかし、その他の参議の意見は、全般的にみて、国会開設を消極的に容認する意見であった。なかには、井上馨の建議のように、世論にしたがって国会を開設し、政党政治を採用するべしというかなり開明的な意見を表明したものもあった…。そうした賛成論の意見のなかでも、大隈重信の意見は異彩を放っていた。他の参議の意見と比べて、かなりラディカルで、イギリス型の議会主義を採用し、すぐに国会を開くべしというものであった。大隈は、意見書をなかなか提出せず、当時左大臣であった有栖川宮熾仁親王から提出を求められて、明治14年（1881年）3月に、「他見を憚る」という条件を付けて、ひそかに提出したといわれている[346]。

　しかし、この大隈の意見書は、やがて岩倉や伊藤の知るところとなり、伊藤はそれを知らされなかったということに激怒したという。その結果、伊藤は、大隈の意見を何ら検討することなく否定。その後は、プロイセン（現在のドイツ）型の君権主義の憲法を採用していくということで、政府内をまとめていった[347]。具体的に、ドイツ人の指導にもとづき、憲法の制定に取り組むのは、もう少し後になってからであったが、ともかく、大隈の軽率な行動の波及効果として、ドイツ流の憲法の採用という方針が決まったとも言えそうである。また、この憲法制定とともに、その後、地方制度、とくに市町村の制度が、山縣有朋によって見直されることになり、その結果、ドイツ人であるモッセ（アルバート・モッセ：Isaac Albert Mosse）に全面的に依存して新しい制度がつくられたが、これも、憲法・国会をドイツ流にしたことに付随する結果であったともいえる。

　それはともかくとして、この意見書提出をめぐる紛争は、ドイツ流の憲法を採用するということで、ひとまず決着したようにみえた。しかし、大隈に対する不穏な動きは、これだけでは治まらなかった。その後、官営工場の払い下げ問題が起こり、それに、大隈が唐突に巻き込まれてしまったのである[348]。

　この頃、各地の官営工場に対する批判が高まるようになっていた。多額の資

---

346) 鳥海靖『逆賊と元勲の明治』講談社学術文庫、2011年、149頁。板垣退助監修『自由党史』は、この大隈の建議〈意見〉を、他の参議の意見とは別にして、掲載している。参照；『自由党史』（中）40-48頁。
347) この大隈の意見書の波紋については、鳥海靖、前掲書、148-154頁参照。

金が投入されているにもかかわらず、成果があまり挙がっていないという批判であった。そのため、官営工場に政府の資金を投入することが次第に難しくなり、明治13年末に、政府は、官営工場を民間に払い下げるという方針を決定した。当時、開拓使の長官であった黒田清隆は、その方針に従うという名目のもとに、開拓使の官営事業を払い下げるという方針を打ち出したが、これが大きな問題となり、それに、大隈が巻き込まれたのである。

図14　黒田清隆

　開拓使というのは、この頃の北海道の開発を担当していた役所であった。黒田長官は、この開拓使を廃止するという方針のもとに、開拓使の施設・設備、たとえば船舶、農園、炭坑、ビール工場などを関西貿易会社に払い下げるという方針を打ち出したが、その払い下げ価格があまりにも破格であった。開拓使は、それまで、これらの施設・設備に1400万円近くを投下していたが、黒田は、それを、わずか30万円[349]で、しかも、無利息の30年賦で払い下げようとしたのである。しかも、払い下げを受けるのは、関西貿易会社であり、この会社の経営は、黒田と同じ薩摩出身の五代友厚たちであった。このため、この払い下げを審議した明治14年7月21日の閣議では、大隈参議が強く反対した。そして、閣議はかなり紛糾したようであるが、結局は、払い下げに決定。7月30日の勅裁を経て、8月1日に正式に発表された。

　ところが、政府にとって、予想外の出来事が発生した。正式発表の6日前の7月26日に、東京横浜毎日新聞が社説でこの払い下げ問題を強く批判したのである。すぐに、郵便報知新聞も批判し、8月にはいると、朝野新聞も払い下げ反対のキャンペーンを張るようになった。そして、それまで政府よりであった福地桜痴の東京日々新聞までもが、このような不当な払い下げが行われるのは国会が開設されていないからだと論説しはじめた。こうなると、この払い下

348）　以下については、鳥海靖『逆賊と元勲の明治』154-159頁、坂本多加雄『明治国家の建設』274-279頁、川崎庸之・原田伴彦・奈良本辰也・小西四郎総監修『読める年表・日本史』自由国民社、844-847頁　などを参考にした。
349）　この金額を38万円あるいは39万円とする文献もあるが、ここでは、『自由党史』（中）60頁の解説にしたがった。

げがあまりにも露骨なものであったため、政府としても、何らかの対応をする必要があった。が、そうしたときに、黒田など薩摩派の参議の面々は、払い下げの情報をもらしたのは誰かという逆恨みの犯人捜しをしていたようである。そして、新聞に漏らしたのは大隈ではないかと疑うようになったため、伊藤博文や井上馨は、それを利用（悪用？）。大隈追放と引き換えに開拓使の払い下げを中止するというシナリオをつくり、それで閣内をまとめていった。一方、大隈にとって不運だったのは、天皇の地方行幸に従って、東京を留守にし、何も情報が入らなかったことであった。そして、10月11日、天皇の還幸をまって、御前会議が開かれ、大隈参議の欠席のまま、大隈の罷免と開拓使の官営事業払い下げの中止が決定された。しかし、こうした対処の仕方に、世論の反発が生じることを心配したのであろうか。この御前会議では、同時に、国会を開設するという方針を決定し、翌12日に、「明治23年を期し、議員を召集し、国会を開」くという内容の「国会開設の詔」を出した。この大隈の罷免は「明治14年の政変」として後世に伝えられているが、大隈が罷免されたことに伴い、佐野常民大蔵卿、河野敏鎌農商務卿も辞任。また、これ以後の各省の「卿」は宮内卿を除き、次の表のように、すべて参議が兼務するということになった[350]。

4. 松方正義のデフレ政策

「明治14年の政変」後、大蔵卿には薩摩藩士出身の松方正義が就任し、紙幣の流通量の削減、土木事業費の縮減、士族授産事業への補助金削減など、大隈時代とは逆の財政政策を実施した。そして、それにより、紙幣の多額の発行に伴うインフレーションが収まり、紙幣の価値があがることとなった。健全財政

---

[350] 明治23年（1890年）の第1回衆議院議員の選挙で当選し、以後、昭和27年（1952年）まで衆議院議員総選挙まで連続当選し、「憲政の神様」と言われるようになった尾崎行雄はこの政変について次のように書いている。
　「大隈侯の罷免とともに…太政官大書記官たる矢野文雄君をはじめ…牛場卓蔵、犬養毅、農商務卿河野敏鎌…など、大隈派と見られる人々は続々辞任した。私もむろん統計院を罷めた。この政変の結果…薩長の天下になってしまった。平家にあらざれば人にあらずという言葉があるが、今は薩長以外に人なきの観を呈した。政府が露骨に藩閥政府の実態を現わしたのはじつにこのときからである」。（尾崎行雄『民権闘争七十年』、講談社学術文庫、2016年、54頁）。

表7 「明治14年の政変」前後の参議・省卿

(政変以前) 氏名（出身）	職　名	(政変以後) 氏名（出身）
黒田清隆（薩摩） 伊藤博文（長州） 山縣有朋（長州） 山田顕義（長州） 西郷従道（薩摩） 大木喬任（佐賀） 寺島宗典（薩摩） 大隈重信（佐賀）	参　議	黒田清隆（薩摩） 伊藤博文（長州） 山縣有朋（長州）
松方正義（薩摩）	内務卿	○山田顕義（長州）
○井上馨（長州）	外務卿	○井上馨（長州）
佐野常民（佐賀）	大蔵卿	○松方正義（薩摩）
大山巌（薩摩）	陸軍卿	○大山巌（薩摩）
○川村純義（薩摩）	海軍卿	○川村純義（薩摩）
田中不二麿（尾張）	司法卿	○大木喬任（佐賀）
福岡孝弟（土佐）	文部卿	○福岡孝弟（土佐）
河野敏鎌（土佐）	農商務卿	○西郷従道（薩摩）
山尾庸三（長州）	工部卿	○佐々木高行（土佐）
徳大寺実則（公家）	宮内卿	徳大寺実則（公家）

注) ○印は「参議」の兼任者
　　鈴木淳『維新の構想と展開』、講談社文庫、199頁より引用。

を実現したわけである。

　しかし、この財政政策によって、とりわけ、農民の所得は急減し、景気は後退。税金を支払うこともできないという農民が増えることとなった。たとえば、米の価格は、明治13年、14年の価格をピークに、松方の財政政策が始まる14年末頃から低下しはじめるようになり、明治17年には、ピーク時の半額になってしまった[351]。しかも、この年は凶作であった。農民がうけたダメージに拍車がかかったわけである。税金（地租）の実質的な負担もこの年は31％を越え[352]、大変な重圧となった。もっとも、凶作はこの年だけで、翌明治18年からは米の生産量が増え、また、米の価格も少し上昇したが、それでも、大隈時代の明治13、14年当時に比べれば、半額に近い価格であり、農民の所得が大きく減少したことに変わりがなかった。

---

351) 明治14年の米価は1石（180.39リットル）あたり10.59円であったが、明治17年には、それが5.29円になったという。室山義正、前掲論文、42頁。
352) 室山正義、前掲論文、43頁。

農村の所得減のあおりを受け、米農家の消費をあてにしていた他の産業も、大きなダメージを受けた。前述の酒樽の材料（本名樽木）の販売で好景気がもたらされていた福島県の本名村でも、この頃は、次のように、悲惨な状況が出現していた。

　「明治18、9年の頃、樽木は酒造の影響を受け、価格低落し、販路またほとんど途絶したるを以て、村民の恐慌一方ならず。職業を失いて糊口に窮するもの、負債の消却に苦しんで産を破るもの続出するの状況を呈せり」[353]。

　こうして、深刻な不況に見舞われた農民は借金で切り抜けることが多くなったが、しかし、明治14年の政変前のように、米の価格が高騰することはなく、借金を返済することはできなかった。それどころか、利子がかさみ、ますます困窮するという農民が増えていった。その結果、たとえば石川県能美郡の農民約5,000人が明治16年11月に小松町の金貸業者を襲撃、また、明治17年5月には、群馬県の負債農民数千人がむしろ旗を押し立て、金貸業者を襲撃し放火したというように、全国各地で困窮した農民が、"借金党"や"困民党"を名乗って、金貸業者を襲い、あるいは、政府に反抗するという事件がおこるようになった。

　しかし、松方大蔵卿のもとで実行に移された財政政策により、不換紙幣乱発という騒動が徐々に落ち着いていったことは確かであった。明治19年1月からは、紙幣を銀貨と交換できるようにもなった。正式に"銀本位制"の国となったわけである。この後、明治30年（1897年）に銀本位制から"金本位制"に移行したが…。

　これに伴い、経済状況も落ち着き、明治18年頃から、とくに明治20年代にはいってからは、輸出向けを中心とした鉱工業生産が大きく拡大するなど、"企業勃興"といわれる現象、日本型の産業革命ともいえる現象も見ることができるようになったようである。もちろん、農村も、立ち直っていった。

　たとえば、前述の福島県の本名村も、明治30年頃になると、養蚕業の改良や農業の発達をはかり、勧業・教育に力を入れるようになった結果、次のように、健全な村に変貌した。「積年の債務を弁償したるのみならず、却って他村に債権を有するに到り、今や良村を以て称せらるるに到りし」[354]。

---

353)　福島県、『福島県町村治績』、3頁。
354)　同　上、4頁。

5. 政党（自由党・改進党・帝政党）の出現

(1) 自由党の結成

　21世紀の現在にはその痕跡が残っていないが、東京の東武浅草駅からスカイツリーに向かって隅田川の鉄橋を渡ったところに、明治・大正時代の頃は、八百松楼という名料亭があった（写真参照）。徳川慶喜や渋沢栄一などといった人々も、川船でここを利用していたという。

　明治14年（1881年）10月17日、この八百松楼に全国から熱気に燃えた人々が次々と集まってきた。自由民権運動を各地で展開している人々の代表格の人々が、一堂に集まり、懇親会を開くためであった。そのなかには、福島県の県会議長であった河野広中、栃木県会議員で栃木新聞（その後、下野新聞となる）の編集長であった田中正造、また、東京府会の副議長で東京横浜毎日新聞の主宰者であった沼間守一も含まれていた。土佐藩出身で、明治3年（1870年）から同7年（1874年）までイギリスに留学して法学を学び、帰国後、自由民権運動に突き進んでいた馬場辰猪も主催者の形で、そのなかにいた。主賓格は土佐藩出身の後藤象二郎であった。

　そして、この懇親会で、自由党を結成するということが確定。翌日、場所を隅田川の対岸にある浅草の井生村楼に移し[355]、後藤象二郎が議長になって、

図15　八百松楼（明治末）；国立国会図書館所蔵写真帳から

355）　明治7年（1874年）に建設された貸席（集会用の会場）で、宗教や政治の演説会場として利用されたという。

自由党の盟約や規則の検討がはじまった。しかし、実際には、後藤はあまり会議には出席せず、会議を切り回したのは、馬場辰猪であったという。この会議は平穏に進められたわけではなかった。沼間守一のグループのように、他の人々と意見が合わず、自由党への参加を拒否した人もかなりいた。たとえば、栃木県の自由民権運動の面々を代表して参加していた田中正造が、会員の意見があわず、休会となってしまったという趣旨の手紙を知り合いに出しているほどであった[356]。始まってから10日後の10月28日になって、ようやく、役員選挙ということになり、総理（党首のこと）に板垣退助、副総理には、神奈川県令や元老院議官などをつとめ、後に衆議院議長となる中島信行が選ばれた。板垣は、この時、東北を遊説中で、この会合に出席していなかったが、11月9日に東京に帰り、総理への就任を引き受けた。翌10日、今度は場所を両国の中村楼に移し、自由党員懇親会を開いたという[357]。

自由党の盟約は非常に簡潔で次の3ヶ条しかなかった。
第1章　吾党は自由を拡充し、権利を保全し、幸福を増進し、社会の改良を図るべし
第2章　吾党は善良なる立憲政体を確立することに尽力すべし
第3章　吾党は日本国に於いて吾党と主義を共にし目的を同じくする者と一致協合して、以て吾党の目的を達成すべし[358]。

その後、各地で自由党系の政党が続々とつくられた。とくに、明治15年（1882年）に集会条例が改正され[359]、政治結社については、支社を設けることが禁じられるようになってからは、自由党から形式上は独立した地方政党が続々とつくられるようになった。

(2) 改進党の結成、そして、帝政党も

明治14年の政変で政府から大隈重信が追われた。そのとき、大隈とともに、

---

356) 明治14年10月22日の涌井藤七宛の手紙、『田中正造全集』（第14巻）
357) 板垣退助監修『自由党史』（中）79-85頁。
358) 同　上、80頁。
359) 明治13年4月5日の太政官布告第12号（集会条例）によって、公衆を集めて演説するなどということがやりにくくなったが、明治15年に、この集会条例が改正され、もっと厳しいものとなった。

農商務卿の河野敏鎌、大蔵省官吏の矢野文雄[360]（矢野龍渓）、司法省の官吏であった小野梓[361]たち、いわゆる大隈グループがこぞって政府を離れた。

この大隈グループも、すぐに、政党結成に向けて動くようになった。そして、自由党の結成から約半年遅れの明治15年（1882年）4月16日、正式に結党式を挙げた。立憲改進党が誕生したのである。党首（すなわち総理）に大隈重信が選ばれ、副総理には河野敏鎌がついた。メンバーの多くは政府の官吏の経験者であったが、ほかに、新聞記者など、都市の知識人も多かった。ちなみに、改進党の幹部となった矢野文雄（龍渓）は郵便報知新聞社の社長でもあった。また、この改進党に、自由党の結成に加わらなかった沼間守一のグループも加わったが、沼間は「嚶鳴雑誌」を発行。また、「東京横浜毎日新聞」の主宰者であった。この改進党の趣意書は小野梓が起草したといわれているが、自由党の盟約が非常に抽象的であったのに比べて、地方自治、選挙権の拡張など、党の姿勢を、次のように、ある程度具体的に示していた。

我が党は帝国の臣民にして左の冀望(きぼう)を有する者を以て之を団結す。
1. 王室の尊栄を保ち人民の幸福を全うする事
2. 内治の改良を主とし国権の拡張に及ぼす事
3. 中央干渉の政略を省き地方自治の基礎を建つる事
4. 社会進歩の度に随い選挙権を伸濶(しんかつ)する事
5. 外国に対し勉めて政略上の交渉を薄くし通商の関係を厚くする事
6. 貨幣の制は硬貨の主義を持する事[362]。

東京府会は、この立憲改進党の有力拠点のひとつであった。沼間守一は東京府会の副議長であったし、改進党の結成に参加した犬養毅は東京府会議員、同じく尾崎行雄も、改進党結成時には「郵便報知新聞」の論説委員として参加していたが、翌明治16年には東京府会の議員に当選した。立憲改進党は、趣意書に「内治の改良」や「地方自治の基礎を建つる」ということを明示したのは、

---

360) 矢野文雄；佐伯藩士出身、明治14年に「郵便報知新聞社」社長、また早稲田大学創設者の1人でもある。
361) 小野梓；土佐藩出身、イギリスに留学した経験があり、早稲田大学創設の1人。明治19年1月に39歳で死亡した。
362) この趣意書は、矢野文雄の「郵便報知新聞」（明治15年3月14日）に掲載された。『自由党史』（中）、99頁より引用。

このような有力メンバーが東京府会で活躍していたためであったろう。事実、改進党は、結成以後、各地の府県会の議員に働きかけ、府県会でその勢力を伸ばしていった。また、具体的に、地租や地方税の軽減、府県会規則の改正など、各種の建議を積極的に提言することも多かった。

　もちろん、これは、自由党の幹部に新聞記者や論説の執筆者がいなかったというのではく、また、府県会の議員がいなかったというのでもない。たとえば、自由党の結成に参加し、自由党の幹部になった河野広中は、福島県会で議長として活躍していた。しかも、河野広中は、「福島自由新聞」を発行した人物でもあり、いわゆる新聞人でもあった。しかし、この新聞を発行したのは、自由党を結成した後の明治15年のことであり、また、自由党そのものの機関紙である「自由新聞」が、自由党によって、発行されるようになったのも、明治15年になってからであった。

　これに対して、改進党の場合は、「郵便報知新聞」の矢野文雄（龍渓）や尾崎行雄、「東京横浜毎日新聞」の沼間守一などのように、新聞や雑誌で論説を展開していた人々が、政党の結成に加わり、その幹部になったという特色があった。そして、「郵便報知新聞」と「東京横浜毎日新聞」がそのまま改進党の機関紙のような存在になった。このことをみても、少なくとも最初は、改進党の幹部のほうが、自由党の面々よりも、世の中の動きに通じていたといえるのではあるまいか。

　とはいえ、自由党と改進党は同じく民権の拡張を主張していたが、自由民権の説を「国体を破壊する」[363]として自由民権運動に反発する政党も、明治15年3月に誕生していた。立憲帝政党である。この帝政党を創設したのは、「東京日々新聞」の福地源一郎、「明治日報」の丸山作楽[364]、「東洋新法」の水野寅次郎[365]と、いずれも、新聞関連の人々であった。

　板垣退助が監修した『自由党史』では、自由党と改進党それに帝政党で「天下を三分して鼎時（ていじ）の勢いを為せり」と説明されていた。そして、明治15年当時、日本で発刊されていた新聞や雑誌のほとんどはこの自由党、改進党、帝政党のいずれかに識別されていたというように、少なくとも新聞雑誌の言論の上で

---

363) 板垣退助監修『自由党史』(中)、105 頁。
364) 丸山作楽は島原藩士出身。後に元老院議官となり、貴族院直線議員となる。
365) 水野寅次郎は土佐藩士出身。後に、小石川警察署長、奈良県知事となる。

表8　政党別新聞雑誌表（明治15年9月）

自由党系

自由新聞	（東京府）	婦人自由新聞	（東京府）
朝野新聞	（東京府）	政理叢談	（東京府）
東京経済雑誌	（東京府）	国友雑誌	（東京府）
扶桑新誌	（東京府）	江湖新報	（東京府）
近事評論	（東京府）	日本立憲政党新聞	（大阪府）
朝日新聞	（大阪府）	土陽新聞	（高知県）
江南新誌	（高知県）	発揚雑誌	（高知県）
福島自由新聞	（福島県）	東北自由新聞	（宮城県）
東海暁鐘新報	（静岡県）	岡山毎日新聞	（岡山県）
総房共立新聞	（千葉県）	北陸日報	（石川県）
山陰新聞	（島根県）	新潟日々新聞	（新潟県）
深山自由新聞	（長野県）	淡路新聞	（徳島県）
石川新聞	（石川県）	海南新聞	（愛媛県）
和歌山日々新聞	（和歌山県）	東肥新報	（熊本県）
美作新聞	（岡山県）	自由新誌	（石川県）
霜葉雑誌	（東京府）		

改進党系

東京横浜毎日新聞	（東京府）	郵便報知新聞	（東京府）
時事新報	（東京府）	有喜世新聞	（東京府）
東京輸入新聞	（東京府）	嚶鳴雑誌	（東京府）
いろは新聞	（東京府）	日の出新聞	（東京府）
大坂新報	（大阪府）	神戸新報	（兵庫県）
西海日報	（長崎県）	茨城日々新聞	（茨城県）
伊勢新聞	（三重県）	三重日報	（三重県）
峡中新報	（山梨県）	岐阜日々新聞	（岐阜県）
秋田日報	（秋田県）	陸羽日々新聞	（宮城県）
両羽新報	（山形県）	福井新聞	（福井県）
鹿児島新聞	（鹿児島県）	熊本新聞	（熊本県）
福岡日々新聞	（福岡県）	愛知新聞	（愛知県）
栃木新聞	（栃木県）	普通新聞	（徳島県）
函右新聞	（静岡県）	南豊新聞	（大分県）
田舎新聞	（大分県）	山陽新聞	（岡山県）
函館新聞	（北海道）	沼津新聞	（静岡県）
鳥取新聞	（鳥取県）	山形新聞	（山形県）
新潟新聞	（新潟県）		

帝政党系

東京日々新聞	（東京府）	明治日報	（東京府）
東洋新報	（東京府）	大東日報	（大阪府）
静岡新聞	（静岡県）	信濃毎日新聞	（長野県）
鎮西日報	（長崎県）	山梨日々新聞	（山梨県）
高陽新報	（高知県）	彌生新聞	（高知県）
秋田日々新聞	（秋田県）	福島新聞	（福島県）
岡山新報	（岡山県）	紫溟新聞	（熊本県）
不知火新聞	（熊本県）	越中新聞	（石川県）
紫溟雑誌	（熊本県）	南海日報	（愛媛県）
山陰新報	（鳥取県）	藝備日報	（広島県）

は、この3党が鼎立していたようである。
　ちなみに、「江南新誌」という自由党系の高知県の新聞に掲載された記事によると、明治15年9月時点における全国の新聞の党派別に色分けは、表8のようであった[366]。

(3) 自由党・改進党の盛衰
　このように、明治14年と15年に、自由党と帝政党、そして、改進党が相次いで結成された。しかし、そのなかの帝政党は、党首もいなかったというように、組織が確固としたものではなかった。また、世間では"政府党"と見なされ、実際にも、各地の帝政党の組織は、自由党攻撃に動員されていたようであるが[367]、政府のバック・アップは実質的にほとんどなかったという。そのためであろう。結成翌年の明治16年9月には、あっけなく解党してしまった。ただし、これ以後も、東京日々新聞は政府系の新聞として機能し続けたようである。
　一方、民権派の自由党と改進党の2つの政党は、はじめは、順調に党勢を拡大していった。とくに、自由党は、明治15年の福島事件[368]にみるように、各地で党員が激化事件を引き起こし、官憲に張り合う政党として華々しく名前を売りだしていった。また、明治15年4月6日には、党首の板垣退助が襲われるという事件も発生した。この事件を『自由党史』を参考にして描写してみると…。

図16　板垣退助

　この日、板垣は、岐阜県の金華山の麓にあった中教院で開かれた自由党の大会に出席。「自由の真理」について演説した。会場を埋め尽くした人々はその演説に感動し、演説が終わると、拍手で屋根の瓦が震え、喝采で四方の壁が崩れんばかりであった。会合は、この演説後も続いたが、板垣は、体調があまり芳しくないこともあって、先に、一人で旅館に戻ることになった。時刻は午後

---

366) 宮武外骨『府藩縣制史』名取書店、昭和16年、211-2頁より引用。
367) 板垣退助監修『自由党史』(中) 248頁。
368) 福島事件については、後述する。

6時。夕日がまさに沈もうとしていた。板垣は、靴を履き、見送りの4・5人の人々に一礼して、門を出ること二三歩。突然、横合いから一人の男が"国賊"と叫びながら、短刀をひらめかし、襲いかかってきた。板垣は、胸を2カ所刺されながら、素手で抵抗。右の手首が切られた。その傷は骨まで届くほどであった。そこに、内藤魯一[369]が駆けつけ、ようやく、凶漢を引き倒したが、この時、板垣は凶漢を睥睨し、血を滴らせながら、叫んだ。"板垣死すとも自由は死せず"と…[370]。

　この事件で、自由党はますます党勢を拡大したかに見えた。しかし、すぐに、自由党と改進党のいがみ合いが始まった。ことの起こりは、板垣のヨーロッパ視察旅行であった。その渡航資金の出所をめぐって、改進党系の横浜毎日新聞が明治15年9月9日の論調で、疑問を投げかけ、政府から出ているのではないかとほのめかしたのである。ことの真相は不明であるが、自由党のなかからも、板垣の洋行に反発するものも現れてきた。とくに強く反発したのは、自由党の機関誌「自由新聞」の社説担当として腕をふるっていた馬場辰猪[371]や田口卯吉[372]などであった。板垣は説得を試みたものの、馬場の反発は続き、そのため、馬場は「自由新聞」の執筆からはずされてしまった。この処置に、馬場と同じく、「自由新聞」の社説に携わっていた末広重恭[373]、田口卯吉も態度を硬化。「自由新聞」社を辞め、論説を書かなくなった。代わって、「自由新聞」の主幹となる人物が大坂からやってきた。自由党の"別働隊"として設置された大阪の「日本立憲政党」で、その機関紙である「日本立憲政党新聞」の主幹をやっていた古沢滋であった[374]。古沢は、すぐに、「自由新聞」の紙上で、改

---

369) 内藤魯一：愛知県の自由民権運動家として活躍した人物で、自由党の設立にも加わり幹事となっていた。愛知県会議員を10年以上務めた。

370) 板垣退助監修『自由党史』（中）119頁、136-7頁。なお、この犯人は、小学校の教員で、東京日々新聞を愛読していたという（『自由党史』（中）139頁。

371) 馬場辰猪：土佐藩士出身。1850-1888年（明治21年）。

372) 田口卯吉：幕臣出身。1855-1905年（明治38年）。大蔵省に勤務しながら、『日本開化小史』を自費出版。明治12年に大蔵省を辞し、『東京経済雑誌』を創刊し、自由主義の立場で論陣を張る。明治13年に東京府会議員となり、自由党の機関紙「自由新聞」が発刊されてからは、その社説担当となっていた。

373) 末広重恭：宇和島藩士出身。1849-1896年（明治29年）。「朝野新聞」の編集長。自由党の結成に加わり、「自由新聞」の社説担当となっていた。

374) 古沢滋は土佐藩士出身。大阪では、明治15年2月に、自由党の"別働隊"として「日本立憲政党」が結成され、自由党の副総理（副党首）であった中島信行がその総理（党首）

進党が三菱を庇護していると論じはじめ、明治15年10月24日の紙上では、ついに、三菱を庇護する改進党は"偽党"であるとして、"偽党撲滅"を宣言した。改進党が、これに、強く反発したのはいうまでもない。以後、自由党と改進党は、明治16年から17年にかけて、罵り合いを続け、互いに足を引っ張り合うこととなった。

　板垣退助は、この"偽党撲滅"騒動がはじまった明治15年11月11日、ヨーロッパに向けて横浜を出発。翌16年6月22日、自由党が"偽党撲滅"の演説会を各地で開催している最中に帰国した。その直後、板垣の渡欧、さらには"偽党撲滅"キャンペーンを問題視していた馬場辰猪、田口卯吉、末広重恭など、自由党の主義主張をリードしてきた面々が脱党したため、自由党の党勢が急速に弱体化することとなった[375]。大阪の「日本立憲政党」など、自由党系の地方政党のなかに、解散を声明するところも現れてきた。そして、これに伴い、自由党そのものの党員のなかにも、沈滞ムードが生まれてくるようになった。その一方では、明治15年に集会条例が改正され、それに伴い、演説会などの政治啓蒙活動がますます官憲に圧迫されるようになっていたために、官憲に反発するグループ、いわゆる過激派グループも生まれていた。

　このような状況のもとで、明治17年（1884年）3月、自由党の各地の総代が東京に集まり、自由党の再建策が講じられた。しかし、過激派グループの活動が沈静化するということはなかった。9月になると、この過激派グループは、栃木県庁の落成式に政府高官が出席することを聞きつけ、これらの高官を爆弾で暗殺しようと計画したが、爆弾の暴発などがあり、計画が発覚。この結果、首謀者16人は茨城県の加波山に立てこもり、革命の旗を掲げるという事態となった。そして、加波山の麓にある警察分署を襲撃。また、豪商の家に押し入って、強引に借金をした。自由民権を標榜した建前とは、かけ離れた行動をとったわけである。このグループは、すぐに、警察に追い詰められ、警察との闘争で1人が死亡。残りは逃走したものの、その逃走は長くは続かず、結局は全員が逮捕された。逃走を助けようとした自由党の党員も逮捕された。その数はあわせて数百人いたという。世にいう加波山事件である[376]。

　　となっていたが、古沢滋は、この機関紙である「日本立憲政党新聞」の主幹であった。
　　　板垣退助監修『自由党史』（中）87-8頁。
[375]　坂本多加雄『明治国家の建設』中央公論社、1999年、326頁。

政府は、この加波山事件に自由党本部そのものが関与しているのではないかという疑いを抱いていたようである。その影響を受けたためであろう。政府系の「東京日々新聞」は、この事件を引き起こした責任は自由党の党首にあると論じ（明治17年9月27日の社説）、また改進党も、その機関紙的な存在である「東京横浜毎日新聞」によって、自由党全体でこの事件を引き起こしたと非難していた（9月30日社説）。そうしたなかで、自由党は、明治17年10月29日、連座責任を負うことを恐れたのであろうか、板垣など、幹部はあわただしく解党してしまった[377]。

　一方、改進党も、集会条例などによる政府の弾圧を受けたのは自由党と同じであった。また、自由党との足の引っ張り合いで、組織が弱体化していった。それに伴い、明治17年12月、組織改革をはかることとなったが、会議は紛糾し、解党論まで起こった。最終的には、解党は何とか免れたものの、党首の大隈重信、副党首の河野敏鎌、さらに、前島密[378]などの枢要な幹部が脱党し、組織は壊滅的に弱体化した。『自由党史』によれば、政党として機動しなくなり、政府は改進党を全く恐れなくなったと表現されているほどである[379]。

　これは、しかし、自由党と改進党が完全に消えてしまった、あるいは、機能しなくなったということを意味するものではなかった。その後も、たとえば府県会レベルでは、自由党も改進党も、民権活動をますます活発に展開するようになっていった。また、中央レベルでも、明治19年には、旧自由党員が再び団結しようという動きを見せ、明治20年になると、条約改正の失敗などの影響を受けて、政党活動はますます激しくなっていった。

6. 府県と政党　─官憲の弾圧か？　政党の腐敗か？─

(1) 政党結成の動き？

　板垣退助の「自由党」、大隈重信の「改進党」が結成されると、府県会レベ

---

376)　板垣退助監修『自由党史』（下）46-56頁。
377)　坂本多加雄『明治国家の建設』は「連座を恐れた」としているが（332頁）、それに加えて、この頃、自由党のスポンサーであった豪農たちの景気、たとえば米価暴騰に伴う景気が急激に悪化していたことも、理由として考えられる。
378)　前島密：幕臣出身。1835-大正9年（1920年）。郵便制度の創設者の1人として有名。立憲改進党の結成に参加。後に、東京専門学校（早稲田大学）校長。
379)　板垣退助監修『自由党史』（下）88頁。

ルでも、それに呼応し、政党を結成するという動きが出てくるようになった。もちろん、時間差はあり、政党が組織されるようになったのは、「自由党」と「改進党」が解散してからという府県会も多かった。

　それでも、すぐに、この動きに呼応した府県会もあった。その代表的な所を挙げてみると、まず、福島県会や高知県会を挙げることができるが、この２つの県会は、政党の結成という点に関しては、他の府県とは異なる立場にあったといわなければならない。たとえば、高知県は、板垣退助の本拠地であり、自由民権運動の発祥の地、そして、「自由党」の発祥の地であった。高知県で自由民権が盛んになったのは、もちろん、不平士族が多かったためといってよい。高知県すなわち土佐藩の藩士は、明治政府の創設に多大の貢献をしたにも拘わらず、その見返りがなかった。それどころか、先祖代々引き継いできた家禄まで没収されるという「秩禄処分」に直面したために、明治政府に対する不平が高まり、結果として、出てきたのが自由民権運動であった。言い換えれば、反乱軍を起こしても勝ち目がないために、言論による反発運動、すなわち自由民権運動を展開するようになり、その運動の行き着いたところが「自由党」の結成だったわけである。そうした高知県の独特の事情のなかで、中央政府から多数の部下（地方官）を率いて乗り込んでくる県令に対して、県民から選出される県会議員の多くが、士族出身ではなくても、反感を覚えるのは必然であった。そして、その結果として、いわば自然の成り行きとして、県会の多くの議員が「自由党」のもとに統一される形になったといわれている[380]。

　とはいうものの、高知県会議員の全員が「自由党」の傘下にはいったわけではなかった。「自由党」とは逆に明治政府を支持する政党、すなわち「帝政党」に参加する議員もいたのである。これは、高知県会議員には豪農出身者も多かったはずであり、これらの議員のなかには、県令にではなく、むしろ、不平士族に批判的なものが多かったためではないかと推測できる。

　福島県会の場合は、議長の河野広中が早くから板垣退助などと交流して自由民権運動を展開し、中央レベルでの「自由党」の結成にも参加していたという事情があった。言い換えれば、議長の河野広中が当時の福島県会のリーダー的な存在であり、その影響のもとに、福島県会議員は、自由党という政党組織を

---

380)　朝日新聞社通信部編『縣政物語』世界社、昭和３年、471頁。

県会のなかにつくったのであった。ただ、河野広中がどうして自由民権運動に没頭したのか。これは定かでない。一般には、ミル（ジョン・スチュアート・ミル；John Stuart Mill）の『自由乃理』の影響を受けたからだとされているが、『自由の理』の影響を受けたのは事実だとしても、そこから、いきなり自由民権運動に突入していくとは考えにくい。恐らくは、戊申戦争当時から板垣退助と面識があり、それ以後も交流をはかっていたために、板垣の感化を受け、その影響のもとに、明治政府に対する批判さらには反感を強めていったのではないだろうか。

　栃木県会にも、早くから自由民権運動に突入していた人々がいた。そして、中央レベルで「自由党」が結成されたときには、これらの人々は、すぐに「自由党」に参加した。後に足尾鉱毒事件で有名になった田中正造も、この栃木県から「自由党」に参加したメンバーの１人であり、当時は栃木県会の議員であった。また、同じく、メンバーの１人であった新井章吾は、その後、すぐ（明治15年）に県会議員となっていた[381]。こうしたことからみて、栃木県会が、「自由党」に結びつく議員組織をもつのは、なかば必然だったといわなければならない。栃木県会には、しかし、「自由党」の組織だけではなく、「改進党」を組織した議員もいた。大隈重信が明治15年4月に「改進党」を結成したとき、東京専門学校（早稲田大学）で学んだ横尾輝吉がその結成に参加していたが、その横尾輝吉が明治15年に栃木県会議員となったのである。その後、横尾は、明治27年（1894年）と29年の２回、議長に選出されたことをみてもわかるように、栃木県会の議員として活躍したという。このように、明治10年代の栃木県には、「自由党」と「改進党」の両党が併存していたが、当初は「自由党」が断然優勢であった。しかし、加波山事件や大阪事件で枢要なメンバーが続々と逮捕されたため、「自由党」の党勢が自然に衰え、明治17年（1894年）から５年間は「改進党」が全盛を極めたといわれている。が、明治22年に新井

381）　なお、田中正造は加波山事件に関係したとして明治18年に投獄されるが、同年末に出獄し、そのときに、「自由党」から「改進党」に移った（朝日新聞通信社編『縣政物語』42頁）。そして、翌19年には、栃木県会の議長となった。
　　また、新井章吾は、明治18年に大阪事件で逮捕されたが、明治22年に大赦で出獄し、翌23年に県会議長になっている。もちろん、自由党系の議員であった。この新井章吾の次に栃木県会議長に就任したのは、新井章吾や田中正造などとともに、中央レベルでの「自由党」に参加した中山丹治郎であった。

章吾が出獄すると、「自由党」はその陣容の立て直しに取り組み、翌23年の県会議員選挙では自由党が圧勝した[382]。

　青森県会でも、「自由党」と「改進党」が併存した。まず、明治14年（1881年）に中央で「自由党」が結成されると、当時の青森県会の議長であった本田庸一などが「自由党」を結成。翌15年に大隈の「改進党」が生まれると、県会議員であった大道寺繁禎が「改進党」を結成し、「自由党」と対抗した。それに加えて、寺井純司（県会議員）が中央レベルの「帝政党」に参加したといわれているが、その影は薄かった。明治10年代の青森県会は、実質的には、「自由党」と「改進党」の対峙であった。そして、それまでの青森県会は、旧藩に由来する地域的な対立をしていたが、この2つの政党が組織されると、地域的な対立は解消され、代わって、政党間の対立となったという。ただし、自由・改進の両政党が拮抗していたわけではなく、当初は「自由党は過激だ」という人心のもとに、「改進党」の旗色のほうが優勢であった。薩摩藩出身で青森県の当時の県令であった郷田兼徳（こうだかねのり）（明治15年1月から16年12月まで県令）も「改進党」に対する援助を惜しまなかったといわれている[383]。

　「自由党」と「改進党」の2つの政党が併存する県会は、ほかにも、たとえば新潟県会で明治14年10月に「自由党」が、そして、翌15年に「改進党」が組織され、対峙したといわれているし[384]、また、石川県会でも、明治15年頃から、「改進党」と「自由党」が対峙していた[385]。

　ところで、これらの県会（あるいは県会議員）が、「自由党」と「改進党」の違いをどのように理解して、「自由党」を選び、あるいは「改進党」を選んだのかは、残念ながら、明らかではない。実際には、どちらの政党でもよく、ただ、好き嫌いで、あるいは、その時その時の成り行きで、どちらかを選んだというのが、真相のようにもみえる。しかし、その動機には、共通面があるといわなければならない。その共通する動機として考えられるのは、明治政府に対する反感である。

　たとえば、東北地方には、早い時点で「自由党」あるいは「改進党」を組織

---

382) 朝日新聞社通信部編『縣政物語』、42頁。
383) 同　上、170頁。
384) 同　上、197頁。
385) 同　上、242頁。

した県会が多いが、これは、明治政府に対する反感がその動機となっていることを端的に現しているとみるべきであろう。この地方は、戊辰戦争で、多くの藩が奥羽越列藩同盟を結んで明治政府に敵対したために、明治政府成立後、冷遇されがちであったからである。

もっとも、秋田県の場合は、若干、状況が違っていた。秋田県の大部分の地域は江戸時代の久保田藩を継承した地域であるが、この久保田藩は、戊辰戦争のときに、奥羽越列藩同盟に加わらず、明治政府の側に立った。東北地方では異端児であったわけであるが、これにより、東北地方の他の藩から大変な攻撃を受け、町や村が焼き払われるなど、大きなダメージを受けた。ところが、明治政府が成立したとき、久保田藩（秋田県）が他の東北諸藩と別の扱いをされることはなかった。秋田の人々にとっては、これは、予想外のことであったろう。当然ながら、明治初期の秋田県では、薩摩・長州（ひいては明治政府）に対する反感が強くなった。そして、大隈重信が政府を追い出され、明治15年（1882年）4月に「改進党」を結成したという情報が入ると、県会の議長以下の有力議員が結束して「改進党」を支持し、県会でも、その支部的な政党「秋田改進党」を組織した。明治15年7月のことである。その後、「秋田改進党」は、その勢力を明治20年代の初めまで、燎原の火の如き勢いで拡大していったが、「政府に対する反感」が根底にあるため議員の結束は堅く、他の政党が生まれる余地はなかったという[386]。

ただし、この秋田県の場合も、他の東北諸県の場合も、明治政府に対する反感が政党結成の動機となっていたという点では共通していた。

一方、明治政府の重鎮の出身地である山口県や鹿児島県の県会では、明治政府から派遣されてきた県令（知事）と対立する必要がなかったためであろう。明治10年代には、政党は生まれることがなかった。20年代に入ってからも、たとえば山口県の事例でいえば、当時の中央政府の大立者であり、山口県出身の井上馨が「自治党」という新党を構想すると、議員を含む県下の有力者は競ってその「自治党」に入ろうとし、また、同じく山口県出身で内務大臣をつとめた品川弥次郎が、明治25年に、国粋主義団体で御用政党でもあった「国民協会」の副会長となると、この協会に県下の多くの有力者が籍を置き、さら

386）　同　左、157-8 頁。

には、山口出身の大立者・伊藤博文が政友会を設立すると、これに移るというのが山口県の明治時代の状況であった[387]。

　しかし、自由民権を唱える政党の結成には、すべて明治政府に対する反感が動機となっていたかというと、必ずしもそうではないという指摘もされていたようでもある。たとえば、朝日新聞通信部編の『縣政物語』（昭和3年刊）は、兵庫県会レベルでの政党結成について、次のように解説している。

　「県会議員の政党関係はいつから始まったかというに…明治14年に大隈重信が野に下り、改進党を組織して、板垣退助の自由党と並立して民論の呼応をおっ始めるや、地方政客はそのいずれかへ加わらぬと幅が利かぬような気がしたものであるらしく、兵庫県は…この時挙って改進党に参加した。…本県が改進党の肩入れをしたのはただ『大隈さんがエライ』という考えから出た対人関係だけである」[388]。

　恐らく、こういう実態があったことも確かであろう。その意味では、政党の結成も、ひとつの流行(はやり)となっていたということもできる。とくに、「自由党」と「改進党」の何れを選ぶかという点では、まさに、この朝日新聞の解説どおりだといわなければなるまい。

　しかし、多くの府県会では、流行というよりは、明治政府に対する反感や不満から、明治政府を代表する県令（知事）に対抗する方策として、県会議員が政党を結成したとみるべきである。それが成功したかどうかは、別問題であるが…。

(2) 県令（知事）は政党の懐柔か、弾圧か？

　こうした政党結成の動機からいえば、府県会レベルの政党が、中央政府の出先機関である県令、そして、その配下にある地方官に対して、反感を抱くのは必然であったろう。この結果、県令は、県政の運営で業績を挙げようとすれば、たとえば、当時の国家的な課題であった道路整備をはかろうとすれば、政党の県令に対する反感を上手く処理する必要があった。道路整備をするためには多

---

[387]　朝日新聞社通信部編『縣政物語』、420頁。
[388]　同　上、389-390頁。なお、この文章の執筆者は、昭和3年当時の朝日新聞の寺澤鎮であり、東京朝日新聞記者の栗林貞一が編纂にあたったという。

額の経費負担を住民に強いなければならず、それを実現するためには、政党の合意が必要だったからである。とくに、ひとつの政党の勢力が強いという場合には、その政党に上手く対処しなければならなかった。

それでは、県令はどういう対応をしたのであろうか。ごく大ざっぱに言えば、県令の対処には2つの方法があった。ひとつは、政党を懐柔するというものであり、もうひとつは、政党の弾圧であった。

一般には、第1の政党を懐柔するという方法を採用した県令（知事）が多かったようであるが、この県令の懐柔によって、政党が県令の"与党"（あるいは"仲間"）になってしまったというところもかなりあったようである。その代表例としては、たとえば、明治16年（1883年）に石川県に赴任した岩村高俊県令の対処事例を挙げることができる。

当時の石川県会には「自由党」と「改進党」の2つの政党があった。しかし、勢力が均衡していたわけではなく、「改進党」の勢力が圧倒的に大きかった。そのため、岩村県令は、絶対多数派の「改進党」に接近し、改進党系の汽船会社に不当の県補助金を交付するなど、その懐柔策に取り組んだが、この対処策は見事に成功した。「改進党」が岩村県令の"与党"的な存在となってしまったのである。これにより、岩村県令が、県政の運営を非常にスムーズにできるようになったことは、想像に難くない。

しかし、これはこれで、問題を引き起こすこととなった。県令と「改進党」の"癒着"の度が過ぎ、県令も、さらには「改進党」の県議も、公金を使って、宴会を重ねるなど、好き放題なことをするようになったのである。岩村は、土佐藩出身で、内務省の大書記官から石川県に赴任してきた人物であった。内務省勤務の前は、愛媛県の県令であり、その愛媛県時代は、自由民権論の熱心な主導者として、いわゆる開明派の県令として非常に評判が良かった。ところが、石川県では、県会で絶対勢力を持つ「改進党」と癒着したために、この"体たらく"となってしまったのである。政党を懐柔した県令が悪いのか、懐柔された「改進党」が悪いのか不明であるが、さらには、県令の政党懐柔が必ずしも悪いとは言えないであろうが、しかし、少なくとも、「改進党」が県令との距離を保っていれば、公金が私的に浪費されるというようなことはなかったに違いない。ともかく、岩村が県令（途中から、制度改革で"知事"と名称が変わったが）をしていた明治16年〜23年の石川県は、後に、悪政の時代、"暗黒時代"

201

といわれるようになった[389]。

　もちろん、この石川県の県令と「改進党」の癒着に対しては、もうひとつの政党である「自由党」が激しく非難していた。「改進党」を"官僚党"だとして攻撃し、議場では、テーブルが飛び、椅子が舞うという活劇が演ぜられたこともあった。しかし、「自由党」の勢力は小さく、県会の議決は「改進党」が牛耳っていた。県会議員の選挙で、「自由党」が「改進党」と渡り合えるようになったのは、ようやく明治20年代になってからであった。それに伴い、岩村県令の「自由党」候補者に対する選挙干渉が激しくなったが、明治21年の県会議員の選挙では、岩村県令の悪質な選挙干渉にもかかわらず、「自由党」が多数の議席を獲得することができた。しかし、今度は、議長のポストなどの"餌"に寝返る「自由党」議員が何人か現れ、実際には、「自由党」が多数を占めることができなかった。「自由党」が多数勢力となったのは、この明治21年の選挙後、議員の寝返りなどの波紋で県会の収拾がつかなくなって、22年末に解散。翌23年1月に出直し選挙をしたときであった。この時も、岩村県令の「自由党」に対する選挙干渉があったが、「自由党」は圧勝したという[390]。岩村県令はこの数か月後に石川県を去り、愛知県知事となった。

　この石川県と同じように、秋田県も「改進党」の勢力が圧倒的であった。というよりも、秋田県会の議員の結束は堅く、少なくとも明治10年代の秋田県会には、政党としては「改進党」が存在するだけであった。このため、歴代の県令は、「改進党」の懐柔に取り組んだとのことであるが、「改進党」の県令批判は止まることがなかった。"与党"になって甘い汁を吸うことはなかったわけである。県令は、それでも、機会があれば県会の勢力を弱めようと様々な試みをしたとのことであるが、上手くいかなかった。こうした状況のもとで、明治19年に越前藩出身の青山貞が県令（明治19年の制度改革で県令の呼称が"知事"に変わった）となり、県会と全面的に対立。県会の解散という強硬手段をとり、県会を脅しつけたが、この脅しにも秋田県会の「改進党」は屈することがなかった。それどころか、知事公選の建白書を決議し、中央政府から派遣されてきた知事に、いわば挑戦状をたたきつけた。こうした状態に困り抜いた知

389）　朝日新聞社通信部編『縣政物語』、242頁。
390）　同　上、243-4頁。

事は、今度は、窮余の一策として、「改進党」の有力議員を引っこ抜き、役人に登用するという懐柔策を講じるようになった。当時の地方には、県・郡・町村があったが、その"郡長"に登用したのである。郡長というのは、秋田県会の議員にとっては、大いに名誉あるポスト、魅力あるポストだったのであろう。県令（知事）に対して正面から対抗していた「改進党」の有力議員も、郡長に登用されると、それを引き受け、議員を辞めたとのことである。言い換えれば、この懐柔策は効き目があった[391]。

それでは、県令が採ったもう一つの対応策である政党の弾圧であるが、これは、どのようなものだったのであろうか。明治15年（1882年）1月に福島県令に赴任した三島通庸の処置、後に福島事件といわれるようになった事件をその典型的な事例として挙げることができる。そこで、この事件の顛末を見てみると…。

明治15年当時、福島県では、河野広中（議長）によって結成された「自由党」が大きな影響力を発揮していた。この福島県に、それまで山形県の県令をつとめ、道路づくりを強行したことで名前を売っていた薩摩藩出身の三島通庸が赴任してきたのであるが、三島県令は、まだ、このときは山形県令の在任中であり、その後、半年間にわたって、山形県令と福島県令を兼務した。中央政府がこういう異例の人事をしたのは、恐らく、「自由党」の影響下のもとに自由民権論が蔓延している福島県を何とかしたいと考えていたからであろう。三島自身も自由党撲滅を掲げ[392]、「県下に火付けと自由党を置かない」と豪語していたと伝えられている[393]。

三島県令は、赴任するとすぐに、河野広中の郷里である三春町の町長をはじめ数人の戸長を更迭。同時に、福島県の職員、郡長、さらには警部の数十人を罷免し、代わって、旧薩摩藩士族や旧会津藩士族などを採用した[394]。旧会津藩士属を重用したのは、「自由党」のリーダーである河野広中を嫌う風潮が旧会津藩士に強かったからであろう。河野広中は、幕末の戊辰戦争の際に、三春

---

391) 『縣政物語』、158頁。
392) 坂本多加雄『目地国家の建設』（日本の近代2）、中央公論社、1999年、331頁。
393) 鈴木淳『維新の構想と展開』（日本の歴史20）講談社学術文庫、2013年、210頁。
394) 明治15年11月1日の福島軽犯罪裁判所の判決に、この内容の記述があるが、これは、福島県会の決議報告の内容であるという（宮武外骨『府藩縣制史』昭和16年、236頁参照）。また、朝日新聞社通信部編『縣政物語』、108頁。

藩を説得して、板垣退助が率いる土佐藩兵に合流させ、会津を攻撃したという過去をもっていたのである。また、旧会津藩士族の一部を中心に「帝政党」を結成させるということもした。

　こうして体制を整えた上で、三島県令は、明治15年4月、会津若松から新潟・米沢・日光に通じるいわゆる三方道路の建設を計画。この道路に関係する会津地方6郡の郡長を招集し、郡内86町・493村の代表者を集めて連合会を開催することを指示した。福島県会の審議を回避したわけである。そして、この6郡の連合会で、地元がどれだけの負担をし、住民がどういう負担を担うかを検討させた[395]。代表者となったのは全部で34名、会議期間は3日間であった[396]。わずか3日間で、初めて示された道路建設計画が地元にどれだけ役立つかを理解し、地元がどれだけの負担をするかを決めることができるのかどうか大いに疑問であるが、ともかく、この会議で、6郡が37万円を負担することが決定した。また、6郡の15歳から60歳までの住民は、男女を問わず、2年間、月1回道路建設に従事すること、この建設作業に出ることができないものは1日に付き男は15銭、女は10銭、労役賃として支払うことが決められた[397]。この道路建設費として、予定されていた国費が20万円であった。これを考えれば、この住民の負担金が如何に多額であったか想像できるが、三島県令はこれを強引に決めてしまったようである。

　この県会を無視した道路整備事業の決定に、河野広中をはじめとする「自由党」の面々が反発したのはいうまでもない。6郡連合会の直後に始まった県会の予算審議は大荒れとなった。なかでも河野広中の奮闘は激烈であった。議長の席を副議長に譲り、自席にもどって、真っ向から予算原案を非難攻撃した。そのなかには、三方道路の地方税負担部分も、もちろん、含まれていた。この河野広中をはじめとする「自由党」の攻撃に対し、三島県令の仕掛けで結成された「帝政党」は、当然、予算案を支持して「自由党」に反発したが、多勢に無勢で、予算案はすべて、「自由党」によって否決されてしまった。

　これに対して、三島県令は、直ちに、時の内務卿山田顯義（あきよし）（長州藩出身）に申請し、結局は、予算原案を執行することができた[398]。その意味では、県会

---

395) 朝日新聞社通信部編『縣政物語』、108頁。
396) 鈴木淳『維新の構想と展開』（日本の歴史20）、206頁。
397) 朝日新聞社通信部編『縣政物語』、108頁。

での「自由党」の反発は何ら功を奏しなかったのであるが、しかし、ここから、三島県令の「自由党」に対する弾劾は本格的に始まることとなった。

　その直接的なきっかけをつくったのは、三方道路建設の労役賃に反対する農民たちが、明治15年11月28日に会津の壇上ヶ原に集まり、偶発的に喜多方警察と衝突したことであった。このことで多数の農民が捕縛されたが、それを好機として、三島県令は、逮捕の手を「自由党」にまで及ぼした。12月11日の夜のことであった。この日は大雪だったというが、警官隊は「自由党」の本拠を囲み、河野広中など数十人を捕縛した。容疑は内乱陰謀であった。「自由党」の河野広中、田母埜秀顯（たものひであき）、愛澤寧堅（あいざわやすかた）、平島松尾など6人が5ヵ条の盟約書を作成し、それに血印を押していたが、その盟約書第1条に、「我党は自由の公敵たる専制政府を転覆し公議政体を建立するをもって任となす」とあり、三島県令は、この第1条の"転覆"という文字が内乱を意味するとしたのである。河野広中など「自由党」の面々が、これはただ速やかに専制政体を改革して立憲政体を建設しようという意味であり、何ら内乱の意を含んでいないと抗弁したが、福島の若松裁判所は、三島県令の"ごり押し"を支持。盟約書に血印した6人および数十人の「自由党」員を内乱罪と判定し、東京の高等法院に送致した。高等法院での裁判は、明治16年（1883年）2月12日から行われ、数十回の取り調べの後、河野広中など盟約書に血印を押した6人を除き、他の数十人はすべて免訴釈放ということになった。そして、9月1日、6人に判決が言い渡された。河野広中が軽禁獄7年、残る5人が軽禁獄6年であった[399]。その後、この事件は「福島事件」として、後世に伝えられることになった。

図17　河野広中

　このように、三島県令はいわば圧勝の形で裁判判決を勝ち取ったものの、「自由党」に対する弾圧はそれだけでは治まらなかった。県会が明治15年にすべての予算項目を否決したした際、「自由党」の県会議員が、否決した理由を書

398）　朝日新聞社通信部編『縣政物語』、109頁。
399）　『縣政物語』、109-110頁。なお、なお、河野広中は、明治22年（1889年）に帝国憲法の発布に伴う恩赦で出獄。翌23年には最初の衆議院議員選挙で当選し、明治36年（1903年）には衆議院議長、大正4年（1915年）には農商務大臣になっている。

面で明らかにし、それを県下の住民に配布するということがあったが、これを、三島県令は名誉をいたく傷つけられたとして、予算案の否決に賛成した県会議員を福島軽罪裁判所に告訴したのである。罪名は官吏侮辱罪であった。21世紀の現代の感覚でいえば、これも三島県令の"ごり押し"としか言い様がないが、しかし、この告訴も当時

図18　三島神社；栃木県那須塩原市

の裁判所では認められ、多くの数の議員が禁固刑や罰金刑を科せられた[400]。

　こうした暴力的ともいえる弾圧が功を奏したのであろう。この年以降、福島県会は土木費を原案どおり議決するようになった[401]。「自由党」がすっかりおとなしくなったわけである。

　三島通庸は、こうした福島事件を起こしたこともあって、"鬼県令"として名を馳せているが、しかし、福島県令の次に赴任した栃木県では、死後、三島神社に祭られているのである。ここからみれば、三島が傑出した人物であったことは確かだといわなければなるまい。

7．政府（内務省）の姿勢は？　―山縣有朋の民権運動への対応―

(1) 山縣有朋が内務卿（大臣）に！

　この福島事件に対する中央政府の反応は、もちろん、県令を支持する側であった。というよりも、自由民権運動を展開する民権派の政党そのものに批判的であった。とりわけ、当時、参事院の議長になっていた山縣有朋は、自由民権運動を毛嫌いしていた。

　参事院というのは、明治14年の政変後につくられた機関で、法令案の起草・審議・修正にあたり、地方官と地方議会の権限をめぐる争いを審理する権限も担うという重要な機関であった。この参事院に、山縣有朋は、明治15年（1882年）2月、2代目の議長として就任した[402]。

　山縣有朋は、参事院の議長に就任するまでは、生粋の軍人であり、国家の体制を批判する自由民権運動を毛嫌いするのは当然ともいえたが、この福島事件

---

400)　参照：宮武外骨『府藩縣制史』、236-237頁。宮武外骨は「兎に角、硬派の県会議員は皆ヤラレタらしい」といっている。
401)　参照：鈴木淳『維新の構想と展開』213頁。

が東京高等法院で審理される直前の明治16年1月に、次のような趣旨の書簡を伊藤博文に送っていた。

　いまの日本の形勢は、内憂外患がならびたち、覚悟をして国を治めていく必要があるが、法律は高尚すぎて不完全と言わざるを得ず、世の中の風潮は、架空の論理に夢中である。今の情勢からいえば、政党の処分は一刀両断の措置が必要であり、それをしなければ、国家の独立を危機に追い込むことになる[403]。

こうした書簡に見るように、山縣有朋は、国家を危機に陥れるものだとして自由民権派の政党運動を頭から否定し、「自由党」と「改進党」の勢力が、府県会だけではなく、町村会にまで広がりはじめたのを危惧していた。参事院の職員（議官）に地方を巡回させ、何らかの対策を立てようと考えていたほどであった[404]。その山県有朋が、明治16年（1883年）12月、今度は、内務卿に就任。治安維持の責任者として、具体的には、警察及び地方を統率する明治政府の最高責任者として、君臨することとなった。

　チャンス到来であった。山縣は、さっそく、町村に政党勢力が入り込まないための改革案をつくり、元老院に提案した。具体的には、町村の役場を合併し、ほぼ5町村500戸を以て一役場の管轄区域にし、町村会をこの規模で開くというものであった。もちろん、これだけでは、民権派の政党の影響力を排除できるものではない。そのため、戸長（＝町村長）の公選を廃止して、官選戸長にすることとし、その官選戸長が町村会の議長になるという改革案を提案した。

　この提案は、元老院で問題とされ、"廃案"と決議された。しかし、山縣は

---

[402]　初代の議長は伊藤博文であった。なお、参事院は明治18年12月に廃止された。この参事院のもとに訴えられた県令と府県会の争いは、創設（明治14年）から廃止（18年末）まで、全部で27件あったが、そのうち24件は県令の勝利であり、県会が勝ったのは、わずか3件。『よくよくのことがない限り、常に軍配は県令にあがるに決まっていた』といわれているほどであった（参照：宮武外骨『府藩縣制史』昭和16年、148-151頁）。

[403]　原文は「本朝今日の形勢は内憂外患並至し、日々覚悟致候得共、法律は高尚に失し、殊に不完全のみならず、世之風潮に任ぜられ、兎角架空之論理に沈溺し、百事之所断するは、随分困却至極にこれあり候。目下之情勢にては政党処分は、一刀両断これなくては、我々帝国之独立を永遠に維持する目的は覚束なしと痛心此事に候」（明治16年1月22日付）。（参照：藤村道生著『山県有朋』昭和36年、108頁）。

[404]　上野裕久『市町村議会の起源』信山社、1998年、336頁。

それに屈しなかった。戸長を官選とし、町村会の議長を官選戸長にするのが今日の急務だとして、太政官に「断然施行」を勧告したのである。太政官は、それに応えて、元老院に再度の審議を求めたが、この再議でも、元老院は、戸長を町村会の議長にするのは「従来の慣習に反する」とし、戸長を議長に充てるか、或いは、議員のなかから公選するとするかは、各地方の便宜に任せることにするという折衷案を出した。しかし、山縣有朋も太政官もこれを受け入れず、原案をほぼそのまま押し通した[405]。元老院の決議を無視して太政官の命令だけで「区町村会法」を改正して、戸長を議長にし、また、戸長を官選にした。明治17年5月のことであるが、このことは前述したところでもある。

　明治18年（1885年）12月になると、内閣制度が採用され、太政官制は廃止された。太政官時代も、「内閣」や「閣議」という言葉が慣用的に使われていたが、これ以後、各省のトップは"卿"ではなく、大臣ということになった。太政大臣や右大臣・左大臣はもちろん廃止され、内閣を統べるのは内閣総理大臣（首相）とされ、初代の総理大臣には伊藤博文が就任した。

　山縣有朋も、内務卿から内務大臣となったが、この新しい職責のもとで、山縣は、警察制度の整備・拡充に努力を集中。本署のもとに分署さらに駐在所を設置して警察網を細かく張り巡らし、住民の日常生活のなかにまで警察の監督と干渉を浸透させた[406]。

(2) 外交失敗と新自由民権運動！

　この頃、和歌山県沖でノルマントン号事件があった。明治19年（1886年）10月、横浜港から日本人乗客23人と貨物を載せて神戸港に向かったイギリスの貨物船ノルマントン号が航行の途中で暴風に遭い、紀州沖合で沈没。イギリス人の乗組員27人はボートで脱出したが、日本人乗客は全員が船中に取り残されて溺死したという事件である。当然、この船の船長の責任をめぐって、裁判となった。が、当時は、条約の定めによって、日本に裁判権がなく、英国領事の裁判にかけられた。結果は、船長の罪が認められたものの、刑罰はわずかに禁固3か月という極端に軽いものであった。このため、世論の憤激は激しく

---

405)　参照：上野裕久、前掲書、336頁。
406)　藤村道生著『山県有朋』昭和36年、108-130頁。

なり、そのあおりを受けて、当時、進行中であった外務大臣・井上馨の条約改正の交渉に国民の目が集まることとなった。井上の条約改正交渉は、イギリス公使とドイツ公使が共同提案した改正案をもとにして、条約改正の交渉を進めるというものであった。そして、この英独共同提案のなかに、日本は裁判権を獲得する代わりに、日本の裁判所に欧米の裁判官を任用するという条項があった。こういう内容が判明したために、世論が沸騰。欧米の裁判官の任用というところに、反対が集中した[407]。

このため、井上薫は外務大臣を辞任せざるを得なくなったが、井上の辞任だけでは、事態は治まらなかった。これをきっかけに、全国各地から、自由民権の運動家たちが東京に集まり、政府の施策を批判するという動きが出てきたのである。ある者は元老院に建白書を出し、ある者は元老院の議官を自宅に訪ねるなどして、政府の施策の改善を要請したが、これらの建白書の基盤になったのは、板垣退助が明治20年（1887年）7月に伯爵を授けられ、その翌月、伯爵の肩書きのもとに、天皇に提出した意見書であった[408]。

もちろん、板垣の意見書の丸写しではなく、建白書では、内容が3つに絞られていた。ひとつは、国税（地租）の使い方に対する批判であり、第2は、言論集会の規制に対する批判、そして第3は、条約改正という外交の失敗に対する批判であった。たとえば、これらの建白書の代表的なものとして引用されることが多いのは、高知県の旧「自由党」系の民権運動家が明治20年（1887年）10月に元老院に提出した建白書であるが、それをみると、次のような内容であった[409]。

第1に、財源の使い方があまりにも出鱈目であると批判。そして、「冗費を淘汰し、官員を減じ、俸禄を削り…大臣各自の官邸を建築するが如き費えを省き…彼の踏舞の夜会の宴を張り、驕奢淫逸の俗を成すが如きの風を矯め、百事簡約倹素」すれば、租税で徴収した財源は大幅に余るとし、それを根拠に、地租（租税）の軽減を求めていた。この批判のなかの「踏舞の夜会の宴を張り、驕奢淫逸の俗を成す」という部分は、井上外務大臣が推し進めた鹿鳴館でのダ

---

407) 原田智彦、奈良本辰也など『読める年表・日本史』自由国民社、1990年、859頁。
408) 同　上、861頁。なお、板垣退助のこの意見書は、秘密出版によって、全国に広まったという。
409) 板垣退助監修『自由党史』（下）299-315頁。

ンス・パーティを指していたのはいうまでもない。

　第2に、政府は、「在野の志士が危激(きげき)の言論を放ち、以て政府を攻撃する」という懸念のもとに、新聞条例や集会条例の制定によって言論集会を厳しく取り締まっているが、これを改善しない限り、まともな国の運営ができないと批判し、言論集会を自由にする必要があると要請していた。

　第3は、政府が進めようとしている条約改正は、かえって、日本の国を危機に陥れるものだという批判であり、「外交失策を挽回」しなければならないという内容であった。

　こうした民権運動家の士気を、旧「自由党」の副党首格であった後藤象二郎が、ますます昂揚させたようである。後藤は、明治20年（1887年）10月3日、民間の政客約70人を東京芝の三縁亭に招いて懇談会を開催。その懇談会で、旧自由党と改進党は、合同して政談演説会を開くということに合意し、10月9日・10日と連合演説会を開いた。そして、11月にはいると、これらの民権運動家が団結しようということになった。そこには、旧「自由党」や「改進党」の運動家だけではなく、学生も加わるようになり、また、新顔の血気盛んな壮士も加わっていたという。高知県の建白書などで示された3つの要求は、「三大事件建白」といわれるようになっていたが、この「三大事件建白」がこの新しい民権運動（あるいは政党結成運動）の要求内容を最も適格に表現していると位置づけられた。そして、この示威運動に参加するために、2,000人を越える壮士や学生が東京市内に集まってきた[410]。

(3) 山縣有朋の民権運動弾圧　―保安条例の制定！―

　これは、治安維持の最高責任者である山縣有朋にとっては、大変な事態であったろう。それでなくても、自由民権運動を危険視していた山縣にとって、2,000人を越える民権家が集まり政府の施策を批判するという示威運動は、到底、容認できるものではなかったに違いない。

　しかも、民権運動家たちは、明治20年12月末に、何人かの代表者を選出し、それらの代表者が相前後して伊藤博文総理大臣に面会を求め、「三大事件建白」

---

410)　『読める年表・日本史』860-1頁。

をするという計画を立てていた。面会が拒まれた場合には、座り込みをし、「警察官来たりて、暴力に訴えてこれを引致せば、其の引致するに任せ、軍隊来たりて、武器を以て之を掃蕩せば、其の掃蕩するに任せ」る予定であった[411]。こうした無抵抗の運動は、もし実現に移されれば、政府あるいは政府の治安責任者である山縣に、大変な痛手をあたえたことであろう。

そのため、山縣有朋は、急遽、「保安条例」（勅令）を制定した。明治20年12月25日のことである。この勅令は、12月25日に制定公布され、即日施行ということにされた。翌26日、この日は、民権運動家が総理大臣に面会を強要する予定日であったが、官報の号外で「保安条例」の公布を公表。すぐに、民権運動家570人の仮住まいを警官が訪れ、召喚状を示して警察署に引致し、24時間ないし3日以内に「皇居から3里以外の地」に退去することを命じたという[412]。治安を妨害する恐れがあるために、追放するという「保安条例」第4条にもとづく処置であった[413]。いわゆる江戸時代の所払いと同じ刑であるが、追放期間は短いもので1年、長いものは3年であった。裁判は行われず、警察から一方的に退去命令を渡されただけであった。

もっとも、高知県の片岡健吉などのように、この退去命令を拒絶したものが十数人いた。もちろん、これらのものの言い分は通らず、翌27日に、「保安条例」第4条第2項にもとづいて、禁錮3年の刑に処せられた。裁判は行われなかった[414]。

これが、山縣有朋内務大臣の採った措置であった。そして、その山縣が、町村制度及び府県制度の抜本的改革に取り組むことになったが、その目的が奈辺にあったかはあきらかというべきであろう。

---

411) 板垣退助監修『自由党史』（下）329頁。
412) 同 上、330-3頁。
413) 保安条例（勅令第67号）の第4条は次のように定められていた。
「皇居又は行在所を距る三里以内の地に住居又は寄宿する者にして、内乱を陰謀し又は教唆し又は治安を妨害するの虞ありと認むるときは、警視総監又は地方長官又は内務大臣の認可を経、期日又は時間を限り退去を命じ、三年以内同一の距離内に出入寄宿又は住居を禁ずることを得」。 また、第2項として、次の規程があった。
「退去の命を受けて期日又は時間内に退去せざる者、又は退去したるの後更に禁を犯す者は一年以上三年以下の軽禁錮に処し、仍五年以下の監視に付す」。
414) 板垣退助監修『自由党史』（下）、332頁。

第8章 地方制度の確立
―市制・町村制、府県制の制定―

1.「町村法案」の制定と不採択

　山縣有朋は、明治16年（1883年）12月に内務卿に就任すると直ぐに、しかも、矢継ぎ早に、自由民権運動・政党活動が町村レベルに入り込みにくくする装置を設定した。前述の町村役場の合併、戸長（＝町村長）の官選、町村会の議長を戸長にするなどがその代表的なものであったが、山縣にとっては、これらの装置はまだまだ満足のいくものではなかった。もっと、抜本的な制度の確立が必要だというのが山縣の発想であった。

　そこで、内務卿に就任した1年後の明治17年12月、「町村法調査委員」を任命した[415]。

　"官"の領域だと設定した分野のなかに、"民"が入ってこないように、言い換えれば、自由民権運動・政党活動が町村会のレベルに入ってこないようにするためであった。外国の法制も参照しながら、"官"の領域を明確にした確固たる町村制度を整備しようとしたのである。そして、この「町村法調査委員」として、当時の内務省の官吏で、山縣有朋のお気に入りであった白根専一[416]、清浦奎吾[417]、山崎直胤[418]、大森鍾一[419]、久保田貫一[420]の5人を指名した。

　5人の委員は、数か月の検討の後、「町村法草案」と題する法案を作成し、山縣内務卿に提出。明治18年6月のことであった。その後も修正を加え、途

415）　この「町村法調査委員」の1人であった大森鍾一が、後に、この時の状況を次のように説明していた。
　　「議事機関の組織、地方経済の状況等皆年を逐うて発達せり。爾来民智著しく開発し、政論亦喧囂を極むるに至るも、当時地方の制度、法令尚簡易にして、官民の権域明劃ならず。動もすれば上下権能の範囲を蹂越し流弊これに伴うて起こるも能く之を制するの道なし。一面は代議制の著実なる発達の機運を促進し、一面は弊害を将来に杜絶するの必要に応ぜんが為めに細密完備なる制度條章を制定するの已む可からざるに至れり」。
　　（大森鍾一・一木喜徳郎 共編、『市制町村制史稿』元元堂書房、明治40年、9頁）。
416）　白根専一；長州藩出身。1850年生まれ。この後、明治20年（1887年）1月に設置された地方制度編纂員（市制町村制の制定準備委員会）の書記官となり、明治22年に愛媛県知事、すぐに愛知県知事になり、明治23年（1890年）の山縣内閣のもとでの内務次官に就任している。

中で、法案の題名も「町村法」から「町村制」と改められたというが[421]、ここでは「町村法草案」のままで説明することにしたい。

　この「町村法草案」には、ひとつの大きな特色があった。町村長を「戸長」とし、その「戸長」を府県知事や郡長の強い統制下に置いた上で、「戸長」に非常に大きな権限を与えようとしたのである。「町村法草案」によると、「戸長」の最大の任務は、中央政府が定める法律命令を執行し、また、府県知事の命令を執行することにあった。そして、この執行をする際には、府県知事・郡長の指揮監督を受けなければならないとされていた。

　（町村独自の業務だと判断できる）公同事務については、「戸長」に処理する権限があるとされていたが、この業務についても、府知事県令および郡長の監督を受ける必要があった。"指揮監督"と"監督"が具体的にどのように違うのかという点については定かでないが、いずれの場合も、「戸長」が県庁や郡庁の強い統制を受けることを前提としていたといってよい。そして、この「戸長」は、これらの業務を遂行するにあたって、町村内の取り締まり規則を定めることができ、それに従わないものには、科料を科すことができるとされていた[422]。

　また、「戸長」には町村会の議長として会議を仕切る権限が与えられ、さらに、町村会の議決が治安を害する恐れがあると判断したときは、その会議を中止することができるという権限も与えられた。「戸長」が町村会の議長になる

---

417) 清浦清吾：肥後（熊本県）出身。1850年生まれ。内務省の小書記官や参事院の議官補などを経た後、明治17年（1884年）、山縣内務大臣の引きで、全国の警察を統括する内務省の警保局長に就任。その後、山縣が司法大臣になったときは司法次官になり、また、大正11年（1922年）には内閣総理大臣となる。

418) 山崎直胤；豊前（大分県）出身。明治5年（1872年）フランスへ出張。ウィーン万国博覧会事務官などを務め、明治8年帰国。明治15年（1882年）、各国憲法の視察に赴いた伊藤博文いっこうに加わり欧州へ出張。翌年、帰国。明治18年6月には内務省県治局長に就任し、その後、山梨県知事、三重県知事などになる。

419) 大森鍾一：幕臣出身。法制局、太政官などを経て、明治11年（1878年）内務省に移り、山縣内務大臣秘書官、県治局長、警保局長、長崎県知事、京都府知事などを歴任。

420) 久保田貫一：但馬豊岡藩（兵庫県豊岡市）出身。明治12年（1879年）外務省に入りロンドン勤務。以後、参事院、内務省、内務大臣秘書官などを経て、埼玉県知事、和歌山県知事などを歴任。

421) 亀掛川浩『自治五十年史』文生書院、昭和15年、91頁。

422) 同　上、90-98頁。

ことは、山縣有朋内務卿のもとで、明治17年に「区町村会法」が全面的に改正され、すでに、実現していたが…[423]。

このように、「町村法草案」は、府県知事や郡長を批判する者、ひいては明治政府を批判する者の排除を意図するもの、いわば民権運動などの「民」の力が町村内に入ってくることを露骨に拒む法案であった。まさに山縣有朋内務卿（内務大臣）の意に沿う法案といえた。しかし、山縣はそれをそのまま採用するということはしなかった。

恐らくは、当時の明治政府が置かれていた立場が、この「町村法草案」を採用できる状況になかったためであろう。当時の明治政府は、江戸時代に締結された欧米各国との不平等条約を全面的に改正し、"対等の条約"にすることを最大の課題としていたが、それを実現するためには、法令も、近代国家の法令としての体裁を整える必要があったのである。

そのため、「町村法草案」を作成する途中で、その作成委員（町村法調査委員）の１人であった大森鍾一をドイツに派遣し、ドイツの市町村（ゲマインデ；Gemeinde）に関する法制の調査をさせていた。大森は、明治18年（1885年）の夏に出発、それから約２年間、ドイツに滞在し、ゲマインデ（市町村）の役所で実務を体験。その傍ら、明治18年10月21日から19年2月10日まで42回にわたり、モッセ（Albert Mosse）の講義も受けた[424]。

そのモッセが明治19年（1886年）に政府の"お雇い外国人"として、言い換えれば、政府の"顧問"として来日した。これは、ベルリンに公使として長く滞在した経歴を持つ当時の外務次官・青木周蔵、さらには、ドイツに長く滞在したことのある当時の逓信次官・野村靖の両氏が、モッセを日本政府に推薦したためではないかと大森鍾一は語っている[425]。

山縣有朋は、さっそく、このモッセに、「町村法草案」についてのコメントを求めた。しかし、モッセは「町村法草案」に目を通さなかったようである。あるいは、「町村法草案」についての説明を理解できなかったのかもしれない。ともかく、「町村法草案」そのものについては、モッセは何らコメントをせず、

---

423) 同 上、72-73頁。
424) 大森鍾一「自治制制定の顛末」、全国町村長会編『自治行政参考資料』所収、昭和3年、36頁。
425) 大森鍾一「自治制制定の顛末」36頁。

代わりに、こうした法案を制定する際の方法論についての意見書を提出した。地方の制度は、町村の制度だけではなく、上級の団体すなわち府県や郡の制度を含めた地方制度全体の構想、すなわち「地方制度編纂綱領」をまず定め、それを閣議決定し、天皇の裁可を仰ぐべきだという意見書であった。大綱が決まれば、個々の法律は細目を整理するだけとなり、町村の制度と上級地方団体の制度の間で齟齬が生じることもなくなるとしたのである。明治19年（1886年）7月22日のことであった[426]。

　山縣は、このモッセの意見書に深く共鳴したという[427]。そして、以後、モッセが示す指針にしたがって、法案作成を最初からやり直すということになった。

2. 地方制度編纂員の設置

　山縣は、明治20年1月、モッセの進言にもとづいて、まず、地方制度の法案を検討するための委員会である「地方制度編纂委員」を設置した。委員長には、山縣内務大臣自身が就任。委員には、当時の青木周蔵外務次官、野村靖逓信次官、芳川顕正内務次官、そしてモッセが任命された。内務次官は地方の統治を管轄する内務省の官吏のトップであることからいえば、芳川内務次官がこの「委員」に就任したのは当然といえたが、他の日本人の2人の「委員」は、ひとりが外務次官であり、もうひとりは、明治18年（1885年）に設置された郵便・電信・電話などを担当する逓信省のトップの官吏であった。その2人が、地方制度を定める「委員」に就任するというのは、現在の常識からいえば、信じがたい人事である。恐らく、当時の日本でも、不可思議な人事だったのではないだろうか。また、この他に、モッセというドイツ人を委員に任命しているが、これは、もっと"奇異"なことだったといわなければなるまい[428]。

---

426) 山縣有朋は、モッセだけではなく、明治11年（1878年）以来、"お雇い外国人"として日本に滞在し、明治憲法（大日本帝国憲法）の制定準備に貢献していた同じくドイツ人のロエスレル（Hermann Roesler）にも、この「町村法案」に関して、意見を問うていた。そして、ロエスレルは「町村法案」を解読・分析した上で、モッセの意見書から3か月遅れて、明治19年（1886年）10月23日に、詳細なコメントを記述した意見書を提出した。
427) 亀掛川浩『自治五十年史』、109頁。
428) 大森鍾一「自治制制定の顛末」36頁。なお、この委員会の名称は「地方制度編纂委員」となっており、「委員会」とはなっていない。

この「地方制度編纂員」には、これらの委員の他に、白根専一、大森鍾一、荒川邦藏の３人の書記官を配置した。この７人で地方制度の改革案を検討することになったわけであるが、この書記官のひとりであった大森鍾一も、モッセの委員就任については、後の講演で、「モッセ氏は独逸人であって日本の斯かる法律の編纂に参与したに就いては、諸君は奇異の感をもたれるかも知れぬ」と話していた。恐らく、誰が考えても、日本の事情にほとんど通じていない外国人を「委員」に任命したのは"奇異"なことであったのだろう。

　それでは、山縣内務大臣は、なぜ、このような人事をしたのであろうか。書記官であった大森鍾一は次のようにいう。

　「独逸の自治の制度に則って、わが国の制度を修飾したい。斯ういう意見であったと思います。それで、其の当時、独逸に於いて其の道に最も詳しい人をひとり求められたのがモッセという人」[429]。

　要するに、山縣内務大臣は、自由民権運動・政党活動が町村レベルに入ってこないようにするための制度改革を考えるようになった最初の段階から、ドイツの制度の導入を意図しており、そのために、モッセに日本に来てもらったと、大森鍾一はいうのである。このことからいえば、モッセを中心にして、制度改革をしていくというのが、山縣内務大臣のねらいであり、モッセを「地方制度編纂委員」に任命するのは当然であったといわなければならない。

　また、同じく「委員」に任命された青木周蔵外務次官は、公使として長い間ベルリンにいた人物であり、野村靖遞信次官も長くドイツにいた人物である。そして、この２人が、そもそも、モッセを推挙したのだといわれている[430]。そのことからいえば、モッセを支援するために、この２人を「地方制度編纂委員」に任命したとみるべきであろう。

　また、委員会の書記官になった大森鍾一も、前述したように、２年近くドイツに滞在し、その間に、モッセの講義を受けた人物であった。しかも、そのときに、大森自身が筆記したモッセの講義ノートを日本に持ち帰り、日本の研究者の研究に寄与したとのことである[431]。要するに、モッセの信奉者であった。

---

429) 大森鍾一「自治制制定の顛末」36頁。
430) 同　上。
431) 亀掛川浩『自治五十年史』、114頁に、この講義ノートにもとづいて研究したという記述がある。

こうして、「地方制度編纂委員」は、まず、地方制度全般にわたる「綱領」の審議に入ったが、この委員会の審議に先立ち、モッセが自ら「綱領」の原案を起草し、明治20年（1887年）2月1日に山縣委員長に提出した。この原案は、委員会の審議で、多数の修正をされたといわれているが、そのほとんどは、翻訳の修正であり、モッセが起草したドイツ語の原文にはあまり変化がなかった。大きな改正点としては、せいぜいのところ、次のような点を挙げることができるくらいである。

　たとえば、モッセの原案では、県郡町村の位置づけ・権能があまり明確でなかったが、それが委員会の審議の過程で、次のように、明確にされた。

　「県郡（注）及び町村は法律命令を遵奉し、且つ法律上に規定したる官の監督を受けて、固有の財産及び法律の範囲内に於いて自ら負担したる事務、並びに法律に依りて負わされたる事務を専裁管理するものとす」（注；この郡は、郡と市を意味する）。

　また、市長の選任方法は、モッセの原案では、市会が選挙した者を天皇が裁可するとなっていたが、それを、内務大臣の上奏によって天皇が任命すると改められた。「市」と「郡」を同等のものとしたことから、「市長」と「郡長」を同じ位置づけにし、「郡長」にあわせて「市長」をも官選にしようとしたわけである。

　さらに、モッセの原案では、町村会の議長については何ら明示していなかったが、委員会の審議では、町村長が「町村会の議長となり、且つ議決に加わるものとす」と明示した。これは、当時の町村会の議長が戸長（町村長）であったという現実にあわせたものであろうが、モッセの構想を実質的に修正したのはこれくらいであった[432]。

　そのほかの内容は、モッセの原案を全面的に受け入れ、それを「地方制度編纂委員」の制度改革の大筋、すなわち「綱領」とした。そして、明治20年2月24日、この「綱領」が閣議にかけられ、決定された。

　いよいよ、この「綱領」にもとづき、町村の仕組みや府県の仕組みを変革するための個別の法律を制定することになったわけである。しかし、山縣内務大臣は、すぐには法案作成に取りかからず、その前に、地方長官（知事）を東京

---

[432]　これらの改正については、亀掛川浩『明治地方制度成立史』柏書房、1967年、49-82頁。

に招集し、「綱領」に関する意見を聞くということをした。明治20年3月にこの会議が開かれたが、この当時は、もちろん、交通網は整備されていない。各府県から地方長官（知事）が東京に集まるには、日数をかけなければならず、それに要する経費も莫大であった。

　それにもかかわらず、なぜ、地方長官の意見を聴取したのであろうか。明治政府の最初の地方制度である明治11年の三新法、すなわち、郡区町村編制法、府県会規則、地方税規則を、大久保利通が制定したときに、地方官会議を開き、地方官の意見を聞いたということを、山縣が意識したためだと推測できる[433]。いわば、過去の形式にしたがったわけである。事実、山縣の地方長官からの意見聴取は"お座なり"で、形式的であった。大久保利通と同じようにするというポーズをとっただけともいえた。そして、この明治20年3月に地方長官から聴取した意見が「綱領」の修正を求めるものであったため、言い換えれば、山縣の意向に沿うものではなかったため、というよりも、モッセの意向に沿うものでなかったため、山縣は、これを完全に無視し、次の個別の法律を制定するというステップ、すなわち、市制・町村制などの個々の法案の作成段階に進んでいった。

　その後、明治20年9月に、この市制・町村制の法案ができあがったときには、これについて、地方長官の意見を聞くべきか否かが、閣議で問題にされたという。しかし、山縣内務大臣は、「綱領」段階での地方長官の反対に懲りたためであろう。地方長官の意見の聴取に反対し、結局、地方長官の意見は聞かないということになった[434]。市制・町村制の法案も、実質的には、後述するように、モッセによってつくられたものであったが、山縣有朋はそのモッセの法案を、いわば鵜呑みし、閣議決定でも"ごり押し"したわけである。

3. 「地方制度編纂委員」はモッセ草案の翻訳委員会？

　モッセが起草した法案は、もちろん、日本語ではなく、ドイツ語であった。これを、「地方制度編纂委員」の書記官であった荒川邦蔵が翻訳。その翻訳版が、明治20年7月13日から開かれた「地方制度編纂委員」の委員会で審議された。

---

433) 三新法の制定と「地方官会議」の関係については、第6章を参照。
434) 亀掛川浩『明治地方制度成立史』85頁。

このモッセの草案では、原則的には、市と町村は共に「ゲマインデ(Geminde)」として位置づけられていた。「ゲマインデ」には、「Choson(町村)」と"都市"である「Si (市)」の２種類のものがあり、「Choson (町村)」は"郡"の監督下に置かれるが、「Si (市)」は"郡"から独立した地方団体である。しかし、「Si (市)」と「Choson (町村)」の権限や仕組みは、ともに、「ゲマインデ」の権限・仕組みとして定め、必要がある場合にのみ、「Si (市)」独自のシステムとして定める。これが、モッセの草案の特色であった。

　荒川書記官は、この「ゲマインデ」を"自治部落"と翻訳。また、「ゲマインデ」の議会（Gemindevertretung）を"部落会"と訳し、モッセの草案を『自治部落制草案』としていた。委員会の審議では、２か月ほどの時間をかけて審議したが、そのほとんどの時間を、これらの翻訳語句に修正にかけたようである。委員会が修正した大きな内容として指摘できそうなのは、モッセの草案である『自治部落制草案』を「市制」と「町村制」のふたつに分け、市のことは「市制」で、また、町村のことは「町村制」でさだめることとしたという点である。しかし、市と町村の区分は、モッセの草案でも、「Si (市)」と「Choson (町村)」として明記され、必要がある部分については、それぞれ、別々の規定をもうけられていたということをみれば、形式的には、劇的に大きな修正があったように見えるとしても、実質的には、ほとんど変わるところがなかったといわなければならない[435]。

　日本の中央政府の組織は、明治18年12月に、それまでの太政官制度が廃止され、内閣制が採用されていたが、その初代の伊藤内閣が、この当時はまだ続いていた[436]。モッセの草案は、「地方制度編纂委員」（委員会）での審議の後、明治20年９月17日、この第１次伊藤内閣に提出された。首相兼外務大臣は伊藤博文、内務大臣は山縣有朋、農商務大臣は黒田清隆、大蔵大臣は松方正義、等々がこの伊藤内閣の顔触れであったが、この伊藤内閣の閣議で、草案の規定はいくつか修正された。

---

435) 亀掛川浩、『明治地方制度成立史』も「一つの法律が二つの法律に分かれた関係から、表現上に多少のちがいはあるけれども、実質上の変化を見るべきものはない」と説明している（110頁）。
436) 明治18年12月22日に成立した伊藤博文を首相とする第１次伊藤内閣は明治21年４月30日まで続いた。

たとえば、モッセの草案では、市町村に新たな事務を委任し、あるいは、住民に新たな負担を課する場合には、"法律"で定めなければならないとなっていたが、伊藤内閣は、これを、法律だけではなく、"命令"でも定めることができるように修正した[437]。

　ほかにも、市町村会の権限を弱体化するというような修正もあった。これらの修正は、中央政府の市町村の統制をやりやすくするもの、言い換えれば、自由民権運動の市町村会への浸透を防ぎやすくするものという点では、重視するべき修正ともいえた。しかし、モッセが作成した草案の全体的な趣旨は、中央政府が定めた政策を、中央政府の意向に沿って、市町村に自発的に実施させるというところにあり、その意味では、これらの修正は、基本的にはモッセの草案の趣旨にしたがうものであった。いわば、枝葉末節の修正に過ぎないともいえるものであった。もっとも、たとえば、市長の選出の仕方を市会の選出から、官選に変えたというように、例外的に、枝葉末節と言い難い修正もあったが、こうした修正はごくわずかであり、全体的には、モッセが作成した法案に全面的にしたがうものであったといってよい。

4.　元老院での"論議"

　モッセの草案は閣議で、「町村制」および「市制」の法案として、採用された。前述したように、地方官会議にかけられることはなく、すぐに、元老院の審議にかけられた。

　元老院は、明治20年（1887年）11月22日、先ず、「町村制」を審議する第1回目の会議を開き、その2日後、「市制」を検討する会議を開いたものの、その後の審議は、まずは、「町村制」に集中。それが終わってから、「市制」の本格的な検討に入った。とはいっても、モッセの草案はもともとはひとつの法案であった。それをふたつに分けたものであったため、「町村制」と「市制」の内容には共通するところが多かった。したがって、それらの共通部分については、「市制」の検討の際に省かれたのはいうまでもない。

　この元老院の審議は、その議事録を見る限り、「市制」・「町村制」の法案がモッセの草案の"翻訳"であることを当然のこととして認め、その上で、審議

---

437)　この伊藤内閣による修正については、亀掛川浩『明治地方制度成立史』116-129頁参照。

をしていたようである。議官のなかには、次の尾崎三良[438]の発言のように、翻訳の出来が良いことを絶賛する者もいた。

「此の町村制並びに市制の両案は是迄の翻訳文と同様に非ずして、其の精神も首尾貫徹し全体の気脈も相通じ、翻訳文の中にては頗る好く出来たる者と言わざるを得ず。全体を通読して細かに意味を考うるときは、幾分か変な所も見ゆれども、其の所謂変な所は僅々たる少数に止まれば…」[439]。

ただし、尾崎議官も、「然らば直ちに此の案の儘に施行して可なるやと言うに、是れは本官も可なりとは言い難し」[440]というように、部分的な修正を求めていた。

また、法案そのものを否定し、"廃案"を主張する議官が少なからずあった。反対の理由は様々であった。たとえば、津田真道[441]は、外国の制度、外国人の発想をそのまま日本に導入するのは問題だとして、次のように、廃案を強く主張していた。

「若し俄に彼に学ばんとするときは乃ち第二の埃及国を見るに至らん。夫れ埃及王たる、其の国の制度・文物の遠く欧州文明国に劣りたるを愧じ、盛んに欧人を聘し、熱心改良を企図し…百般の事業に着手せしも、未だ其の功成らざるに…其の王室は身代限りの如くに陥り、遂に其の王位を保つ能わざるに至れり。是れ畢竟我を知らず彼を知らず、妄りに欧州の制度文物を羨望せしの致す所にして、王位の貴きを斥けられ、愍む可し、幽囚の身と為り、国も亦随って疲弊し、独立の対面を傷い、他国の管理を受くるに至れるなり」[442]。

また、なぜ、市町村の制度だけをあわててつくろうとするのかという点に焦点を当て、廃案を主張する発言もあった。たとえば、加藤弘之[443]は、国会開

---

438) 尾崎三良はロンドン留学の経歴があり、ロシア駐在一等書記官、太政官大書記官などを歴任した後、明治18年に元老院議官。明治23年には貴族院議員、翌年、法制局長官。なお、憲政の神様と言われた尾崎行雄は娘婿。
439) 明治法制経済史研究所編『元老院会議筆記』第29巻 後期、元老院会議筆記刊行会、昭和59年、87頁。
440) 同 上。
441) 津田真道は幕臣出身。幕末にオランダに留学しライデン大学(Universiteit Leiden)で数年間学んでいる。明治23年の第1回衆議院議員選挙で東京から当選し、初代副議長となる。
442) 明治法制経済史研究所編『元老院会議筆記』第29巻 後期、67-8頁。
443) 加藤弘之は出石藩(兵庫県豊岡市)の藩士に生まれ、学問で幕臣になる。維新後は政府の外務省の官吏(外務大丞)となり、明治20年当時は元老院議官。後に、東京帝国大学の

設前に慌てて地方制度の法律を制定したとしても、後に問題を生じさせるだけである。ここは、ひとまず、「市制」「町村制」を"廃案"にし、じっくりと時間をかけて、市町村レベルの法律だけではなく、郡や府県の法律、さらには、民法・商法など住民の生活に関連する法律を含めた全体的な法制度を検討するべきであると主張していた[444]。

　こうした批判は、自由民権運動が市町村レベルに入ることを阻止するための装置（法律）を、国会が開設される前に、言い換えれば、国会が法律制定権を握る前に、何が何でも、創っておきたいと考えている山縣有朋にとっては、痛いところを突かれた批判であったろう。恐らくは、正面から反論できなかったはずである。事実、元老院での政府（内閣委員）の答弁は、外国の模倣、外国人による法案の制定については何ら触れることがなかった。また、国会開設前にあわてて制定する必要がないという批判についても、曖昧な返答に終始していた。たとえば、白根専一（内閣委員）の回答は、次のように、中身のない回答であった。

　「本案は最も国会開設準備に関係あり。又、条約改正にも重要なり。本制にして整然行わるるに非ざれば、施政上百般の事、皆緒に就かざる可し。…之れを察せずとは、方今の地方情態に照らし、本官は殆ど涙出んとす」[445]。

　しかし、議官のなかには、法案の表面だけを見て、あるいは、一部の内容だけを見て、"外国の模倣"ではないどころか、日本古来の慣習を引き継ぐものだと主張し、政府の法案に積極的に賛同する議官もいた。というよりも、それらの議官の方が圧倒的に多かった。たとえば、山口尚芳[446]はいう。

　「文章の結構、稍〻欧州風に似たるも、其の精神は日本固有物にて、日本の名物と云うも不可なし。…我が国、昔時、町村の風習たる庄屋の選任は公選に就り、各個人連印して願書を出し、以て代官所の認可を請えり。…庄屋の外、年寄と名づくる者あり。又、組頭と唱うる者あり。是れ本案の助役に彷彿た

　　2代目の総長となる。
444)　明治法制経済史研究所編『元老院会議筆記』第29巻 後期、45-8頁。
445)　同　上、61頁。
446)　山口尚芳は佐賀藩士出身、明治4年の岩倉具視を全権大使とする「使節団」では副使として明治6年9月まで各国を訪問。明治8年に元老院議官。

り」[447]。

　また、山口尚芳は、全体的な法制度の整備よりも、次のように、先ずは、市町村の制度の整備だと反論していた。

　「一町村は即ち一町村にして全国に関せず。独立強固なるを要す。此の案は決して民法商法に関する者に非ず。…仏独学者の説にも、我が山陽の言にも、治国の要(かなめ)は地方制度より先にす可しと云う。是猶(なお)碁を囲むが如し。碁盤の設けなくしては、碁を試む可らず。地方安寧を図るには先ず此の法案を第一に発す可し」[448]。

　このように、法案の表面的な表現を根拠にして、政府案に賛同する議官が多かったが、一方では、表面的な表現の裏に隠れた法案の本質を見抜き、法案の"見直し"を要請する議官もいた。井田譲[449]議官であった。井田は言う。

　「直言せば、自治慣習等の文字を以て人民を喜ばしめ、裏面より各条を以て其の喜びを殺(そ)ぐの思いあらしむるは何ぞや。例えば、町村は従来の区域を存するも、戸長即ち町村長の職務には旧慣を用いざるが如し。何となれば、本案にては、町村長の職務を明定し、之れを公選と為せども、其の実、恰も純然たる官吏の姿を描き出したればなり」[450]。

　要するに、町村長は「公選」されると定められているけれども、その職務は、国の出先機関の職務であり、それが法律で明確に定められている。これでは、町村長は、「自治機関の司」ではなく、「純然たる官吏」すなわち中央政府の役人であり、そうした「官吏と同様なる者」を町村の長に充て、「以て自治を遂げしめんとするは覚束なきに非ずや」[451]と、井田譲議官は、批判したわけである。

　その上、町村長の仕事は、"日の出から日没まで"仕事をしても、まだ時間

---

447)　明治法制経済史研究所編『元老院会議筆記』第29巻 後期、50頁。
448)　同　上、62頁。
449)　井田譲は大垣藩士出身。陸軍の軍人であったが、オーストリア、フランスなどでの外交官勤務をも長く、1883年に元老院議官となる。
450)　明治法制経済史研究所編『元老院会議筆記』第29巻後期、元老院会議筆記刊行会、昭和59年、75頁。
451)　同　上

が足りないほどの"繁務"であるにもかかわらず、無給であるという点を挙げ、「無給を以て殊に繁劇なる事務を処理せしむるは道理に反するのみならず、又大いに自治の精神に背けり」と主張した。さらに、法案は、町村長の職を勝手に辞退した者は、公権を停止され、町村税の増税という制裁を科せられるというような、"イヤラシキ"条文を定めているのは大いに問題だとしていた。

そして、井田議官は、こうした問題点を指摘した後、結論として、「此の如く、各条の規定が大体の精神に乖離(かいり)するは、即ち表には自治を与えて、其の実、与えざるに同じ」[452]だとし、法案の"見直し"を要請したのであった。

これは、まさに、法案の本質を見抜いた指摘といえた。事実、法案を作成したモッセ自身が、「市制」「町村制」で"自治"といっているのは、市町村自身の意思で市町村を治めるという意味ではなく、中央政府が指示することを市町村が自発的に実施することであると強調していた。

言い換えれば、「市制」「町村制」で定める"自治"は、実質的には、"行政"すなわち"官治"そのものであったわけである。したがって、この井田議官の指摘は、市町村の"自治"ということからいえば、真剣に議論しなければならない疑問点の提示であったというべきであるが、他の議官はそれを理解しなかったのであろうか。あるいは、市町村に"自治"は不要だと考えていたのであろうか。この井田議官の指摘は、残念ながら議論にならず、有耶無耶のうちに消えてしまった。

こうして、モッセの「市制」「町村制」の法案は、語句の修正や枝葉末節的な修正はあったものの、実質的な内容は、ほぼそのままの形で、明治21年（1888年）1月31日、元老院を通過した。

その後、山縣有朋内務大臣は、明治21年2月13日から同年2月21日にかけて、地方長官（知事）を東京に集め、市制町村制の「講究会」を開いた。一見すると、明治11年に大久保利通などが三新法を制定したときの「地方官会議」のようであったが、もちろん、この「講究会」はそれとは異なり、地方長官（知事）の意見を聞き、「市制」「町村制」の不都合なところを修正するという会議ではなかった。それどころか、逆に、その法律の意味・内容を地方長官に教えるというものであった。府県によって、「市制」「町村制」の条文の解釈が"ば

---

452) 明治法制経済史研究所編『元老院会議筆記』第29巻後期、昭和59年、76頁。

らばら"にならないように、各条文の意味を地方長官（知事）に教え込もうとしたわけである。そして、モッセの法案を翻訳した「地方制度編纂委員」書記官の荒川邦蔵と、同じく書記官として翻訳された条文を整理した大森鍾一が、その講師となった。

それから、約2か月後の明治21年（1888年）4月17日、天皇の裁可を受け、同年4月25日、公式に「市制」及び「町村制」として公布された。この「市制町村制」には、形態的に、大きな特色があった。天皇の上諭（裁可を示す文書）に長文の「理由書（市制町村制理由書）」が添付されたという特色である。この「理由書」を書いたのは、もちろん、モッセであった。

また、このときの明治政府は、この「市制町村制」がどのようなものであるかという解説（講義）を、内務省法律顧問として、モッセにしてもらっている。その講義は、明治21年10月19日から翌22年3月8日にかけ、10回にわたって行われたが、こういうことは、他の法律には見られない現象であった。

これをみても、明治21年4月17日に公布された「市制町村制」は、モッセによってつくられ、モッセの指導にしたがう形で実施されたものだというべきであろう。したがって、「市制町村制」がどういう内容のものであったのかを理解するためには、何はともあれ、モッセが何を考えていたのかを理解する必要があるといわなければならない。

そこで、次に、モッセが「市制町村制」の規定の意味をどのようなものとして考えていたかを、モッセの10回にわたる講義にもとづいて見ていくことにしたい。この講義の講述記録、もちろん日本語訳が、幸いなことに、残っているのである[453]。

この「市制町村制」は、昭和21年（1946年）まで、60数年間、日本の地方制度の根幹であり続けた。言い換えれば、この「市制町村制」という法律のもとで、日本の市町村が運営されるという形態が、半世紀以上も続いたのである。その後、「市制町村制」は「地方自治法」に取って代わられたが、「市制町村制」の内容が消されてしまったというわけではなかった。それどころか、「市制町村制」のもとで形づくられた形態が、21世紀の今日においても、いまだに色

---

[453] 内務省法律顧問モッセ氏講述、『自治制講義』、日本書籍会社発兌、明治22年10月。以下、『自治制講義』として示す。

濃く残っているようである。少なくとも、大きな影を落としていることは確かだといわなければならない。そのことから見ても、日本の地方自治、そして、地方制度を知るためには、「市制町村制」の内容、ひいては、モッセの考え方を検討することが重要だというべきである。

5. モッセが考える「地方自治」とは？

(1) 英米流の「自治」 ―ジェームズ・ブライスの「自治」の概念―

市制町村制は「自治の制」である。モッセは、その『講義』のなかで、この点を強調していたが、同時に、モッセがいう"自治"は、当時、英米の学者の間で主張されていた「自治」の概念と異なるということも強調していた。

モッセは言う。

「抑も自治の義たるや広くこれを解釈するときは、凡て臣民が国家の職務に関与するの義となるべし。この如き義によれば、立法もまた自治の事務にして、自治制の一なり。英の『セルフ・ガバメント』なる語を用いて、英米の学士も往々この義に充てる。然れども、我が輩の自治なる語について解釈するところは、これと同じからず。我が輩のこれに言う自治なるものは独り行政の上にあり」[454]。

そして、自治の本当の意味を明らかにするということで、次のふたつの点を強調している。ひとつは、「自治の要はこの栄誉職の他に出でざるなり」[455]であり、いまひとつは、

「自治の理と極めて相密接し、時にその義を同じくするものは地方分権の理想なり」[456]という点である。

しかし、こうしたモッセの説明だけでは、モッセが英米の学者の主張する"自治"の概念のどこを否定しているのか、釈然としない。モッセがいう"自治"の意味を理解するためには、先ず、英米流の「自治（セルフ・ガバメント）」の意味を理解し、その上で、「自治（セルフ・ガバメント）」の何を否定しているのかを見る必要がありそうである。

---

454) モッセ、『自治制講義』（第1回：明治21年10月19日）、18頁。
455) 同 上、21頁。
456) 同 上。

モッセが英米の学者として誰を想定していたのか不明であるが、モッセと同じ時代に活躍していた英米の学者としては、ブライス（ジェームズ・ブライス：James Bryce）[457]を挙げることができる。ブライスは、いまの日本人の研究者にも、名前が知られている人物であるが、モッセが日本で活躍していた1880年代末の頃は、オックスフォード大学でローマ法を講義するかたわら、イギリスの国会議員としても活躍していた。そのブライスの「自治」に関する解説と思えるところを、その有名な著作である"Modern Democracies"から引用してみると…

「アメリカの植民地に定住したイギリス人の間で、小規模な自治（self-government）の組織である町（Town）が誕生した。その町では、住民であるイギリス人は、外敵から自分たちを守るなど、多くのことで助け合わなければならなかった。かくして、自治の形態は、アメリカでも花開き、広まっていった。…こうしたことを見れば、自分たちで治めるという自治は、決して、新しくつくられたものではなく、人間の政治的本能の現れだといえる」[458]。

「小規模な村での自治により、村の人々は、住民全体に関連する事柄に共通の関心を持つようになり、また、村人全体の義務、個々の村人の義務という感覚が芽生えるようになる。さらには、村が効率的かつ誠実に運営されているかどうかに関心を払うようにもなる。…都市についても、同じことが言える。もっとも、都市の場合は、市が適切に運営されているかどうかを、自分自身の観察だけで判断できるという市民はほとんどいない。しかし、新聞を通して、あるいは、判断力のある人の話を聞くことによって、市長や議員さらには職員が職務を適切に遂行しているかどうか、不当なお金の収得がないかどうか、市民が支払った税金に見合うものを還付されているかどうかを、判断することができる。そして、選挙では、もっと適切な人に票を投じることができるようにな

---

457) ジェームズ・ブライス（James Bryce）、1838-1922、1870年から1893年までオックスフォード大学教授、ただし、ブライスの担当教科は歴史のローマ法であったという。また、1880年に、大学に在職しながら国会議員となり、1892年のグラッドストーン自由党政権では大臣となるなど、政治家としての活躍もあった。1907年から13年まで、イギリスの駐米大使もつとめている。著書としては、American Commonwealth（1888年）、Modern Democracies（1921年）などがある。
458) James Bryce, Modern Democracies, Vol.1, The Macmillan Company, 1921, 131頁。

る」[459]。

　こうした解説を見れば明らかなように、ブライスは、住民が自分たちで自分たちを治めることを自治と定義しているといってよい。もちろん、いまの日本の市町村のように、地方団体の規模が大きいところでは、住民が、自分たち自身で直接的に自分たちを治めるということは不可能である。しかし、規模の大きい地方団体でも、住民が選挙で市町村長や議員を選び、それらのいわゆる代表者を通して、間接的に、自治体を治めることができ、また、市町村長や議員が適切にその職務を遂行しているかどうかを、住民が新聞などを読んで自分自身で判断することができる。このように住民に主体性があり、その主体性にもとづいた活動をする。これが自治であるというのがブライスの説明である。

　ブライスは、このように、住民の主体的・自主的な判断を重視していたが、それに加えて、地域社会（コミュニティ）のための活動、いわゆる公共のための活動に、住民が自発的に参加することをも、自治という観点から重視していた。たとえば、ブライスは次のようにいう。

　「重要なのは、小作人も労働者も、商店主も地主も、すべての人が、公共の活動に参加し、コミュニティのために、自分自身の判断で何かを行うことができると感じることである。住民がこういう活動をするようになれば、必然的に、コミュニティの活動に責任を感じるようになり、それに伴い、規模の大きな公共活動についても、自分の対応を理解していくようになっていく」[460]。

　要するに、ブライスは、自治があれば、住民は公共活動に自分なりの責任感を持つようになり、さらには、自主的な判断力を身につけるようになるはずだと主張し、そこから、次のような有名な表現をしたのであった。

　「地方自治の実施、これがデモクラシーの最良の学校である（The best school of democracy is the practice of local self-government）」[461]。

(2) モッセの"自治"の概念は？

　一方、モッセは「議院（国会）の為に適当の人物を養成するものは実に自治

---

459) James Bryce, Modern Democracies, 132頁。
460) 同　上、133頁。
461) 同　上、133頁。

制なり」[462]と説明し、さらに、次のような説明を加えていた。

　政治上の経験を積み、人々が実際に必要としている事柄を理解し、自主的に行動する人物を国会議員に送り込まなければならない。こういう選挙ができるのは「自治の制」を実施している国だけである[463]。

　このように、モッセも、前述のブライスと同じように、自治による人材育成を強調していた。しかし、モッセのいう"自治"と、ブライスの「自治」の間には、非常に大きな違い、相反するといっても言い過ぎではないほどの、大きな違いがあった。

　ブライスは、前述したように、住民が主体性を持ち、住民自身の判断で、自分たちの市や町や村を治めるという基本形を、「自治」として理解していた。そして、これは、今日の常識的な理解だといってよいであろう。ところが、モッセは、こうした住民の主体的な判断による市町村の運営を次のようにはっきりと否定していた。

　「自治の制は、議会なるものあって、その望むところに任せ、随意に議決をなし、而して、これを実施するにあたっては、これを有給職員に負わせる」ものであるというように、その理解を甚だしく誤っているものもいる[464]。

　モッセのいう"自治"は、住民の自主的な判断による市町村の運営というものではなく、国権（すなわち国家の全体意思）のもとでの市町村の運営を当然のこととするものであった。しかし、一方では、中央集権の体制にも大きな問題があり、それを克服する体制が必要だと考え、そこから出てきたのが"自治"という発想であった。

　これをもう少し説明すると、モッセは、先ず、中央集権の弊害を、次のように説明していた…。

　中央集権の国では、国家が任命する官吏のみを用いて政をするが、こういう国においては、政府の責任は極めて重い。また、治者（政府）と被治者（人民）の間に、危険な軋轢を生じさせている。人民は常に政府を敵視し、政府と人民

---

462)　モッセ、『自治制講義』（第 2 回：明治 21 年 10 月 26 日）、4 頁。
463)　同　上、4-5 頁。
464)　モッセ、『自治制講義』（第 1 回：明治 21 年 10 月 19 日）、31 頁。

の利害は相反するという妄想をつくりがちである[465]。

　そして、こういう中央集権の弊害を克服するためには、中央政府の権限を地方に分権する必要があり、その分権した公務に、地方の民間人を参加させる必要がある。これが、モッセのいう"自治"の内容であった。そして、"自治"の利点として数多くの現象を力説していた。いま、そのなかの、いくつかを挙げてみると…。

- たとえば、民間には有為の力がある。ところが、中央集権の国では、こうした有為の力を公共のために用いず、浪費している。それどころか、政府に刃向かう力にしてしまう可能性もある。自治の制度は、これらの民間の有為の力を集め、国家全体のために利用するものである[466]。
- 自治制の国においては、社会（人民）も国に対して義務を負うことを知る。自治の制は、社会をして艱難なる実務を執行させるものであり、人民に責任を負わせるものであるため、人民は、義務なくして権利がないことを覚悟するからである[467]。
- 自治制に基づいて建立した国は、その基礎が堅牢で、内外の攻撃に耐えることができる。これは歴史から明らかである。中央集権の国は、その中心に攻撃があれば、全国たちまち破砕する[468]。
- 自治がない場合でも、人民のなかに政治を談じるものがいるであろうが、これらの人民は実際に政治を理解しているわけではない。たとえば、国家に向かって、税金の軽減を求める場合、税金を減らしても、国家の運営に差し支えがないかどうかを全く考慮することはない。ただ、減税を求めるだけである[469]。

　一方、自治の制度によって、人民が公務に参与し、公共全体のことに責任を負っている場合は、人民は、どの公務が必要で、どの公務が必要でないかを判断する智力を獲得することとなり、国家に対する要求も、実行可能なものに限るようになる[470]。

---

465) モッセ、『自治制講義』（第1回）、30頁。
466) 同　上、30頁。
467) 同　上、33頁。
468) 同　上、33頁。
469) モッセ、『自治制講義』（第2回：明治21年10月26日）、3頁。
470) 同　上、4頁。

・立憲制度を敷くときは、政党の軋轢を免れることはできない。その結果、官吏は政権を握る政党に左右されるようになってしまう。これを阻止するには、自治の制度が必要である[471]。

こうした自治の担い手は、地方の団体、具体的には市町村であると、モッセはいう。そのため、市町村を"自治体"だとし、それぞれ固有の機関をもち、その機関が自治体の公務を遂行するべきであるとしている。しかし、固有の機関とはいっても、それをどのようなものにするか、そして、公務をどのように遂行するかは、"地方の憲法"ともいうべき国家の法律で定められなければならず、その法律として定められたのが「市制町村制」であるというのが、モッセの説明であった。

もっとも、「市制町村制」で定めるとはいっても、自治体によって、事情は異なっている。それらの違いを顧みずに、全国の自治体の仕組みを、法律で画一的に定めるのは適切とは言い難い。法律で定めるのは、基本的な事柄、大枠の制度だけにし、その法律の範囲内で、各自治体がそれぞれの微細な事情に合わせた公務の遂行の仕方を定めるべきである。したがって、「市制町村制」では、各自治体に条例制定権を与えることにしたと、モッセは説明し、その条例制定権を"自主の権（Autonomie）"と称すると誇示していた。とはいうものの、「市制町村制」のもとでは、市町村は、市町村の裁量だけで、条例を制定することはできなかった。次のように、中央政府に許可してもらう必要があったのである。

「市条例の制定・改正は、内務大臣の許可を受くることを要す。この場合においては直裁を経てこれを許可すべし」（第121条）。

これで果たして"自主の権"といえるのかどうか。少なくとも英米流の"自主権"、言い換えれば、ブライス流の"自治"とは言い難く、また、現在の日本人の感覚でも、これで、"自主の権"なのか？と疑問に思うものが多いことであろう。

しかし、モッセの"自治"の考え、ひいては「市制町村制」という法制度のもとでは、国（官吏）の監督を受けるというのは、"自治（地方自治）"を進め

---

471) 同　上、7頁。

ていく上での絶対条件であった。市町村の住民には、自主的な判断のみで市町村を運営するという権限はなく、あくまでも、国権のもとで、国に指示された範囲内で、市町村を運営しなければならないとされていたからである。

こうした考えのもとでは当然ともいえるが、モッセは、条例の制定を"立法"ではないとしていた。「自治なるものは独り行政の上に限る」[472]というのがモッセの考え方であり、条例の制定も、行政の一領域でなければならないと考えていたのである。

市町村の"立法"を認めず、市町村は国の指示のもとに、行政を行う機関であるというのであれば、たとえ条例制定権が与えられているとしても、国の末端機関とどこが違うのか、少なくとも"自治"機関とは言い難いのではないかという疑念が湧いてくるのは必然であろう。そこで、モッセが"自治"をどういうものとして位置づけていたかを、もう少し分析してみることにしたい。

モッセが"自治"と考えていた概念を整理すると、ふたつの要素があった。ひとつは、地方分権である。しかし、これは、国家の権限そのものを自治体に移譲するというものではなく、国家が定めた内容を執行する権限の一部、言い換えれば、行政権の一部を自治体に与えるというものであった。たとえば、学校教育の権限を分権するという場合には、どのような内容の教育をするか、どういう人を先生にするか、学校の建物をどうするか、どんな教科書を使うか、等々、すべての教育権を市町村に与えるというのではなく、これらのことはすべて国（中央政府）が定め、自治体（市町村）には、中央政府の方針に基づいて、実際に学校教育をするという執行権のみを分かち与える。これが、モッセの"自治（地方自治）"の概念であったといってよい。

したがって、地方分権された国家の業務を、自治体が勝手に処理しないような仕組みをつくっておく必要があるが、「市制町村制」がそうした仕組みとしたのは次のような中央政府の監督であった。「市行政は第一次に於て府県知事之を監督し、第二次に於て内務大臣之を監督す」（市制第115条、なお、町村制第119条に同旨の条文）。

モッセのいう"自治"の概念には、このような地方分権に加えて、もうひとつ要素があった。地方の民間人を公務に参加させるという要素である。議員の

---

472) モッセ、『自治制講義』（第1回：明治21年10月19日）、19頁。

選出はその端的な例であった。この点に関しては、前述の英米流の「自治」、すなわちブライスの「自治」と同じだともいえそうであるが、その内容は、かなり違っていた。

たとえば、ブライスの「自治」は、住民を中心とするもの、住民が住民を治めるというものであった。ただし、自治体の規模が大きくなると、住民が直接的に治めるというわけにはいかない。そのため、住民が選挙で議員を選び、その議員が集まって議会を開き、議会が住民に代って住民を治める。一方、住民は議員を選挙するということだけで終わるのではなく、議員が適切に活動しているかどうかを常に監視する。そして、議員の活動が不適切な場合には、次の選挙で、その議員を落選させるという責務がある。それが「自治」であるというのが、ブライスの主張であった。

そのため、議員は"住民の代表"として、住民の声を反映しなければならないとされていた。しかし、モッセは、住民の声の反映という点については全く考慮しなかった。それどころか、むしろ、否定していた[473]。それがモッセの"自治"の概念であった。

「市制町村制」は、このようなモッセの"自治"の考え方にもとづいて定められたものである。そこで、デモクラシーを否定していたモッセ流の"自治"が、具体的に、「市制町村制」にどのように反映されていたかを見るために、「市制町村制」のいくつかの具体的な内容を、次に、検討してみることにしたい。

6.「市制町村制」のもとでの市町村

(1) 市町村は如何なるものとされたか？

「市制町村制」が制定される10年前に、郡区町村編成法が制定され、町村も、府県と同じように、「行政区画」であると位置づけられた。しかし、この郡区

---

473) 明治21年11月26日に開かれたモッセの第4回目の『自治制講義』で、モッセは次のように議員像を説明していた。

「議員は、之を選出した階級の代表者にあらず。実に市町村全体の代表者なり。夫れ議員は公の職務なり。己の信ずる所に由って之を行わざるべからざること、尚他の公の職務と異なる所なし。他人の為に動かされず、自ら信ずる所に由って其の至当とする所を行うは、其の職にある者の義務なり。故に選挙人は議員に向かって嘱託をなすを得ず。好し之をなすも、法律上固より効力あるものにあらず」。モッセ、『自治制講義』(第4回；明治21年11月26日)、17-8頁。

町村編制法の制定を指示した大久保利通は、また、その指示にしたがって法案を作成した松田道之は、町村を行政が立ち入らない純粋の"自治体"にしようという構想を持っていた。町村を「一個人の権利を備うるもの」として位置づけ、個々の住民が、法律に違反しない限り、自分の意思で自由に何でもできるように、町村も、町村自身の意思で、自由に行動できるようにしようと考えていたのである。しかし、この構想は、大久保利通がその審議の途中で暗殺されたためであろう。それまでは純粋の"自治体"にしようという構想を受け入れていた元老院が態度をがらりと変え、結局は、その構想をつぶしてしまった。町村は「行政区画」として位置づけられることになったのである。
　この経緯は第6章で詳しく説明したところであるが、ここで再度取り上げたのは、町村を"自治体"として位置づけるための説明として、大久保利通や松田道之が用いた表現、すなわち、「町村は一個人の権利を備うる」という表現が、明治21年の「市制町村制」の条文に、次のように、再現されていたからである。
　「市（町村）は、法律上、一個人と均しく権利を有し義務を負担し…」（市制第2条、町村制第2条の前段）。
　これは、何を意味しているのであろうか。もちろん、この表現は、モッセによってつくられたものであり、それを日本語に翻訳したものである。そして、モッセが考えていた「自治」は住民の自主的な判断による市町村の運営というものでなかった。モッセは、中央政府の監督のもとで市町村が運営されることを当然の前提として考えていたのである。このことからいえば、「市町村は、一個人と均しく権利を有する」といっても、それが、個々の住民と同じように、市町村も市町村自身の意思で自由に行動できることを意味するものでないことは明らかである。果たせるかな、「市制町村制」は、それぞれの第2条の後半部分で、次のように、中央政府の監督を定めていた。
　「市町村公共の事務は官の監督を受けて自らこれを処理するものとす」（市制第2条、町村制第2条：傍点は筆者）。
　また、モッセは、市町村を「自治体」であるとしていたが、その「自治体」である市町村の業務のほとんどは、国（中央政府）から市町村に"分権"されたもの、すなわち、国（中央政府）が制定した法令によって委任され、法令に従って処理しなければならないものであった。その点でも、大久保利通や松田

道之が考えていた"自治"とは大きく違っていたわけである。

それにもかかわらず、「市制町村制」は、「法律上、一個人と均しく権利を有し…」という文言を、なぜ、条文に明示したのだろうか。この点が疑問となるが、モッセによれば、この条文は、市町村を法律によって人と同じような存在、すなわち、市町村自身の意思があり、市町村として行動できるということを示すもの、言い換えれば、"法人"であることを示すためであった[474]。

"法人"である市町村は、法律上、人格をもった人間と同じような存在として扱われると、モッセはいう。しかし、そうはいっても、抽象的な存在であり、その抽象的な存在である市町村は自分自身で意思を持っているわけではない。市町村に代って、市町村の意思を形成する特別の機関が必要であり、それが議会、すなわち、市会・町会・村会である。これを示すため、「市制町村制」は次のように、「市町村を代表する」という表現で、市町村会を定義したとモッセは解説していた。

「市（町村）会は其の市（町村）を代表し、此の法律に準拠して市（町村）に関する一切の事件…を議決するものとす」（市制第30条、町村制第32条）。

この「市町村を代表し」という表現は、いわば、「市町村に代って」、あるいは、「市町村という法人全体のために」という意味であったわけである。そして、この条文で、市（町村）会が、市町村にとってもっとも重要な意思決定をする機関として位置づけられていた。

しかし、市町村を運営するには、意思決定の機関だけではなく、市町村という抽象的な存在に代って、その意思を実現する機関も必要である。モッセは、その機関として、町村の場合は、次のように、町村長という独任制の機関を行政機関としたと説明していた[475]。

「町村長は其の町村を統括し、その行政事務を担任す」（町村制第68条）。

一方、市の場合は、市長が行政機関とはされなかった。行政機関とされたのは、"市参事会"という合議制の機関であり、市長はその議長とされた。市参事会の構成メンバーとなったのは、市長のほかに、助役、そして、市会で住民

---

474) なお、その後、"法人"という用語が広く使われるようになったためであろうか、明治44年に「市制町村制」が全面的に改正されたとき、この規定は、単に、「市（町村）は法人とする」と規定された。
475) モッセ、『自治制講義』（第3回：明治21年11月9日）、7-8頁。

のなかから選ばれる数名の名誉職参事会員であった。が、この仕組みは長くは続かず、明治44年の「市制」の改正によって、市の場合も、町村と同じく、市長が行政機関となった。そのため、ここでは、市の行政機関についても、「市長」という形で説明することにする。

「市制町村制」は、このように、市町村会と並んで、市町村長についても、法人である市町村の機関として位置づけていたが、この両者の間には、微妙な違いがあった。市町村会が、「自治体」である市町村の意志決定機関としてのみ位置づけられていたのに対して、町村長や市長などの行政機関は、市町村の機関というだけではなく、中央政府の指示を受けて行動するという機能も期待されていたという違いである。要するに、国の末端機関としても位置づけられていたのである。

市町村会は「自治体」としての市町村の独自の機関であったが、しかし、各市町村が勝手に市町村会を設置するということはできなかった。市町村会の構成をどうするか、どのような権限をもつかなどについては、すべて国家の法律にしたがわなければならなかったのである。それだけではなく、中央政府の様々な干渉も受けなければならなかった。市町村会の意思の表明である条例の制定も、内務大臣の許可を受ける必要があった。モッセは、このような中央政府の干渉を重視し、そうした干渉を定める国家の法律に、市町村は徹頭徹尾したがわなければならない、と強調していた[476]。

ところで、市町村には、中央政府から分権された事務(仕事)に加えて、それぞれの市町村の特別の事情から生まれてくる事務(仕事)もあるとされた。それこそ"自治"事務といえるものであり、法律で定められたものではなかった。したがって、各市町村は、そうした自治事務をどのように処理するかについて、自ら条例を制定する必要があった。このような条例は、各市町村が自主的に制定するものである以上、中央政府の干渉を受けないというのが道理だと思われるが、しかし、「市制町村制」は、こうした"自治"事務についても、市町村は国家の干渉を受けることとしていた。

市町村は国家の一部であり、そうである以上、国家を瓦解させないためにも、国家の制約を受けるのは当然だというのがモッセの考えだったのである。なか

---

476) モッセ、『自治制講義』(第2回；明治21年10月26日)、8-10頁。

でも、自治体の財務については、これは自治事務の最たるものであるが、しかし、国家の監督は不可欠であるとモッセは主張していた。モッセはいう。

「自治体の財務は、自治体の事務中、もっとも自治体の自由に属するものなり。然るも、尚、国家に於て之が監督を必要とする所以（ゆえん）のものは他なし。一は、自治体の財務をして、国家の財政と相反するが如きことなからしむるを要し、就中（なかんづく）自治体をして国家の税源を枯渇するが如き所為なからしむるを必要とするを以てなり。また一は、自治体は国家の一部たるが故に、其の経済上の盛衰は大いに利害を国家に及ぼすものなり。是を以て、自治体の所為の不経済に渉るものを防止し、就中其の財産を濫費するを制止せざるべからざるを以てなり」477)。

しかし、その反面、モッセは、中央政府や府県知事などがその監督権を乱用することを警戒していた。そして、それを防ぐために、「法律を以て精密に（監督権）の限界を定める」ことが必要であり、また、市町村（自治体）が権限を侵されたと判断するときには、独立の裁判所に出訴する道を開かなければならず、それを「市制町村制」で定めたというのがモッセの説明であった478)。

「一方には、自治体の自由と独立を充分に保護し、又一方には、国家全体の利益を充分に保護する」479)ようにしたというわけである。

(2) 市町村は、国家"行政"の区画！ ―大規模な町村合併の意味―

「市制町村制」により、市町村は「自治体」であるとされたが、同時に、国家"行政"のもっとも下の区画、すなわち、国の事務（国務）を執行する末端の区画としても位置づけられた。

モッセによれば、国務を市町村に執行させるには、ふたつの方法があった。第1は、市町村という公共の団体（法人）に国務を委託し執行させるという方法であり、第2は、市町村ではなく、市町村の行政機関に国務を委託するという方法である。この第1の方法のもとでは、市町村という法人に、国務の執行を委託することになるため、必然的に、市町村の議会が"議決"という形でその執行に介入することになる。これは、行政機関である市町村長がその議会の

---

477) モッセ、『自治制講義』（第2回：明治21年10月26日）、29-30頁。
478) 同 上、30頁。なお、明治21年の町村制第218条、市制第124条がその規定である。
479) 同 上、31頁。

議決にしたがわなければならなくなることを意味する。

一方、第2の市町村の行政機関に委託するという方法は、市町村という公共の団体に委託するものではない。そのため、議会は、それをどのように処理するかという意思決定をすることはできない。言い換えれば、委託された国務に対して、議会が介入することはない。市町村長は、中央政府や府県知事などの指揮命令のみにしたがって、事務を執行できるということになる[480]。

そして、「市制町村制」は第2の方法を採用したが、モッセは、その理由を次のように説明していた。

「蓋し、第二の方法に拠るときは、市長若しくは町村長、政府の監督を受けて国務を処し、別に代議体（市町村会）の干渉を被らざるを以て、国の利益を保全すること、第一の方法より確実なり。又、之が為め、国権を減縮するやの危険、決してあることなし」[481]。

この説明を見れば分かるように、この第二の方法は、市町村長という自治体の行政機関を大臣や府県知事の下部機関として位置づけ、その市町村長に国務を処理させるというもの、まさに、20世紀を通して、日本の地方に猛威を振るった"機関委任事務"そのものであった[482]。言い換えれば、地方自治を阻害するものとして平成12年（2000年）に廃止された機関委任事務のルーツは、モッセの発想にあったわけである。

しかし、市町村を国の行政の末端機関としてうまく機能させるには、市町村長を国の下部機関とするだけでは不十分であった。それに加えて、市町村をそれなりの規模にする必要があった。また、地方分権によって、法律で市町村の事務としたものについても、それを適切に処理するには、それなりの規模、それなりの資力、人材が必要であった。しかし、明治21年の頃の日本は、人口が4,000万人弱であったが、そこに、7万を超す町村があった。言い換えれば、規模があまりにも小さすぎるところが多かった。モッセはいう。

「小町村は実力を有せず。金力を有せず。自治の公務に当たるべき適任の人物を有せざるなり。学校を整理し、道路を管理し、貧民を救済するが為の充分

---

480) モッセ、『自治制講義』（第6回；明治21年12月21日）、8-9頁。
481) 同　上、9-10頁。
482) 参照、竹下譲、「機関委任事務と地方自治」『都市問題』第65巻8号、1975年8月。

なる資力を有せざるなり。且又、此の如き町村は更に高等の自治区を構造すべき基礎たるに堪えざるなり」[483]。

したがって、こうした小町村の規模の拡大を図る必要があるというのがモッセの説明であったが、モッセによれば、それには、ふたつの方策があった。ひとつは、全ての町村を独立の町村として存立させ、目的ごとに、数町村を連合させるという方策、すなわち、連合町村をつくるという方策であり、もうひとつは、小町村を集合して新しい町村をつくるという方策、いわゆる町村合併の方策であった。

しかし、前者の連合の方策には、「組織に紛擾を生じさせ、行政に錯雑を感じさせる」という懸念があるため、「市制町村制」では、次のように、町村合併の方策を採用し、しかも、中央政府が強制的に町村合併を進めることができることにしたと、モッセは解説していた。

「町村の資力、法律上の義務を負担するに堪えず、又は公益上の必要あるときは関係者の意義に拘わらず、町村合併し又は其の境界を変更することある可し」（第4条後段）。

こうして、内務大臣山縣有朋は、この「市制町村制」の規定の趣旨を前提としていたことはいうまでもないが、「国家の行政事務を分任」させるために、町村の「資力を充実し団結を鞏固にする」ことにし、「市制町村制」の施行に先立って、「町村の分合処分を断行」することにした[484]。町村の規模があまりにも小さい場合には、「市制町村制」の施行に先立ち、「之を合併して有力の町村」にしなければならないという訓令（命令）を府県知事に発したのである。

この訓令にもとづき、府県知事は、各町村の区域・人口・資力を調査し、町村合併に着手しなければならなくなったが、その際に、合併の必要があるか否かの基準となったのは、戸数が300～500戸あるかどうかであった。

訓令の表現にしたがうと…。

「町村を合併するは、其の資力如何を察し、大小広狭其の宜しきを量り、適

---

483) モッセ、『自治制講義』（第3回；明治21年11月9日）、15頁。
484) 大森鐘一・一木喜徳郎、『市町村制史稿』元元堂書房、明治40年、90-1頁。

当の処分を為す可し。但し大凡3百戸乃至5百戸を以て標準と為し、猶従来の習慣に従い、町村の情願を酌量し、民情に背かざるを要す」[485]。

　こうして、明治21年から22年にかけて、大規模な町村合併が全国的に展開された。その結果、それまでの7万を超す町村が、1万5千ほどになってしまった。ただし、資料によって、この数には若干の違いがある。たとえば、日本帝国年鑑は、明治21年の町村数は70,435であり、それが合併によって、明治22年には13,347になったとする。これに対して、当時の内務省の資料をみると、明治21年末の町村数は71,314で、それが合併によって、15,820に減じたとしている。いずれが正しい数字なのか判断に迷うところであるが、日本帝国年鑑の数字には、香川県などにように、「町村制」をまだ施行していない地域の数字は含まれていないという指摘もある[486]。そのため、本書では、参考として、内務省の資料によって、府県制の合併状況をみることにした（表9参照）。

　この内務省の資料をみると、各府県の知事は、山縣有朋内務大臣の訓令にしたがい、足並みをそろえて、町村合併に邁進したわけではなかったようである。たとえば東京府の場合は、明治21年に1,782あった町村数が明治22年にはたったの110町村になってしまっている。京都府も同じで3,298あった町村が279町村にというように、10分の1以下の数になってしまっている。これは、恐らくは、東京府や京都府の官吏がそれだけ熱心に町村合併に取り組んだ結果であろうと想像できる。一方、岐阜県の場合は、明治21年の1,388町村が、明治22年に962町村になっているだけであり、山梨県も、342町村が245町村になっただけである。これは、それだけ、地元の反対が強かったということを示すのであろうか。それとも、知事以下の県の職員（官吏）が町村合併にそれほど熱心でなかったのであろうか。いずれにしても、山縣有朋内務大臣の訓令に直ぐにはしたがわなかったことになるが、府県知事には、中央政府から内務大臣によって派遣されているとはいえ、合併を少し遅らせるという程度の裁量権はあったようである。

　たとえば、山縣有朋内務大臣の側近として、「市制町村制」の制定にも深く関与していた大森鐘一が、「町村制施行の際、岐阜県は小崎知事[487]の意見に依

---

485) 明治21年（1888年）6月13日内務大臣訓令第352号。
486) 亀掛川浩『自治五十年史』、文生書院、昭和15年、279頁。

り、当分合併処分を行わず…。此の年（明治22年）に至り始めて合併を実行したる」[488]と述べている。もちろん、これらの県においても、その後、合併は着実に行われ、国務を引き受けることのできる規模になった。とはいっても、合併後も、まだ1万数千の町村があった。しかも、明治20年代の日本の総人口が4千万人ほどであったことを考えれば、驚異的な数の規模の小さな町村があったわけであるが…。

表9　町村合併による町村数の変化

府県	明治21年12月末			明治22年12月末
	町	村	合計	町村
東　京	1,370	412	1,782	110
京　都	2,043	1,255	3,298	279
大　阪	746	1,345	2,091	322
神奈川	219	1,164	1,383	320
兵　庫	421	2,961	3,382	428
長　崎	102	347	449	304
新　潟	504	4,089	4,593	815
埼　玉	44	1,864	1,908	409
千　葉	66	2,390	2,456	358
茨　城	150	1,995	2,145	375
群　馬	111	1,108	1,219	206
栃　木	109	1,148	1,257	171
奈　良	186	1,315	1,501	162
三　重	275	1,542	1,817	335
愛　知	360	2,007	2,367	647
静　岡	203	1,815	2,018	336
山　梨	59	283	342	245
滋　賀	282	1,393	1,675	195
岐　阜	134	1,254	1,388	962
長　野	29	862	891	391
宮　城	305	707	1,012	198
福　島	92	1,638	1,730	413
岩　手	－	646	646	240
青　森	191	832	1,023	170
山　縣	270	1,188	1,458	221
秋　田	305	934	1,239	236

487) 小崎利準、1838-1923年。亀山藩（三重県）出身、内務官僚。岐阜県には、設立された当初から勤務し、明治6年（1873年）に岐阜県の実質的な責任者となって以来、県令・知事として、長く岐阜県のトップを務め、明治26年（1893年）に退職した。
488) 大森鐘一・一木喜徳郎『市町村制史稿』、93頁。

福　井	248	1,742	1,990	177
石　川	721	1,798	2,519	273
富　山	269	2,452	2,721	269
鳥　取	156	1,093	1,249	237
島　根	78	951	1,029	330
岡　山	151	1,691	1,842	454
鳥　取	141	1,033	1,174	464
山　口	102	620	722	228
和歌山	414	1,208	1,622	231
徳　島	37	609	646	139
香　川	83	404	487	487
愛　媛	175	996	1,171	296
高　知	52	966	1,018	196
福　岡	273	1,685	1,958	384
大　分	7	1,108	1,115	279
佐　賀	38	550	588	135
熊　本	176	1,243	1,419	380
宮　崎	43	350	393	100
鹿児島	66	851	917	373
沖　縄	—	589	589	583
北海道	510	565	1,075	957
総　計	12,316	58,998	71,314	15,820

資料）第4回及第5回内務省統計報告
（亀掛川浩、『自治五十年史』昭和15年、276-9頁より再引用）

(3) 議会と行政機関（市町村長）の関係

　「市制」によれば、市会には、市長候補者を推薦する権限があった。内務大臣に3人の候補者を推薦するという権限である。内務大臣は、この3人のなかから、市長にふさわしい人物を選んで、天皇に上奏。天皇の裁可によって市長が決まる。これが、「市制」が定めた市長選出の段取りであった。もっとも、内務大臣は、市会によって推薦された3人の候補者のなかに、意に沿う者がいない場合には、何度でも推薦のやり直しを市会に命じることができるという条件付きであったが…。

　このように、「市制」の規定は、市会の推薦権を強調するものなのか、それとも、内務大臣による選任、すなわち官選を意味するものなのか、曖昧な規定であった。そのためであろうか。モッセの『講義録』をみても、町村長の選出については、町村会の権限を強調しているものの、市長の場合は、市会の権限にほとんど触れることがなく、ただ、次のような解説をしているだけであった。

「市長は、市の選挙に因って其の職に任ぜらるるものにあらず。市長も亦市の推薦するところなりと雖も、之を任命するは則ち国家なり。君主の裁可を請うべきものとす」[489]。

市長の選出の仕方について、なぜ、モッセは、このようにそっけない態度を示し、意味の分かるような解説をしなかったのだろうか。この点は不明である。が、モッセ自身が起草した法案の原案では、市長は市会が選ぶことになっていた。このことを考えれば、それなりの想像ができそうでもある。

モッセが示した案、すなわち市長公選に反対したのは、山縣有朋内務大臣であった。山縣はモッセの原案をほぼ全面的に支持したことは前述したが、この市長公選については、例外的に、「市長を公選と為せば、他日、国政市政に害あるを認むるに至るも、之を如何ともするに由なし」[490]と考え、市長官選を主張したのである。その舞台となったのは、モッセの原案を最初に検討した「地方制度編纂委員」の委員会（委員長は山縣内務大臣）であった。

もちろん、山縣委員長（内務大臣）の意見だけで、直ぐに市長官選に決まるということはなかった。「地方制度編纂委員」の委員会では、山縣委員長の意見をめぐって議論が沸騰した。なかでも、この山縣委員長の意見に強く反発したのは、青木周蔵委員（当時の外務次官）と野村靖委員（当時の逓信次官）であった。モッセの原案を支持し、市長を市会で選挙するという市長公選論を主張したわけである。一方、芳川顯正委員（当時の内務次官）は、山縣委員長（内務大臣）を支持して、公選論に強く反発。論議はまとまらず、最終的には、委員長である山縣内務大臣に結論を一任するということになった。そこで、山縣は、慎重熟慮の末、「市長は内務大臣が上奏して選任する」という官選論を採用したものの、必ずしも内務大臣の独断で決めるというのではなく、市会に候補者を推薦させてもよいという条件を付加した[491]。

こうして、市長官選に改められた法案が元老院の審議に持ち込まれたが、元老院でも山縣内務大臣の市長官選論を否定するものが少なくなく、議論が沸騰した。そして、妥協的な解決策として、市会の推薦する3名の候補者の中から

---

489) モッセ、『自治制講義』（第3回：明治21年11月9日）、8頁。
490) 大森鐘一・一木喜徳郎『市町村制史稿』、27-8頁。
491) 同　上、28頁。

選任するようにしたらどうかというような提案もあった。しかし、結局は、2日間に亘る議論の後、山縣内務大臣が示した市長官選案が採用された[492]。こうして、「市制町村制」を制定する手続きが終了し、後は、天皇の裁可を経て、公布するという手続きが残るだけとなった。

　ところが、いわば最後の"締め"として、「市制町村制」をどのように施行するかを検討するために、明治21年（1888年）3月21日に開かれた閣議で、予想もしない波乱がまきおこった。市長の官選問題が蒸し返され、公選にすべきだという意見が、多くの閣僚から主張されたのである。山縣内務大臣としては、これは、意に染まない出来事であったが、しかし、市長官選論に固執すると、多年の苦心が水泡に帰する恐れもあった。このため、閣議をまとめるために、元老院の論議のなかで示された選任方法、すなわち、市会が推薦する3名の候補者のなかから内務大臣が選ぶという修正案を打ち出さざるを得なくなったという。この修正案が示されたのは、「市制」の公布後であったが、その後、元老院もこれを異議なく認め[493]、ここに、ようやく市長選出の仕方が確定した[494]。要するに、市長選出の仕方は、形式的には、官選であるとしても、市会の推薦を必ず受けなければならなくなったわけであり、山縣にすれば、大変な譲歩であった。また、それだけ、市会の力が強まったことも確かだといわなければならない。

　一方、「町村制」は、町村会に大きな権限を与えるものであった。町村会の選挙で町村長が選ばれるという、町村長公選が明記されたのである。もっとも、この町村長選挙は府県知事の認可が必要であったが、しかし、そうではあっても、これにより、町村会の地位が高まったことは確かだというべきであろう。

　また、「市制」と「町村制」は、市町村長の補佐役である"助役"、さらには、会計管理の最高責任者である"収入役"を選出する権限を市会および町村会に与えていた。この場合も、市町村会が単独で助役や収入役を選べたわけではなく、府県知事の認可が必要という制約がついていたが、しかし、行政機関の選

---

492)　大森鐘一・一木喜徳郎『市町村制史稿』、29頁。
493)　この修正案が元老院に示されたのは、「市制」が公布された明治21年4月25日のことであり、その審議が行われたのは、6月12日及び8月2日であった。「市制」が施行される前ではあったが…。
494)　大森鐘一・一木喜徳郎『市町村制史稿』、30-1頁。

出に、市町村会は大きな影響力を発揮できるようになった。

　もちろん、このことから、町村長や市町村の助役・収入役などの行政機関が、議会（市町村会）に従属していたとみるべきではない。モッセ自身も、この点を気にしていたのであろうか。議会にこうした権限を認めたのは、行政機関と議会を「成るべく協合一致せしめんが為め」[495]であり、そして、行政機関と議会（市町村会）は、あくまでも、互いに独立した機関、同等同位の機関であると強調していた。モッセはいう。

　「（行政機関）の役員は市町村会の選挙より出るの故を以て、議会の役員と見做すことを得ず。是れ議会の機関に非ずして独立のものなればなり。…要するに、（行政機関）の役員は市町村の一機関にして、独立の職務及び権限を有するものなり」[496]。

　また、モッセの次のような解説もあった。

　「代議及び行政の二機関は同等同位のものにして、彼此れ軽重の別あることなしと謂うべし。行政は議会の従僕にあらず…[497]」。

　そして、両機関が担っている業務からいえば、行政機関のほうが重要だという説明すらなされていた。

　「実際上より観れば、行政機関はむしろ代議機関よりも緊要なりと謂うも決して不当にあらざるべし」[498]。

　事実、市町村会の活動は、市町村長に大きく左右される仕組みになっていた。たとえば議会は常設の機関とはされなかった。ことある毎に招集され、その招集によってはじめて代議機関（議事機関）として機能するものとされたのである。そして、その招集者は、町村会の場合は実際には町村長であった。「市制町村制」の規定では、議長が招集すると定められていたが、町村会の議長には、町長が就任すると「町村制」で定められていたからである。一方、市の議長は、明治21年の「市制」のもとでは、議員のなかから議員の選挙で選ばれることになっていた。したがって、形式的には、市会はこの議長に招集されていたが、

495）　モッセ、『自治制講義』（第5回；明治21年12月6日）、5頁。
496）　同　上、4頁。
497）　モッセ、『自治制講義』（第6回；明治21年12月21日）、3頁。
498）　同　上。

実際には、市長の請求にもとづいて招集されていたのである[499]。そして、明治44年の「市制」の改正で、市長が招集するということに改められた。

また、市町村会で審議する議案も、住民の生活に影響を及ぼしそうな議案については、市町村長が発案するというのが「市制町村制」の定めであった。モッセは、この点については、何ら解説をしていないけれども、行政裁判所が明治31年に次のような判決を下していたことから見ても、実務上、市町村長の発案権は当然のこととして扱われていたといわなければならない。

「町村会の議すべき議案は、ある場合を除く外、町村長より発すべきものとす」[500]。

とはいえ、この判決のなかでも示されているように、例外的に議会自身に、あるいは議員に、発案権があるものもあった[501]。しかし、それは、議長副議長の選挙や会議規則の制定など、議会の内々の事柄に限られていた。条例案や予算案など、住民に関係する議案については、議会（議員）に発案権が与えられていなかったのである。要するに、議会（市町村会）は意思決定機関であるとはいえ、実質的には、行政機関から提案されたもののみについて意思を決定する機関、いわば、極めて受け身的な機関として位置づけられていたのである。

しかも、市町村長から提案された議案については、少なくとも予算などの重要な議案については、市町村会はその議決を拒絶することすらできなかった。議決は、市町村会の権利であるとされていたが、同時に、義務でもあったわけである。モッセはいう。

「市町村が予算を設定すべきことは啻(ただ)に其の権利に属するのみならず、又其の義務たり」[502]。

なお、「市制町村制」を解説する講義のなかで、モッセは、市町村会の予算審議についてかなり詳しく解説していた。以下、その説明にしたがって、「市制町村制」のもとでの予算について触れてみると…

---

499) 古屋景晴『市町村会議事法講座』、大正14年、国民道徳会、3頁。
500) 明治31年11月28日の宣告。参照；古屋景晴『市町村会議事法講座』27頁。
501) なお、昭和4年の改正で、市会も町村会も、議員の議案提出権が次のように新設された。「市会議員は市会の議決すべき事件に付市会に議案を発することを得。但し歳入出予算についてはこの限りに在らず」（市制第57条の2；町村制も、同文の規定を第53条の2で新設）。
しかし、実際に、これで議員が発案するようになったか否かは甚だ疑問である。
502) モッセ、『自治制講義』（第5回；明治21年12月6日）、12頁。

予算はふたつに区分することができる。支出および収入である。市町村の予算は、この支出を先に定め、次に収入を定めるということにしなければならない。支出には「必要な支出」と「随意の支出」がある。このうち、「必要な支出」は必ず予算に組み入れなければならない支出であるが、それには、次の3種類の支出がある。第1は、事実上、必要な支出であり、たとえば市町村で土木工事を始めるときの支出がこれに該当する。第2は、民法上、必要な支出である。市町村が借金をしたときの利息の支払い、元本の支払いなどが、これにあたる。この支出については、市町村会は、貸し主が不満を覚えるような議決をすることはできない。第3は、政府の法律や命令による支出である。たとえば、市町村が負担する警察費、教育費、救貧のための費用などがこれに該当する。市町村会がこれらの支出を議決しない場合は、どのように処置するべきか。こういう場合は、監督官庁はその支出を命じ、予算に記入しなければならない。これを「強制予算」という。但し、市町村会には、この強制予算に不服あるときは、高等官庁に訴願し、また、行政裁判所に訴えることができるという権限がある。

　次に収入であるが、市町村会は、収入も随意に議決することはできず、支出に対応した収入を議決しなければならないのは当然である。また、法律が認める租税については、その徴収を議決しなければならない。

　この支出と収入を合わせたものが予算であるが、予算が議決されることによってふたつの効力が生じる。ひとつは、予算で決められた施策や事務を施行する権限を、行政機関の職員がもつことになるという積極的な効力である。そして、もうひとつは、職員を制約する効力、いわば消極的な効力ともいうべきものであり、これには次の3種の効力がある。

　第1は、予算に掲載されていない支出をしてはならないという効力であり、第2は、予算で決められた額を超えてはならないという効力、そして、第3は、予算費目を流用してはならないという効力である。行政職員が、どうしても予算外の支出や費目の流用などをしなければならない場合には、市町村会の議決を経なければならず、それを「市制町村制」は明示したと、モッセは説明していた[503]。

---

503)　モッセ、『自治制講義』(第5回：明治21年12月6日)、15-22頁。

このように、市町村会の権限は、市町村長との関係では、総じて力の弱いものであったが、ただ、議会が議決した内容については、市町村長もそれを遵守しなければならないというのが「市制町村制」の姿勢であった。
　そして、これを担保するために、「市制町村制」は、行政機関に対する監察権を、市町村会に与えていた。モッセの講義録での説明にしたがうと…。
　「市町村会は、市町村の行政が其の議決に違わざるや、就中其の議決したる歳入出予算に違わざるや否やを観察す。之が為め市町村会は其の市町村行政役所の一切の書類及び計算書を検閲するの権と、其の行政役員に向かって、行政に関する一切の報告を求むるの権を有す。而して其の行政役員は市町村会の求めに応じて文書を検閲せしめ、並びに、報告を為すべき義務を負えり」[504]。
　また、「市町村の行政事件を調査するため、委員を設くることを得」[505]としていた。これは、実地検査をするために、議員のなかから委員を選ぶという意味であったが、「市制町村制」の施行以後、議員全員で実地検査ができるかどうかが問題となった。そして、中央政府の解釈（指導）は、次のように、必ず委員を選ぶべきというものであった。
　「市町村会が実地に付、行政事務の管理、議決の執行及び出納の検査を為さんとするときは、必ず議員中より委員を選挙し、之れをして為さしむべきものとす」[506]。
　議員全員での実地検査と、委員を選出しての実地検査に、どれだけの違いがあったのか、また、この実地検査の権限を実際に行使した市町村会がどれだけあったのかは不明であるが、ともかく、市町村会の実地検査、並びに文書の検閲権、市町村長に対する報告の請求権を、市町村長以下の行政機関に対する牽制手段として、モッセは重視し、「市制町村制」に盛り込んだことは確かだといわなければならない。
　また、これと並行して、モッセは市町村会の決算認定権も、行政機関に対する抑制手段として重視していたようである[507]。

---

504)　モッセ、『自治制講義』（第5回：明治21年12月6日）、5-6頁。
505)　同　上、6頁。
506)　古屋景晴『市町村会議事法講座』、大正14年、160-1頁。
507)　モッセ、『自治制講義』（第7回：明治22年1月25日）、20-1頁。

(4) 選挙＝"公民"の権利と義務―

「市制町村制」のもとでの地方議会、すなわち市町村会の構成メンバーはもちろん議員であった。これらの議員は、それぞれの市町村の住民によって選ばれたが、21世紀の現在のように、25歳以上の住民であれば、誰もが選ばれる資格を持っているというわけではなかった。これは選ぶ側の住民も同じであった。選挙権も被選挙権も、ともに、"公民権"とされ、次のような制限が付されていたのである。

① 外国人に公民権は与えない。
② 一戸を構え、独立の男子。すなわち、25歳以上の男子。
③ 2年以上、当該市町村の住民であること。
④ 当該市町村内で地租を納める者、もしくは、年2円以上の地租を納めている者。　　　　　　　　　　　　　　　　　（市制 第7条、町村制 第7条）

これらの制限をする理由をモッセは説明しているが、それによると…。

まず外国人については、「公民権は公法上の権利なるが故に、万国公法上の原則に基づき、外国人には公民権を与えない」[508]というのが、その理由であった。独立の男子（25歳以上の男子）に限り、女性に公民権を与えないという点についての説明は、当時のイギリスの有名な哲学者・思想家で女性の参政権を主張していたミル（ジョン・スチュアート・ミル；John Stuart Mill）[509]を引き合いに出し、「ミル氏の説を信ずる者にあらざれば、之に異論を唱うる者なかるべし」[510]というだけであった。理由にならないような理由づけであるが、これは、それだけ当然視されていたという当時の世界の状況を反映しているのであろうか。事実、この頃の世界の国々で選挙権が与えられていたのは男性だけであった[511]。

また、2年以上の居住が必要という制限については、次のように説明してい

---

508) モッセ、『自治制講義』（第3回：明治21年11月9日）、30頁。
509) ジョン・スチュアート・ミル（1806年-1873年）は多数の著書を出しているが、1859年の著書『自由論（On Liberty）』は、明治5年（1872年）に、『自由之理』として、中村正直によって翻訳出版されている。
510) モッセ、『自治制講義』（第3回：明治21年11月9日）、30-1頁。
511) ちなみに、イギリスで女性の選挙権が認められたのは1918年であり、アメリカ合衆国では1920年に女性の選挙権が認められた。

た。すなわち…
　その地域の事情に通じ、且つ、その地域の利害に関係がある人でなければ、公民権を適切に行使するのが難しい。したがって、市町村の住民になったからといって直ちに公民権を与えるべきではない。ある期間、その地に住み、当該市町村と利害を同じくするようになってから与えるべきである。「市制町村制」は、その期間として、2年を設定した[512]。
　そして、税を納めている者に限るという制限については…。
　市町村の収入の重要なるものは市町村税である。とくに、日本の市町村は、市町村自体の財産を少ししかもっていない。こういうところでは、その運営に要する経費は、市町村の税金に依存せざるを得ない。この税金を納めるのは市町村の住民で財産をもっているもの、すなわち"有産者"である。そして、この"有産者"に、どれだけの税金を賦課するかは、市町村の議会が決める。したがって、選挙権の資格を"有産者"に限らなければ、"無産の人"が"有産者"の財産を左右するということになりかねない。これは、「私有権の制を廃滅せしむるもの」[513]であり、公民権を納税者に限るのは当然であると、モッセはいう。

　このような制限選挙は、すでに明治11年の府県会規則によって、採用されていた。そのことからいえば、このモッセの説明というか、理由づけは、別に、目新しいことではなかった。言い換えれば、こういう説明がなくても、当時の日本人は、それを抵抗なく受け入れただろうと想像できる。
　なお、これらの有権者によって選ばれる議員、そして、それらの議員によって選ばれる町村長は、「市制町村制」のもとでは、"名誉職"とされた。無給だったのである。(なお、市長は有給の吏員と位置づけられていた)。したがって、選挙で選ばれた人々がそれを固辞することも推測できた。そのためであろう。「市制町村制」には、辞任を阻止する条文があった。
　住民の選挙で市会・町村会の議員に選ばれた者は、また、町村会の議員による選挙で町村長に選ばれた者は、「疾病に罹り公務に堪えざる者」、「年齢満

---

512)　モッセ、『自治制講義』(第3回：明治21年11月9日)、31頁。
513)　同　上、34-5頁。

六十歳以上の者」など一定の理由がない限り、その「職を拒辞し、又は任期中退職することを得ず」という条文（市制第8条、町村制第8条）である。

モッセは、この辞任を阻止する条文について、次のように説明をしていた[514]。

制限選挙という選挙制度のもとでの選挙権は、一般の住民がもつことができない特別の権利である。そういう他人を超える権利を有するものは、また、他人を超える義務を負わなければならず、そのため、その義務として、議員や町村長に選ばれた者は、それを辞めることができないという義務を負わせることとした。

とはいっても、いやがる者を無理矢理に議員や町村長にしても、その任務をまともに果すとは思えない。したがって、これらの職に就かない者には、数年間、選挙権・被選挙権を与えないという罰則を課し、また、市町村税を引き上げるということにしたと、モッセは説明する。この罰則は、もちろん、「市制町村制」で次のように明示されていた。

「その職務を実際に執行せざる者は、市会（町村会）の議決を以て、3年以上6年以下その市（町村）公民たるの権を停止し、且つ同年期間、負担すべき市費（町村費）の8分の1ないし4分の1を増課することを得」（市制第7条2項、町村制第8条2項）。

しかし、実際には、この強制が必要になることは、ベルリン市の事例から言っても、滅多にないはずだと、モッセは説明していた[515]。それでも、これは日本のそれまでの地方制度にはなかった制度であり、そうした強制に驚いた人もいたに違いない。事実、「市制町村制」の法案が元老院で審議されたとき、井田譲議官は、前述したように、こんな"イヤラシキ"条文を定めている法案は大いに問題であるとして、法案の撤回を要求していたところである。他の議官は、この井田議官の要求に同意しなかったが…[516]。

このように、「市制町村制」は選挙で選ばれた議員や町村長にその職務に無

---

514) 同 上、39頁。
515) モッセ、『自治制講義』（第3回：明治21年11月9日）、39-40頁。
516) 明治法制経済史研究所編『元老院会議筆記』第29巻後期、元老院会議筆記刊行会、昭和59年、75頁）。

給で従事することを義務づけたが、一方、「市制町村制」は、選ぶ側、すなわち、選挙人についても、必然的に義務が伴うとし、その最大の義務は、"公共全体のために選挙権を行使する"ことであるとモッセは説明していた。すなわち、

市町村の住民は、市町村税を納めなければならない。その税額をどれだけにするか、それをどのように使うかを決めるのは、議会と町村長である。いわば、議員と町村長は住民を支配しているということになるが、その議員を選んでいるのは選挙人であり、それらの議員が町村長を選んでいる。選挙人がどういう議員を選ぶかによって、市町村の支配の仕方が変わるわけである。これは、選挙人が、自分たちの仲間である住民の支配に、間接的に、荷担していることを意味する[517]。したがって、選挙人は、適切な人を選挙で選ぶことが必要となり、それが選挙人の義務となるというのであった。

そして、こういう選挙をするためには、理論的な点だけからいえば、"公開選挙"が最良の選挙方法だとしていた。議員にふさわしくない者がいた場合、その議員に投票した選挙人も責任を問われるべきであるが、その責任を問うためには、選挙人が誰に投票したかがはっきりとする公開選挙が理想的な選挙方法となるというわけである[518]。しかし…とモッセは注意する。

現実に、公開選挙をすれば、選挙人の多くが有力者の影響を受けることは必然である。したがって、実際の制度としては、公開選挙はあまりいい制度ではない。

結局、「市制町村制」のもとでは"秘密投票"ということになり、不適切な議員が出現した場合でも、誰がその議員を選んだのか分からずじまいということになってしまった。言い換えれば、選挙人の「公共全体のために選挙権を行使する」という義務は、義務に違反した場合でも、何ら追求できない義務になってしまったが、しかし、このような選挙人の責任（義務）というモッセの考え方は、改めて注目する必要があるといわなければならない。

（なお、前述の英米流の「自治」の提唱者であるジェームズ・ブライスも、選挙人の責任を強調していた）。

---

517) モッセ、『自治制講義』（第4回：明治21年11月26日）、12頁。
518) 同 上、22頁。

(5) 議員のあるべき姿は？

　議員にふさわしい特色として、あるいは、議員の好ましいイメージとして、モッセは、次のような議員像を掲げていた[519]。
・議員たる者は廉潔公正の性質を具え、議員の職を私利に供することがない者。
・市町村において、多少の名望がある者。
・生計に多少の余裕がある者。議員は名誉職で報酬がない。そのため、市町村の公務に従事することによって、自己の生計に困るということがない者。
・公務を執行する能力がある者。
・市町村の地位名望を高めるような人物であれば、なお、望ましい。

　もちろん、ここに掲げた特色は、法律で義務づけることができないものである。したがって、「市制町村制」には、これらの議員の特色に関する規定はなかった。しかし、それとは別に、「市制町村制」の規定に明示されている議員の特色もあった。次の条文に示された特色である。
　「凡議員たる者は選挙人の指示若しくは委嘱を受く可らざるものとす」

（市制第36条、町村制第38条）。

　ここで「指示」という表現しているのは、いうまでもなく、命令や指図のことである。また、「委嘱」というのは依頼のことだと考えられる。要するに、議員は、選挙人の干渉を受けてはならないという規定であるが、この規定には、2種類の議員の特色が含まれているといってよい。

　ひとつは、議員は、自分を選んでくれた選挙人の代人（もしくは代表）ではなく、市町村全体の代表者であるという特色である。モッセは、この点について、議員は選挙人の代人であるというデモクラシー主義の説は甚だしい誤りであるとし、議員は市町村全体の代表者だと位置づけなければならないとしている。

　もうひとつの特色は、議員は、議員自身の"私利"はもちろんのこと、選挙人の"私利"も考慮してはならない。常に、市町村全体のことを考えて、その職務を遂行しなければならないというものである。モッセは、これを議員の義

519）　モッセ、『自治制講義』（第4回：明治21年11月26日）、10頁。

務だとした。

　こうした特色からいえば、議員は、「市制町村制」のもとでは、住民の要望や意見を聞く必要がなかったということになろう。それどころか、住民や選挙人の意見に左右されず、議員自身の考えだけで、条例案や予算案に賛成したり反対したりしなければならない。それが、「市制町村制」の意図するところであったとすらいえそうである。事実、「市制町村制」の実質的な制定者であるモッセ自身、次のように、それを強調していた。

　「議員は公の職務なり。…他人の為に動かされず。自ら信ずる所に由って其の至当とする所を行うは、其の職にある者の義務なり」[520]。

　議員が「自ら信ずるところ」とはいっても、主観的・感覚的なものでないのはいうまでもない。議員は、慎重かつ誠実に、市町村全体の利害得失を考えることが前提となっていた。そして、ときの経過とともに、この条文との関連で、市町村議員が所属する政党の指示にしたがうことも、あまり感心できない行為として理解する者が、少なくとも内務大臣などの政府中枢部の官僚にはいたようである。モッセ自身は、明治21年の講義のなかでは、何ら触れていなかったが…。

　たとえば、大正14年に『市町村会議事法講座』という本が出版された。著者は、古屋景晴という人物である。この人がどういう人物か、残念ながら筆者は全く知らない。ただ、水野錬太郎・内務大臣、中村是公・東京市長（中央官僚）、そのほかに、大学教授など当時の多数の名士がこの本の序文を書いており、その序文を読むと、著者である古屋景晴という人物は地方議員（恐らくは東京市会議員）であり、法律に精通している人物であったことが分かる。また、序文を書いた多くの名士たちが、この本が如何に重要かを強調している。いわば、この本は大正末期の議会運営のマニュアル的なものであったといえそうである。そこで、この本の解説を見てみると、上述の、議員は選挙人の指示もしくは委嘱をうけてはならないという規定の関連で、議員は自己の所信にしたがって行動しなければならないとしている。まさにモッセの教えをそのまま引

---

[520]　モッセ、『自治制講義』（第4回；明治21年11月26日）、18頁。なお、モッセは、この規定には、選挙人の義務、すなわち、議員に対して依頼をしてはならないという義務も含まれているとしていた。ただし、「法律上、固（もと）より効力あるものにあらず」と補足していたが…。

き継いだ解説である。しかし、この本はそれだけでは終わらず、続けて、「党派根性に左右されるのは、議員という公職を乱すもので、自治体及び住民の不幸である」[521]と解説する。

これは、市町村レベルでは、議員は、政党の指示にもしたがうべきでなく、あくまでも自分自身の考えにしたがって行動するべきであるという理解だといってよい。こうした理解がいつ頃から出てきたのか不明であるが、もし、「市制町村制」が制定された明治21年（1888年）当初から、このような理解が広まっていたとすれば、それは、「市制町村制」の形式的な制定者とされている山縣有朋にとっては、歓迎すべきこと、もっといえば、"ねらい"通りの理解であったといえるであろう。山縣有朋は、明治16年（1883年）に地方制度の抜本的見直しに取り組み、それが「市制町村制」の制定につながっていったのであるが、このときの山縣有朋の最大の"ねらい"は、自由民権運動という政党結成の動きが市町村レベルに入らないようにすることにあったからである。

7.「市制町村制」の施行と東京・京都・大阪3市の特例

(1)「市制町村制」の施行

「市制町村制」は、明治21年（1888年）4月25日に公布された。しかし、それを実施に移すためには、準備が必要であった。たとえば、「町村制」の場合、それまでの町村は全般的に規模が非常に小さく、財力も事務処理能力も乏しかったため、「町村制」を実施するには、先ずは、財力を高め、事務処理能力を高める必要があった。要するに、町村合併を大々的に行わなければならないというのが、当時の認識であった。

この町村合併は、前述したように、結果的には、それなりに、うまく進められたが、しかし、たとえば元老院で「町村制」が審議されていたときには、全国画一的に町村合併を進めるなどということは不可能だと主張するものも少なくなかった。また、それを前提に、「町村制」を全国一律に施行するべきかどうかが、真面目に論議されるということもあった。たとえば、明治20年12月26日の元老院の審議では、尾崎三良議官が、次のように、住民の希望する町村にのみ施行するべきではないか、と主張していた。

521）　古屋景晴『市町村会議事法講座』、大正14年、国民道徳会、136頁。

「実際を細視(さいし)すれば、場合と所に依って都合好く合併の行わるる所も有らんなれども、又他の一方には、如何にしても合併の行われざる場所あることを想像せざる可らず…（これらの）村に向かい、法律を以て無理に自治を押しつけるは甚だ宜しからず。…左れば、本案は、人民の情願(じょうがん)に依って実行する者と為すべし」522)。

　もちろん、「町村制」を施行するか否かは各町村の希望に任せるという、この尾崎議官の意見には反対が多かった。たとえば、宮本小一523)議官が、「その説の如くなれば、町村毎に各異の制を行うこととなり、国政が成立せざるを以て、遺憾ながら賛成し難し」524)と反対。また、山口尚芳議官も、次のように、「町村制」の全町村への施行を主張した。
　（町村制）は「国家の必要より起こりしものにして、此の如くせざれば、治安を保する能わざる上は、各町村一様にするを至当となす」525)。

　結局、尾崎議官の「町村制」の施行を各町村の希望に任せるという提案は絶対少数で否決されてしまい、「市制町村制」は全国画一的に施行されることが承認された。とはいっても、合併が進まず、「町村制」の施行がどうしても難しいという町村もあったはずであるが、これらの町村については、「町村制」の法案の段階で、町村会及び町村長の具申によって、条文の適用を中止することもあると定めていたため、元老院の審議では、これが前提となって、全国画一的に施行するとなったようである526)。
　とはいっても、これは、全国一斉にということではなかった。「市制町村制」の公布・施行に責任をおっていたのは内務省であったが、内務省は、早くから、その実施には準備に時間がかかるとともに、地方によって状況が異なるため、全国一斉にというわけにはいかないことを強調していた。そして、「市制町村

---

522) 明治法制経済史研究所編『元老院会議筆記』第29巻後期、元老院会議筆記刊行会、昭和59年、89頁。
523) 宮本小一は幕臣出身。外務大書記官などの後、元老院議官、後に貴族院議員。
524) 明治法制経済史研究所編『元老院会議筆記』第29巻後期、元老院会議筆記刊行会、昭和59年、111頁。
525) 同　上。
526) 亀掛川浩『明治地方制度成立史』柏書房、1967年、203-4頁。

制」が天皇によって採決・公布される約一か月前の明治21年3月12日に、次のような意見書を閣議に提出した。

「（市制町村制を）実施するの期限に至っては、敢えて各地方一定の期を設けず、地方の状況を裁酌し、府県知事の具申に依り、本大臣の指揮を以て之を施行する者となせば、其の操縦の機に於いて万(よろず)失誤の悔いなきを信ず。然れども地方官の意見を各地の現状に照らせば…その実施に先立ち、尚お十分準備をなさしむるの猶予を与うること、極めて緊要なりとす。依て、今親裁を得るに従って直ちに之（市制町村制）を発表する者となすも、実施の期限は明治22年4月1日以降と為さんことを欲す」527)。（傍点は筆者）

明治21年3月21日、総理大臣官邸で閣議が開かれ、この内務省の意見を審議、決定した。市制町村制は、公布してから1年後の明治22年4月以降に、各地方の状況に応じて、あるいは、府県知事の申し出にしたがって、施行されることになったのである528)。

これにより、明治22年（1889年）4月1日に日本ではじめて"市"が出現した。それ以降、明治22年12月までに「市制」が施行され、"市"となったところを月日別に列挙すると次の表のようになる。

表10　明治22年4月1日、市制施行、31市。

府　県	市	府　県	市	府　県	市
京都府	京都	大阪府	大阪、堺	神奈川県	横浜
兵庫県	神戸, 姫路	長崎県	長崎	新潟県	新潟
茨城県	水戸	三重県	津	静岡県	静岡
宮城県	仙台	岩手県	盛岡	青森県	弘前
山形県	山形, 米沢	秋田県	秋田	福井県	福井
石川県	金沢	富山県	富山, 高岡	島根県	松江
広島県	広島	山口県	赤間関(注1)	和歌山県	和歌山
高知県	高知	福岡県	福岡,久留米	佐賀県	佐賀
熊本県	熊本	鹿児島県	鹿児島		

（注1）　下関市に改称（明治35年）

527)　明治21年3月21日、内務省が閣議に提出した意見書「市制町村制施行の件」より抜粋。参照、亀掛川浩、『明治地方制度成立史』280頁。
528)　大森鐘一・一木喜徳郎、『市町村制史稿』元元堂書房、明治40年、25頁。

表11　明治22年5月～12月末までに市制が施行された"市"。

府県	市	市制の施行日
東京府	東京	明治22年5月1日
岡山県	岡山	6月1日
山梨県	甲府	7月1日
岐阜県	岐阜	7月1日
愛知県	名古屋	10月1日
鳥取県	鳥取	10月1日
徳島県	徳島	10月1日
愛媛県	松山	12月15日

　なお、町村制は、ほとんどの府県では、市制が施行されたときに、同時に並行して、町村制が施行された。たとえば三重県の例でいえば、津市が"市"となった明治22年4月1日に、四日市や桑名などが町村制のもとでの"町"となり、また菰野などが"村"となったわけである[529]。

　この年（明治22年）に限っていえば、県のなかには、千葉県や栃木県のように、市制を施行せず、町村制のみを4月1日に施行したところもあった[530]。

(2) 3都市（東京・京都・大阪）の特例設定

　東京、京都、大阪の3市については、「市制」を適用するには大きすぎるということで、モッセが起案した最初の構想の段階から、別の制度を設けるとされていた。これは、「市制町村制」の法案を審議した閣議でも受け入れられ、また、元老院の審議の際にも、当然のこととして、異論なく承認された。

　ところが、「市制町村制」の公布の直前に開かれた閣議で、状況は一変した。明治21年（1888年）3月21日に開かれた閣議であったが、この閣議の開催目的は、「市制町村制」をどのように施行するかを検討するというところにあった。しかし、この閣議で、市長の選出の仕方が問題となり、市会が市長候補者を推薦するという規定がつくられるきっかけとなった。このことは前述した

---

529) なお、四日市は明治30年（1897年）8月1日に市制を施行して"市"となり、桑名町も昭和12年（1937年）4月1日に"市"となった。また、菰野村は、昭和3年（1937年）10月1日に町制を施行した。
530) 福島、栃木、群馬、埼玉、千葉、長野、滋賀、奈良、大分の9県である。

が531)、その市長選出の問題と同時に、東京、京都、大阪の3市を特別扱いすることも、この閣議で問題とされた。そして、他の一般の市と同じように、3市にも「市制」を適用するべきではないかということになり、ひとまず、その内容で、「市制」を公布することとし、その後、それを元老院に提示した532)。

　元老院の審議は、「市制町村制」が公布されてから2か月ほど経った明治21年6月12日にはじまった。しかし、この日だけでは論議がまとまらず、8月2日に再度審議したが、それでも、結論に至らなかった。そこで、10月6日に改めて審議。最終的には、政府案を否決するということになった。そして、3市には別の制度を適用するべきであるという意見書を天皇に上奏した533)。意見書の要旨は、東京のように人口の多いところは、数市に分けて、複数の市にすべきであるというものであった534)。

　この元老院の意見書に対し、法制局が、「市制制定の精神に背馳（はいち）する」と反発。それに代るものとして、3市に特例を設け、市制を適用すべきである旨の意見書を内閣に提出した。その内容は、3市には市長を置かず、府知事が市長の職務を行う、また、3市には収入役その他の専属の職員を置かず、府庁の官吏がその職務を行う…などであった。

　閣議では、この法制局の意見が認められ、いわゆる"特例"法535)が制定されることになった。この特例法は明治22年3月22日に裁可を得て、翌23日に公布され、その約1週間後の4月1日に、京都市と大阪市で「市制」が施行された。東京市に「市制」が施行されたのは、その1か月後の5月1日であった。まさに、間一髪で間に合った"特例"法の制定といえた。

　なお、この3市の"特例"法は、法律が公布されたその日、すなわち3月23日に、内閣総理大臣黒田清隆の名をもって、元老院に示された。元老院と

---

531) 市長選出に関して、山縣内務大臣が譲歩し、市会に市長候補者を3人推薦する権限を認めると、条文が修正されたが、そのきっかけになったのも、この閣議だった（本書243-4頁参照）。
532) 大森鐘一・一木喜徳郎『市町村制史稿』、29-30頁。
533) 同上、31頁。なお、亀掛川浩『明治地方制度成立史』、172-3頁。
534) この意見書の正式名は「三府市制ハ別ニ編成ヲ請フノ意見書」である。そのなかで、「市制は、諸県に介在せる小市一般の制度にして」、「尋常の小市数十を合するが如」き3市に、これを適用するのは無理がある。強いて適用するというのであれば、たとえば「東京市の如きは之を数市に分かち、各市長を置き…」という形にするべきだと主張していた。
535) 法律第12号「市制中東京市京都市大阪市に特例を設くるの件」という法律である。

しては、4月6日に審議をはじめたものの、京都市と大阪市ですでに実施されている法律を否定することができなかったのであろう。それまでのような反論を展開することなく、そのまま承認された。東京・京都・大阪の3市には市長を置かず、府知事が市長の職務を行うという仕組みが形式的にも認められたわけである。

このように、3市には市長は置かれなかったが、しかし、議会は設置された。それに伴い、一般の市と同じように、議会（市会）の議員の選挙を行われた。たとえば、東京市では、「市制」が施行された明治22年5月の月末、29日から31日までの3日間をかけて、第1回目の東京市会議員の選挙が行われた[536]。議員数は60人。当選者のなかには、10年ほど前まで東京府知事を務め、この当時は元老院議員であった楠本正隆、自由党の機関誌の社説担当者で、当時は東京府会議員、さらには後に衆議院議員となった田口卯吉、安田銀行（財閥）の創設者である安田善次郎、東京日日新聞の社説担当者であった福地源一郎など、錚々（そうそう）たる面々も含まれていた[537]。

余談ではあるが、この翌年の明治23年（1890年）、衆議院が設置され、その第1回総選挙が、同年7月1日に行われた。東京市会議員のなかには、この選挙で衆議院議員となった者も何人かいた。たとえば、東京市会の初代議長に就任し、以後、明治28年12月まで議長を務めた楠本正隆は、この第1回総選挙で当選して衆議院議員となり、明治26年12月にはその衆議院の議長となり、明治29年6月まで続けている。2年間ほどは、東京市会議長と衆議院議長を兼務していたわけである。

図19　楠本正隆
（1838-1902；明治35年）

また、明治22年の東京市会の選挙で市会議員となった芳野世経[538]は東京府会議員にもなっていたが、明治23年の総選挙で衆議院議員にもなった。さらに、松田秀雄[539]は、明治22年に東京市会議員に、そして、初代の副議長となったが、23年には東京府会議員にもなり、明治28年には衆議院議員にもなってい

---

536)　東京市会事務局、『東京市会史』第1巻、昭和7年8月、131頁。
537)　田口卯吉、安田善次郎は、翌明治23年に市会議員を辞職している。
538)　芳野世経（つぐつね）は東京府士族出身。
539)　松田秀雄は彦根藩士出身。

る。このように、少なくとも東京市会には多士済々の、衆議院や東京府会に影響力のある人物がそろっていた。そして、東京市会の活動が開始すると、直ぐに、"特例"の廃止を求めるようになった。東京府知事や東京府の官吏によって東京市の行政が担当されるのではなく、他の一般の「市」と同じように、東京市も独自の「市長」と職員をもつべきであるという運動を展開するようになったのである。

　この結果、明治31年に、3市の"特例"が廃止されることになったが、その経緯については、後に、説明することにしたい。

8. 府県制・郡制の制定

(1) モッセの構想と「地方制度編纂委員」の審議
①モッセの構想

　モッセが考えていた地方制度の整備は、「市」と「町村」の整備だけではなかった。「町村」の上位の区画である「郡」についても、また、その上の「府県」についても、地方制度の一環として整備する必要があるというのがモッセの考えであった。

　これは、モッセが地方制度を整備するために最初に示した「地方制度編纂綱領」でも明確に示されていた。「地方制度編纂綱領」は、「市」「町村」だけではなく、「府県」「郡」についても、その制度の整備をはかる必要があるとしていたのである。

　この綱領は、地方官（府県知事など）の会議で多くの反対に遭ったにもかかわらず、山縣有朋内務大臣のいわば"ごり押し"によって、明治20年（1887年）2月24日の閣議で決定されたことは前述したが、閣議決定されている以上、それを実現するための法律を準備する必要があった。

　この「府県制」・「郡制」の最初の草案は、「市制町村制」の草案のときと同じように、モッセによって準備されたのはいうまでもない。この草案の大きな特色は、当時、郡には議会が設置されていなかったが、その郡にも、府県と同じように、議会（郡会）を設置するというところにあった。また、府県会・郡会ともに、議員の選挙を住民の直接選挙ではなく、間接選挙にするとしていた。たとえば府県の議会（府県会）の場合、市会と郡会が府県会の議員を選ぶことにされていたのである。行政権の担い手も変革するとされていた。

この当時、"中央政府の官吏"である府県知事・郡長が府県と郡の行政を一手に担っていたが、モッセの構想では、新規に合議制の機関である「参事会（Ausschuss）」[540]を設置し、それを、府県と郡の行政機関とするとされていたのである。たとえば府県の場合は、府県知事、高等官（中央政府から府県に派遣されてきた幹部クラスの官吏）2名、それに、議会（府県会）が住民の中から選出する参事会員6名で「参事会」を構成し、その「参事会」が行政機関になるというのが、モッセの構想であった。

　とはいっても、これは、それまで府県知事が担っていた行政事務を、すべて「参事会」に移すというものではなかった。「参事会」に担わせる行政は、法律で府県の事務とするもの、いわゆる府県の公共事務だけであり、国務は、当然に、府県知事が処理するものとされていた。「参事会」も、また、議会（府県会）も、府県知事が処理する国務には、喙を容れることができないとされていたのである。

　モッセの構想では、「参事会」の議長は府県知事とされていた。「参事会」で決定された事柄を実施に移すのも、府県知事であった。府県知事は、これにより、大きな力を発揮できるとモッセは考えていたようである。また、府県知事は、議会（府県会）の議長にもなるというのが、モッセの草案の大きな特色であった。

② 「地方制度編纂委員」の対応は？

　明治21年（1888年）7月、「地方制度編纂委員」の審議が始まった。先ず「参事会」の設置について、芳川委員（内務次官）から、県に設置するのは良いとしても、郡に「参事会」を設置するのはどうかという意見が表明された。山縣委員長（内務大臣）は、この芳川委員の意見に同調したが、これに対して、モッセは…、

　明治23年に国会が開かれることになっているが、いまの日本には、国会議員になれるような人材が甚だ少ないのが現状である。また、いまの地方の運営のままで、国会が開かれるということになれば、人民は権利ばかりを主張するようになるに違いない。したがって、府県・郡に「参事会」を設置し、有力な

---

540) この"Ausschuss"は、「地方制度編纂委員」の審議の際には、「常置委員」と訳されていたが、この委員会の審議で、「参事会」と修正された。

住民に「参事会員」になってもらい、着実な行政処理能力と自治運営の義務感を身につけてもらうようにすることが必要である、という趣旨の意見を表明していた。

このモッセの意見に、野村委員（逓信次官）と青木委員（外務次官）が同調。「参事会」の権限を小さくすることはあっても、とにかく、これを設置するべきである。そうでなければ、官民の調和を失い、円滑なる行政を進めることができない、と主張していた。そして、最終的には、山縣内務大臣も「参事会」を設置するという構想を認め、それが「地方制度編纂委員」の意見となった。

「地方制度編纂委員」の審議では、このほかに、府県会議員の選挙の仕方や選挙権・被選挙権の資格などについても意見が戦わされたが、最終的には、モッセの原案がほぼそのまま認められ、明治21年9月12日、内閣に提案された。法案を受理した内閣は、それを法制局の点検に附し、法制局が字句などの部分的な修正をしたものの、基本的な内容については何ら変更することなく、9月25日、政府の法案として閣議決定した。こうして、同年10月1日に元老院に回され、その審議が始まることとなった。

(2) 元老院での審議
①多数議員の反発

明治21年（1888年）10月8日、元老院での審議が始まった。この日の審議は、めずらしいことであったが、"禁傍聴"となっていた。なぜ、この法案が"禁傍聴"とされたのか、その理由は分からない。しかし、当時、府県会議員も元老院の審議を傍聴できることとされており、それらの府県会議員には、自由民権運動を活発に展開している自由党や改進党系の議員が多数いた。一方、山縣有朋に率いられた内務省には、「府県制」を制定することにより、自由民権運動を地方から排除したいという"ねらい"があった。このことからいえば、民権運動家に元老院の審議を妨害されないように、"禁傍聴"にしたのではないかと推測できる。なお、"禁傍聴"はこの日だけで、以後の審議は、傍聴が可能となった。

この日は、午前9時15分に柳原前光[541]議長が開会を宣言。その後、西山真

---
541) 柳原前光は公家出身、大正天皇の生母柳原愛子は妹。明治27年（1894年）に44歳で死去。

平書記官が「郡制」「府県制」の順に法案を朗読。それから、各議官の意見の陳述がはじまった。最初に発言したのは楠本正隆議官であったが、まさに、法案に噛みつくという発言であった。なかでも、中央政府の官吏である府県知事と郡長が、議会（府県会・郡会）の議長になるということに、「実に奇というべし」542)と反発した。知事・郡長を議会の議長とするという法案は、反対する者が少なくなかった。蜂須賀茂韶議官の次の発言のように、法案の建前である"自治"という側面から、これを非難する議官もいた。

「是れ実に不可思議のことと言うべし。…従来、府県会議長と府県知事との間に軋轢を生じ、政府に於いて困惑せしこと、屢々(しばしば)聞く所なり。故に情実より之を言うときは、斯くならば或いは政府の趣意貫徹す可も、府県知事にして府県会の議長と為り、郡長にして郡会の議長と為る如きは、自治制度の本旨に適わずとす。…本案の如くなる位ならば、寧ろ自治制度立てざる方(ほうか)可ならん。苟も之を立つる以上は、假令(たとい)行政上に於て多少の困難ありとも斯かる法を設く可(べか)らず。斯かる法を設けて行政部分の都合のみを主とするときは人民に取りて不便之より大なるは無し」543)。

これに対して、政府側の説明員（内閣委員）として出席していた小松原英太郎（内務大臣秘書官）は「郡長をして議長を兼ねしむるは、官民の間の円滑調和を得んが為なり」544)と説明。さらに、次のような詳しい説明も付け加えていた。

「官選議長の事については、府県会・郡会とも、国の大議会とは異なりて一地方の経済を議するに止まれば、此の制度中の議長は必ずしも公選と為すの必要を見ず。且つ知事・郡長の外、別に議長を置けば、知事・郡長と議長の間、其の意見相衝突し、政務に於いて差し支えを生ずる無きを保せず。知事・郡長を以て議長と為せば、地方人民の情状自ら貫徹し、地方の事業を為すに於いて好結果を得るに至るや必然なり。是れ議長を公選と為さざる所以(ゆえん)なり」545)。

---

542) 明治法制経済史研究所編、『元老院会議筆記』（後期第33巻）、元老院会議筆記刊行会、昭和63年11月、111頁。
543) 同 上、112-3頁。
544) 同 上、115頁。
545) 同 上、118頁。

しかし、この内閣委員の説明に、議長の官選に同意する議官はいなかった。また、ほかにも、行政区画である府県・郡に対して、なぜ自治を導入するのかという反発をする議官もあり、その上、「府県制」・「郡制」の制定が必要か否かは、「市制町村制」の実施結果を見てから検討するべきであるという議官が多かった。そうした批判論が渦巻く中で、ある議官（井田譲議官）から「調査委員を設けよう」という声が上がった。調査委員を設置して法案全体を検討してもらい、修正すべきところは修正を加えたうえで、それをもとにして、元老院の審議を進めようという建議であった。この建議に多数の議官が賛成。7名の議官を調査委員に選び、この日の審議を終了した[546]。

②調査委員の修正案

　調査委員の審議は調査委員（議官）だけで行われるというわけではなく、政府の担当職員（官吏）の説明を受け、それをもとに、法案の各条文の是非を調査委員が論議するという形で進められた。もちろん、調査委員である元老院の議官も政府によって任命された人々であり、ほとんどは官吏出身であった。しかも、担当職員（官吏）より格上の人々であり、法案の説明を受けるとしても、一般的には、その是非を判断する際に担当職員の影響を受けるということはなかった。

　しかし、このときの調査委員の審議は状況が違っていた。山縣有朋内務大臣が勝手にその審議に参加し、法案を説明し、調査委員（議官）の質問に答えたのである。この当時の山縣有朋は単に内務大臣であるというだけではなかった。伊藤博文と並ぶ政官界の大御所であり、また、陸軍の最高峰でもあった。実質的に当時の政府を牛耳っていた人物だったのである。

　その山縣内務大臣に押しかけられた調査委員は、法案の是非を自主的に判断することができたであろうか。影響を受けることは必然であったというべきであろう。事実、調査委員の一人であった大鳥圭介議官は、明治21年10月8日の元老院の審議では法案の"廃棄"を主張していたが、調査委員の会議を経て、法案に賛

図20　山縣有朋
（1838-1922；大正11年）

---

[546] 楠本正隆、井田譲、三浦安、細川潤次郎、加藤弘之、大鳥圭介、小畑美稲の7人

成するようになったと、11月16日に再開された元老院の議場で発言し、考えを180度変えた理由を、次のように、打ち明けていた。

「前日の考えと、今日の考えは、全く表裏反対するに至れり。因って、其の表裏反対せし所以を議場に白状す。(調査)委員の席へ内務大臣も出席ありて、直接に質問し、種々の説明を得て、千思万考の後、遂に此の法案を発布するの必要を感じたるなり」[547]。

他の調査委員のなかにも、「府県制」・「郡制」の法案に批判的なものが多かったが、調査委員の検討の結論として出てきたものは、政府原案とほとんど変わりがなかった。

「(郡制・府県制は)全編の脈絡も頗る好く相通じ、調査委員の喙を容れる可き箇所少なかりし。故に、至って簡単なる修正に止めたり」[548]。

これは、明治21年11月16日の元老院に、楠本正隆議官によって示された調査委員の報告であるが、このように、調査委員に選ばれた議官が同年10月8日の会議で示していた法案反対の強行姿勢は、すっかり影を潜めてしまっていた。

調査委員が修正したのは、府県知事及び郡長が府県会・郡会の議長になるという条文を改め、議長は議員の互選で選ぶとしたくらいであった。

しかし、11月16日に再開された元老院の会議では、調査委員の報告にも拘わらず、法案に賛同する議官はあまりいなかった。議官の多くは法案に冷ややかで、とりわけ行政機関を合議制の「参事会」にすることを問題視するものが多かった。府県と郡は純粋の行政機関であり、自治体としての要素を組み込むべきではない、あるいは、もっと時間をかけてすすめていくべきであるという意見であった。結局、審議はまとまらず、午後3時15分、議長(柳原前光)が「散会せよ」と発言。この日の審議は終了した。

③山縣内務大臣の臨席

明治21年11月20日午前10時、元老院の議場に50人ほどの議官が着席し、議長の開会宣言のもとに、元老院の審議が始まった。議場には、内務省や法制局の職員も4人着席していた。法案の意図を説明するためであった。これは、

---

547) 『元老院会議筆記』(後期第33巻)、139頁。
548) 『元老院会議筆記』(後期第33巻)、131頁。

いつもの元老院の審議風景であったが、この日は、ほかに、山縣内務大臣も議場に座っていた。

　大臣が元老院の会議に出席するのは、当時の慣例としては、「異例中の異例」であった[549]。しかも、山縣内務大臣は単に臨席しただけではなかった。議場に顔を見せたのは、議官を説得するため、（あるいは圧力をかけるため）であり、実際にこの日の審議の冒頭で、

　次のような趣旨のかなり長い演説を行っていた。すなわち…

　国会の開設が目前に迫っているが、いまのままでいけば、「民間に政論家と自称し、行われざるの空論を唱え、纔（わずか）に一身の不平を漏（もら）し動（やや）もすれば社会の秩序を紊乱（ぶんらん）せんと企つる蠢愚（しゅんぐ）の徒（ともがら）」が国会（帝国議会）議員を占めてしまうことになりかねない。これを防ぐには、各地域の有力な納税者を「老成着実の人士」に育て上げ、それらの人々が国会議員になっていくような仕組みをつくることが必要である。「府県制」・「郡制」はそのための法律、すなわち、地域の有力な納税者を府県・郡の行政に巻き込み、これらの人々に、責任感・義務感をもった「老成着実の人士」に育ってもらおうという法律である。これを制定する好機は、「今日を措き、他日にあらざるなり」。そのため、速やかに議決して欲しいという趣旨の演説であった[550]。

　この山縣内務大臣の説得は、しかし、元老院の全体会議では、ほとんど効果がなかった。少なくとも、元老院の議事録での発言を見る限り、多くの議官が、相変わらず、法案に反対していた。こうした法案反対の発言には、山縣内務大臣が外遊するという情報が影響した可能性もある。この演説の1週間ほど前の11月14日に、山縣大臣がヨーロッパに行くことが公表されていたのである。現に、この山縣の演説の後、調所広丈（ちょうしょひろたけ）議官が、次のように発言していた。

　「山縣内務大臣の言は一理の取る可きあるに似たり。然れども、本官は未だ本案を至急に制定発布するの必要が那辺に存するや見出す能わざるなり。…今回、主務大臣も欧州を巡回せらるることとなり、随って今日の内閣委員たる荒川邦蔵を始め随行を命ぜられし者あれば、詳らかに彼の国の実況を目撃し来たりて郡制府県制を編纂せらるれば、一層完全なる法案を得るならんと想像

---

549)　亀掛川浩、『自治五十年史』昭和15年、318頁。
550)　『元老院会議筆記』（後期第33巻）、194-8頁。なお、この山縣の説明をみると、モッセの教えに極めて忠実にしたがっていたことがよく分かる。

す」$^{551)}$。

　要するに、元老院では「府県制」・「郡制」の法案を葬り去ろうという意見が強く、もちろん、それに反論するものもいたために、この日も審議はまとまらなかった。その後、明治21年11月20日また11月30日に、再度、元老院が招集され、議官の間で、また、政府の説明員（内閣委員）と議官の間で論争が展開されたが、11月30日も、結論が出ないまま、終了した。このときは"続会の期日"を後に知らせるという議長・柳原前光の宣言があったが…。

　しかし、この11月30日を最後に、以後、「府県制」・「郡制」の法案が元老院で審議されるということはなかった。内閣総理大臣が元老院に対して、12月8日に、突如、法案の返還を求め、元老院がそれに応じて返還したためである。一体、内閣で何があったのだろうか。

④法案に対する井上法制局長官の反発

　元老院の審議にかけられた「府県制」・「郡制」の法案は、山縣有朋内務大臣を委員長とする「地方制度編纂委員」の提言をもとに、明治21年（1888年）9月25日の閣議で法案として決定されたものである。この時の閣議では、法案の内容に異論を挟むものは者は誰もいなかった。そのため、元老院の審議にかけられたわけであるが、ところが、元老院の審議が始まる3日ほど前になってから、井上毅法制局長官が「府県制」の法案を痛烈に批判する意見書を内閣に提出した。「府県制に対するの杞憂」$^{552)}$と題する明治21年10月5日付けの意見書であった。

　井上の批判は、要するに、「府県制」がそのまま制定されれば、府県会が立法権の面でも行政権の面でも最高の力をもつようになり、一方、府県知事の権限は大幅に縮小してしまうという警告であった。具体的には、たとえば、府県知事が府県会の議長になるという法案の内容については、次のような論法で、法案を非難していた$^{553)}$。

　知事が府県会の議長になれば、一見、府県会を制御できるようにも見える。しかし、実際には、知事は、府県会を平穏に運営しなければならず、そのため、行政の長官として毅然とした態度を取り、議員と対立するなどということはで

---

551) 『元老院会議筆記』（後期第33巻）、208頁。
552) 伊藤博文編、尾佐竹猛・平塚篤校訂『秘書類纂法制関係資料』下巻、昭和9年、所収。
553) 同　上、292-7頁。

きなくなるはずである。知事は府県会の奴隷のような存在になってしまい、行政が麻痺してしまうことは疑いない。

また、法案は、合議制の参事会を行政機関にするとしていたが、これについても…

行政機関である参事会を構成するのは、知事と2名の高等官、そして6名の名誉職参事会員である。知事は、この参事会の議長になるとされているが、実質的には、参事会員の一人に過ぎない。参事会の意思は参事会員の

図21　井上毅
(1844-1895；明治28年)

多数で決定され、参事会員の多数（3分の2）は、府県会が選挙する名誉職参事会員によって占められる。これは、行政上においても、勢力の過半が府県会の手中に落ちるということを意味する。

もちろん、この井上毅の意見書（「府県制に対するの杞憂」）が、閣議にかけられるということはなかった。しかし、新聞などで、井上が反対していると報道されていた[554]。一方、そうした状況に、反応したためと思われるが、山縣内務大臣によって率いられた内務省は、是が非でも、「府県制」・「郡制」を制定するという姿勢を示していたようである。たとえば、山縣有朋内務大臣が、元老院の調査委員の会議や本会議に異例の出席をし、「府県制」・「郡制」の必要性を説得したというのは、そのひとつの現れであった。

また、明確な日付はないが、山縣有朋内務大臣の名前で、この頃に書かれた「郡制府県制決行之件閣議案」[555]という文書がある。これが実際に閣議にかけられたかどうかは不明であるが、それを見ると、冒頭に…

「曩に元老院の議に付せられたる郡制府県制は同院に於いて異議者少なからず、其の可決未だ必ず可らざるものあり。此際極めて閣議の根本を固め、以て不抜の廟算を定むるの必要を見る」と記されている。

「廟算」というのは"朝廷のはかりごと"であると辞書にあるが、この冒頭

---

554)　亀掛川浩『自治五十年史』、良書普及会、昭和15年、327頁。
555)　後藤新平が設立した東京市政調査会（現・後藤安田記念都市研究所）の市政専門図書館に所蔵されている「大森文書」に収録されている。この「大森文書」は、内務相地方局長、京都府知事、枢密院顧問官などを歴任した大森鐘一が残した文書で、地方制度の関する諸々の貴重な文書が含まれている。

部分で言っているのは、要するに、元老院での反対が多いので、内閣の意思を統一し、「府県制」・「郡制」を制定するための確固とした方策を定める必要があるということであろう。そして、文書のなかで、この法律の実施を中止することは絶対にあってはならないということが、何度も強調されていた。

　これをみる限り、元老院で審議されていた明治21年当時、山縣有朋が上述の井上毅の意見書をかなり気にしていたのではないかと推測することができる。しかし、当時の明治政府は、長州藩と薩摩藩の出身者によって、大部分を占められていた。長州・薩摩以外のもので、閣僚に名を連ねていたのは、肥前藩（佐賀）出身の大隈重信、それに、幕臣出身の榎本武揚だけであった。そして、山縣有朋は、伊藤博文首相と並んで、長州閥の中心的な存在であり、恐らく気にしなければならなかったのは、せいぜいのところ、薩摩藩出身の黒田清隆逓信大臣や松方正義大蔵大臣くらいであったろう[556]。これに対して、井上毅は、肥後藩（熊本）出身であり、内閣での地位も、大臣と比べて、格が下の法制局長官であった。そのような状況の下で、井上毅の反対はどれほどの"力"を発揮したのだろうか。

　それを検討するために、次に、明治21年・22年当時の明治政府の状況、内閣の状況、その中に於ける井上毅の立場を概略的に見ることにしたい。

　もっとも、山縣有朋内務大臣は、「府県制」・「郡制」の法案に対する反対がうづまくなかで、明治21年12月2日に、横浜から欧州に向けて旅立っている。この頃の外遊は、21世紀の現在のように、直ぐには、日本に戻ることができなかったのはいうまでもない。それにもかかわらず、外遊に出発したのは、井上毅などの反対、元老院の反対を軽く見ていたからであろうか。あるいは、外遊がそれほど重要だったのであろうか。

　実際には、山縣が、ほぼ1年間、日本を留守にしたが、その間に政治情勢は大きく変わった。山縣は、この外遊後、すぐに首相になったというように、一見したところ、その勢力は大きくなったものの、「府県制」・「郡制」の制定と

556）　明治21年当時の伊藤博文内閣の閣僚を列記すると…首相・伊藤博文（長州藩）、外務大臣・大隈重信（肥前藩）、内務大臣・山縣有朋（長州藩）、大蔵大臣・松方正義（薩摩藩）、陸軍大臣・大山巌（薩摩藩）、海軍大臣・西郷従道（薩摩藩）、司法大臣・山田顕義（長州藩）、文部大臣・森有礼（薩摩藩）、農商務大臣・黒田清隆（薩摩藩）、逓信大臣・榎本武揚（幕臣）、そして、内閣書記長官が田中光顕（土佐藩）、法制局長官が井上毅（肥後藩）であった。

いう面では状況が大きく変わってしまった。「府県制」と「郡制」の最初の法案が、政府自身の手で、大幅に骨抜きされることになってしまったのである。何はともあれ、まずは、この頃の政治情勢を見ることにしたい。

(3) 明治21年〜22年当時の政治状況
①大隈重信が外務大臣に

ちょっと時代を遡るが、明治18年（1885年）12月、それまでの太政官制度が廃止され、内閣制がスタートした。初代の内閣総理大臣になったのは長州藩出身の伊藤博文であった。このときの伊藤首相の関心はもっぱら憲法の制定にあったようである。しかし、諸外国との関連で、当時の日本にとって、憲法の制定以上に重要な課題となっていたのは条約改正であった。

幕末に諸外国と締結した条約が、治外法権[557]を認め、また、関税自主権[558]を放棄した条約である等々、きわめて不平等な条約であり、日本が国際社会のなかで自立していくためには、この幕末の不平等条約を改め、対等の条約にする必要があったのである。

そして、この条約改正を担当する外務大臣には、伊藤首相と同じく、長州藩出身の井上馨が就任した。この井上外務大臣による諸外国との条約改正の交渉は、明治20年になると、かなり実を結ぶようになっていた。ところが、その条約案が日本の裁判所の判事に外国人を採用するものであったため、土佐藩出身で農商務大臣に就任していた谷干城など、閣僚の一部が強く反発。それに伴い、自由民権の運動家をはじめ、世論も反発するようになった。結局、この条約改正の動きは挫折してしまい、明治20年9月、井上馨自身も外務大臣の辞任に追い込まれた[559]。

しかし、その後も、自由民権運動家の外交批判の勢いは止まることがなかった。そのため、井上の辞任直後に、伊藤博文総理大臣は、大隈重信に対して、外務大臣への就任を働きかけた。大隈重信は、改進党の創設者であり、この頃は、改進党から離れていたものの、まだまだ改進党に対して大きな影響力を

---

557) 外国人が日本で罪を犯した場合でも、日本の法律、日本の裁判に服さないという、外国人の権限。
558) 外国から入ってくる商品に、日本政府が自主的に税金をかける権限。
559) この経緯については、第7章7「政府の姿勢は？」でも述べている。

もっていた。その大隈重信を取り込み、改進党を政府の実質的な与党にしようと考えたわけである[560]。が、当初、大隈はこの誘いに応じなかった。そのため、外務大臣は、しばらくの間、伊藤首相によって兼務されていた。ところが、明治20年12月末になり、政府が「保安条例」（勅令）を制定して、民権運動家を東京から強制的に追放し、あるいは、拘束するという強引な施策を実施するようになると、大隈は、政府内に影響力を及ぼそうと考えたのであろうか。明治21年2月1日、井上首相の要請を受け、外務大臣に就任した。

外務大臣としての大隈の最大の仕事は、もちろん、不平等条約の見直しであり、これ以後、アメリカやドイツなどと条約改正の交渉を始めた。

②枢密院の設置

明治21年（1888年）は、また、憲法制定の作業が大詰めに入った年でもあった。憲法の草案は、伊藤博文を中心とする面々によって作成されていた。具体的には、ロエスレル（Karl Friedrich Hermann Roesler）[561]と井上毅がそれぞれ草案をつくり、それをもとにして、伊藤博文、伊東巳代治[562]、金子堅太郎[563]、井上毅の4人で検討し、最終的な憲法草案をつくったというのが一般的な理解である[564]。しかし、国会図書館に所蔵されている『ロエスレル起案日本帝国憲法草案』[565]を見ると、その内容はほとんど同じであるということからいえば、ロエスレルの草案に修正を加えて憲法の草案としたというべきではないだろうか。

それはそれとして、憲法草案は、明治21年4月に完成した。次の段階は、

---

560) これについては、参照：坂本多加雄『明治国家の建設』（日本の近代2）、中央公論社、1999年、316-7頁。

561) ロエスレルは、明治11年（1878年）にいわゆる「御雇い外国人」として来日したドイツの法学者・経済学者であり、明治27年（1894年）にオーストリアの妻子のもとに帰国。

562) 伊東巳代治：長崎県出身。明治15年に伊藤博文に随いヨーロッパに憲法調査に行くなど、はやくから、憲法制定作業に従事している。明治18年に伊藤博文が首相になると、首相秘書官になり、また、明治21年に伊藤博文が枢密院議長になると、枢密院書記官になるなど、伊藤博文の側近中の側近である。

563) 金子堅太郎：福岡藩出身。明治4年、岩倉使節団についてアメリカに留学（この当時18歳）。明治11年にハーバード大学を卒業。内閣総理大臣秘書官として、憲法の起草作業に従事。

564) たとえば、坂本多加雄『明治国家の建設』（日本の近代2）、中央公論社、1999年、345-6頁。

565) 伊東巳代治関係文書2、明治20年4月。

公式に検討し、憲法として確定することであった。

　伊藤博文は、この憲法を"欽定憲法"として制定しようとしていた。天皇が憲法を制定し、それを国民に与えるという形をとろうとしたのである。しかし、天皇が一人で憲法を制定するというのは余りにも不自然である。そのため、天皇の諮問に応じて意見を述べ、天皇に代って憲法を検討する機関を設置することとなり、明治21年5月、枢密院が設置された。初代の枢密院議長には、伊藤博文が首相の座を降りて就任した[566]。

　後任の首相には、薩摩藩出身の黒田清隆が任命された。が、閣僚の面々は伊藤内閣のときと同じであり[567]、伊藤博文自身も、枢密院議長として、内閣に列席することになった。とはいうものの、首相という内閣の看板が長州藩出身の伊藤から薩摩藩出身の黒田清隆に交代したのは、大きな変化であり、内閣のなかでの力関係に、それなりの変化があったことは確かであろう。

　また、枢密院も、最初の目的は、欽定憲法を制定するために、天皇に代って憲法草案を検討するというところにあったが、その憲法によって、憲法制定後は、「天皇の諮詢に応え、重要国務を審議する」機関として機能することとされた。内閣から独立して、天皇の命令（勅令）などを審議する機関となったわけである。枢密院は、議長、副議長、10数人の顧問官、そして書記官長と書記官で構成されていた。

　枢密院の審議は、まず、審議する事項を書記官長が審査して報告書をつくり、それをもとに顧問官が発言するという形で進められることとされたが、これは、枢密院の審議が実質的に書記官長にリードされるということを意味した。そして、その書記官長に就任したのは、井上毅であった。憲法の制定で、伊藤博文のブレーンとしての働きをしてきた井上毅が、枢密院の議長である伊藤博文、さらにいえば、山縣有朋よりも大きな力を持つ伊藤博文に、ますます大きな影響力を及ぼすことができる地位に就いたわけである。井上毅は、法制局長官と兼務で、この枢密院書記官長に就任していた。なお、井上毅は、明治22

---

566) 参照：川崎庸之・原田伴彦・奈良本辰也・小西四郎総監修、『読める年表　日本史』（改訂版）、自由国民社、2001年、「事件史　枢密院の役割」、863頁。
567) ただし、伊藤内閣のもとでの黒田清隆は農商務大臣であったが、黒田が首相になったときに、この農商務大臣の地位は、逓信大臣であった榎本武揚（幕臣出身）が暫定的に兼務することとされた。その後、3か月ほど経過してから、長州藩出身の井上馨が新たに農商務大臣に就任した。

年 5 月に、この書記官長を辞任。しかし、明治 23 年 7 月には、今度は法制局長官と兼務で枢密院顧問官となっている。

③憲法発布

明治 22 年（1889 年）2 月 11 日。この日は、前夜の夜半過ぎからの雪で、東京は銀世界であったが、皇居に、早朝から高位高官の官僚、華族、府県知事などが集まっていた。憲法発布の儀式が催されたのである。この儀式には、各府県の府県会議長も加わっていた。

府県会の議長の参加は、当初は、儀式を"拝観"するという形になっていた。御雇外国人や新聞・雑誌記者と同じ扱いだったわけであるが、三重・埼玉・大阪・兵庫の府県会議長の上申などもあって、高位高官の官僚と並んで、"参列"することになったという[568]。

地方議員の代表がこうした儀式に参加するのは、いまの時代感覚でいえば、別に不思議なことでもないが、官尊民卑の風潮が強かったこの時代の現象としては、無位無冠の府県会議長が、大臣や幹部クラスの官僚、府県知事などと並んで、式典に"参列"するというのは大変な出来事であったといわなければならない。

事実、当時の新聞（朝野新聞）は、この府県会議長の参列を、「人民を代表せる府県会議長のことなれば、之を遇すること、諸官吏に比し、厚薄あるべからずとの厚き思召より出でたる…」というように、天皇の特別の思し召しで府県会議長が"参列"したと報じていた。

この儀式の模様を、『自由党史』にしたがって描いてみると…

午前 10 時、百官群臣が、それぞれ大礼服[569]を身につけて式場に入る。10 時 30 分、君が代が演奏されているなかを、舎人、式部官、侍従長などを従えて、大元帥の軍服を召した天皇が入場、玉座に着席。内大臣、宮内大臣、近衛将官などが玉座の左右に並ぶ。次いで、皇后陛下が親王妃を従えて入場し着座。一同が立ち並ぶなかで、天皇が次のように宣言。

「朕が祖宗に受くるの大権に依り、現在及び将来の臣民に対し、此の不磨の大典を宣布す…」。

---

568) 鈴木淳『維新の構想と展開』（日本の歴史⑳）講談社学術文庫、2010 年、289 頁。
569) 宮中の儀式に着用した礼服で、明治 5 年に様式の大礼服を制定。第 2 次大戦後に廃止された。

図22　憲法発布の式典（明治22年2月11日）
ウイキペディア　大日本帝国憲法より

　次いで、内閣総理大臣・黒田清隆が天皇の前に進み、天皇が憲法を授ける。黒田首相が憲法を拝受すると同時に、再び君が代が演奏され、百一発の祝砲の音が式場に鳴り響く。天皇・皇后が退場。これで、儀式は終了した[570]。
　そして、府県会議長を含む参列者は、憲法の全文と英訳文を与えられて帰ったという。大部分の府県会議長にとっては、これにより、はじめて帝国憲法の内容を知ったとみてよいであろう。大阪朝日新聞は、この憲法の全文を東京から電報で入手し、当日の午後に、号外として速報し、話題になったといわれている[571]。
　このように、憲法発布の儀式は、まさに、天皇が憲法を国民に与える儀式であった。言い換えれば、大日本帝国憲法は、形としては、"欽定憲法"そのものであったわけである。

　ところで、この帝国憲法は、昭和初期（戦前期）に国民の人権が極度に抑圧されたことから、国民の人権のことはほとんど触れていなかったと思われがちである。しかし、天皇の宣言としては、次のように、国民の権利を保障すると強調するものであった。
　「朕は我が臣民の権利及び財産の安全を貴重し及び之を保護し、この憲法及

---

570)　板垣退助監修、遠山茂樹・佐藤誠朗校訂『自由党史』（下）、岩波文庫、昭和33年、381-2頁。（本書は、明治43年発行の板垣退助監修『自由党史』の復刻版である）。
571)　川崎庸之・原田伴彦・奈良本辰也・小西四郎総監修、『読める年表　日本史』(改訂版)、自由国民社、2001年、864頁、865頁。

び法律の範囲内に於いて其の享有を完全ならしむべきことを宣言す」（上諭）。

とはいっても、憲法の条文のなかで、具体的に定められている"国民の権利"は少なかった。その上、ほとんどは、「法律で定めたる場合を除く」とか、「臣民たるの義務に背かざる限りに於いて」というような制約がつけられた上での権利の保障であった。

また、「上諭」のなかで、天皇は、国会（帝国議会）を明治23年に開会し、その日から憲法を施行するということも宣言していた。法律が国会（帝国議会）で制定されることとなったわけである。ただし、法律と同等の効力を持つ"勅令"を発する権限が天皇にあるということが憲法の条文で定められていた。もちろん、この"勅令"には大臣の副書が必要であったが…。また、枢密院の力を大きなものとした。枢密院は、この帝国憲法により、「天皇の諮詢に応え」、勅令の制定など、「重要の国務を審議」する機関として位置づけられたのである。

余談であるが…　この日の午後、観兵式に出席するため、天皇・皇后が青山練兵場（現在の明治神宮外苑）に馬車で向かった。沿道は各省官吏、東京府会議員、小学生、大学生などで満ちあふれていた[572]。そして、馬車が二重橋にさしかかったとき、帝国大学（東京大学）の学生の間から"万歳"の声が沸き起こった。これが万歳三唱の始まりであるといわれているが、これに対して、高等師範（現在の筑波大学）が、自分たちが発案したのだと主張しているという新聞記事もある。すなわち、

「高等師範の生徒なども大学生の亜ぎに整列し居り…・、万歳は高等師範の発明に係るものにして、整列の順序よりして、唯学生が先に発声したりというに過ぎず。万歳は…Hurrah for his Majesty の翻訳で考案したとして、帝国大学に談判を申し込むに至り…」[573]

それはともかくとして、憲法発布の際には、提灯を掲げ、お祭り用の山車を出すなど、全国各地で、憲法発布を祝ったという。その祝いの行事に参加した

---

[572]　『自由党史』383頁。
[573]　大阪朝日新聞、明治38年10月23日。

住民（国民）の大部分は、もちろん、天皇から"賜与"された憲法の内容を知らなかった。そうした国民に冷ややかな目を向けるものがいたのは当然である。たとえば、自由民権運動の理論的指導者といわれた中江兆民は…

「賜与せらるるの憲法、果たして玉か、はた瓦か。未だその実を見るに及ばずして、まずその名に酔う。わが国民の愚にして狂なる。何ぞかくのごとくなるや」と嘆いていたという[574]。

憲法の内容はともあれ、自由民権運動を展開している人々を満足させたのは、憲法発布に伴う「大赦令」の公布、すなわち政治犯などの罪が許され、再び政治活動ができるようになったことであろう。板垣退助監修の『自由党史』も、「自由党員、大赦放免せらる」として、牢獄から釈放された多くの自由党員の名前を明記している。釈放されたもののなかには、明治16年の福島事件で投獄された河野広中や、保安条例で投獄された片岡健吉などの名前も含まれていた。また、保安条例で東京から追放されていた自由民権運動の推進者たちも、再び、東京で政治活動ができるようになったのはいうまでもない。前述の中江兆民も、保安条例によって東京から追放されていた1人であった。

しかも、憲法発布は、国会（衆議院）を実際に開設するということを意味するものでもあった。民権運動家の立場からいえば、いよいよ、国会（衆議院）議員の選挙が行われるということを意味した。国の政治を左右することができるようになったわけである。

そして、保安条例などで政治から遠ざけられていた政治犯も、憲法発布の「大赦」で公民権が回復され、翌明治23年に実施された総選挙で国会議員（衆議院議員）に当選したものも多かった。

この「大赦令」が公布されたとき、保安条例の推進者であった山縣有朋内務大臣はヨーロッパ滞在中であったが、これらの民権派の政治家の解放を知ったときは、どういう感情を抱いたのであろうか。

④**条約改正の破綻；黒田・大隈の挫折**

明治21年4月30日、伊藤博文から首相を引き継いだ黒田清隆は、民権派の政党の取り込みに積極的であった。伊藤博文内閣のもとで、改進党の創設者で

---

[574] 『読める年表 日本史』（改訂版）、自由国民社、2001年、865頁。

あった大隈重信は、すでに、外務大臣に取り込まれていたが、この大隈重信を留任させたことはもちろん、翌明治22年3月には、今度は、自由党系の中心的な存在であった後藤象二郎を逓信大臣として入閣させた。

さらに、黒田は、高知県知事を通じて、板垣退助にも入閣を呼びかけ、5月9日に上京した板垣と話し合っている。このときは、板垣の入閣は成功しなかったが、しかし、板垣と黒田の間で、言論・集会・結社の自由を政府が認める代わりに、旧自由党系は穏健路線に転換するとの合意があったといわれている[575]。山縣有朋内務大臣が、保安条例の制定によって自由民権運動家の政府批判を"力尽く"で阻止したのとは、全く異なる姿勢を、黒田首相はとろうとしていたわけである。

黒田が首相として何よりも重視したのは、当然ともいえるが、諸外国との条約の改正であった。そして、板垣と並んで、自由民権派の一方の旗頭といえる大隈重信は、その黒田内閣の外務大臣として、条約改正を着実に進め、業績を挙げつつあった。たとえば、憲法発布直後の明治22年（1889年）2月20日には、早くも、アメリカ合衆国との間で、新条約の調印をしていた。ドイツ、ロシアとの交渉も進み、ドイツとは6月11日に、ロシアもその後に、新条約に調印した。また、イギリスとも交渉中であった。

この新条約の内容は秘匿されていたが、ところが、新聞『日本』[576]が5月31日から6月2日にかけて掲載した記事によって、その内容が暴露されることとなった。外国人を被告とする大審院（現在の最高裁判所）の裁判では、裁判官の半数以上を外国人にするという内容であることが、報道されたのである。

これは、イギリスの新聞『タイムズ（The Times）』が、1889年（明治22年）4月19日に報道した記事の翻訳であったが、これにより、新条約の内容が世間に知れ渡ることになった。政府の藩閥政治に批判的な自由民権運動家たちが、この新条約に反対したのはいうまでもなく、8月になると、抗議のために続々と東京に集まってきた。そして、反対の気炎を揚げ、新条約反対の大演説会を東京の千歳座（現在の明治座）で開いたほどであった[577]。そこには、旧福岡

---

575) 佐々木隆『明治人の力量』（日本の歴史21）、講談社学術文庫、45-6頁。
576) 明治22年2月に、陸羯南によって発行された日刊新聞。正岡子規がこの新聞に短歌や俳句を掲載していたことは有名。
577) 『読める年表　日本史』（改訂版）、自由国民社、2001年、864頁。

藩士を中心として結成された玄洋社[578]という政治団体も参加していた。そして、この玄洋社に所属していた旧福岡藩士が、数か月後に、大隈外務大臣を襲うことになる…。

一方、大隈外務大臣に近い改進党系の人々は、この反対運動に参加することはなかった。それどころか、9月末に、大隈が進めている新条約の締結を断行すべきであるとして、全国から、同志が東京に集まり、新富座[579]で演説会を開催した。残念ながら、条約改正反対の大勢には抗すべくもなかったようであるが…[580]。

もちろん、黒田内閣の閣僚の意見も分かれていた。新条約の締結に批判的な閣僚も少なくなかった。たとえば、自由党系の民権運動家から閣僚に引き込まれた後藤象二郎は逓信大臣（後の郵政大臣、現在の総務大臣）に就任していたが、新条約の締結には反対であった。黒田首相と同じ薩摩藩出身の西郷従道海軍大臣、それに大山巌陸軍大臣も、新条約に反対し、大隈を見捨てるべきであると、黒田首相に薦めていたという。同じ薩摩閥の松方大蔵大臣も批判的であった。

しかし、黒田首相と大隈外務大臣の結束は固く、新条約の締結に邁進した。とはいっても、新聞で世間に知られるようになった問題、すなわち、外国人を大審院判事にするという問題を何とか糊塗する必要があった。そのため、井上毅法制局長官に、この問題点の解決を要請。井上毅長官は、大審院の判事に任命する外国人には日本国籍を取得させるという解決策、すなわち日本に帰化させるという解決策を打ち出していた[581]。

こうしたときに、山縣有朋が帰国。明治22年10月18日に、山縣を交えた閣議が開かれた。この閣議では、山縣も反対派に加わった。一方、黒田・大隈の姿勢は強硬で、閣僚の反対意見を聞き入れることがなかった。

しかし、その閣議の終了後に事件が発生した。前述の玄洋社の志士・来島恒喜が、大隈外務大臣の帰途を襲ったのである。大隈外相は馬車で帰ったが、そ

---

578) 旧福岡藩士が中心となって、薩長藩閥政府に対抗して明治11年に結成された団体。議会（国会）の開設を要請するという点では自由民権派のひとつといえるが、アジア主義を標榜するなど、いわゆる右翼の政治団体だといえる。
579) 大正12年の関東大震災で被災し、映画館として再建された。
580) 『読める年表　日本史』（改訂版）、自由国民社、2001年、864頁。
581) 佐々木隆『明治人の力量』（日本の歴史21）、47-8頁。

の馬車に爆弾を投げつけるという爆弾テロ事件であった。犯人の来島は、この直後にのどをついて自害したとのことであるが、大隈重信は、爆弾の爆発によって右足切断という重傷を負った。そのため、執務不能となり、そのあおりを受けて、明治22年10月22日、黒田首相も政権を投げ出してしまった。

　アメリカ・ドイツ・ロシアと調印した新条約にどう対応するか、これが課題として残されたが、内大臣であった三条実美がこれを解決した。三条が、内大臣とともに首相を兼務し、首相として、3国と交渉。新条約の実施を無期延期するということで、3国の了解を取り付けたのである。

　こうして、難問が取り払われたために、三条実美の首相兼務が終わり、12月24日、山縣有朋が総理大臣に任命された。しかし、閣僚は、黒田内閣の時代とほとんど変わるところがなく、自由党出身の後藤象二郎もそのまま逓信大臣を続けた。山縣自身、黒田政権のもとでは内務大臣であったが、首相になってからも、内務大臣を兼務することになった。井上毅も法制局長官の地位を動くことがなかった。

　ただ、外務大臣には、大隈に代って、青木周蔵（外務次官）が任命された。この青木は、もちろん、山縣有朋と同じ長州藩出身で、山縣のもとで「市制町村制」を検討した「地方制度編纂委員」の1人である[582]。また、同じく「地方制度編纂委員」のメンバーとして「市制町村制」の制定に尽力した芳川顕性（内務次官）も、半年後の明治23年5月17日に、文部大臣に任命されている。山縣首相が自分自身の意志で閣僚に取り込んだのは、恐らく、この2人ぐらいであったろう。

(4)「府県制」・「郡制」の法案"見直し"
①元老院から議案を引き下げ

　ちょっと話をもとに戻すが、明治21年（1888年）12月2日、山縣内務大臣は、横浜を出発し、ヨーロッパに向かった。この出発直前まで、山縣は、元老院に圧力をかけ、「府県制」・「郡制」の法案を元老院に承認してもらおうと努力していた。が、元老院には、この法案に反対する議官が少なくなかった。出

---

[582] ドイツ公使の時代に、ドイツ貴族の娘（エリザベート）と知り合い、結婚した人物であることも、よく知られている。

発した時点では、元老院の審議はまだまだ紛糾し、まとまる気配がないという状況であった。また、政府の内部でも、井上毅法制局長官が「府県制」の法案を批判するなど、必ずしも、意見がまとまっていなかった。

こうした状況に、山縣も、若干の不安を抱いていたことは否定できないところであろう。しかし、留守をするとはいえ、山縣の側近として、山縣とともに、「府県制」・「郡制」の法案の作成に携わってきた芳川顕正が内務次官として残っていることもあり、少なくとも、留守中には、「府県制」・「郡制」が法案通りに成立すると考えていたようである。現に、山縣の留守の間、内務大臣の職を兼務することになった松方正義（大蔵大臣）に対して、元老院が審議している「府県制」・「郡制」をいつから実施するかを決めてほしいという事務引き継ぎの書簡を送っているほどであった[583]。

ところが、松方は、この山縣の期待に応えなかった。それどころか、内務大臣の職務を引き継いだ直後の12月4日に、元老院の柳原前光議長に書簡を送り、「府県制」の審議の延期を申し出たのである。これを元老院議長が承諾したため[584]、ここに、モッセが発案し、山縣有朋内務大臣がその制定に向けて精魂を傾けてきた「府県制」・「郡制」の法案は、一旦、内閣に引き上げられて、見直されることになった。公式に引き上げられたのは、少し後の12月8日であったが、それでも、山縣の出発から1週間も経っていなかった。

松方は、なぜ、こうした思い切った行動をしたのであろうか。井上毅法制局長官の批判に賛同したためであろうか。若干の影響を受けたことは確かだとしても、それだけでは、山縣有朋に正面から喧嘩を売ったともいえる、こうした態度はとれなかったに違いない。山縣は、当時、伊藤博文（枢密院議長）や黒田清隆（首相）に次ぐ実力者と目されていたからである。

松方がこうした態度をとった背景には、どうも、伊藤博文がいたようである。たとえば、伊藤博文は、山縣が出発した翌々日の12月4日に、松方内務大臣

---

583) 大久保達正監修『松方正義関係文書』（第9巻）、大東文化大学東洋研究所、1988年、150-1頁。

584) 柳原議長が、明治21年12月5日付で、松方正義内務大臣に宛てて、「昨日書翰を以て、郡府県制本院会議之事に付、御内示之旨敬承候」という書簡を送っている。これにより、松方が1日前（12月4日）の書簡で、審議の延期を申し込み、それを柳原議長が承諾したということが分かる。この書簡は、大久保達正監修『松方正義関係文書』（第9巻）、大東文化大学東洋研究所、1988年、273頁に収録されている。

に対して、府県制の法案を、元老院会議の審議を中止して、見直してはどうかという趣旨の書簡を「至急親展」という形で送っている[585]。そして、これを受け取った松方が、その日に急に、動き出しているのである。

となると、今度は、それでは、伊藤博文がどうして唐突に「府県制」の法案に反対するようになったのかという点が疑問となる。その上、伊藤は閣議に参加しているとはいえ、当時は大臣ではなく、枢密院議長として、閣議に参加していただけである。そういう立場の伊藤が、いわば強引ともいえる形で、なぜ、松方に働きかけをしたのであろうか。大きな疑問だと言わざるを得ない。

また、井上毅が法案に反発するようになったのは、法制局が法案のチェックをし、承認をし、それをもとにして、閣議で政府の法案にすると決定されてから後のことである。すなわち、法制局の最高責任者（長官）として、その法案を承認した井上毅が、なぜ、唐突に反対するようになったのか。この点も大きな疑問だというべきであろう。

しかも、伊藤博文も井上毅も、憲法制定に邁進していた人物であり、このころは、まだ、憲法の発布のための準備に忙しい時期であった。それにも拘わらず、いわば門外漢ともいえる２人が、なぜ、急に歩調を合わせて、「府県制」の法案に反対するようになったのか。これこそ、大きな疑問といわなければなるまい。

②ロエスレルの意見書

これを解明してくれる１通の文書（意見書）がある。ドイツ語の手書き（ペン）の文書であり、'Uber den Gesetzentwurf der Kreis – und Bezirks – Selbstverwaltungsordnung' という表題が付けられている[586]。日本語に翻訳すれば、「郡制ならびに府県制の草案について」ということになろうか。執筆者

---

585) 大久保達正監修『松方正義関係文書』（第６巻）、大東文化大学東洋研究所、1985年、433頁。
586) これは、後藤新平が創った研究所（市政調査会：現在は後藤・安田記念東京都市研究所）の図書館（市政専門図書館）に保存されている「中山文書」のひとつである。このロエスレルの文書は、手書きではあるが、全部で78頁もある長文である。
　なお、この「中山文書」は、ハーバード大学卒業後、山縣内務大臣の秘書官、山縣首相の秘書官を務めた中山寛六朗が所蔵していた文書である。中山寛六朗は地方制度編纂委員の仕事にも携わり、また、山縣が明治21年12月にヨーロッパに旅行した際にも随行員として同行した。この「中山文書」が地方制度に関する種々の文書であることはいうまでもない。

はロエスレル（Karl Friedrich Hermann Roesler）である[587]。日付は不明であるが、内容は、「府県制」・「郡制」の法案に対する批判そのものであり、モッセを強く意識していると感じられる。

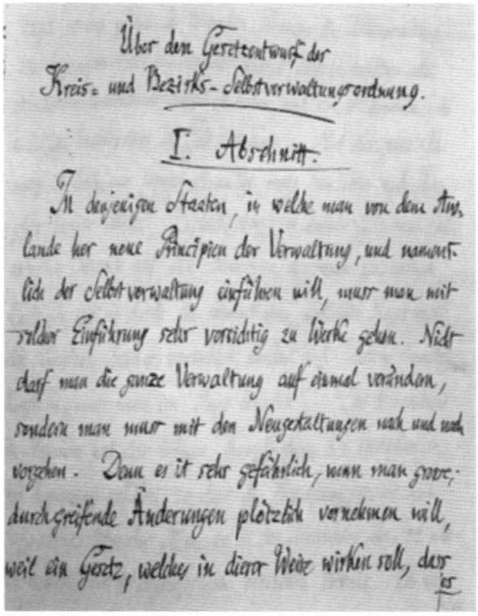
Über den Gesetzentwurf der
Kreis- und Bezirks-Selbstverwaltungsordnung.

I. Abschnitt.

In denjenigen Staaten, in welche man von dem Aus-
lande her neue Principien der Verwaltung, und nament-
lich der Selbstverwaltung einführen will, muss man mit
solcher Einführung sehr vorsichtig zu Werke gehen. Nicht
darf man die ganze Verwaltung auf einmal verändern,
sondern man muss mit den Neugestaltungen nach und nach
vorgehen. Denn es ist sehr gefährlich, wenn man grosse
durchgreifende Änderungen plötzlich vornehmen will,
weil ein Gesetz, welches in dieser Weise wirken soll, das
es

図 23　ロエスレルの意見書

伊藤博文、そして井上毅は、このロエスレルと非常に親しい関係にあった。というよりも、ロエスレルが書いた「日本帝国憲法草案」にもとづいて、伊藤と井上が帝国憲法を作成したというように、ロエスレルに指導を仰いでいた関係である。そのロエスレルが、モッセの立案した「府県制」・「郡制」の法案を厳しく批判している。ということからいえば、伊藤博文と井上毅が「府県制」・「郡制」の法案に批判的になるのは当然だというべきであろう。

事実、井上毅法制局長官の意見書（「府県制に対するの杞憂」）は、このロエスレルの意見書の影響を受けたと思える内容である[588]。

問題となるのは、井上毅さらには伊藤博文の法案の批判が、なぜ、閣議決定後で、元老院の審議の最中であったのかという点であるが、これは、ロエスレルの意見書がその時期になってはじめて出たためといってよいであろう。あるいは、ロエスレルのドイツ語の意見書を日本語に翻訳するのに、時間がかかったのかも知れない。

ともかく、これをみても、ロエスレルの批判が引き金となって、井上毅さらには伊藤博文の批判をもたらし、ひいては、元老院の審議を中止し、法案の見直しをすることとなったといえるのではないだろうか。

一方、山縣有朋は、グナイスト（Rudolf Hermann Friedrich von Gneist）をベルリンに訪ね、「府県制」・「郡制」の法案についての意見を求めている。このグナイストはモッセの先生であり、弟子が作成した法案を悪くいうはずが

587）　亀掛川浩『自治五十年史』昭和 15 年、335 頁。
588）　亀掛川浩『自治五十年史』も、「井上毅の意見などにもかなりの影響を及ぼしたのではないかと思われる節がある」としている（335 頁）。

ないと思うが、実際に、グナイストの1889年（明治22年）5月31日付の意見書[589]を見ても、微細な修正点は示しているが、全体的には評価が高いと感じられる。これにより、山縣が法案に自信を持ったことは確かであろう。なお、この意見書も「中山文書」に収蔵されている。

ところで、明治初期の頃の明治政府のリーダーであった大久保利通や木戸孝允は、たとえば前述の三新法の制定に際して示していたように、新しい制度を定める際には、日本の実情を自主的に分析し、自分自身の識見で、さらには側近と意見を戦わせながら、判断するということを"基柱"としていた。外国の制度を参考にすることはあったとしても、それは、あくまでも参考に過ぎなかった。

ところが、大久保・木戸の死後、リーダーの立場を引き継いだ伊藤博文や山縣有朋には、そうした"基柱"がなかったようである。たとえば、憲法の制定に際して、伊藤がとった姿勢は、グナイストをベルリンに訪ねて教えを受け、以後、ロエスレルから教えられるというように、まずは勉強し、その勉強で得た知識にもとづいて、制度をつくっていくというものであった。山縣も、モッセの教えに全面的にしたがい、地方制度づくりをしていたことは、これまで述べてきたところである。いわば、両者とも、自分の識見・判断ではなく、信頼する外国人学者の判断基準にしたがって、外国の制度をそのまま取り込むという姿勢を示しがちであった。

この「府県制」・「郡制」の法案を見直すことになった経緯も、伊藤と山縣のそれぞれの"受け身の姿勢"から生まれてきた現象、すなわち、頼りにする外国人学者の意見が違った結果だといえそうである。

③内務省と法制局、双方で法案の見直し

こうして、「府県制」・「郡制」の法案は見直されることになった。しかし、その見直し作業は、内務省と法制局の両機関によって行われたため、両者の調整が進まなかったのであろうか。見直し作業は難航したようである。

内務省としては、山縣有朋の留守中に事を進めることに、ためらいがあったのかも知れない。また、明治22年の前半は、憲法発布で日本中がわき上がっ

---

[589] 'Zur Japanishen Kreis-und Bezirksordnung' という表題が付けられている。翻訳すれば、「日本の郡制および府県制について」ということになろう。

ている状態であり、「府県制」・「郡制」の見直しどころではなかった可能性もある。事実、この見直しの一方の当事者である法制局の井上毅長官は、憲法制定に大きく関与していた人物であった。また、22年の半ばからは、大隈重信外務大臣の諸外国との条約改正で問題が噴出しはじめるようになっていたため、当時の黒田内閣としては、「府県制」・「郡制」の見直しどころではなかったともいえる。

そうこうしているうちに、明治22年10月2日、山縣が帰国。内務大臣に復職した。これにより、見直し作業が具体的に進みはじめ、内務省の最終案ともいえる法案が、明治22年11月に示されたようである。この法案のうち、「府県制」については、市政専門図書館に収蔵されている「大森文書」[590]のなかに見出すことができる。「郡制」については、残念ながら、どういう内容であったかを示す文書が見当たらないが…。

この明治22年11月の内務省の見直し法案は、しかし、モッセが立案したもともとの法案とあまり違いがなかった。もちろん、細かな点での修正は数多く為されていた。しかし、元老院で問題視され、井上法制局長官も強く批判していた府県会の議長の問題、すなわち、府県知事が府県会の議長になるという点については、次のように、もとのままであった。

「府県会は府県知事を以て議長と為す。府県会は改選後の初会に於いて、議長副議長1名を互選すべし。其の任期は議員の任期に従う」（第20条）

これに対して、もう一方の当事者である法制局が注文を付けたのはもちろんであった。そして、法制局と内務省の合同協議が12月28日に開かれ、その協議によって、府県会の議長は、次のように、議員が互選すると改められた[591]。

「府県会は改選後の初会に於いて議長副議長1名を互選すべし。其の任期は議員の任期に従う」（19条）。

また、明治21年の元老院では、府県会の権限の拡充が問題視され、井上法制局長官も府県会の自治権拡充を問題視していたが、この関連でも、明治22

---

590) 参照：（注）141。
591) 法制局と内務省の合同協議の結果は、「12月28日法制局ニ於テ合同協議最終決定之分」として「大森文書」に残されている。

年 11 月の内務省の見直し案は無視するところが多かった。その典型的な例としては、たとえば、次の条文があった。
　「府県は其の府県有財産及び営造物の管理並に府県税徴収方法に関し規則を設くることを得」（第 2 条）。
　しかし、この条文も、12 月 28 日の法制局と内務省の合同協議で削られてしまった。府県税の徴収方法を府県がそれぞれ定めるという構想が消えてしまったわけである。

　一方、内務省が自発的に構想を引っ込めたという事例もあった。たとえば、明治 21 年の元老院で、府県の行政機関を府県知事ではなく、合議制の「参事会」にするという点が大きな問題とされ、同様に、井上法制局長官もこれを"杞憂"していた。内務省の明治 22 年 11 月の見直し案は、「参事会」という機関は設置するものの、それを、行政機関ではなく、府県会の補助機関すなわち議決機関にするという形で、解決したのである。法制局もこれを承認したが、参考までにいえば、この府県会の補助機関にするという発想は、ロエスレルがその意見書で示した発想であった。

　こうした内務省と法制局の調整は、当時の新聞（朝野新聞）で次のように報道されていた。
　「内務省の原案に対して法制局は修正を加え、其の修正案に対して、内務省は原案の趣旨に基づける再修正を加えたるに、法制局も亦負けず劣らず、更に修正を加えたりし…」[592]。

　このように、法案見直しで内務省と法制局が折り合いを付けるのは至難の作業であったが、明治 22 年 12 月 28 日、ひとまず調整をはかることができた。しかし、この折り合いをつけるために、内務省は大幅に譲歩したように感じられる。少なくとも、山縣有朋が明治 21 年時点に示していた強硬姿勢が軟化していたことは確かである。これは、恐らくは、山縣が直前の 12 月 24 日に総理大臣に就任したためであったろう。山縣は、内務大臣も兼務していたが、首相

592）　朝野新聞、明治 23 年 2 月 7 日

として内閣をまとめていく責任があり、内務大臣としての立場を強引に推し進めることができなくなっていたからである。

この内務省と法制局の合同協議は、翌年の明治23年1月17日にも開かれ、そこでの微細な修正を経て、同年1月21日、「府県制」・「郡制」の見直し案が閣議決定された。

そして、2月10日に、元老院の審議ということになったが、このときの議事録は残っていない。したがって、元老院で具体的にどのような審議があったのか、定かでないが、元老院で修正されたのは、東京府・京都府・大阪府の議会（府会）の扱いに関する修正くらいであった。明治21年の元老院の審議で問題になった事柄は、内務省と法制局の調整段階でほとんど解決されていたのであろう。なお、元老院は、この審議の後、1年も経たないうちに、すなわち明治23年10月30日に廃止された。帝国議会（衆議院、貴族院）が立法機関として開かれたためである。

元老院の審議を終えた後、「府県制」・「郡制」の見直し案は、さらに、枢密院の審議にかけられ、明治23年5月17日、法律として公布された。

(5)「府県制」の特色は？

このように、明治21年7月に、山縣有朋を委員長とする「地方制度編纂委員」が、モッセの草案にもとづいて「府県制」の検討を始めてから、2年近くもの歳月をかけて、ようやく「府県制」・「郡制」が制定された。この間に、内務省と法制局によって、さらには、元老院や枢密院によって、様々な修正が施されてきたことは、これまで説明してきたところであるが、これにより、「府県制」や「郡制」はどのような内容の法律になってしまったのであろうか。

以下、「府県制」を例にとって、その特色と思える内容をいくつか指摘してみたい。

①府県は国の地方機関

まず、第1には、府県が"法人"とされなかったという点を特色として挙げることができる。モッセの草案では、府県にも"自治体"としての側面があるとされていたため、最初の法案では、府県は"法人"として位置づけられ、一個人と均しい権利や義務を有するとされていた。しかし、元老院や法制局などの反対にあい、この条文は削られてしまった。府県は国の"一部"であるとし、

国（中央政府）の意思に基づいて運営される区画、言い換えれば、国の地方機関もしくは出先機関として位置づけられてしまったのである。もっとも、それまでも、府県は国の地方機関とされていたが…。

②府県会に条例制定権なし

　第2に、この結果といえる現象でもあるが、府県会の条例制定権が削られてしまった。最初の法案では、府県にも"自治体"としての側面があるという前提のもとに、その"自治体"に関しては、府県会が"条例"を制定する機関として位置づけられていたが、その条文が削られてしまったのである。これにより、明治23年に制定された「府県制」のもとでは、府県会は、立法権がない議会として位置づけられ、その権限は、予算を定め、決算報告を認定し、府県税の賦課徴収方法を定めることなどに限定された。もちろん、これらは、府県知事の提案にもとづいて審議するものであり、しかも、知事の提案を承諾するか否かを議決するだけという極めて受け身的なものであった。たとえば、府県税の賦課についても、府県会が税額を自由に定めることができなかったのはいうまでもない。これは、明治11年の「府県会規則」のもとでの府県会と同じであったが…。

③府県住民の権利義務は？

　また、第3の特色として、明治23年の「府県制」には、府県住民の権利義務に関する規定がないという点を挙げなければならない。モッセの草案にもとづいて作成された最初の法案では、「市制」や「町村制」の規定と同じように、府県住民の権利義務について定めていたが、途中の法制局の修正などにより、それらの条文がすべて削られてしまったのである。

④府県参事会は議決機関

　第4の特色は、府県参事会の設置であった。この府県参事会は、最初の法案では、行政機関として位置づけられていた。住民を府県の行政に関与させ、自覚と責任感をもってもらおうというモッセの発想に基づくものであったが、これに対して、元老院の反発が強く、また、井上毅も強く反対した。そして、最終的には、府県参事会は設置するものの、それは行政機関ではなく、議決機関であるということになった。具体的にいえば、臨時の府県会を開く暇がない場合に府県会に代って議決する機関、あるいは、府県会から委任された事柄などを議決する機関となった。

その構成メンバーとなったのは、県参事会の場合は、府県知事、高等官2名、名誉職参事会員4名であった[593]。このうち、名誉職参事会員は府県会議員が互選で選ぶこととされ、府県知事が参事会の議長となった。また、府県知事に故障があるときは、高等官が議長となった[594]。知事・高等官という府県行政の中枢機関が、議決機関である参事会をリードする立場に据えられたわけである。
　しかも、「府県制」では、府県会は年に1回しか開かれなかった[595]。もちろん、必要があるときは、臨時会を開くことになっていたが、その臨時会を招集するのも府県知事であった。そうした状況のもとで、府県参事会が"議決機関"として設置されるということになれば、府県参事会が多くの重要事件を議決することになるのは必然であったろう。しかも、それを取り仕切るのは、"行政機関"すなわち、府県知事もしくは高等官であった。行政機関が議案を提案し、それをこのような府県参事会が議決するのである。これは、モッセの構想を利用しながら、その意味を180度逆転させる発想だと言わなければならない。

⑤府県会議員は"複選制"で選出

　次に、第5の特色、また、もっとも重要な特色としてあげる必要があるのは、府県会議員は、住民の直接選挙で選ばれるのではなく、たとえば市の場合は、市会と市参事会が合同の会議を開き、その市に割り当てられた数の府県会議員を選出するという"複選制"の選挙方法が採用されたことである[596]。
　この"複選制"の導入は、法案作成の段階からの構想であった。当時、各地の府県会に自由党や改進党など、いわゆる自由民権派の政党が進出し、活躍していたが、こうした状況を、山縣内務大臣や内務省は大変な障害と考えていた。そのため、いわば、これらの政党活動を抑える"切り札"的な選挙方法として期待されたのが、この"複選制"の導入であった。たとえば、明治21年11月

593）「府県制」(明治23年法律第35号)第38条、第39条。なお、府会の場合は、名誉職参事会員は8名とされ、市部議員、郡部議員がそれぞれ4名ずつ選出するとされていた(第38条)。
594）「府県制」第40条。
595）一方、市町村の議会(市会・町村会)は、「会議の必要ある毎に議長之を招集す」(市制第40条、町村制第42条)となっていた。
596）この"複選制"の採用は、郡会も同じであり、郡会議員は、町村の議会から選出された。ただし、郡会の場合は、すべての町村会が郡会議員を選出したわけではなく、規模の小さな町村の場合は、いくつかの町村が一緒になって、一人の議員を選出するという所もあった。また、郡会議員には、そのほかに、大地主から選ばれる議員もいた。

20日の元老院の会議で、政府の説明者として出席していた末松謙澄（内務省県治局長）が、次のように説明していた。

「今日の府県会は人民直選の法なる故」、党派の争いが甚だしく、石川県や新潟県に見るように、収拾がつかない状態になっている。"複選制"の採用は「其の辺に尤も注意を加えて編成せるもの」である[597]。

この"複選制"には、井上毅やロエスレルの批判もなく、何らの修正を受けることもなく、すんなりと定められた。しかし、平民主義で有名な徳富蘇峰が明治23年に創刊した「国民新聞」は、"複選制"を定めた「府県制」を次のように批判していた。

「今回の新制に接して、吾人が著しく感ずる所は、其の組織の異様なるにあり。…是れ所謂る複選法にして、府県会議員の選挙に関しては人民の意思は直接に発揚せる所なし」（国民新聞、明治23年5月19日）。

(6)「府県制」の施行

明治23年5月17日、「府県制」・「郡制」の公布と同じ日、それまで山縣有朋が総理大臣と内務大臣を兼職していたが、総理大臣の専任となった。山縣に代って、薩摩藩出身の西郷従道が内務大臣に任命された。この内務大臣の交代が影響したのかどうかは不明であるが、「府県制」・「郡制」は、法律として公布されたものの、その施行をすぐにしないところが多かった。

「市制」と「町村制」の施行も、大規模な町村合併をしたこともあって、かなり手間取ったことは前述したところであるが、それでも、1年後には、大多数の府県で施行され、2年も経つと、どの府県でも、原則的には、「市制」「町村制」が施行されていた。

ところが、「府県制」は明治24年7月1日以降に施行されることとされたが、多くの府県はすぐには施行せず、なかには、10年近くも実施しなかったという府県も少なからずあった。「府県制」は、たとえば府県会議員が郡会議員によって選出されるという仕組みになっていたことからも推測できるように、先ずは郡会の整備をしなければならず、そのため、「府県制」の実施には、かな

597）『元老院会議筆記』（第33巻後期）、203頁。

り長い時間を必要としたといってよいであろう。

また、「府県制」実施の時期は、府県知事の具申に依って内務大臣が定めることになっていたが（府県制第94条）、この仕組みも、「府県制」の実施を遅らせる原因となったことであろう。具申が遅い場合も、内務省は知事に対して督促をするなど、特別の措置を執らなかったようである。しかし、それにしても、施行まで10年もかかったというのは、度が過ぎているといわなければなるまい。

しかも、この「府県制」は、明治32年に全面改正をされた。言い換えれば、実際には、この「府県制」を実施しないまま終わってしまったという府県もいくつかあったのであるが、この全文改正にはついては、次章で説明する。各府県で、「府県制」がいつ実施されたかを表示すると次のようになる[598]。

表12　府県制の施行日

府県名	府県制施行	郡制施行（参考）
青森	明治 24・8・1	明治 24・4・1
岩手	30・7・1	30・4・1
宮城	27・7・1	27・4・1
秋田	24・8・1	24・4・1
山形	24・8・1	24・4・1
福島	31・2・1	30・10・1
茨城	29・10・1	29・7・1
栃木	30・10・1	30・7・1
群馬	30・4・1	29・7・15
埼玉	30・4・1	29・8・1
千葉	30・10・1	30・4・1
東京	32・7・1	32・7・1
神奈川	32・7・1	32・7・1
新潟	30・4・1	30・1・1
富山	29・7・1	29・6・1
石川	24・10・1	24・7・1
福井	24・8・1	24・4・1
山梨	24・10・1	24・8・1
長野	24・7・1	24・4・1

598）　亀掛川浩『自治五十年史』昭和15年、351-2頁より引用。

岐阜	30・10・1	30・8・1
静岡	30・4・1	29・9・1
愛知	25・10・1	24・4・1
三重	31・4・1	30・9・1
滋賀	31・8・1	31・4・1
京都	32・7・1	32・7・1
大阪	32・7・1	32・6・1
兵庫	29・10・1	29・7・1
奈良	31・3・1	30・8・1
和歌山	31・9・1	30・9・1
鳥取	30・4・1	29・9・1
島根	31・4・1	29・8・1
岡山	32・7・1	32・4・1
広島	32・7・1	32・7・1
山口	30・4・1	29・9・1
徳島	24・9・1	24・4・1
香川	32・7・1	32・7・1
愛媛	30・10・1	30・4・1
高知	24・9・1	24・4・1
福岡	29・10・1	29・7・1
佐賀	30・9・1	30・6・1
長崎	30・9・1	30・4・1
熊本	29・9・1	29・6・1
大分	24・8・1	24・4・1
宮崎	30・9・1	30・4・1
鹿児島	31・9・1	31・4・1
沖縄	42・4・1	―

第9章 地方制度の実施と改正

1. 帝国憲法後の国政・地方政治の動き

(1) 帝国議会の開設

①帝国憲法の上諭

　明治22年（1889年）2月11日に公布された帝国憲法の冒頭には、かなり長文の天皇の言葉（文章）があり、その後に御名御璽が付けられていた。庶民の用語でいえば、署名・捺印があった。この天皇の言葉は"上諭"といわれているが、これは、別に、帝国憲法に限って、付けられたというものではなかった。勅令や法律の冒頭にも、たとえば、明治23年に制定された「府県制」の冒頭にも、「朕府県制を裁可し茲に之を公布せしむ」[599]というような"上諭"が付けられていた。ただし、これらの法律や勅令に付けられた"上諭"は、一般に、非常に短いものであった。内容も、単に法律（もしくは勅令）を公布するというだけのもの、いわば公布の宣告文に過ぎなかった。

　ところが、帝国憲法の"上諭"は、これらの公布宣告文とは異質のものであった。文章も長かったが、それだけではなく、内容もあった。というよりも、憲法の根本的なあり方を宣言するものであった。たとえば、「国家統治の大権は朕が之を祖宗に承けて之を子孫に伝うる」というように、日本の国を統治する権限が天皇にあるということを、"上諭"で宣言していた。

　臣民（国民）の権利や財産を保護するということを明らかにしたのも、次のような"上諭"の宣言であった。

　「朕は我が臣民の権利及財産を貴重し及之を保護し此の憲法及法律の範囲内に於て其の享有の完全ならしむべきことを宣言す」。

　このように、帝国憲法の"上諭"は、一般の勅令や法律の上諭（公布文）とは異なり、実質的には、帝国憲法の一部というべきもの、いわば、憲法の"前

---

[599] 原文は「朕府県制ヲ裁可シ茲ニ之ヲ公布セシム」というように、カタカナである。本書で引用するこれらの類いの文章は、こうしたカタカナの原文を、ほとんどの場合、読みやすいように"ひらがな"に変えている。

文"として位置づけるべきものであった[600]）。

そして、その帝国憲法の"上諭"には、帝国議会を明治23年に開設するという宣言もあった。

国会の開設は、憲法制定の10年ほど前に、明治14年（1881年）10月12日の「国会開設の詔」によって、すでに宣言されていたが、しかし、この「国会開設の詔」は、明治23年に、国会を開設するというだけの抽象的な宣言に過ぎなかった。それを、帝国憲法の"上諭"は、明治23年に国会を召集するというように、日限を切って、国民にはっきりと示したのである。ただし、公式の名称を「国会」ではなく、「帝国議会」という名称に変えていたが…。

さらに、帝国憲法の"上諭"は、帝国議会の開会の時をもって、「此の憲法をして有効ならしむる」と宣言していた。帝国議会（国会）を開設するときが、憲法の実質的な実施を意味すると宣言していたわけである。

②**帝国議会；貴族院**

自由民権運動家たちは、恐らく、「府県会」と同じように、国民の選挙で選ばれた議員で構成される「国会」、すなわち「衆議院」を"国会（帝国議会）"として考えていたに違いない。ところが、帝国憲法では、「衆議院」だけではなく、「貴族院」も設置すると定められた。

これは、なぜであろうか。ドイツやイギリスなど、当時の日本が模範にしてきた国が上院と下院の2院制を採用していたことから、当然のこととして、2院制を受け入れたということも考えられる。あるいは、憲法の制定者だといわれることが多い伊藤博文や井上毅などのグループが、天皇を中心とする国家の体制を維持していくためには、国民の代表者で構成される「衆議院」だけでは心許ないと考えたからかもしれない。しかし、最も大きな理由としては、帝国憲法の草案を作成したロエスレル（Hermann Roesler）が2院制を提唱していたことを挙げるべきであろう。

ただし、ロエスレルの草案の翻訳本である『日本帝国憲法草案』[601]をみると、

---

600) 宮沢俊義は、その著書『日本国憲法』（日本評論社、昭和30年）のなかで次のように解説している。「明治憲法の上論は…単なる公布文の性質を有するものではなく、むしろ今日の（日本国憲法）の前文に相当するものであり、明治憲法の一部を構成するものであった」（23頁）。
601) 『ロエスレル起案　日本帝国憲法草案』として、国立国会図書館デジタルコレクションに所蔵されている。

その2院の名称が「元老院」と「代議院」の2院制になっていた。しかし、憲法制定の過程で、その訳が変更され、「貴族院」と「衆議院」になったと考えられる。事実、ロエスレルの『日本帝国憲法草案』が定めている「元老院」の組織は、「貴族院」の組織と、全てといってよいほど、同じであった[602]。

この貴族院の議員は、国民の選挙とは関係なく、しかも、貴族院の解散はなかった。議長も勅任であり、その初代の議長には伊藤博文が任命された。

なお、それまで立法機関として機能してきた元老院は、明治23年（1890年）10月30日に廃止され、その議官の多くは貴族院の議員となった。

③衆議院と地方制度

明治14年の「国会開設の詔」によって、明治23年に国会が設置されることが宣言されていたことは前述したが、この詔は、「市制」「町村制」さらには「府県制」や「郡制」を制定する最大の動機となっていた。

この場合の「国会」というのは、もちろん、衆議院のことであるが、何も手を打たずに国会を開設すれば、国会（衆議院）は、空理空論を唱え、社会の秩序を乱そうと考える輩、具体的には自由民権家たちによって占められてしまうというのが、「市制」や「府県制」などの整備に取り組んだ山縣有朋たちの考えであった。各地域の有力な納税者に、地方の政治行政に参加してもらい、経験をつんでもらえば、こうした人々が責任感と義務感をもった「老成着実の人士」に育ち、国家のことを考えるようになるはずである。したがって、国会を開設するためには、何はともあれ、地方制度を整備し、「老成着実の人士」を育てることが必要となる。こうした考えのもとに、山縣など、地方制度の整備に関係した人々は、「市制」や「府県制」を制定したのであった。

これは山縣自身が元老院での演説ではっきりと示していたところであるが[603]、山縣のこの発想は、そもそもは、モッセによって教えられたものであった。事実、モッセは、府県知事などの地方官に対する講義のなかでも、「国会

---

602) ロエスレルの憲法草案では、第17条に「元老院は左の成分を以て組織す」として、丁年皇族、帝国の公侯伯、子（爵）男（爵）…などと具体的に定めらていたが、実際の帝国憲法では、貴族院の組織については、「皇族華族及勅任せられたる議員を以て組織す」と定められただけで、具体的には、貴族院令で皇族、公侯爵、伯子男爵…などと定められた。
603) 明治23年（1890年）11月20日の山縣内務大臣の演説。『元老院会議筆記』(後期第33巻)、194-8頁。

の為に、適当の人物を養成するものは実に自治制なり」[604]と強調していた。また、次のような趣旨の説明もあった。

　政治上の経験を積み、住民（国民）が実際に必要なことを理解したうえで、自主的に行動する人物を、選挙で、国会議員に送り込む必要がある。こういう選挙ができるのは「自治の制」を実施している国だけである…[605]。

　とはいっても、モッセが抱いていた国会議員のイメージを、山縣有朋をはじめとする内務官僚あるいは地方官たちが、実際にどれだけ理解していたかということになると、大いに疑問だといわなければならない。ひょっとすると、政府のいうことを従順に聞き入れる人物を「老成着実の人士」としていたのではないかと思えるほどである。

　たとえば、「府県制」案が元老院で審議された際に、内務省の官吏（政府説明員）が問題ある府県会として挙げることが多かったのは、新潟県会と石川県会であった。もちろん、自由民権を標榜する政党や県議に問題があるとしていたのであるが、しかし、この両県会の政党や議員のどこが問題なのかという点については、元老院の会議筆記録をどれだけ読んでも、何ら説明がなかった。ただ、新潟県会や石川県会のようになってはいけないというだけであった。

　そこで、たとえば、新潟県会の当時の状況から、内務省の官吏が問題だとしそうな現象を探ってみると、「高田事件」といわれている事件があった。この事件は、明治16年（1883年）3月に新潟県高田（現在の上越市）で起こった事件であり、大臣暗殺を企んだとされる事件である。当時の自由党の県議がからんだ事件といわれたが、昭和の初めに朝日新聞の地方版に連載された解説記事から、事件の内容を見てみると…

　当時、中央から政客が新潟を目指して来遊する者が多く、これらの政客が各所で自由民権論を鼓吹していた。一方、それに対する官憲の取り締まりは峻烈を極め、いたる所で官憲と民権論者との衝突が演ぜられた。なかでも、激しかったのは、越中高岡市で催された北陸八州大会での衝突であった。このとき、新潟県の出席者22人が、大臣暗殺の嫌疑を受けて、高田監獄に収容されたが、そのほとんどは直ぐに釈放された。しかし、鈴木昌司、江村正英、堀川信一郎

604）　モッセ、『自治制講義』（第2回：明治21年10月26日）、4頁。
605）　同　上、4-5頁。

の3人の新潟県会議員、それに赤井景昭の4人だけは留められた[606]。

これが、後に「高田事件」といわれるようになった事件である。しかし、この3人の県議も、1年あまり収監されたものの、結局は、疑いが晴れて釈放された。このことからいえば、新潟県会（あるいは県会議員）に、あるいは自由民権運動に問題があるという証拠事例としては、取り上げにくい事件であった。それどころか、政府が勝手に自由党を弾圧した事件と位置づけることができるほどである。そして、内務省の官吏はそのことを十分に承知していたと推測できる。

ただ、この3人の県会議員は、その後、県会で監獄費が議題となったときに[607]、「獄舎の設備や獄吏の不親切などを並べ立てて大いに県当局に食ってかかり、実情を知らない県令をいじめぬいた」ということがあった[608]。ひょっとすると、こうした県議の行動を、内務省は問題にしたのかも知れない。

また、新潟県会は、明治18年の県会で警官100人の増員案を全会一致で否決したが、このように、知事が提案する議案を議員全員で葬り去ることが間々あったという。自由党の県議も、改進党の県議も、県民にとって有益か否かという観点から、全員で議案を議論し、その結果として、知事提案の議案を全員で否定することが多かったとのことである。そのため、明治19年、20年の頃は、県当局の指揮のもとに、警察が県会議員を常に監視し、「その筋の忌諱に触れるようなことでもあったら、有無を問わず、その場から拘引する」ようにもなっていたといわれている[609]。これらのことからいえば、新潟県会は、政府の意向に逆らうことが多かったために問題視されていたとみるのが妥当のようである。

この当時の新潟県会の状況から判断する場合には、山縣内務大臣をはじめとする内務省の官吏は、恐らくは、明治政府の施策に従順にしたがう人物を望んでいたに違いないということができる。そして、そうした人物、すなわち「老成着実の人士」を育成するという動機のもとに、「市制」や「府県制」の制定を考えたといってよいであろう。もっと露骨にいえば、薩長政府による政治支

---

606) 朝日新聞社通信部編『縣政物語』、世界社、昭和3年、197-8頁。
607) この当時、監獄費は県費で支払われることになっており、県会の審議事項であった。
608) 『縣政物語』、198頁。
609) 同　上、199-200頁。

配を、地方の財力ある人々に支持してもらい、強めたいというのが、「市制」や「府県制」を制定する動機、あるいは目的であったといえる[610]。

こうした動機あるいは目的は、その後、実現したのであろうか。

(2) 衆議院議員の有権者と"民党"
①衆議院議員の選挙権

明治23年当時の日本の人口は約4千万人。そして、衆議院議員の選挙権を与えられたのは、25歳以上の男子で、地租などの国税を15円以上納めているものであった。これは有権者の数が非常に少ないことを意味した。事実、有権者の数は45万人程度、全人口の1％程度しかいなかった。

（なお、明治21年に公布された「市制町村制」では、市町村会議員の選挙権は、25歳以上の男子で、地租を納めているか、あるいは、直接国税2円以上のものに与えられていた。これをみれば、衆議院議員の選挙権が如何に制約されたものであったか、一目瞭然といってよいであろう。）

被選挙権も、最初は、選挙権者と同じように、地租などの国税を15円以上納めている者に限定され、その上、30歳以上の男子とされていた。また、投票の仕方も、現代の感覚からいえば、独特のものであった。無記名投票ではなく、選挙人が投票用紙に自分の名前を記名捺印した上で、候補者の名前を記入することとされていたのである。

ちなみに、選挙権は、明治33年（1900年）3月に、地租などの国税10円以上納めている25歳以上の男子というように、かなり拡張された。しかし、このときの政府は、もっと制約を緩和しようと考え、政府が明治32年に立案した改正案では、「国税5円以上納めている者」を選挙権者とするとなっていた。これを審議したのは、もちろん帝国議会（衆議院と貴族院）であったが、衆議院では、この政府案がそのまま通過した。とはいっても、衆議院でも、たとえ

---

610) 岡義武『山縣有朋』（岩波新書、昭和33年）も次ぎように指摘している。「地方制度の施行は…山縣の場合、近く開設される国会に自由民権派が進出することへの予防的効果が期待されていたのであり、またいいかえれば、国会開設の暁において藩閥勢力の政治支配を『財力、智力を備うる地方名望家』の支持によって補強することが期待されていたのである」（43頁）。

ば、島田三郎（神奈川県選出、改進党系の議員）のように、選挙権の拡張は選挙の腐敗をもたらすという理由で反発する議員もいた。島田三郎はいう。

「全国的には普通選挙論がなかなか盛んでございます。…候補者が、我をして議会に立たしめば、普通選挙権という大きな権利を人民に与えるであろうという心にもなき世辞を振りまきましたことが言質となって…普通選挙論が請願などにしばしば顕れました。…しかし、唯今でも棄権者が多く、僅かな金のために投票のやりとりを致します。是がために、甚だ選挙が宜しくない。是がために、候補者が無益の金を使う。恐らく見渡した中で、諸君の中で、選挙費の多さに苦しんで居る御方が多いと思う（「ノウノウ」「ヒヤヒヤ」の声起こる）…したがって、地租10円以上と修正することを提案する…」[611]。

この島田の意見に賛同の意思表示をする者が多かった。ところが、採決をとると、この意見に賛成した議員は103人。一方、反対議員は142人もいた。結局、衆議院では、政府案通りに「5円以上」に修正するというかたちで議決された。しかし、貴族院では、制限が低すぎるということで、この政府案に反対するものが多く、結局、政府案は否決されてしまった。こうして、衆議院と貴族院の話し合いということになり、最終的に、政府案は修正され、「10円以上の国税を納めている者」に選挙権を与えるということになった。

また、この明治32年の政府の改正案では、記名捺印した上で投票するという記名投票のシステムを改め、無記名投票（すなわち秘密投票）にするという構想も提案されていた。理由は、政府委員の貴族院での説明によれば、次のようなものであった。

「記名投票につきましては往々弊害がありまして、或いは選挙人が自由に自分の意思に従って投票することができないというようなことも免れませぬ。それで既に地方制度に於いても採用しておりますけれども、無記名投票にしなければ、選挙人の自由な投票を保護していくことができないということを、政府は認めました」[612]。

ところが、衆議院では、この政府案に反発する者が多かった。もちろん、政府委員はかなり激しく抵抗したが、力が及ばず、衆議院では、記名投票を続け

---

611) 明治33年1月29日、『衆議院議事速記録第15号』、275頁。
612) 明治33年2月7日、『貴族院議事速記録第18号』、343頁。

るというように修正されてしまった。無記名投票にすると、投票が無責任になりやすいというのが、その反対の理由だった。しかし、この衆議院の修正は、またまた、貴族院でひっくり返されてしまった。そして、衆議院も、最終的には、この貴族院の意向を認め、結局、政府案通りになり、明治33年以後、衆議院議員の選挙は無記名投票で行われるということになった。

　なお、この改正のときには、被選挙権についても、納税要件を撤廃するという重要な改正があった。30歳以上の男子であれば、税金を納めていなくても、衆議院議員に選ばれる資格があるということになったのである。

②衆議院議員の定数

　最初の衆議院議員の定数は300人。原則的には、ひとつの選挙区から1人の議員が選出される小選挙区であった。しかし、ひとつの選挙区で2人選ばれるという所も少しはあった。なぜ、そうした選挙区が設けられたのかは定かではない。

　府県別の配分は、新潟県がもっとも多く、13人の議員定数が与えられていた。一方、少ないところでは、鳥取、宮崎、山梨県のように、3人の議員しか選出できないという県もあった。新潟県と石川県は、地方制度を制定する際に、内務省によって、しばしば問題ある県の事例にされた県である。その新潟県が13人という定数を持っていたが、もうひとつ石川県は6人とそれほど多くはなかった。また、東京府の定数は12人。他の府県より多かったが、新潟県よりは少なかった。現在の人々から見れば、なぜ、新潟県が多いのかと不思議に思うかも知れない。しかし、これは、別に"奇異"なことではなかった。この衆議院議員の定数は人口によって定められており、当時は、新潟県の人口がもっとも多かったのである。参考のために、上位5府県と、下位5県の議員定数、それに石川県の定数を人口と比較する形で挙げてみると、次の表（表13）のようになる。

　なお、この小選挙区も、明治33年（1900年）に改められ、大選挙区というか、あるいは中選挙区ともいえるが、郡部、市部単位で選ばれるようになった。こうした仕組みによる衆議院議員選挙は明治35年（1902年）から行われたが、この選挙から、北海道でも衆議院議員が選出されるようになり、また、議員数もそれまでの300人から376人に増えた。

表13　第1回衆議院議員選挙の定数と人口

(上位5府県と下位5県)

人口順位	府県名	議員定数	人口(明治23年)(人)
1	新潟県	13	1,693,727
2	兵庫県	12	1,551,367
3	東京府	12	1,486,671
4	愛知県	11	1,473,099
5	大阪府	10	1,348,317
26	石川県	6	753,337
41	青森県	4	545,026
42	奈良県	4	500,742
43	山梨県	3	458,534
44	宮崎県	3	416,824
45	鳥取県	3	401,697
	全国	300	40,147,783

資料：人口は、内務省『日本帝国民籍戸口表』(明治22年12月31日調べ)。定数は、衆議院事務局編『総選挙衆議院議員当選回数調－第1回乃至第19回』1936年より。
注) この当時の選挙は、北海道と沖縄が除外されていた。

③自由党の再興

　帝国憲法の発布は、衆議院議員の選挙の実施を具体的に示しただけではなかった。その発布にあわせて、大赦も行われた。これにより、それまで投獄されていた多数の自由民権の活動家が釈放されたが、そのなかには、福島事件で投獄されていた河野広中、秩父困民党事件などで投獄されていた大井憲太郎、保安条例の違反で投獄された片岡健吉、等々、明治17年に解党した旧自由党の中心的な存在であった人々が多数含まれていた[613]。さらに、保安条例でいわゆる"所払い"になっていた多くの旧自由党の運動家も、この大赦によって、その罪が許され、晴れて活動できることとなった。こうして、旧自由党の運動家は、河野広中や大井憲太郎を中心にして、再び、全国的な組織をつくろうと

---

613) 板垣退助監修、遠山茂樹・佐藤誠朗校訂『自由党史』(下)、岩波文庫、昭和33年、386-7頁参照。

話し合ったが、選挙前には、一本化することができなかった。しかし、河野広中を中心とした「大同倶楽部」、それに、大井憲太郎を中心とした「大同協和会」というふたつの政党としてまとまった。明治22年5月のことであった。このふたつの政党（もしくは、グループ）について、当時の新聞（朝野新聞）は、次のように、それぞれの特質を説明していた。

「それ大同協和会は…すべて旧自由党員を以て組織し、かつて他の異分子を雑えざる純粋の結合体なるが故に、これを自由党の再興と視るも可なり。…大同倶楽部は然らず。旧自由党員の他に、数多の異分子あるのみならず、…人員の多寡をくらぶれば、異分子かえって多数を占むるが故に、その挙動もまた決して彼のごとくなる能わずして、やや温和の手段に近かるべきか」[614]。

そして、翌23年に入ってから、「大同協和会」は自由党系の本流だということを示そうとしたのであろうか、「自由党」を名乗るようになり、「我が党は自由を拡張し、権利を保全し、幸福を増進し、社会の改良を図るべし」[615]といった内容の自由党趣意書を公表した。

このほかに、板垣退助を中心に、土佐（高知県）の旧自由党の党員などによって、「愛国公党」も結成された。また、九州でも、「九州同志連合会」という旧自由党系の流れを汲む組織が結成され、自由党系の人々のほとんどは、この4つの政党のどれかに所属する形で第1回衆議院議員の選挙戦に突入した。しかし、選挙後は、統合して、ひとつの政党になった。「立憲自由党」という政党になったのである。したがって、本書では、第1回衆議院選挙の説明をする際にも、「大同倶楽部」や「愛国公党」などといった区分はせず、一括して、「立憲自由党」（略して「自由党」）として説明することにする。

自由民権を標榜する政党には、このほかに、当初から「自由党」と対抗してきた「立憲改進党」（改進党）があったのはいうまでもない。この「自由党」と「改進党」は、当時、"民党"として扱われることが多かった。

もちろん、第1回目の衆議院議員選挙で立候補したのは、こうした"民党"だけではなかった。政府寄りの人々も、立候補したのはもちろんである。これらの人々は、立候補の際には、無所属として立候補したようであるが、当選後

---

614) 朝野新聞（明治22年5月1日）。
615) 「自由党趣意書」（明治23年1月21日）。阿部照哉、佐藤孝治、宮田豊 編『憲法資料集』、有信堂、昭和41年、479-480頁。

は、「大成会」というグループを結成し、衆議院での活動をした。このグループは、政府を支持する党という意味で、一般に、"吏党"として扱われていた。

このほかに、"民党"でもなく、"吏党"でもないという、いわば純粋の無所属として立候補し、当選した人もいたことはいうまでもない。

(3) 衆議院議員の選挙と政府の対応
①第1回衆議院議員選挙

明治23年（1890年）7月1日、第1回目の衆議院議員の選挙が行われた。しかし、選挙後、すぐに衆議院が招集されたわけではなかった。選挙から議会の開催までは数か月の余裕があった。そして、この間に、政党の整理が進み、立憲自由党（自由党）、立憲改進党（改進党）、大成会などにまとまっていった。これらの政党の当選者は、自由党130、改進党41、大成会79、国民自由党5、無所属45であった[616]。

このうち自由党と改進党は"民党"として位置づけられ、また、大成会と国民自由党は"吏党"として位置づけられるのが一般的である。そのことからいえば、この選挙は、"民党"の圧勝といえた。もちろん、全国押し並べて"民党"が圧勝したというわけでなかった。府県によっては、"吏党"が強いところもあった。

そこで、「市制町村制」や「府県制」を制定したときの山縣有朋内務大臣をはじめ、内務省の官吏の面々が問題視していた新潟県は、どういう結果だったか見てみると…。

新潟県の"民党"の当選者は、自由党が9人、改進党が3人であった。新潟県の当選議員は、このほかに、もう1人いたが、この議員は無所属で当選していた。しかし、この議員も、"吏党"というのではなく、どちらかといえば、"民党"系の議員であった[617]。

---

616) 衆議院事務局編『総選挙衆議院議員当選回数調－第1回乃至第19回』1936年、および、川崎庸之・原田伴彦・奈良本辰也・小西四郎『読める年表』自由国民社、1990年、867頁による。しかし、この後も、無所属議員が、政党に加入したために、この構成は資料によって異なるようである。たとえば、佐々木隆『明治人の力量』（日本の歴史21）、講談社文庫、62頁は、「自由党131、大成会85、改進党43、無所属41」としている。これには、国民自由党が明治24年に解体してしまったことも加味されているはずである。

617) 鵜飼郁次郎という議員であるが、たとえば、朝日新聞通信社編『縣政物語』は、この議

要するに、"民党"の完勝であり、なかでも自由党が強かったわけである。もっとも、これは、自由党の勢力が圧倒的に強かったということを必ずしも意味するものではなかった。自由党と改進党の勢力が伯仲しているなかで、たまたま、自由党が勝ったという現象であったようである[618]。

　この新潟県と並んで、内務省から問題がある県と目されていた石川県でも、"民党"が圧勝した。石川県は、定数が6であったが、当選者の2人は自由党、2人が改進党であり、しかも、無所属で当選した議員も、当選後には自由党に所属した。このことからいえば、実質的には、"民党"の当選議員は5人であったのに対し、"吏党"はたったの1人だった。こういう両県の"民党"の強さが分かっており、そのために、山縣有朋をはじめ、地方制度を整備した当時の内務省が、両県を問題視したということも想像できそうである。

　とはいえ、この新潟・石川の両県以上に、"民党"の勢力が強かった府県は多数あったことは確かである。たとえば、この第1回衆議院議員の選挙でも、青森県や福井県、さらには神奈川県も、当選者のほぼ全員が"民党"であり、しかも、ほとんどが自由党であった。もちろん、高知県は、板垣退助が自由党を興したところだけあって、全員が自由党であった。それにもかかわらず、内務省がなぜ新潟県と石川県をとくに取り上げて問題視したのか、理解しがたいところではある。

　ところで、この選挙では、"民党"といっても、当選者のほとんどは自由党であった。改進党の当選者はそれほど多くないどころか、自由党の3分の1もいなかった。これは、いわば改進党の顔であった大隈重信が、選挙の直前まで、外務大臣として条約改正を進めており、その条約改正案が非常に不評だったことに原因があったといえそうである。たとえば、この衆議院議員選挙で、改進党から立候補し、三重県で当選した尾崎行雄が、当時の改進党の立場を、後に、次のように解説していた。

　　員を自由党の議員として扱っている。なお、この議員は、第2回衆議院選挙で当選したときは「独立倶楽部」の一員であったが、この「独立倶楽部」も"民党"のひとつとして位置づけられるのが一般的である。
618)　たとえば、朝日新聞通信社編『縣政物語』によれば、「22・23年両年頃の（新潟）県会における政党分野は僅か2・3名の差で相対峙していた」と説明され、また、「代議士選挙だという気分が県内に横溢していたため、23年の県会では傍聴人まで両派に分かれ、喧々囂々の論戦を続けたものだ」と説明されている（201頁）。

「この選挙で改進党は非常な苦境に陥った。当時大隈候は党から離れていたが、事実上の首領として党を指導した。そこで候の条約改正案を支持する改進党は国家の存立を危うくするものであるというので、全国的な反対を受けた。改進党と語呂が通うので、われわれを『奸臣党』と呼ぶものすらあった。こんなわけで、公然改進党を名乗って立って当選したものは13人ぐらいしかなく、その他はみな改進党の看板をはずして候補者になった」[619]。

いずれにしろ、このときは、多くの府県で"民党"を支持する有権者が多かったが、その一方では、もちろん、"吏党"が優勢だった府県もあった。たとえば、島根県。定数6人であったが、当選者の5人は"吏党"であり、残りの1人も無所属というように、"民党"はひとりもいなかった。また、愛知県は定数11人のうち、9人を"吏党"の当選者がしめた。"民党"の当選者もいたことはいたが、たったの2人（自由党）であった。

藩閥政府の要人の出身地である山口県の場合も、"民党"の当選者は1人もいなかった。しかし、不思議なことに、当選議員の誰もが"吏党"を名乗らず、全員が無所属であった。もっと不思議なのは、藩閥政府のもう一方の担い手である鹿児島県の場合であった。全員が"民党"（自由党）の議員だったのである。

こうした議員と対峙することとなったのは、その前年の明治22年（1890年）12月に首相の座についていた山縣有朋が率いる政府であった。

② "民党"と政府の衝突

明治23年（1890年）11月29日、衆議院が開会された。初代議長には中島信行（神奈川県選出；自由党）が選ばれ、この議長の下で、第1回目の衆議院の審議が始まった。最大の争点となったのは、予算案であった。予算案は、最初に、衆議院の予算委員会で審議されたが、この段階から、「経費削減、民力休養」を主張する"民党"と、政府の政策にしたがおうという"吏党"の間で、激しい論争が展開された。最終的には、"民党"の議員数のほうが圧倒的に多かったため、"民党"の主張が通り、政府の予算案を約10％削減するという結論となった。そして、予算委員会の「査定案」として、本会議に提出されたが、この「査定案」に、政府（山縣内閣）は真っ向から反発。松方正義大蔵大臣が

---

619) 尾崎行雄『民権闘争七十年』（咢堂回想録）、講談社学術文庫、2016年7月、135頁。（なお、この本の底本は、読売新聞社から1952年刊行された『民権闘争七十年』だとのことである）。

本会議に押しかけ、全議員に向かって、政府は予算の削減を認めないと演説するという有様であった。また、首相の山縣有朋も、「議会が国政を妨げるのはけしからん」とカンカンになって憤慨していたという[620]。

　こうして、政府（山縣内閣）は、予算を10％も削減するという「査定案」が衆議院の本会議で議決されることがないように、まずは、"吏党"である大成会の議員に働きかけた。それを受けて、大成会の議員は、予算の削減を衆議院で決定するというのではなく、「政府に同意を求めるための議決にしよう」[621]という提案をしたが、衆議院の多数を占める"民党"は、もちろん、それを受け入れなかった。そこで、山縣内閣は、自由党と関係の深い2人の閣僚、後藤象二郎[622]（逓信大臣）と陸奥宗光[623]（農商務大臣）を活用し、2人を通して、竹内綱などの自由党の右派を切り崩すという作戦を採った[624]。これが見事に成功した。明治23年2月20日の本会議で、大成会の議員が、「確定の議決をする前に、政府の同意を求めることにしたい」[625]という動議を提案したときも、自由党の議員の中から、それに賛成するものが出現し、結局、賛成多数でその動議が通ってしまった。

　これにより、政府は、予算の削減額を緩和し、何とか危機を乗り切ることができたが、一方、"民党"は、大成会の議員の動議に賛成した自由党の議員29人が脱党するという混乱に陥った。しかし、この混乱は、板垣退助が自由党の党首に就任するということで、間もなく収まり、脱党した議員も復党し、結果的には、むしろ強力になった。また、もうひとつの"民党"である改進党も、明治23年末に、創設者の大隈重信が入党するなど、基盤が強化された。

---

[620] 尾崎行雄、前掲書、136頁。ちなみに、この山縣首相の発言を見ても、山縣が内務大臣の時代に、「市制町村制」や「府県制」によって育成しようとしていた「老成着実の人士」、すなわち衆議院議員は、政府の意向にしたがう人物であったということが分かる。

[621] たとえば、明治24年2月5日の本会議での坪田繁（岡山県選出；大成会）の発言（衆議院議事速記録第37号）など。

[622] 旧自由党で、板垣退助に次ぐ副党首格の人物であり、また、明治20年の頃は、民権運動を大同団結させようという中心人物であった。

[623] 大臣でありながら第1回衆議院議員選挙に和歌山県から当選。閣僚中、ただ1人の衆議院議員であったが、議長となった中島信行とは非常に親しく、自由党の議員のなかに知り合いが多かったという。

[624] 川嶋庸之、原田伴彦、奈良本辰也、小西四郎総監修『読める年表　日本史』自由国民社、1990年、869頁。

[625] 天野若圓（大成会）の発言、衆議院議事録第49号。

山縣有朋首相は、この第1回目の衆議院（帝国議会）が終了をしたのを好機として、明治23年4月1日辞表を提出した。後任の首相の任命にしばらく手間取ったが、1か月後、松方正義が首相兼大蔵大臣に任命された。

　この松方内閣のもとで、明治24年（1891年）11月、第2回目の議会が開かれたが、衆議院の"民党"の議員は、この議会でも、予算をめぐって、政府に対立した。むしろ、第1回目の時よりも、強硬であった。そして、海軍の予算案が審議された12月22日、予算案の説明をしていた樺山資紀海軍大臣が、議員の執拗な攻撃に業を煮やしたのであろう。薩長藩閥政府を称える次のような趣旨の発言をしてしまった。

　「諸君は藩閥政府として非難するが、4千万人の国民の生命が安全でいられるのは誰のおかげか。薩長内閣のおかげではないか」[626]。

　この発言で、議場は騒然となり、翌日の反政府系の新聞は、筆をそろえて、この演説を攻撃した。それでも、予算案の審議は翌日、翌々日と続けられた。しかし、この間に、自由党の議員が連名で詰問状を政府に突きつけるということもあって、松方内閣は、12月25日、ついに衆議院を解散するという強硬手段に出てしまった。

③政府の選挙大干渉；解散と選挙

　解散に伴い、明治25年（1892年）2月に行われた第2回目の衆議院議員選挙は、多数の死傷者が出たというように、空前絶後の血で彩られた選挙となった。政府が、内務大臣品川弥二郎の指揮のもとに、"民党"候補者を力で排除しようとしたためである。

　たとえば、この選挙の9か月後に開かれた大阪府会は、知事・警察部長の更迭を要請する建議書を可決し、内務大臣に提出したといわれているが[627]、その建議書の次のような内容を見ると、このときの選挙干渉の実態が想像できる。この干渉の結果であろうが、大阪府の選挙区では、第1回選挙の当選者は、自由党（民党）6人、大成会（吏党）3人であったが、この第2回戦挙では、

---

626) 樺山資紀海軍大臣の発言（明治24年12月25日、『衆議院議事速記録第20号』、329頁）。この発言は、新聞などで、「蛮勇演説」と言われるようになった。
627) 朝日新聞通信社編『縣政物語』、350頁。なお、このときは、選挙干渉をした松方内閣から伊藤博文内閣に替わり、内務大臣は井上馨になっていた。

自由党が1人しか当選せず、8人が"吏党"であった。

「現任大阪府知事山田信道、同警察部長山下秀實の両名は、来任以来その職を怠り…。本年2月衆議院議員の選挙に当たり、知事及び警察部長は、属官、警吏及び義俠者、博徒を使嗾(しそう)して選挙人を威嚇し、選挙権を妨害し…。中河内郡枚岡村に政談演説会を開くや、7・80名の博徒、凶器を擁して会場に闖入(ちんにゅう)し、傍聴者を殴打し、その数名を負傷せしめたるも、出張の警吏は傍観しながら1名の凶行者をも捕縛せず…。これらは当時大阪府民が切歯扼腕(せっしやくわん)して憤慨せしところの事実なり。故に、大阪地方裁判所の検事は、大阪控訴院検事長と議し、検事局予審審判事らに憲兵を附して派遣し、はじめて若干名の凶行者を捕縛したり…」[628]。

また、福岡県での干渉は、後に、次のように報道されたように、もっとひどかった。

「(明治)25年の選挙干渉は政府の方針として全国的に行われたものだが、就中(なかんづく)福岡県は"民党(自由党)"と"吏党(玄洋社)"の争い峻烈を極めた為、官憲の圧迫干渉も一層辛辣であった。而も当時の知事は、熊本において紫瞑会(しめいかい)(国家主義の政党)を組織した"吏党"のチャキチャキの安場保和であった。自由党ブチ壊しのため来任したと云われた位の知事で、その干渉ぶりは今の人々には想像もされないほど露骨乱暴なもので、福岡県政史はこの時初めて血をもって彩られたのである。いよいよ選挙となると、"吏党"(政府党)の玄洋社は、これに対応する。自由党もおのおの壮士(そうし)を集めて各方面に配置する。政府党の壮士が使う仕込み杖や日本刀が菰包(こもづつみ)にされて鉄道でどしどし運び込まれるという有様で、戦いが白熱化してくると、玄洋社の壮士連は、反対党の演説会に切り込み会衆を蹴散らして了う。と、そこへ自由党の壮士が駆けつけて渡り合うという物凄さで、それが昼夜を問わず、至る処で演出されたのだからたまらない。時には鉄砲玉も飛ぶ。夜なんか歩いていると、突如竹槍なんかが突き出される。…一方、県は警察権を利用して、選挙直前に自由党員を何の理由も示さず警察に拘引し、選挙の済むまで留置。…また、ある村では有権者全部を投票の前日お寺に呼び集めて外出せしめず、消防組員などに見張りをさして…」[629]。

---

628) 朝日新聞通信社編『縣政物語』350頁より引用。

福岡県では、このような干渉を受けたため、"民党"候補者は、「これではとてもやりきれん」と活動しなくなっただけではなく、候補そのものを取り下げ、選挙の時には、"民党"の候補者はわずか1人になってしまっていたという[630]。その結果、"民党"の当選者はたったの1人で、残りの8人は"吏党"であった。

　選挙干渉がとりわけひどかったのは、死者10人、負傷者16名を出した高知県[631]、また、死者9人、負傷者92人を出した佐賀県[632]だったといわれているが、この選挙干渉により、政府は思惑通りの結果を得ることができたのであろうか。

　この選挙では、"民党"は過半数を切ったが、しかし、"吏党"も多数を占めることができなかった。その上、"民党"とみなされる自由党と改進党の当選者が自由党94人、改進党38人、合わせて132人であったのに対し、この選挙後に"吏党"として組織された政党（中央交渉会、独立倶楽部、近畿倶楽部）の当選者は124人であった。このためであろう、「選挙干渉にもかかわらず、"民党"が"吏党"を圧倒した」[633]とする解説書が多い。言い換えれば、政府は思惑通りの成果を挙げることができなかったとみているわけである。

　しかし、この自由党や改進党の当選者のなかには、少なくとも選挙の段階では、"吏党"として立候補し、官憲の助けを得て当選した者がかなり含まれていたという実態についても考慮しなければなるまい。

　たとえば、石川県の場合で見ると、当選者は、政党別では、自由党5人、改進党1人であった。しかし、これらの当選者は、全員が、"民党"の当選者ではなく、次の表（表14）に見るように、官憲に助けられて当選した"吏党"の一員だったのである[634]。こうしたことからいえば、通説のように、"民党"が"吏党"を圧倒したとはなかなか言い難いというのが、この時の選挙の実態であった。

---

629)　同　上、521-2 頁。
630)　同　上。
631)　佐々木隆、『明治人の力量』（日本の歴史 21）、講談社学術文庫、2010 年、80-1 頁。
632)　朝日新聞通信社編『縣政物語』、530 頁。
633)　川崎庸之、原田伴彦、奈良本辰也、小西四郎総監修『読める年表　日本史』自由国民社、870 頁。
634)　石川県『石川県議会史』、昭和 44 年、625-6 頁。

表14　第2回衆議院選挙（明治25年2月）の候補者と当選者（石川県）

	吏　党	民　党
第1区	◎大垣兵次　　　（改進党）	河瀬貫一郎　　（改進党）
	◎神保小太郎　　（自由党）	松田吉三郎　　（自由党）
第2区	◎新田甚左衛門　（自由党）	
第3区	◎由雄與三平　　（自由党）	浅野順平　　　（改進党）
	◎橋本次六　　　（自由党）	神野良　　　　（改進党）
第4区	◎百萬梅次　　　（自由党）	

注）◎は当選者。　　資料）石川県『石川県議会史』昭和44年、625頁より作成。

　とはいうものの、石川県で当選したこれらの議員のうち、実際に"吏党"の一員となったのは、第1区で当選した大垣兵次と神保小太郎の2人だけであった。この2人は、新しく結成された"吏党"の「中央交渉会」に入党し、正真正銘の"吏党"の一員となったのである。それに対し、第3区・4区の由雄與三平、橋本次六、百萬梅次の3人は、"吏党"に加わることなく、実際に、自由党の一員として行動した。また、第2区の新田甚左衛門は半年ほどで辞職。その補欠選挙で、"民党"（自由党）の杉村寛正が当選した。この結果、石川県の議員は、第2回衆議院議員選挙でも、"民党"が4人、"吏党"が2人という結果になり、"民党"が"吏党"を圧倒することとなったわけである。

　このように、政府の選挙干渉は、選挙の段階では、効果を挙げたものの、"民党"の議員には、その干渉をも利用するという"したたかさ"があったために、"民党"が"吏党"を上回る結果になってしまったといえそうである。

④またもや解散、選挙

　ともかく、藩閥政府は、結局は、政府に追随する"吏党"の勢力を拡大することはできなかった。そのためであろう、選挙干渉について、衆議院で厳しく追及されることとなり、また、貴族院や枢密院からも批判された。そして、品川内務大臣が責任をとって辞めざるを得なくなり、また、政府の指示を忠実に実行した安場保和・福岡県知事は更迭されてしまった[635]。

　さらに、政府が提案した予算案は衆議院では承認されなかったなどというこ

635）　川崎庸之、原田伴彦、奈良本辰也、小西四郎総監修『読める年表　日本史』、871頁。

ともあって、遂には、松方正義首相も辞任に追い込まれた。その後を継いで首相になったのは伊藤博文であったが、明治25年8月に成立したこの内閣は、薩摩藩の黒田清隆（元首相）や大山巌、また、長州藩の山縣有朋（元首相）や井上馨などを大臣に据えた、まさに超大物の内閣であった。このため、"元勲内閣"といわれたが、それだけではなく、自由党と関係の深い陸奥宗光や後藤象二郎さらには河野敏鎌をも加え、"民党"との協調を目指す内閣でもあった。しかし、"民党"は攻撃を緩めず、激しい攻防の末、伊藤内閣は、明治26年12月29日、衆議院解散権を行使してしまった。

これに伴って行われた総選挙でも、"民党"が優勢という構図は変わらなかった。というよりも"民党"が絶対的優勢となった。その結果、明治27年6月、半年ほどで、またもや解散となり、9月1日に総選挙が実施された。明治23年末に初めて衆議院が招集されて以来、3年半ほどの間に、3度も解散、総選挙となったわけである。このときの衆議院は、日清戦争の勃発ということもあって、政府との対立はそれほどではなく、明治31年の任期満了まで続いた。そして、それ以後は、政府が"藩閥政府"の要素を薄くしたこともあって、"民党"と政府の対立は見られなくなったようである。

第1回目の明治23年（1890年）の選挙から昭和27年（1952年）の選挙まで連続して当選し、"憲政の神様"などといわれるようになった尾崎行雄（咢堂）は、この頃の状況を、後に、次のように説明していた。

「選挙にあたって反対派と争うのに手段を選ばないのも、彼ら（藩閥政府）が政争と戦争を混同していたからである。それにもかかわらず、選挙の結果は、政府党の方が少数で、反対党のほうが多数になった。これは不思議なようであるが、思うに当時は『立憲政治は元来政府の非違を矯正するために開けたものである』という観念が非常に強かったためであろう。また同時に薩長（政府）の乱暴が目にあまってみえたために、こういう結果になったのであろう。…

だいたい、明治30年頃まではいつ解散しても、政府党が少数であった。そのころまでは反対党、すなわち野党のことを民党といい、政府党すなわち与党のことを吏党といったが、吏党といわれることは選挙に不利であったようだ。しかし、明治30年ごろから形勢一変して、こんどはいつでも政府党が多数になるようになった」[636]。

⑤政党と政府の協調

　このように、尾崎行雄は、明治30年ごろから政府党が多数になったと説明しているが、こうした状況になったのは、それまで"民党"と呼ばれて政府の批判勢力となっていた政党が政府に歩み寄り、一方、政府も、薩長にこだわらず、政党を取り込んだ超然内閣をつくろうとするようになったためであった。

　まず、自由党が政府に歩み寄った。明治29年（1896年）4月、板垣退助が内務大臣として入閣し、伊藤内閣の公然たる与党、尾崎行雄の表現にしたがえば、"政府党"となったのである。ところが、伊藤首相には、自由党の板垣だけではなく、「進歩党」と名前を変えていた旧改進党の大隈重信をも入閣させようというもくろみがあり、その画策をした。しかし、これには、板垣が強硬に反対。また、山縣有朋をはじめとする藩閥勢力も反発したため、伊藤首相の辞任という事態になってしまった。明治29年9月のことである。そして、松方正義が登場。この「第2次松方内閣」で、進歩党の大隈重信が外務大臣として入閣した。世間では、この内閣を「松隈内閣」と呼んだとのことであるが、進歩党（改進党）も、明治29年11月に、「松方内閣」との提携を正式に決議し、今度は、進歩党（改進党）が"政府党"ということになった。しかし、この提携は長くは続かず、翌明治30年末に亀裂。松方首相は衆議院を解散する一方、首相を退陣した。

　この松方内閣を引き継いだ第3次伊藤博文内閣のもとで、明治31年3月、衆議院議員選挙が行われたが、結果は、自由党98人、進歩党91人の当選となり[637]、2つの政党で、衆議院の議席の3分の2近くを占めてしまった。しかも、この2党はすぐに合同し、「憲政党」というひとつの政党になった。このため、伊藤首相は内閣を投げ出し、後継首相に大隈重信と板垣退助を推薦。これを天皇が採用し、大隈重信を首相とする、いわゆる「隈板内閣」が発足した。明治31年（1898年）6月のことである。陸軍大臣と海軍大臣を除き、大臣がすべて政党人によって占めるという内閣が出現したのである。

　そして、この「隈板内閣」のもとで、明治31年8月に衆議院議員の総選挙が行われたが、与党（政府党）の圧勝で、「憲政党」が衆議院300議席のうち260を占めた[638]。もっとも、この政党はすぐに瓦解し、旧自由党系の議員は「憲

636）　尾崎行雄『民権闘争七十年』（夢堂回想録）、講談社学術文庫、2016年、143-4頁。
637）　『読める年表　日本史』882頁。

政党」、一方、進歩党（改進党）系の議員は「憲政本党」を名乗ることになった。そのあおりを受けて、内閣も交代し、山縣有朋内閣が成立した。山縣は、これまでたびたび説明してきたように、大の政党嫌いであったが、その山縣ですら、このときは、自由党系の憲政党と連携するようになっていた[639]。

このように、明治30年代のころから、尾崎行雄の言い回しによれば、「形勢が一変し」たが、同時に、選挙人の意識も変わったようである。尾崎はいう。

選挙人が、"政府の非違を矯正する"ということよりも、"長いものに巻かれろ"、"強いものには降参せよ"という流儀になり、そして、「権力をもつものに服従するということになり、次には金を取ったほうが得だということになる。そうなると政府は権力をもち、金も自由になるから、選挙毎に勝つことになるわけだ」[640]。

こうして、"民党"は、その政府批判の姿勢を放棄して、政府に追随するようになり、一方、政府は政府で、国民ではなく、連携する政党に気を遣いながら、国民を治めていくようになっていった。

さらに、明治33年には、伊藤博文が立憲政友会を結党し、ここに憲政党（旧自由党）が吸収され、また、"吏党"系の政党も吸収された。憲政本党（旧改進党）からも、尾崎行雄などが参加し、藩閥政府の中枢と政党が一体化するようになった。そして、明治35年には、この伊藤博文が首相となり、陸相、海相、外相以外の閣僚は、すべて、この政友会のメンバーで構成された。

大正時代になると、衆議院で第1党を占める政党の党首が首相になるという現象が見られるようになり、それが"憲政の常道"であるといわれるようになったが、これで"政党政治"といえるのだろうか。

2. 府県と市町村の政治状況

(1) 府県と政党

①府県会の政党化の加速

衆議院議員選挙が実施されるようになると、それまで府県会の議員として活

---

638) 『読める年表　日本史』。なお、佐々木隆、『明治人の力量』（日本の歴史21）198頁は、この時の「憲政党」は263議席を獲得したとしている。
639) 佐々木隆、『明治人の力量』（日本の歴史21）、201頁。
640) 尾崎行雄『民権闘争七十年』、144頁。

躍していた地域の有力者が、今度は、衆議院議員を目指して立候補するようになった。しかも、それまでは、政党とは関係をもたずに、議員活動をしていたものも、今度は、自由党や改進党、さらには、"吏党"など、政党の候補者ということで、衆議院議員に立候補するのが一般的な傾向であった。

　もちろん、政党を名乗ったとしても、これらの候補者に、政党の本部から選挙参謀や運動員が送り込まれてきたわけではない。候補者とともに選挙戦を展開したのは、地元の人々であり、とりわけ、府県会議員の活動が顕著であった。これは、府県会議員の側からいっても、国会（帝国議会）に自分たちの仲間を送り込むことができれば、府県会議員の活動もしやすくなるという予測があったためであろう。ともかく、国会議員と府県会議員がそれぞれの政党の旗印のもとに一体になって選挙運動をするという状況が見られるようになった。

　そして、府県会議員も、それぞれが応援する候補者の政党に加わるようになったため、自由党系の議員、改進党系の議員、あるいは"吏党"系の議員というように色分けされるようになり、政党化されるようになっていった。

　この傾向を加速したのは、明治25年の衆議院議員選挙の大干渉であった。この大干渉は、内務大臣の指令のもとに、各府県の知事が指揮を執って行われたが、"民党"すなわち政府の施策を批判する自由党や改進党などの政党の候補者を弾圧するのに手段を選ばなかったようである。警官が"民党"の運動員を脅すなどというのは当たり前のことであり、警官の暴力、また、"吏党"の運動員による暴力もおおっぴらに行われた。"吏党"の運動員による買収も当然のように行われたという。

　たとえば、朝日新聞が、昭和2年（1927年）に、全国40あまりの地方版にそれぞれの府県の政治史を連載したことがあるが、それをみると、鳥取県の当時の状況が次のように説明されていた。

　「内務大臣品川弥二郎が官権を濫用し、明治25年の第2回総選挙であり得べからざる干渉と露骨な買収をやったものだから、純朴な地方人の政治思想を根本から破壊し、遂に拭うべからざる弊風をつくるに至った。選挙といえば、干渉と買収はつきものであるかのごとく思わせ、敗軍の将は、ただ一途に、『何しろ軍資金がない上に圧迫を受けたので…』と公然うそぶいて恥じないようになった」[641]。

こうした選挙干渉を目の当たりにした住民は、一般に、"吏党"系の政党に対して批判を強めたようである。そのためであろう。この選挙の後に府県会議員の選挙があったところでは、"民党"が圧勝したというところが多かった。たとえば、富山県の場合、衆議院議員選挙の際には、大干渉によって"吏党"が圧勝した。ところが、それから、わずか5か月後の明治25年7月に行われた県会議員の選挙では、このときも知事が手段を選ばないという干渉をしたにもかかわらず、"民党"（改進党）の議員の候補者の結束が固く、また、有権者の支持も強く、結果は、改進党の圧勝であった[642]。

　いずれにしろ、この明治25年の衆議院議員選挙の大干渉によって、少なくとも府県会レベルでは、中央政府の思惑とは逆に、自由党や改進党の勢力が逆に強まったようである。そして、府県会と知事が対立し、知事を弾劾する府県会が増えていった。

②府県会と知事の対立

　その2、3の事例を挙げてみると…

　たとえば山梨県の明治25年当時の県会は"民党"の議員が多数であった。このため、県会が開かれると、選挙干渉を実施した県当局に強く反発し、県会に提案された予算案を大幅に削減するという形で、それを誇示した。しかし、一方の県当局も強硬で、この県会の議決を無視。予算案を、原案執行という形で、そのまま執行した。このため、県会の反発はますます強くなり、今度は、中央政府から派遣されていた1人の官吏の排斥を求めて、数人の議員が内務省に押しかけるという事態となった。結局、この官吏は、四国へ異動させられてしまったが、さらに、知事もそのあおりを受けたためであろう。翌年の明治26年3月に免職になった[643]。

　佐賀県も、県会は、"民党"が絶対多数を占めていた。この佐賀県会は、明治25年の県当局の選挙干渉以後、県当局と真っ向から対立していたが、とりわけ、警察に対する県会の批判は厳しかった。そして、明治26年（1893年）の県会では、警察の予算を大幅に削減した。県当局は、もちろん、これに強く反発したが、"民党"が絶対多数を占める県会の力は強く、知事は、押されっ

641）　朝日新聞社通信部編『縣政物語』（世界社、昭和3年）、435頁。
642）　同　上、229-230頁。
643）　同　上、95頁。

ぱなしであった。その後の知事も、県会の反発にあい、明治26年から明治31年までの5年間に、知事が6人も代わるという有様であった[644]。平均して、1年ももたなかったわけである。しかし、こうなると、中央政府としても、それを黙認できなくなるのは必然であった。

案の定、明治31年12月、名古屋地裁の検事正であった関清秀[645]が、"切り札"の知事として、佐賀県に送り込まれてきた。関は、佐賀県に赴任するにあたって、まず、電報で佐賀県8郡の郡長のうち、7人を罷免し、それに代って、自らの股肱を新たな郡長に任命した。そして、赴任後、真っ先に手をつけたのは、翌年の明治32年に行われることになっていた県会議員選挙に、如何に立ち向かうかの準備であった。県会の"民党"の力を奪うことが最大の課題であったのである。こうして、関は、この県会議員の選挙に大きな干渉を加え、それが見事に成功。県会の30議席のうち、"民党"わずか9議席しか獲得できず、一方、"吏党"は圧倒的多数の21議席を獲得した。これらの議員は、"吏党"とは呼ばれず、"御用派"と呼ばれたようであるが…。

この結果、県政は関知事の思うままに運営されるはずであったが、実際には、そうはいかなかった。"御用派"は多数をたのんで好き放題をするようになり、挙げ句の果てには、内部分裂をしてしまったのである。結局、関知事は、内務省に訴えて、県会を解散。明治34年3月に、選挙をし直すことになった。そして、このときも、関知事は大干渉を加え、"御用派"が圧勝した。しかも、その多くが、関知事を全面的に支持する"御用派"議員であった。今度こそ、関知事の思うように県政を運営できそうな体制になったわけであるが、その矢先に、関知事を任命した内閣（第3次伊藤博文内閣）が倒れ、桂太郎内閣（第1次）が出現した。これに伴い、関知事は群馬県知事に転任したため、佐賀県では腕をふるうことはできなかった[646]。

また、富山県でも、明治25年の県議選で干渉が行われた。それまで、"民党"が県会の議席の多数を占め、知事と対立していたためである。しかし、富山県でのこの干渉は、知事が期待したような成果を挙げることができなかった。この選挙でも、相変わらず、多数の"民党"（改進党系）議員が当選してしまっ

---

644) 朝日新聞社通信部編『縣政物語』、530-1頁。
645) 関清秀は佐賀藩出身。
646) 朝日新聞社通信部編『縣政物語』、531-5頁。

たのである。しかも、この選挙後すぐに、逆に、選挙干渉を行った知事が免職となってしまった[647]。もちろん、富山県では、その後を引き継いだ知事も、県会の"民党"である改進党系の議員と対立した。そして、明治27年5月に、県会で知事の不信任案が出されると、直ちに停会し、解散・選挙に訴えることになった。この時に、どれだけの選挙干渉を行ったのかは不明であるが、選挙の結果は、"民党"（改進党系）の勝利であった[648]。

このように、明治20年代後半から30年代はじめにかけての府県会と知事の力関係は、住民から選出された議員から成る府県会のほうが、中央政府から任命された知事よりも、最終的には優勢であったようである。もっとも、明治30年代の半ばになると、中央レベルで政府と政党が結びつくようになったのに伴い、府県レベルでも、そうした傾向が見られるようになったが…。

(2) 市町村と政党は？
①金沢市の市会選挙

市会レベルでも、明治23年の衆議院議員選挙、さらには明治25年2月の衆議院議員選挙での干渉の余波を受けて、政党員として活動する議員が出現するようになった。たとえば、石川県の金沢市をみると、明治25年の衆議院議員選挙の大干渉の直後に、市会議員を半数改選するという選挙があったが、このとき、選挙干渉に憤りを感じた人々が"民党"の旗のもとに候補者として、あるいは運動員として、選挙運動をするようになった。一方、当時の金沢市長であった稲垣義方は、明治25年の衆議議員議員選挙では、"吏党"を支持したという経歴の持ち主であった。もちろん、このときも、"民党"を弾圧する側に立っていた。

市会議員の選挙が行われたのは明治25年4月であったが、"民党"は、衆議院議員選挙が終わった直後の2月下旬に早くも各所に事務所を設け、選挙の準備に入っていた。稲垣市長を推戴する"吏党"もこれに対応して運動を開始した。このときは、警察は"吏党"に荷担することはしなかった。両派の間で、暴力による争いがあれば、それを鎮撫するという警察本来の職務に徹したよう

---

647) 朝日新聞社通信部編『縣政物語』、229-30頁。
648) 同　上、230頁。

である。言い換えれば、このときの金沢市会の選挙は、"吏党"と"民党"だけで争われたわけであるが、この両派の争いは、"吏党"のほうが攻撃的で暴力に訴えがちであった。"民党"の選挙事務所を襲撃し、また、投票日には、"吏党"の運動員が投票所を占拠して、"民党"に投票しそうな有権者を暴力で排除するということもあった。しかし、それでも投票の結果は、"民党"が14議席だったのに対し、"吏党"はわずか4議席しか獲得できなかった[649]。

この圧勝に勢いを得た"民党"系の議員は、"吏党"系の稲垣市長を真っ向から攻撃したが、市長も"民党"系の議員に屈することはなかった。このため、翌年の明治26年2月に開かれた市会では、"民党"系の議員は業を煮やして市長の不信任を決議。何人かの議員が上京して市長の解任を内務省に訴えるということまでした。また、市民に対して、市長の暴挙を訴え、市会を"無期休会"にするという宣言文を掲げた。もっとも、市民に対してかなりの気を遣い、次のような掲示をしていたが…。

「市会は、市民の意志により、何時にても開会するの余地を存せり」[650]。

この当時、金沢市だけではなく全国共通のことであったが、金沢市の行政機関は、市長ではなかった。市長、助役（最高幹部の職員）、それに、市会が選出した6人の名誉職参事会員で構成された「市参事会」という合議制の機関が、行政機関（執行機関）であった。しかし、市長がその責任者（議長）として「市参事会」を取り仕切っていた。また、職員を管轄していたのも市長であった。その意味では、実質的には、市長が行政機関の中枢であったが、しかし、行政機関としての意思を決定するには、少なくとも「市参事会」の議を経なければならなかった。

金沢市会の"民党"の面々は、ここに目をつけ、市会を休会にすると同時に、市会から選出されていた名誉職参事会員のなかの4人に辞表を提出させることにした。議会の機能とともに、行政機能をも麻痺させようとしたのである。

これには、稲垣市長も困ったようである。すぐに、代わりの参事会員の選挙を市会に要請したが、"民党"が圧倒的多数の市会はそれを受け付けなかった。

---

649) 石川県『石川縣史』（第四巻）、昭和6年、412-8頁。
650) 同 上、422頁。

しかし、それでも、稲垣市長は屈することはなく、そのまま市長の執務をとり続けた。この市長の態度に我慢ができなかったのであろうか。"民党"の応援者の中には、短刀をひらめかし、辞職を迫るものすらあったという[651]。

こうした状態の収拾に動き出したのは、県（石川県）の参事会員であった。念のためにいえば、県の参事会は、市の「参事会」と同じ名称の機関であったが、その機能は全く異なっていた。「市参事会」が行政機関であったのに対し、「県参事会」は議会（県会）の代わりをする議決機関だったのである[652]。この参事会の構成員である数人の県会議員が、金沢市の市長と市会の調停に乗り出したのであったが、その全員が"民党"（自由党）の県議であった。言い換えれば、市長の反対派の議員であった。しかし、市長はその説得を受け入れ、明治26年4月に辞任した。ここに、"民党"が圧勝した市会議員選挙から1年経過した段階で、ようやく市政の麻痺状態が解決されたわけである。次の市長には"民党"側の人間が就任したこともあって、金沢市政も落ち着いたようである[653]。それはともかく、このように市会レベルでも、政党が入り込み、市長を上回る力を有するようになっていた。

山縣有朋などが「市政」を制定した動機は、政党が市町村に入りこまないようにするというところにあったはずであるが…。

②町村への政党の介入

「町村は一家族の関係同様のもので、…この町村に党派の争いを持ち込まぬようにせねばならぬのであります」。

ところが…

「現行法（府県制・郡制）により、郡会県会の選挙は複選となっています。郡会議員は町村会議員が選挙を致します。県会議員は郡会より選挙することになっていますから…自ずから党派の争いが町村に集まってくるのでございます。…県の争い、郡の争いが町村に入り込んで来まして、郡会議員・県会議員の選挙のときなど甚だしい競争があって、町村の自治を破ることが多うござい

---

651) 石川県『石川縣史』（第四巻）、昭和6年、417頁。
652) 府県の「参事会」が設置された経緯については、また、其の組織については、第8章後半を参照。
653) 石川県『石川縣史』（第四巻）、421-6頁。石川県議会事務局『石川県議会史』昭和44年、626頁。

ます」[654]。

　これは、当時、福岡県から選出されていた衆議院議員の多田作兵衛[655]が、明治28年（1895年）1月9日に、衆議院本会議で行った発言である。

　また、石川県選出の松田吉三郎衆議院議員も、別の日に、次のように、同じ趣旨の発言をしていた。

「現行法におきましては、府県会議員は複選法になっております。此の複選法に就いては拭うべからざる弊害がございまする。其の弊害とは、町村に政党の争いを持ち込みまして、其の町村の自治を攪乱するということでございます。何故に此の町村の自治を攪乱するかと申しますれば、此の町村会の議員が郡会の議員を選び、又、郡会議員が府県会議員を選ぶという今日の制度の故でございます。郡会若しくは府県会に勝利を得んと欲すれば、どうしても此の町村会で争わなければならぬ。故に、其の町村会に往って争いを起こす次第でございます」[656]。

　この2人の国会議員の発言をみれば、明治20年代の政党は、郡会議員や府県会議員の選挙の際に、町村で争っていたという実態があったといってよいであろう。恐らく、そうした政党の動きに町村会の議員も巻き込まれ、それぞれの町村会の議員の間で、自由党につくか、改進党につくか、それとも"吏党"に肩入れするかといった、町村会の議員としてはする必要のない争いをしていたに違いない。

　さらに、前述の多田作兵衛・衆議院議員は買収をほのめかす発言もしているが、朝日新聞も、後に、明治20年代の状況として、郡会レベルの話であったが、山梨県の県会議員選挙での買収状況を次のように報道していた。

「この時代は複選で郡会議員が県議を選んだだけに、一人の買収に3百、5百の金を使ったものだ。各地とも大競争が行われ、殊に東山梨にあっては、お寺の総代まで公道（自由党）、非公道（改進党）の両派が猛烈な争奪戦を演じ、鎬をけずって戦ったものだ…」[657]。

654）　第8回帝国議会、明治28年1月9日、『衆議院議事速記録第3号』、24頁。
655）　多田作兵衛は、第3回衆議院議員選挙（明治27年）から第9回衆議院議員選挙（明治37年）まで福岡県の選挙区から連続当選。この頃は自由党。後に、憲政党、政友会。
656）　第8回帝国議会、明治28年3月4日、『衆議院議事速記録第40号』、706頁。
657）　朝日新聞社通信部編『縣政物語』、92頁。

このように、明治20年代に国会（帝国議会）が開設されてからは、国会だけではなく、府県レベルでも、市会レベルでも、"民党"と"吏党"が、あるいは"民党"のなかの自由党と改進党が議員の議席をめぐって争うようになり、それが、町村会レベルにまで波及していたのである。

　ただ、この町村レベルでの政党の争いは、「府県制」と「郡制」が実施されていた府県に限られており、しかも、それが実施されていた府県はそれほど多くはなかった。「府県制」「郡制」は明治23年に公布されたものの、それを実施する時期は各府県に任され、多くの府県は明治30年になってから、それを実施したからである。ちなみに、山梨県は、「郡制」を明治24年4月から、「府県制」を同年10月から実施していた。

　なお、「府県制」を実施していなかった府県では、「府県制」の前の法律、すなわち、明治11年の「府県会規則」で設置された議会（府県会）をそのまま続けていたが、これらの府県会の議員選挙は、住民（有権者）の直接選挙であった。これらの府県の町村では、町村会に政党が影響力を及ぼそうとして争うなどという事態は見られなかったようである。

3. 府県制の改正；明治32年

(1)「府県制」の評価は？
①複選制に対する批判
　帝国議会が開催されてから、自由党系や改進党系の国会議員の発言権が高まっていったが、これらの国会議員は、その選挙区である府県を勢力の基盤としていた。したがって国会議員としての立場を固めようとすれば、府県での勢力を確立する必要があり、そのためには、支援してくれる府県会議員の勢力を高める必要があった。しかし、明治23年に制定された「府県制」のもとでは、府県会議員の立場はあまり強いものではなかった。府県会議員が複選制で、すなわち、市会や郡会で選ばれていたため、確固とした選挙の地盤を持つことができなかったからである。

　しかも、この複選制という選挙方法は、前述したように、買収などの問題を引き起こし、さらには、町村にまで政党の争いが入り込むという状況をもたらしていた。このため、衆議院議員の選挙で大干渉があった直後の頃から、"民党"の議員、とくに自由党系の議員の中に、この複選制の廃止を求めるものが多

かった。

「府県制」は、また、府県を"自治体"としては位置づけていなかった。このため、議員の選挙方法を改めるということと並んで、府県にも自治権を認めるべきであるとか、市町村と同じように、条例制定権を与えるべきである等々と主張する衆議院議員が多かった。こうした主張は、"民党"とりわけ自由党の議員が中心であったが…。

しかし、これらの改正意見に対して、政府は全く、聞く耳を持っていなかった。明治28年の3月4日の衆議院で、政府委員の江本千之（内務官僚）が次のように発言しているのを見ても、これは明らかといわなければならない。

「（衆議院の）改正案の要点を見ますると、第一に府県に制限なく、制限を置かずして、自治を許すということ、第二に、府県に自主の権利を与え、府県条例規則を設くることを許すということがある。第三に、複選法を廃して直接選挙法とする。これらが屢々改正の点になっておりますが、政府は、現行法の不備を補うことに就いては固より不同意がござりませぬが、斯くの如く、現行の制度を根底より変革しようということに至っては、決して同意することが出来ぬのでござります。是だけを一言致しておきます」[658]。

② 議員定数の減少

「府県制」のもとでの議員数は、明治24年に公布された勅令（府県会議員定数規則）によって定められていたが、それによると…

「管内の人口70万までは議員30人を以て定員とし、70万以上百万までは5万を加うる毎に1人を増し、百万以上は7万を加うる毎に1人を増す」（第1条）となっていた。当時の人口は、ほとんどの県が100万人以下であったため、「府県制」を実施すれば30人強の議員数になってしまうという県が多かったわけであるが、これは、それまでの議員数、すなわち、明治11年の「府県会規則」のもとでの議員数と比べると、大幅な削減であった[659]。たとえば、明治24年に「府県制」が施行された県をみると、山形県が47人から30人に、石川県が36人から31人に減っていた。愛知県のように、83人から43人に県議の数が減っ

---

[658] 明治28年3月4日、『衆議院議事速記録』、27頁。

[659] もっとも、青森県は従来は16人の議員定数であったが、それが、明治24年の「府県制」施行により30人となり、また、熊本県は明治29年9月の「府県制」の施行で議員数が22人から37人に増えたというようなところもあったが、これらは極めて例外的な県であった。

てしまったというところすらあった。このため、衆議院では、しばしば「府県制」のもとでの議員定数をもっと多くするべきであるという批判が出ていた。

　また、「府県制」は、府県会の定足数を3分の1と定めていたが、これでは、多数の議員の出席を妨害して欠席させ、少数の議員だけで好きなように議決することができるとして反発するものもいた。実際にそういう府県会があったかどうかは定かでないが、たとえば、石川県選出の吉本栄吉（自由党）議員は、明治28年3月4日の衆議院で次のような発言をしていた。

　「3分の1出席すれば会議が開かれるとなっておりますから、少数の者が…いろいろなことをして…多数の議員を列席せしめず、したい儘の決議を為すようなことがあります」[660]。

　このほかにも、府県会の絡みで、府県の参事会が問題にされることもあった。府県の参事会は、市の参事会とは異なり、議決機関であった。言い換えれば、府県会が開かれない場合に、府県会に代って、種々の決定をするというのが、府県の参事会であった。ところが、参事会の組織は、知事が議長になり、県の幹部職員（高等官）2人が参事会員となるというものであった。もちろん、議員からも参事会員に選ばれていたが、一般の県の場合には、その数は4人に過ぎなかった。これでは、たとえば議員から選ばれた参事会員が1人でも欠席すれば、議会の代替機関であるべき参事会が、行政機関によって牛耳られてしまうということで、問題視されたのであった。そして、知事や高等官を参事会のメンバーからはずすべきであるとする意見が衆議院では強くなっていった。

(2)「府県制」に対する政府の姿勢
①政府の当初の姿勢

　こうして、衆議院では、「府県制」の改正が要請されるようになったが、中央政府はこれに強く抵抗し、貴族院もその政府の姿勢に同調するというのが、明治20年代後半までの状況であった。これは「郡制」についても同じであり、郡会の議員が各町村会の議員によって選ばれるという複選制が非難されていた。しかも、「郡制」には、さらに、"大地主制"という大きな火種もあった。

660）　明治28年3月4日、衆議院議事速記録第40号、707頁。

郡会議員の3分の2は各町村の議会が選ぶものの、残りの3分の1の議員は郡に居住する大地主が互選で選ぶという制度であったが、これも衆議院では非難の的となっていた。もちろん、政府は、「郡制」についても、その改正の必要を認めることはなかった。

　何故、政府は複選制や大地主制の廃止に反対したのであろうか。これらの制度は、モッセが「府県制」の草案を作成した際に重視した制度であり、明治20年代の初めに、それをもとにして、当時の内務大臣であった山縣有朋を委員長とする「地方制度編纂委員」が練り上げた制度であった。山縣有朋など、当時の内務省幹部にとって、それだけ思い入れの強いものであり、とくに複選制は府県会に有能な議員を送り込むための"切り札的な"制度とすら考えられていたものであった。事実、明治32年の「府県制」の改正に際して、当時、首相であった山縣有朋は複選制に対する思い入れを次のように貴族院で説明していた。

　「此の複選制は、其の選挙人が知識経験を有する人でありますし、且つ又、選挙の手続き至って簡便でありまする故に、本制が定められたのであります。すなわち直接選挙の通弊である所の、選挙の際いたずらに時と費用とを費し、又は多数の人民をして混雑騒擾に陥る如きことならしめ、自治制度の弊を防ぐであろうと全く信じて居った訳であります」[661]。

　内務省の幹部がこういう思い入れを引き継いでいたとすれば、「府県制」を実施してから数年も経たないうちに、その上、東京・京都・大阪の3府をはじめとして、27府県がまだ「府県制」を実施していない明治20年代末に、「府県制」を改正して複選制を廃止するなどということは受け入れがたいことであったはずである。複選制に対する衆議院の批判がどれだけ強くても、もう少し様子を見たいと考えるのは、当然であった。

　しかも、内務省は、このような思い入れだけで、衆議院の「府県制」改正の要求に反対したわけではなかった。「府県制」を実施していた県の地方官（知事や高等官）の意見を聞き、重立った地方官がすべて複選制の廃止に反対とい

---

[661]　明治32年2月24日の貴族院における山縣有朋（内閣総理大臣）の演説。第13回帝国議会『貴族院議事速記録第33号』、472頁。なお、この山縣の演説は、「府県制」の改正案提出に際しての演説であった。

う結果だったため、衆議院の要請に応じなかったのであった。明治29年当時、内務省の県治局長であった三崎亀之助議員[662]が、後に貴族院議員として、これを次のように説明している。すなわち、…

　郡制にあっては大地主制と複選制を廃し、府県制にあっては複選制を廃して直接選挙にせよと、世間では喧しく主張していた。そこで、内務省としても、地方官に諮問するなどの調査をしたが、重立った地方官はすべて、複選制の廃止に反対であった。一方、大地主制についても、当初は地方官の反対が強かった。しかし、その後、次第に、大地主制の廃止は「如何にも尤もである」という意見が多数になってきた。それでも、複選制だけは、なんとしても維持したいという地方官が多かった。このため、明治29年になると、衆議院では、何が何でも複選制と大地主制を廃止したいという動きが出てきたが、政府は反対の姿勢を貫き通した[663]。

②政府の方向転換

　ところが…と三崎亀之助議員はいう。

　その後、地方の実情のなかでの体験から、地方官のなかにも、「もはや複選制を廃しても宜しかろう」という者が増え、ついに政府は、明治32年に複選制の廃止を内容とする「府県制」改正案を帝国議会に提出した[664]。

　山縣有朋は、この時、内閣総理大臣であったが、その山縣も、複選制が市町村会の議員選挙に多大の悪影響を及ぼしているという理由で、改正はやむを得ないと承認したようである。山縣首相は、貴族院で次のように説明していた。

　「(複選制の) 結果は、予想の外に出まして、此の複選制に依りまするというと、府県会議員の選挙に関する勝敗は、一に市町村会議員の選挙に依りまするから、競争の熱度は一層高まり来たって、市町村が此の集中点と相成りました。故に、此の競争の熱度は延いては市町村自治の行政に波及致しまして、市町村自治制度の発達を害するに立ち至ったという訳であります。…今日の状況を以て見ますれば、複選制を存して置きまするときは益々選挙競争の熱度を高めま

---

662) 三崎亀之助：第1回衆議院議員選挙で自由党から当選。その後、4期連続して当選した後、明治29年に板垣退助が伊藤博文内閣の内務大臣になったときに、内務省の県治局長に就任。その後、貴族院議員となった。

663) 三崎亀之助議員の貴族院本会議での発言。明治32年3月4日、『貴族院議事速記録第40号』、625頁。

664) 同　上。

す。故に之を廃止することは実に已むを得ざることと存じます」[665]。

　なお、山縣の股肱として、明治23年の「府県制」制定の折りに、立案に携わった大森鐘一によれば、この頃、山縣は「我過てる乎」との嘆きを発していたとのことである[666]。

(3)「府県制」の改正　—帝国議会の審議—
①複選制の廃止；貴族院の政党への反発

　明治32年2月、政府は複選制の廃止を目玉とする「府県制」の改正案を帝国議会に提出した[667]。この改正案は、先ず、衆議院の審議にかけられたが、衆議院では数年前から複選制の廃止を提言し続けていたこともあって、その廃止に異論を挟むものはなく、当然のこととして受け入れられた。

　その後、貴族院にかけられたが、貴族院には、それまで、複選制の廃止を内容とする改正案をことごとく潰してきたという過去があった。しかし、それまでの改正案は、すべて衆議院議員が発案したものであったが、今回は、政府が提案したという違いがあった。そのためであろうか。複選制の廃止に賛成する議員もいた。ただ、この時の議事録を見る限り、これらの議員のほとんどは賛成の意を積極的に示すことはなかった。一方、複選制の廃止に反対する議員の意見は強硬で、かつ迫力があった。とはいっても、この反対論は、他の貴族院議員に向けて議論するものではなく、ほとんどは政府委員に対する"質問"あるいは"追求"というものであった。たとえば、山脇玄議員[668]は、貴族院の府県制改正法律案特別委員会および本会議で、次のような趣旨の長い演説を展開していた。すなわち、

---

665)　山縣有朋首相の貴族院での発言。明治32年2月24日、『貴族院議事速記録第33号』、472頁。
666)　大森鐘一の手記『杖履痕』にある文章。そして、大森は、これに続けて、「されども是、法の罪にあらずして時代の罪なり」と記述している。（亀掛川浩『自治五十年史』文生書院、昭和15年、394頁より引用）。
667)　なお、この時は、同時に「郡制」の改正案も提出され、帝国議会でも「府県制」と同じように審議された。しかし、「郡制」は、その後、大正12年（1923年）に廃止され、それによって、郡役所も郡会（議会）も存在しなくなった。このため、現在の制度にほとんど影響を及ぼしていないことから、本書では、ほとんど触れていない。
668)　山脇玄は、法制局参事官、行政裁判所評定官を経て貴族院議員になった人物であり、後に行政裁判所長官になった行政関係法の専門家である。

「府県制」はまだ多くの府県で実施されていない。実施されているところでも、「府県制」のもとで、県会議員の選挙を実施したというところはそれほど多くはない。そういう状況のもとで、複選制の弊害というものを軽々しく論じることはできない。それどころか、複選制は簡便で、日本の実情に適しているとということすら出来る。複選制の廃止についてはひとまず廃案とし、時間をかけて、調査研究をするべきである…[669]。

こうした貴族院での議員の反対には、政府が自ら考えたものではなく、政党（憲政党・自由党）の圧力で、いわば、やむを得ない形でつくられたものではないかという危惧の念も含まれていたようである。この改正案を提出した内閣は、日本最初の政党内閣といえる隈板内閣が瓦解した後に、結成された第2次山縣内閣である。この内閣は藩閥内閣として位置づけられる内閣であったが、しかし、内閣を結成した時に、憲政党（旧自由党系）との提携を声明していた。言い換えれば、政党の影響を多分に受けると予測された内閣であった。そのため、貴族院議員のなかには、複選制の廃止案は、政府が理性的に検討した案ではなく、憲政党の影響を受けてつくられたものだとして、軽々しく受け入れるべきではない考える者が少なくなかったのである。

たとえば、明治維新後に軍人として名を馳せ、第1次伊藤博文内閣の農商務大臣を務めたこともある谷干城は、この時には貴族院議員であったが、その谷干城議員が、次のように、複選制の廃止が憲政党（旧自由党）の要請によるのではないかという危惧の念を表明し、時間をかけて検討することを主張していた。

「現時の政府はどういうことを為さるかと云うに、我々は甚だ訝しく思う。なぜ訝しく思うかと云うと、詰まり今の政府党なるものの言うことなれば、嫌でも何でもご承知なさるると私どもは認めている。政府党から出てきたものであると、思い切って反対をすることができないから、反対やら賛成やら分けの分からぬことで、是までご説明になって居る」[670]。

---

669) 明治32年2月25日、『貴族院府県制改正法律案外一件特別委員会速記録第1号』、4-8頁。
　　明治32年3月4日、『貴族院議事速記録第40号』、620-22頁。
670) 明治32年3月4日、『貴族院議事速記録第40号』、625頁。

しかし、議事録を見る限りでは、これらの反対論は目立ったものの、多くの議員は、政府委員の説明、すなわち、直接選挙にすれば、町村レベルでの政党の争いがなくなるという政府委員の説得に納得したのであろうか、あるいは、「長いものには巻かれろ」と考えたのであろうか、最終的には政府案に賛成した。複選制の廃止が確定したわけである。

なお、郡会議員の３分の１を大地主が互選するという大地主の制度も、このときの「郡制」の改正によって廃止された。

②**秘密投票か？　公開投票か？**

いまの日本人は、選挙の投票といえば、"秘密投票"を思い浮かべるに違いない。また、秘密投票は"良き制度"であり、有権者の当然の権利であると信じ込んでいるのではないだろうか。

そして、投票者が"とんでもない人"に投票したとしても、何ら責任を負う必要はないというのが常識である。他人がそれを非難などすれば、"お門違い"も甚だしいと思われるのではないだろうか。そもそも、秘密投票である以上、誰がその"とんでもない人"に投票したのかは不明であり、責任を追及することは不可能であるが…。

しかし、こういうことで、本当に良いのだろうか。また、何時頃から、投票者の責任を問わないというような風潮が生まれてきたのであろうか。

少なくとも明治21年（1888年）に「市制」「町村制」が制定された時には、前述したように（第８章参照）、その原案の作成者であるモッセが、投票者の責任を強調していたことは確かである。そして、モッセは、投票者の投票責任という観点から、"公開投票"こそが理想的な選挙方法であると講義していた。とはいうものの、実際に"公開投票"をすれば、有力者が選挙人に干渉するなどの弊害が生じる可能性が大きいということもあり、モッセも、最終的には、やむを得ないという形で、"秘密投票"を支持していた[671]。その結果、それが市町村会議員の選挙制度となり、以後、市町村レベルでは、投票者の責任は追及されないことになったが…。

一方、明治20年代、30年代初めの府県会議員の選挙は複雑であった。明治23年に制定された「府県制」の実施時期が府県によって違ったためである。

671）　モッセ、『自治制講義』（第４回：明治21年11月26日）、22頁。

要するに、明治20年代後半の府県会議員の選挙は、複選制の選挙で県会議員が選ばれているところもあれば、従来通りの方法で選ばれているところもあった。しかも、明治30年代に入るまで「府県制」を実施しなかった府県が3府25県もあり、これらの府県は、結局、複選制の選挙をしないまま終わってしまったという状況に見るように、従来通りの方法で議員が選ばれている府県のほうが多かった。

　従来通りの方法というのは、明治22年（1889年）制定の「府県会議員選挙規則」によって定められた方法のことであるが、これは"秘密投票"ではなかった。この規則で、「選挙人は選挙会場に於いて、投票用紙に被選挙人並びに自己の氏名を記し捺印すべし」（第23条）と定められていたのである。要するに、投票者は、自分の名前を投票用紙に記入するというように、誰に投票したかを公にする"公開投票"であった。しかも、捺印して、責任を明確にするというものでもあった。

　なお、明治11年に大久保利通の主導で制定され、その後、明治10年代の府県会議員の選挙の根拠法であった「府県会規則」も、「選挙人は…投票用紙に自己及び被選人の住所姓名を記し、予定の日之を郡区長に提出すべし」（第17条）というように、"公開投票"を採用していた。捺印はなかったが…。

　さらに、国会議員（衆議院議員）の選挙も、明治22年の衆議院議院法により、投票者は記名捺印をして投票するというように、"公開投票"で行われていた。

③ "秘密投票"の採択

　ところが、複選制の廃止に備えて、政府が提案した選挙の方法は"秘密選挙"であり、次のような規定を「府県制」の改正法案に盛り込んだ。

　「選挙は投票に依り之を行う。…選挙人は投票所に於いて投票用紙に自ら被選挙人の氏名を記し投函すべし。投票用紙には選挙人の氏名を記することを得ず。自ら被選挙人の氏名を書すること能わざる者は、投票を為すことを得ず」（第18条）。（なお、傍点は筆者）

　そして、このような"秘密投票"にするのは、選挙を公平に行うためであり、また、威迫あるいは賄賂で投票が曲げられるのを防ぐためであると、政府委員は説明していた[672]。

　しかし、衆議院ではこの法案に反対する議員が多かった。もちろん、投票者

の責任という観点から反対するものもいたが、とりわけ多かった反対論は、字が書けない人をどうするかという観点からの反対であった。無記名投票すなわち"秘密投票"にすれば、代書を禁止せざるを得ず、その結果、字が書けない人を投票から排除するということになり、実質的に、選挙権者の数を少なくしてしまうということで、反対したのである。

21世紀の現在では、こういう論議は想像することすら難しいのではないだろうか。しかし、この頃は、自分の名前すら書けない人が非常に多かったようである。たとえば、この法案の審議でも、政府委員が次のように説明していた。

「(衆議院での反対が強かったので) 其の人数を段々調べてみました所が、是は唯見込みでありますが、自ら姓名を記することが出来ない者が多数あるようであります。全国平均して見ますと、百人の中、五・六十人位は代書を願うと云うような有様であります」[673]。

それまでの府県会議員の選挙の方法を定めていた明治22年の「府県会議員選挙規則」では、字を書けない投票者に対しては、市や郡の書記官が投票者の意向を聞いて代書し、それを選挙人本人に読み聞かせ、また、立会人に示した後、選挙人が捺印して投票するということにしていた。"公開選挙"そのものであったわけである。

政府が提案した法案では、こうした代書が禁じられることになり、結果的に、投票者の数が減ることになるため、衆議院では、多くの議員が強硬に反対。政府の抗弁を押さえつけ、記名投票すなわち"公開投票"にし、代書を認めるということに修正してしまった。

しかし、この修正案が貴族院に示されると、今度は、貴族院が衆議院の修正案に反発し、政府案の"秘密投票"に戻すことを主張した。ただし、議事録を見る限りでは、なぜ、衆議院の修正案に反対するのか明らかではなかった。せいぜいのところ、「政府は…十分の理由があって、無記名という方針をとられたのであろう」[674]という理由が示されていただけである。他の反対論は、記名

---

672) 明治32年2月28日の貴族院特別委員会での発言。(参照:『貴族院府県制改正法律案外一件特別委員会速記録第2号』11頁)。
673) 貴族院特別委員会での政府委員(一木喜徳郎)の説明。明治32年2月28日、『貴族院府県制改正法律案外一特別委員会速記録第2号』、11頁。

投票にただ反対するだけであったが、結局、貴族院は最初の政府案に戻すことを決議してしまった。

そして、再び衆議院の審議に回されたが、この時は、不思議なことに何の審議もなく、星亨[675]議員の次のような趣旨の発言があっただけであった。すなわち…

貴族院の修正に賛成することが相当と考えます。何故ならば、同意できない部分もありますが、これは、しかし、衆議院と貴族院の協議会を開いたところで纏まるものではありません。何せ、主義の違いですから…。今回の改正案では、複選制が廃止されることになりました。これを是非とも実現しなければなりませんから、不満足があっても、貴族院の修正通りにしたいと考えます[676]。

こうして、貴族院の意見通りに、言換えれば、政府案通りに、"秘密選挙"が採用された。文字が書けない人は投票できないことになったわけである。

④ "秘密投票"の結果は？

この"秘密投票"の採用により、府県会議員の選挙はどのように変わったのであろうか。それを示唆するものに、1年後の明治33年2月の貴族院における議員と政府委員の"やりとり"がある。これは、衆議院議員の選挙を、それまでの投票者が記名捺印するという"公開投票"から、無記名の"秘密投票"にしたいと政府が提案したときの"やりとり"であったが、香川県選出の鎌田勝太郎衆議院議員は、政府に対して、次のように質していた。

「昨年、記名か無記名かということを議したときには、選挙上の弊風(へいふう)がいくらか良くなるだろうという感じはありました。然るに、昨年、県会議員の無記名の選挙を行ってみたところが、其の事実が私の予想とは大変に違っていた。却って、此の無記名が悪いというような感じがしたのであります。記名ならば、其の選挙区内の主な人々は卑劣な運動にあずかるということはない。或いは、賄賂などとは関係が薄い。然るに、無記名になって見ると、主なる人々も粗末な運動にあずかるという事実が見えてきた。…併し、是は我が一県下だけを見ての話である。そこで、他府県はどうかと思って政友に聞いてみると、皆殆ど

---

674) 大分県知事や鳥取県知事を勤めた後、貴族院議員となった西村亮吉の発言。同 上。
675) 憲政党（自由党系）の中心人物で、この後すぐに（明治33年）に第4次伊藤内閣の逓信大臣になっている。
676) 明治32年3月6日、『衆議院議事速記録第43号』、683頁。

同感の意を表するのであります。此の無記名選挙の事実を政府はどうお認めになっていますか」[677]。

これに対する政府委員の反応は次のようであった。

「唯今御述べになった如く、それが為に賄賂を受ける者が出てきたという説も聞き及びます。…併し、それらは一方から申すと、詰まり投票が自由に出来る証拠として見ることが出来るのであります。要するに、昨年無記名投票を行いました結果は悪くないと、政府は思っております」[678]。

このときの貴族院は、こうした政府の姿勢に納得したのであろうか。政府の提案をそのまま認めてしまった。また、衆議院も、当初は衆議院議員選挙の"公開投票"にこだわっていたものの、最終的には、府県会議員と同じように、貴族院に同意し、結局、国会議員も"秘密投票"で選ばれるということになった。

こうして、次第に、選挙人の投票責任が問題にされなくなり、それに併せて、"秘密投票"を"良き制度"だと信じ込む風潮が、自然に生まれてきたようである。

⑤選挙は半数改選か？　総改選か？

明治11年の「府県会規則」、また明治23年の「府県制」により、議員の任期は4年、そして、2年毎にその半数が改選されると定められていたため、明治32年までは、すべての府県で、2年毎に府県会議員の選挙があった。府県会が解散された場合には、その時に行われた選挙がそれ以後の選挙日の基準になることはもちろんであるが、ともかく、2年後には半数の府県会議員の選挙が行われたのである。また、この当時の市町村会議員も、任期は6年と違ったが、「市制（第17条）」「町村制（第16条）」により半期（3年）毎に議員の半数を改選することと定められていた。

こうしたことから、明治32年の「府県制」改正に際しても、政府はそれを当然のことと考えていたのであろうか。政府が示した改正案は、従来の制度と同じく、府県会議員の任期を4年にし、2年毎に半数を改選するとしていた。

衆議院の審議では、この任期が4年という点については、何の意見もなく、そのまま通過した。が、2年目毎に半数を改選するという点については、異論

---

677)　明治33年2月8日、『貴族院「衆議院議員選挙法改正法律案」特別委員会議事速記録第1号』、8頁。
678)　同　上。

があった。4年毎に全議員の選挙をしたほうがいいのではないかという意見が出てきたのである。これに対する政府委員の答弁は、和歌山県選出の千田軍之輔議員（憲政党；自由党系）が「政府委員の御弁明は、総選挙にすると云うと、経験のあるものは挙がらないということを御心配のようでありますが…」[679)]というように、議員全員の選挙すなわち"総改選"をすれば、議会の継続性がなくなるというものであった。

　これに対して、"総改選"をしても、現実には全員が入れ替わるわけではなく、再選される議員が多いという反論があり、また、府県会の議決が選挙後にひっくり返されることはないという反論があったのはいうまでもない。そうした反論に加えて、2年毎の半数改選では、選挙が煩わしすぎるという意見もあった。そして、これに賛同する議員が多かったようであり、結局、衆議院では、2年毎の半数改選という政府案は否定されてしまった。4年毎に全議員の選挙をするというように修正されたのである[680)]。

　「府県制」改正法案に関する審議では、貴族院は往々にして衆議院の修正意見に反発していたが、この衆議院の修正についても、反論する議員はいた。たとえば、ある議員は、外国では半数改選が一般的であるということから、日本の府県会も半数改正であるべきだと主張していたし、また、県の継続性を考えれば、府県会の議員をがらりと変えてしまう選挙は得策ではないと主張する議員もあった。

　しかし、全体的には、2年毎に半数改正というのでは地方は大変であるという現実を踏まえた意見が多く、結局、衆議院の修正に賛成し、"総改選"にするということで決着した。以後、府県会は4年に一度の全議員の改選となった。

⑥議会の定足数と議員定数

　明治11年の「府県会規則」では、議員が半数以上出席しなければ会議を開くことが出来ない、すなわち定足数は2分の1以上だと定められていた。明治21年の「市制」「町村制」では、「市会（町村会）は議員3分の2以上出席するに非ざれば議決することを得ず」（市制第41条、町村制第43条）と定めているほどであった。もっとも、この「市制」「町村制」の定足数は、明治28年に、

---

679) 明治32年2月20日、『衆議院府県制改正法律案外一件審査特別委員会速記録』、32頁。
680) 明治32年2月21日、『衆議院議事速記録第33号』、476頁。

半数以上と改められていたが…。

ところが、明治23年の「府県制」では、この定足数が"3分の1以上"と定められていた。極論の例えではあるが、議員数30人の議会の場合、10人いれば会議を開くことができ、その過半数で、言い換えれば、たったの6人で議会の意思を決定することができたわけである。このため、衆議院では、現実に弊害が生じているということで、早くから問題視されていたが、それが、恐らく、影響したのであろう。

明治32年の「府県制」改正法案で、ようやく、定足数を半数以上にするという改正案が示されることになった。衆議院がそれに文句なく賛成したのはいうまでもない。また、貴族院も異論なくこれを了承したため、府県会の定足数も、市会や町村会と同じように、半数以上に確定した。

議会（府県会）の関連では、このほかに、議員定数が問題になった。衆議院は、かねてから、明治23年の「府県制」に定められている議員定数があまりにも少な過ぎるということで、その修正を政府に迫っていたが、この改正法案で政府が示した議員定数は明治23年のものとまったく同じであった。このため、衆議院では批判が続出し、大幅に修正したのは当然といえた。

貴族院にも、この衆議院の修正に賛同するものはいた。しかし、ひとりの議員が、これから人口が増加し、どれだけの人口になるかも知れないということを考えれば、政府案のほうを支持したいと発言をすると、ほとんどの議員がそれに傾き、何ら、議論がないまま、次のように明治23年の「府県制」と同じ議員定数になった。

「府県会議員は府県の人口70万未満は議員30人を以て定員とし、70万以上百万未満は5万を加うる毎に1人を増し、百万以上は7万を超ゆる毎に1人を増す」（第5条）。

⑦ **府県も法人　―府県は行政区画？―**

現在では、都道府県や市町村は"法人"であるといっても、それは"当然"のことであり、昔からそうなっていたと思う人が大半であろう。事実、市町村の場合は、それこそ、明治11年の「郡区町村編制法」の時代から、一個人と均しい権利や義務を有する団体である、すなわち"法人"であるという位置づけをされていた。

ところが、府県の場合はそうではなかった。モッセの草案の段階では、府県

も"法人"であると位置づけられていたのであるが、元老院や法制局などの反対によって、"法人"であるという条文は削られてしまい、府県は国の一部、言換えれば、"行政区画"であるとされてしまったのである。

しかし、府県は、実際には、すべて国の"一部"として活動していたわけではなかった。府県独自の財産を保有し、負債をするなど、国とは別の団体としても、活動していた。そして、政府も、府県を実質的には"法人"の側面もあると理解していた。また、こうした状況が裁判所で議論されたこともあったため[681]、明治32年の「府県制」改正にあたって、政府は、府県を"法人"として条文で明確に定めたいという提案をした。

これには、衆議院は異論なく承認したが、貴族院はそういうわけにはいかなかった。貴族院には府県知事を経験した議員が少なくなく、これらの議員の一部が猛烈に反発したのである。しかも、執拗に…。

たとえば、大分県知事として大分県会と衝突し不信任を出された経験のある西村亮吉議員は、何度も何度も、次のような趣旨の意見を発言していた。

「是までは府県は行政区画であった…それが茲に法人ということになりますと、府県も純粋の法人、即ち独立の自治体となるのであります。法人と極めて仕舞うと…往々種々の差し支えが生じようと考えます」[682]。

また、東京府知事であった三浦安議員は、「府県と云うものは行政区の基本である」と頑強に主張した後、府県が"法人"と定められれば、自治体であるということになり、府県知事も公選すべきということにもなりかねないと反発していた[683]。

こうした貴族院議員の反対論に対して、政府委員（一木喜徳郎）は、府県は純粋の行政区画というわけではなく、自治体としての側面もあるとした後、府県知事については次のように説明した。

「府県知事は国の官吏である。従って、どういう風に任命されるか、身分は如何なるものかということは、此の法では定めないのであります。それは官制

---

681) 政府委員（一木喜徳郎）の発言。明治32年2月28日、『貴族院府県制改正法律案外一件特別委員会速記録第2号』、2頁。
682) 明治32年2月28日、『貴族院府県制改正法律案外一件特別委員会速記録第2号』、2頁。
683) 同　上、5頁、12頁。

によって定められるので、其の点に於いては少しも変わりませぬ」[684]。

　この政府委員の説明が功を奏したのかどうか定かではないが、貴族院でも、最終的には、府県を"法人"とすることが承認された。

　こうして、明治32年に改正された「府県制」は、その第2条で、「府県は法人とし…」と定めたが、これは、貴族院でのやりとりから判断する限り、府県の"自治体"としての側面も法的に認めるということを意味するものであった。

　とはいうものの、このときには、府県の条例制定権については認められなかった。府県が条例を制定できるようになったのは、それから30年後の昭和4年（1929年）のことであった。

　この明治32年の改正の主要なところは、その審議経緯を含めて、いままで述べてきたが、これ以後も、「府県制」はたびたび改正されてきたことは確かである。そのなかには、非常に重要な改正ももちろん含まれていた。たとえば、大正15年（1926年）の「府県制」の改正は、その端的なものであった。前年の大正14年（1925年）に、衆議院議員が普通選挙で選ばれることになったことにあわせて、府県会議員の選挙権も普通選挙になったのである。これについては、後に、項を改めて、解説することにしたい。

　しかし、府県の制度そのものは、少なくとも運営の基本的なところは、この明治32年の改正でほぼ確立された。以後、府県は、明治23年の「府県制」で定められた仕組みと、この明治32年法の仕組みのもとで、昭和22年の地方自治法が制定されるまで、運営されてきたということができる。また、昭和22年（1947年）に地方自治法が制定されたことにより、府県の基本的な仕組み、および、府県の位置づけが大きく変わることになったが、しかし、現実の府県の運営には、とくに議会には、「府県制」の影響が色濃く残っているといわなければならない。

4. 市制・町村制の改正

(1) 3市特例の廃止　—東京・京都・大阪も普通の市に—
①特例廃止の請願
　明治22年、「市制」が全国39市に施行されたが、その中の東京市、京都市、

---

684)　明治32年2月28日、『貴族院府県制改正法律案外一件特別委員会速記録第2号』、7頁。

大阪市の3市については、特例を設けるという法律が同時に施行された。このため、3市には、前述したように、市長や助役などを置かれず、それらの職務を、府知事や府の書記官（高等官）が担うことになった。

一方、議会は、府議会が兼務するということはなく、3市の場合も、独自の"市会"が設置された。このため、3市の市会も、通常の市会と同じように行動するようになったが、しかし、交渉相手である行政機関が府知事や高等官であることは、いろいろな面で障害があったようである。

この結果、たとえば東京市会は、はやくも明治23年（1890年）末に、特例を廃止するという請願を出して欲しいと東京府知事に建議していた。このときの東京市会では、最初に、青木匡議員が、「東京にも一般の市と同じような自治権を与えて欲しい」と声を上げ、それをきっかけに、青木匡、芳野世経、松田秀雄、角田真平などの議員が中心となって請願書を作成。それを楠本正隆議長が東京府知事の蜂須賀茂韶に提出し、蜂須賀知事が衆議院と貴族院に請願したのであったが…。

興味深いことに、この青木、芳野、角田の各議員、そして楠本議長は、市会議員であると同時に、衆議院議員でもあった。ただし、青木は東京の選挙区で選出されたのではなく、兵庫県の選挙区から選出された衆議院議員であったが…。また、松田議員も、その後、すぐに衆議院議員になった。

さらに、この請願を帝国議会に差し出した東京府知事の蜂須賀茂韶はもっと興味深い立場にあった。蜂須賀知事は、市長を監督するという知事の立場にありながら、同時に、市長としての立場で請願を提出し、その上、その請願を、貴族院として受け入れるか否かを審議する貴族院の委員長でもあったのである。蜂須賀知事自身、明治24年2月24日に開かれた貴族院の委員会で、この複雑な立場を次のように説明していた。

「特別市制というものが存して居りまする以上は、東京府知事という者が市長の職務を行うということになって居ります。それで、是は市長より差し出す請願とご覧になりましたら宜しいので、それ故、只の東京府知事が申すわけでは決してない。…ひとりの身分で請願者ともなり、且つ又、此の委員会の委員長となって此の如く弁解するというのは、甚だ嫌みがあるようにも存じまするが…」[685]。

このときは、京都市会からも請願が出されていたため[686]、貴族院では、その2つの請願の採択を決定したが、しかし、その採択は、政府にそれを送付するということだけであった。そして、政府はこの請願に反対したため、現実には何の効力もなかった。

一方、衆議院では、東京市会で特例廃止の請願を訴えた青木匡が、今度は、衆議院議員として特例廃止の法案を提出。これが明治24年12月に衆議院で採択され、貴族院に送付された。このときの貴族院議長は、前年の明治23年に、東京府知事として特例廃止の請願をした蜂須賀茂韶であったが、貴族院はこの法案を握りつぶしてしまった。特例廃止に対して、政府が強く反対したからである。

以後、明治20年代を通じて、衆議院では毎年のように特例を廃止するという法案を議決したが、貴族院が、政府の反対の意向を受け入れ、それをことごとく握りつぶすという状況が続くこととなった。

②なぜ、政府は反対したのか？

明治24年（1890年）に衆議院から貴族院に特例廃止法案が提出された際に、当時の内務次官であった白根専一が、政府委員として、次のように、3市特例の廃止に反対する理由を説明していた。

「抑々百万以上の人口ある都会も、2・3万の現今市制を布いている都会も、一緒に同一の法律で以て差配しようというのは到底できない相談であろうと思います。…此の3市の事情を挙げて見ましても如何なものでございましょう。道路と申しましても、衛生のことと申しましても、是は他の田舎の市制を布いておりまする所とは同一には行きませぬ。殆ど国の事情に密着するほどの関係を持っております」[687]。

要するに、東京・京都・大阪の3市をどのように運営するかは国に非常に関係があり、そのために、国の官吏である知事・書記官が「此の大都会の人民を統括する」[688]という仕組みにしているのだと説明していたわけである。しかし、これが、明治29年になると、若干、ニュアンスが異なるようになった。京都・

---

685) 明治24年2月24日、『貴族院議事速記録第36号』、560頁。
686) 同　上、561頁。
687) 明治24年12月14日、『貴族院議事速記録第12号』、110頁。
688) 同　上。

大阪市の場合は、3市特例を続け、一般の市と別の扱いをしなければならないけれども、東京市の場合は3市特例だけでは不十分であり、日本の首府として、さらに特別の扱いをしなければならないと説明するようになっていたのである。たとえば、国務大臣・野村靖は明治29年1月の貴族院で、次のように、説明していた。

「此の帝国の首府たる東京に於きましては、殊に人口の繁多、又富の有様などの盛んなること…は、外の市の比例ではござりませぬ。之に加えて、其の団体の政務・事業の興廃は啻（ただ）に此の市の盛衰に関しまするのみならず、延いては其の影響は一般の国家の行政にまで及びまする…。故に此の東京市に於きましての行政は普通の市と同一の制に依ることは不可なることと存じます」[689]。

そして、こういう理由のもとに、政府は「東京都制案」および「武蔵県設置法律案」を立案し、それを、明治29年に貴族院に提案した。内容は、東京市を「都」、残りの地域を「武蔵県」にするというように東京府を二分するものであり、「都」には国の官吏である「都長官」を置くというものであった。言換えれば、東京市を、府県と同じように、国に直属する団体にするというものであった。

しかし、この「東京都制案」は、強い反発があったためといわれているが[690]、貴族院の審議の途中で、政府により、撤回されてしまった。とはいうものの、このような「東京都制案」を提示したところにも、3市、とりわけ東京市を国の直轄にしようとする政府の姿勢が端的に現れていたといってよいであろう。

③明治31年、政府の態度一変

この年も、いつものように、衆議院で3市特例廃止法案が採択され、それが、貴族院に回ってきた。貴族院の審議は、これも例年のことであったが、内務省の意見を聞くことから始まった。そして、これまでの内務省は、3市特例の廃止に真っ向から反対し、その姿勢を貴族院に強く示していた。ところが、この

---

689) 明治29年1月11日、『貴族院議事速記録第3号』、17頁。
690) たとえば、大正11年4月26日に出された東京市会の「東京市制特別市制案実行委員会経過報告（3頁）を見ると、「都下人民の反対喧噪を極めたり」とある。（後藤・安田記念東京都市研究所、市政専門図書館、所蔵）。

ときの内務省の態度は、曖昧で、優柔不断で、まったく決断力のないものであった。たとえば、政府委員（松岡康毅内務次官）と貴族院議員の次のような"やりとり"を見てみると…[691]。

(政府委員；内務次官)「特別市制は完全のものとは見ませぬ。それ故に、度々良い案を提出しようと試みましたけれども…十分完全なりという所へ至りかねます。…で、唯今におきまして更に善良なる案を作るという見込みは…ございませぬ」。

(議員；船越衛)「そうするともはやご研究も何もない。是から起草をなさるような様なお考えもないように聞こえましたが」。

(政府委員)「そう」。

(議員；芝原和)「衆議院の提出の案には賛成せざるを得ぬという御趣意でございますか」

(政府委員)「是より宜しいものが最早出来るという見込のない以上は、已むを得ませず、両院を通過致しましたならば強いて拒むことは致しませぬ」。

(議員；芝原和)「それでは已むを得ず賛成するというのですな」。

(政府委員)「已むを得ずまあ従うのでございます」。

　こうして、明治31年6月4日、3市の特例を廃止するという法案が貴族院を通過し、6月27日に交付された。東京・京都・大阪の3市も、一般の市と同じように、市長や助役を擁して運営できることになったわけである。実施は明治31年9月30日であった。

　なお、衆議院でこの3市特例廃止法案を議決したとき、中心的な役割を果たしたのは肥塚龍、松田秀雄、俊光鶴松であったとのことであるが、これらいずれも、衆議院議員であると同時に東京市会議員でもあった。しかも、肥塚龍は特例を廃止する直前の明治31年7月に東京府知事を兼ねるようになっていた。これは同時に、市長の役割も果たすということを意味したが…。この東京市長の職務は特例法廃止（9月30日）とともに消滅した。なお、肥塚は東京選出の衆議院議員ではなく、兵庫県選出であった。

---

691)　明治31年5月31日、『貴族院議事速記録第9号』、114頁。

東京市会議員と、東京選出の衆議院議員を兼ねていたのは松田秀雄と俊光鶴松であったが、このうち松田は、明治31年10月に初代の東京市長に就任している。この時代は、このように、非常にややこしい議員の実態があった。

(2) 明治44年の「市制」「町村制」の改正
①明治30年代の政党は？
　明治20年代後半から40年代初めにかけて、日本の対外国の関係は激変した。たとえば、明治になってからの最大の課題であった不平等条約の改正は、明治27年（1894年）に新しい条約が締結され、"治外法権"が撤廃されるという形で、ひとまず解決していた。ただし、新しい条約が発効したのは、5年後の明治32年であり、また、"関税自主権"の回復はさらに明治44年（1911年）まで待たなければならなかったが…。ともかく、これで、外国と対等だという意識は芽生えたようである。

　その上、明治27年（1894年）には、日清戦争も体験した。戦争するには、軍備拡充の経費も含め、莫大な戦費が必要であったが、この戦費の調達は、もちろん、国民の負担であった。それに、衆議院は反対しなかった。それどころか、戦争に要する経費はいくらでも協賛すると決議したのであった[692]。もっとも、このときの戦費は、次の日露戦争と比べれば、ものの数ではなかったが…。

　衆議院議員の多くが加わっている政党は、明治20年代末の頃から、何度も名前を変え、党員の移動もあった。明治31年（1898年）8月の選挙の時には、憲政党（旧自由党系）と憲政本党（旧改進党系）として議席を争うようになっていた。総議席300のうち、憲政党が120議席、憲政本党が124議席を獲得し、衆議院をこの2つの政党が仕切るという状況であった。この2つの政党は、構成員からいえば、旧自由党や改進党の流れを汲む政党であったが、政党としての性格が以前の自由党や改進党と同じというわけではなかった。発足した頃の明治10年代から20年代初めにかけての自由党系や改進党系の政党は、まさに自由民権を求める"民党"、言い換えれば、専制政府を批判し、国民の自由と

---

692)　衆議院議員であった尾崎行雄の説明。尾崎行雄、『民権闘争七十年』（咢堂回想録）、講談社学術文庫、2016年、150頁。

民権を求める集団であったが、明治 30 年代の憲政党や憲政本党は、そうした性格をほとんど喪失していた。民権側につく集団というよりは、むしろ、政府の一部として、国民を抑える集団という性格のほうが濃厚とすらいえた。

　明治 33 年（1900 年）には、藩閥政府の中枢として、国政を牛耳ってきた伊藤博文が「立憲政友会」という政党を立ち上げた。このとき、旧自由党系の憲政党の面々は、大挙してこの立憲政友会になだれ込んだが、この現象を見ても、"民党" と言われた政党がすっかりその性格を変えていたことが理解できる。伊藤博文は、この政友会の結成後、すぐに首相となり、内閣を組織したが、その閣僚となったのは、陸軍と海軍それに外務を除き、すべて政友会員であった。

　また、翌明治 34 年になると、軍備拡張、具体的には戦艦製造のための増税が、帝国議会で大きな論議の的になった。このとき、政府の任命による議員で構成された貴族院が、人民の負担が大きすぎるということで、その増税案を否決した。ところが、衆議院は増税案に賛成したのである。これをみても、この時期の政党が "民党" とは "かけ離れた" ものになっていたという想像がつく。もっとも、このときの貴族院の否決は、政府の働きかけで、天皇が増税法案の成立を命じる勅語を出したために、覆されてしまったが…。

②日露戦争の戦費

　こうして、日本の軍隊は拡充され、満州に進出しはじめた。その結果、ロシアと利害が衝突するようになり、明治 37 年（1904 年）2 月 8 日、日本側が旅順港を奇襲攻撃。ついに戦争となった。宣戦布告は 2 月 10 日。

　このとき、政党は、こぞって戦争を支持したのはいうまでもない。当時、衆議院議員であり、また東京市長でもあった尾崎行雄（咢堂）も次のように述べていた。

　「（3 月）16 日、政友会及び憲政本党はそれぞれ大会を開き、政府の措置を是認し、交戦の目的を達するに必要な経費はいくらでも負担すべき旨を決議した」[693]。

　しかし、日露戦争に必要な戦費はあまりにも膨大で、日本の国内だけで調達するのは不可能であった。このため、日本の公債を外国人に購入してもらうということになり、日銀の当時の副総裁であった高橋是清[694]が、差し迫って必

693）　尾崎行雄、前掲書、194 頁。

要な1億円（当時の国家予算は約2億5千万円）を賄うために、アメリカとイギリスに向けて出発した。明治37年（1904年）2月24日のことである。

　しかし、これは容易なことではなかった。高橋是清の自伝をみると、さまざまな苦労話が記述されている。たとえば、最初のアメリカでは、次のような趣旨の記述がある。

　米国人は、日本のロシアに対する開戦を「剛胆な子どもが力の強い巨人に飛びかかったのだといって、日本人の勇気を嘆称」している。しかし、日本の公債に投資するという気持ちはない。日本の公債を売却するのは無理だというのが、交渉したすべての銀行家の判断であった。仕方がないので、アメリカでの逗留は3・4日で切り上げ、次のイギリスに向かった[695]。

　イギリスでも、最初の頃は、銀行家の態度は否定的であった。その根底には、日本がとても勝てないという判断があった。ロシアにはフランスという大きな財力の後援者が控えていて、戦費に困ることはない。兵力という点でも、ロシアのほうが勝っているというのがその理由であった。

　ほかにも、「日露戦争は白色人種と黄色人種の戦争である。…英国が独り日本のために軍費を調達することは、白色人種の一員として多少心苦しい」という心情的な理由もあったようである[696]。

　しかし、この2年前に、日英同盟が締結されていたためであろう。高橋是清の1か月にわたる説得にイギリスの銀行家が同意し、明治37年（1904年）の4月末に、500万ポンド（約5千万円）の公債を発行するという仮契約を締結することができた。ただし、年利6分という利子が、当時としては非常に高利の公債であった。

　この契約締結の直後の5月1日、イギリスの新聞に、日本軍が鴨緑江の戦争で大勝を博したとのニュースが掲載された。この結果、日本の公債は予想外の人気を呼び、申し込みが発行額の数倍になった。このため、公債を売り出した5月11日の午後3時には、受付を締め切るというほどの盛況であったという。とはいうものの、公債発行額は、日本が差し迫って必要な1億円の半額であっ

---

694)　後に、立憲制友会の総裁になり、内閣総理大臣にもなっている人物。しかし、首相としてよりも、大蔵大臣として有名。
695)　高橋是清『高橋是清自伝』、千倉書房、昭和11年、658-9頁。
696)　同　上、668-9頁。

た。が、高橋是清は僥倖にめぐりあった。仮契約を締結した4月末に、それを祝ってくれたイギリスの知り合い宅で、たまたま旅行中であったアメリカの実業家シフ（Jacob Henry Schiff）を紹介され、そのシフが残りの500万ポンドの公債をアメリカで発行してくれることになったのである。高橋是清は、その時は、なぜシフが引き受けてくれるのか、理由が分からなかったという。しかし、後に、シフがユダヤ人で、ロシアの反ユダヤ主義に対する報復であったことが判明した。ともかく、アメリカでも、この公債の発行は大成功で、日本は予定通りの公債の発行で戦費を獲得することができた[697]。

しかし、これだけでは戦争が続けることができなかった。その後も、第2回目をロンドンとニューヨークで、3回目をアメリカで、4回目をイギリスとドイツで、等々、全部で5回の公債の発行をした。その外債発行額、すなわち借金額は、合計で8億円になった。もちろん、日本国内でも国債を大量に発行。また、増税に増税を重ねて、戦費を工面したのはもちろんである。結局、日露戦争での戦費は、17億2千万円に達した[698]。これは、当時の国家予算の6年分を優に超える金額であった。

③日露戦争の後遺症

こうして、明治38年（1905年）5月の日本海海戦で、ロシアが誇るバルチック艦隊を破るなど日本は戦果を挙げることができた。しかし、このときには、すでに、日本には余力がほとんど残っていなかった。ロシア側は本国になお強大な兵力を残しているのに対して、日本側は、兵力に全く余裕がなくなっていたのである。さらに深刻だったのは、日本側は将校を補充できなくなっていたという点であった。この頃に、日露戦争の参謀総長になっていた山縣有朋自身が、桂首相に意見書を提出し、次のように日本軍の状況を説明していた。

「開戦以来、十有余箇月。…前途悠遠にして…大いに考慮を費やさざる可からざるものあり。第一、敵は其の本国に尚お強大なる兵力を有するに反し、我は已に有らん限りの兵力を用い尽くし居るなり。第二、敵は未だ将校に欠乏を告げざるに反し、我は開戦以来、已に多数の将校を欠損し、今後容易に之を補充すること能わざるなり」[699]。

---

697) 『高橋是清自伝』、676-686頁。
698) 佐々木隆、『明治人の力量』（日本の歴史21）、講談社学術文庫、2010年、300頁。
699) 徳富猪一郎 編述『公爵山縣有朋伝』（下巻）、山縣有朋公記念事業会、昭和8年、679頁。

そして、これに続けて、山縣有朋は、戦争を続けるとすれば、兵を急造し、武器の補充が必要であるが、それには、莫大な費用を投じなければならず、国民の負担が非常に重くなるという指摘もしていた[700]。

　こういう状況にあったため、政府は何とか戦争を終わらせたかった。そして、講和を結ぼうと密かにアメリカに斡旋を働きかけていた。が、相手方のロシアは、連続する負け戦にもかかわらず、和平の意向を示そうとはしなかった。軍力に余裕があるロシアからいえば、当然ともいえた。ところが、ロシア国内で国民の反政府の動きが徐々に強くなってきたため、ロシア側も、ついに、アメリカのルーズベルト大統領の和平勧告に応じることになった。

　明治38年（1905年）8月、アメリカ東部の港湾の町ポーツマス（Portsmouth）で日本とロシアの講和会議が開かれ、終戦の条件を話し合った。この会議では、最初、日本側は戦勝国のポーズをとり、領土の割譲や損害賠償の請求をした。しかし、戦力・兵力に余裕のあるロシア側はそれに応じるはずはなかった。結局、日本側は譲歩に譲歩を重ね、損害賠償は全面撤回。領土割譲の請求も撤回した。戦争を遂行する能力がないことからいえば、当然のことであったが…。もっとも、樺太の南半分はイギリスの好意で拾いもののような形で取得したといわれている[701]。

　しかし、日本に戦争遂行能力のないということは、国民には知らされていなかった。このため、講和条約の内容を知った時、憤激する国民が多かった。明治38年9月5日には、そうした国民が東京・日比谷周辺に集まり、条約破棄を求めて政府を非難。それを警察官が阻止しようとしたため、非難の矛先が警察に向かい、多数の警察署や交番を焼き払うという暴動も起こった[702]。

　そうした国内の騒動があったが、ともかく、このポーツマス講和条約によっ

700）徳富猪一郎 編述『公爵山縣有朋伝』（下巻）、山縣有朋公記念事業会、昭和8年、670頁。
701）当時、東京市長であった尾崎行雄は、「樺太の南半を得たのはイギリスの好意によって拾いものをしたのである」と説明している（尾崎行雄、前掲書198頁）。なお、尾崎市長は、「日露戦争で日本に絶大な好意を寄せてくれたアメリカ人に対する感謝の意を表するため」に、ワシントンのポトマック河畔に3,000本の桜を送ったが、しかし、「当時、日本人は自力でロシアを負かしたと思って有頂天になっていたから、私の真意を明らかにしては、ことが運ばないと思って公にはしなかった」（前掲書199頁）という。
702）川崎庸之・原田伴彦・奈良本辰也・小西四郎総監修、『読める年表　日本史』、自由国民社、1990年、899頁

て、日本は窮地を脱することができた。とはいえ、すべての状況が戦争前に戻ったわけではなかった。何よりも膨大な額の外債の始末を付ける必要があった。戦死者や傷痍者に対する補償もしなければならなかった。軍人恩給の支払いもあった。さらに、国内で発行した国債の後始末をする必要があり、戦費調達のために行った増税の始末もつけなければならなかった。いわば日露戦争の後遺症ともいえる問題が山積みの状態で残っていたわけである。

④地方税の制限

　政府は、日露戦争に必要な莫大な戦費を調達するため、明治37年（1904年）と38年に、「非常時特別税法」という法律を制定していた。"非常時"という名称から推測できるように、この法律は"戦時税"を課するための法律であった。そのため、平和になれば、その1年後にこの法律を廃止すると定められていた。

　しかし、膨大な借金を抱え、戦死者や傷痍者の補償、さらには、軍人恩給の支給に四苦八苦している政府には、この特別税を廃止するという余裕はとてもなかった。そのため、戦争が終結した半年後には、早くも、担当大臣が、この"戦時税"の「期限を除いて、永久の財源」[703]にしたいと、帝国議会で提案した。

　これに対して、「平和になったならば、翌年限りで廃されるということに…国民は安心して税を納めて居った。然るに…このまま永続するという。実に不都合千万であろう」[704]というような反対意見ももちろんあった。しかし、結局は、やむを得ないということで衆議院も、貴族院も承認した。というよりも、承認せざるを得なかった[705]。

　いうまでもないことであるが、この"戦時税"は、「非常時」ということで「泣いて悵えた」[706]税金であったが、これは、国税であった。国民は、このほかに、それぞれの府県や市町村を維持するための税金、すなわち地方税の負担もしなければならなかった。

---

703)　明治39年2月13日、『貴族院議事速記録第6号』、82頁。
704)　西村亮吉貴族院議員の発言。明治39年2月13日、『貴族院議事速記録第6号』、84頁。なお、西村議員は、大分県知事や鳥取県知事を歴任した後、貴族院議員に就任。
705)　「非常時特別税法」は、その後、世論の反発を受け、大正2年（1913年）に廃止されたが、そこで定められていた税の多くは、別の法律に組み込まれ、実質的には法律廃止後も続いたようである。
706)　明治39年2月13日、『貴族院議事速記録第6号』、83頁。

この頃の地方税には2種類の税金があった。ひとつは、各家に課せられる税金、具体的には、独立の生計を営む者に課せられる税金であった。そして、もうひとつは、国税に一定の割合で付加される税金、附加税といわれた税金であった。国税が引き上げられると、それに連動して、地方税も増税になるという仕組みになっていたのである。

　しかし、"戦時税"による国税の増額だけではなく、同時に、地方税も引き上げられるというのは、国民には耐えがたいことであった。そのため、"戦時税"を定めた「非常時特別税法」は、国民の負担を少しでも緩和するために、地方税の増税を制限するという規定を定めていた。

　そして、日露戦争後、"戦時税"を永久の財源としたときにも、地方税の増税の制限はそのまま続けられた。しかし、府県や市町村は、戦争中は、緊縮財政ということで住民に我慢を強いることができたものの、平和な状況のなかでは、小学校や道路の整備など、住民の生活に必要な業務を遂行しなければならず、いつまでも緊縮財政を続けるわけにはいかなかった。このため、制限を受けていない地方税、すなわち"戸数割り"の地方税が引き上げられることとなったが、しかし、"戸数割り"の地方税は、国税や附加税を納めることのできない貧しい人々にも課税されるものであり、その引き上げには限界があった。

　このように、府県や市町村がその業務の遂行に非常に苦労していたため、日露戦争が終わってから3年後の明治41年（1908年）、地方税の附加税の制限を緩めるという目的のもとに、「地方税の制限に関する法律」が制定された。この法案を帝国議会に提出した際に、政府は次のように説明していた。

　「地方税の制限を加えておきますと、地方に必要な事業を致しまするについて、或いは天災その他に於きまして、非常に困難であるので、ここに、幾分の制限を緩めるということに致したいということで、本案を提出いたしました」[707]。

　しかし、地方税のなかの附加税の増税を厳しく制限するという点については、実際には、ほとんど変わりがなかった。この結果、市町村はどこも緊縮財

---

707)　貴族院における政府委員（吉原三郎）の説明。明治41年3月3日、『貴族院議事速記録第10号』、172頁。

政であったが、それでも、やらなければならないことが多々あった。とくに大都市の場合はそうであった。市民の生活（というよりも、生命）を維持するために、水道の整備を避けることができず、電気・ガスの供給も不可欠であった。交通手段の公営化も必要になってきた。たとえば、明治39年（1906年）に、東京市内を走る路面電車の運賃値上げをめぐって暴動が起こり、路面電車の市営化を、市民が要請するという動きが強くなった。その結果、明治44年（1911年）に、東京市が買収し、東京市電となったが、同じように、他の大都市でも鉄道の市営化が見られるようになった。

　とはいっても、緊縮財政下にある以上、これらの事業に税金を投入するという余裕はなかった。そのため、これらの事業に要する資金を、その事業自体から生み出すという手法、すなわち、公営の企業として、採算がとれるように経営するという手法が生まれてきた。地方税とは別の資金で、都市が独自に事業を経営するというこの動きに、中央政府としても反対する必要はなかった。それどころか、歓迎すべき現象であった。しかし、当時の法律（市制）はこうした事態をまったく想定していなかったため、その改正が緊急に必要となっていた。

⑤市町村の統制強化

　一方、日露戦争の頃から、市町村に対する国（中央政府）の統制の度合いがより一層進むようになっていた。たとえば、小学校教育を見てみると…

　義務教育が始まった明治5年（1872年）の頃は、中央政府が統制していたのは、子どもたちに教育を受けさせるということだけであった。そして、小学校教育の目的についても、人々が自分自身の身を立てるために学ぶことが必要であり、それを実践するのが小学校であると強調していた[708]。その結果、どのような教科書を使うか、学校の運営をどのようにするか等々を決めていたのは、すべて各市町村、というよりも住民の代表であった。

　ところが、明治20年代になると、教育勅語、あるいは明治23年（1890年）に発布された「小学校令」によって、小学校は、人々が日本国の国民としての道徳を身につけ、教育を身につける場であると、中央政府は強調するようになった。教科書についても、明治19年（1886年）の頃から、検定制度が布か

708）「学事奨励に関する被仰出書（学制序文）」、太政官布告第214号（明治5年8月2日）。

れるなど、統制が始まっていたが、日露戦争の前年（明治36年）には、ついに、文部省が教科書を作成・編集することを始めた。国定教科書となったのである。さらに、日露戦争直後の明治40年（1907年）には小学校令を改正し、それまで4年間であった義務教育の年数を、6年間に延長した。

　こうした状況のもとで、市町村は、管内の小学校に、文部省が作成・編集した教科書を使用するように強制するなど、小学校での教育内容を統一しなければならなくなった。義務教育の年数が延長したことに伴い、教員も増員しなければならず、教室の増築も必要となった。さらに、すべての子どもが義務教育を受けるように、住民を誘導し、時には、強制しなければならなかった。これらの業務を遂行するには、多額の経費がかかったのはもちろんであるが、何よりも重要なのは国（中央政府）の意向を理解し、その意向に忠実にしたがって教育を遂行することであった。

　ところが、この当時の市の行政機関は、「市長」という単独の機関ではなく、「市参事会」という合議制の機関が行政機関とされていた。「市長」は「市参事会」の議長ではあったが、「市参事会」の一員に過ぎなかった。「市参事会」の意思はあくまでも多数決で決められていたのである。その上、「市参事会」の構成メンバーは、一般の市の場合でも、市長と助役、そして6人の名誉職参事会員がそのメンバーとなっているというように、かなり多かった。大都市の場合は、名誉職参事会員がもっと多かった。しかも、名誉職参事会員は、市会（議会）が議員や住民のなかから選んだ人々であり、市の職員（吏員）ではなかった。しかも、報酬はもらっていなかった。言い換えれば、「市長」の顔色をうかがう必要はなく、もちろん、中央政府とは利害関係のない人々であった。こうした名誉職参事会員のなかには市長や助役の言いなりになる人もいたことであろう。しかし、多くは、市会で選ばれたという矜持のもとに、地元の利害得失や将来を考えて、自分自身の判断で職務を果したのではないだろうか。少なくとも市町村の統制をはかろうとする中央政府にとっては、甚だ扱いにくい面々であったといわなければなるまい。

⑥市制の改正；市長の権限強化

　明治44年、政府により、市制と町村制の改正案が帝国議会に提案された。改正の内容にはさまざまなものがあったが、市制の改正、なかでも明治21年の市参事会の改正が最大のねらいであった。衆議院の審議の冒頭で、当時の内

務大臣は、次のように説明していた。

「市制町村制は施行しまして以来既に二十有余年経過致しました。その間に…往々改正を必要と致すことが尠（すくな）からぬのでございます。第一には、市の行政機関…において相当の改正を加えんとするの必要あり…」[709]。その具体的な内容は、「市参事会」の廃止にあった。市の行政機関も、町村と同じように、"市長"という単独の機関にしようとしたわけである。そして、「市参事会」は、市会（議会）を補佐する副議決機関として位置づけられた。そのため、参事会のメンバーである名誉職参事会員に選ばれるのは、議員のみであるということになった。

このように、「市参事会」は副議決機関ということになったが、しかし、行政機関に類する性質も、若干ではあるが残された。市長の諮問機関としての権限、たとえば、市長が市会に議案を提出する際に、その議案について意見をいう権限が与えられたのである。もっとも、これは「市参事会」に限られたことではなく、「府県制」も、「府県参事会」を副議決機関と位置づける一方、府県知事に議案について意見をいう権限を与えていたが…。

このような「市参事会」の改正案、すなわち、町長と同じように、市長を行政機関にするという改正案が帝国議会に提案されたとき、衆議院では、内務大臣に対して次のような質問があった。

「従来執行機関であった市参事会が、転じて諮問機関になるのでありますが、これは、自治制の本義から申しまして、進歩なりや、退歩なりや…。進歩であると言わるるならば、其の進歩であるところの理由を伺いたい」[710]。しかし、内務大臣の返答はなかった。ただし、政府委員（内務次官）の次のような説明はあった。

「進歩であるや、退歩であるやということは、茲（ここ）に論ずる必要はなかろうと思う。政府に於きましては、此の改正は今日の実際に適正なる改正であると認めております」[711]。

この説明に、議員の面々が納得したのであろうか。はなはだ疑問であるが、市長を単独の行政機関にするということに関しては、衆議院では、これ以上の

---

709) 明治44年3月3日、『衆議院議事速記録第18号』、335頁。
710) 同 上、336頁。
711) 同 上。

議論はなく、そのまま認められた。

　一方、貴族院では、市長が独任制の行政機関となると、市長の権限が飛躍的に大きくなる。そのため、市長にふさわしい人を得られないときには、悪い結果をもたらすのではないかということが問題となった。これについては…

　府県知事が市を監督するという観点から、市に対して必要な命令を発し、また、市を処分できるようにした。それだけではなく、さらに、府県知事が市長を懲戒処分に付することもできるようにしたので、市長にふさわしくない人が市長になったとしても、問題は生じないはずだと、政府委員が説明。これに納得したのであろうか。貴族院では、それ以上の議論がなく、市長を単独の行政機関にするという改正案がそのまま法律となった。

　この市長に対する府県知事の懲戒処分は、市長に対してだけではなく、助役や収入役、その他の市職員（吏員）にも及ぶものであった。いわば、市に勤務する職員全体が府県知事の監督下に置かれるというのが法律の趣旨であった。しかも、その処分の内容は、譴責、過怠金、そして解職まで含まれていた。もっとも、これらの処分は、府県知事の独断でできるものではなく、府県知事を議長とし、府県の高等官3人、府県参事会の名誉会員のなかから互選された3人で「懲戒審査会」を設け、その審査を経て、懲戒に付するものであった。とはいえ、これらの人々はすべて府県の幹部である。明治44年の市制改正により、市長以下、市の職員全員が、府県の幹部に監督されるようになったことは確かだといわなければならない。

　また、この当時の府県は、国（中央政府）の出先機関であり、その長官である府県知事や幹部である高等官は、もちろん、国（中央政府）から派遣された職員（官吏）であった。ということからいえば、明治44年の市制の改正は、市長の権限を強化し、同時に、その市長を府県知事の配下、ひいては中央政府の配下に置くものであり、実質的には、中央政府による市の統制を強化するものであったといわなければならない[712]。事実、貴族院での審議の際に、政府委員自身が、監督する上で便利になったと説明していた[713]。

---

712)　なお、「町村制」も、この明治44年に全面改正され、「市制」と同じように、「監督官庁（郡長）が必要な命令を発し、又は処分を為すことを得」ということが明示されたが、町村長以下の町村吏員の"懲戒"については定められなかった。
713)　明治44年3月17日の貴族院の委員会における政府委員（一木喜徳郎）の発言。『貴族

さらに、市の議事機関である市会についても、明治21年の市制のもとでは、その招集は議長によって行われることになっていた。しかし、この明治44年の市制の改正により、市会の招集権は法律上も市長に移ってしまった。市会を開くかどうかも、中央政府の配下にある市長が決めることとなったわけである[714]。

⑦市制の改正；事業の経営

市長の権限強化と並んで、明治44年の新市制のもうひとつ大きな目玉は、市参与の設置であった。なぜ市参与を設置したのか。市参与とは如何なるものか。これについては、帝国議会（衆議院）で政府委員（内務次官）が行った次のような説明をみれば、明らかであろう。

「従来大都市に於いて随分大いなる事業を経営しなければならぬことがあります。或いは水道の如き、或いは市区の改正の如き、或いは築港の如き、随分大事業があります。それらの事業を経営していくに付きましては、之を担任する人を得る必要がありまして、然も是等大事業を経営する人という者は、経歴に於いても立派なる人を得なければならぬ。…併し、この様な大事業に当たるべき適当な人を得るに相当なる地位が、今日の（明治21年制定の）市制に於いては設けてないのであります。法律上から申しますと、如何なる立派な人でも、書記とかその他の付属員とかいうものに入らなければならぬ。斯くの如き低い地位で立派なる人を迎えるということは、余程困難なることであります。」[715]。

こうして、明治44年の新法に基づいて、新たに特別職である市参与を設けた市では、この市参与に水道事業やガス事業、あるいは市電事業、築港事業などの大事業の経営を全面的に任せ、市役所の業務に企業経営の要素を取り入れることになった。この市参与は、市会が選挙で選んだが、その任命は内務大臣の認可を受けなければならなかった。中央政府の統制は、事業の経営にまで、及んでいたのである。

院市制改正法律案外二件特別委員会議事速記録』（第1号）13頁。
714) 町村会は、町村長が議長となり、町村会の開閉ももちろん町村長が行うが、これは、明治21年の規定と同じである。
715) 明治44年3月4日、（衆議院）『市制改正法律案外一件委員会議録』、3-4頁。

⑧議会の変容

　明治44年の市制・町村制は、このほかにも、明治21年の旧法をいくつかの点で改めたが、議会に関連する主なものを挙げてみると…。

　市会の招集権が議長から市長に移ったことは前述した。このほかに、市町村会の議員の任期も変えられた。それまでは、議員の任期は6年とされ、3年毎に半数を改選するとなっていたが、それが、任期は4年、そして、全部の議員を同時に改選することに改められた。これは、明治32年の府県制の改正にあわせたものであった。

　また、市会議員の定数を、明治21年法は、人口の如何にかかわらず、最大60人と定めていたが、明治44年法は、人口に応じて上限なく増員されることとした。そのため、当時、人口が121万人余の大阪市は、この新法のもとでも、議員数が変わることがなく60人であったが、人口216万人余の東京市の場合は75人に増員された[716]。

　市町村会の権限に関する重要な改正もあった。市町村会は、明治21年法のもとでも、自分たちが議決した事柄が適切に実施されているかどうかをみるため、市町村の事務に関する書類や計算書、出納などを検査する権限を与えられていたが、明治44年法は、それに加えて、実地検査をする権限を市町村会に与えたのである。市会や町村会がこの権限を実際にどれだけ活用したかどうかは疑問であるが、ともかく、少なくとも、実地検査ができるようになったということは、議会にとっては、進歩であったといわなければならない。

　その反面、議会の権限が後退したといえる分野もあった。職員（吏員）の選任権である。明治21年法のもとでは、町村の職員（吏員）は、町村長の推薦を受けてではあるが、町村会が選任することとなっていた。いまのイギリスの市町村職員と同じ仕組みで町村吏員が選任されていたのである。もし、これが続いていたら、ひょっとすると、日本の町村職員も、イギリスと同じように、自立心を持った職員になっていたかも知れない。しかし、残念ながら、明治44年法により、町村の職員は、町村長によって任免されることになってしまった。もっとも、議会が職員を任命するという制度が続いていれば、いわゆる"コネ（縁故採用）"がますます横行するようになっていたということも想像でき

---

716) 亀掛川浩、『地方制度小史』、勁草書房、昭和37年、128-9頁。

るが…。

　また、市の職員（吏員）の場合は、「其の人員は市会の議決を以て之を定め」、「市参事会が之を任用する」というように、明治21年法のもとでは、市会も大きな影響力を持っていた。が、この明治44年法により、町村と同じく、市長が職員を任免することとされた。以後、21世紀の今日まで、市町村の議会は一貫して職員の任免に関与しないことになっている。

5. 普通選挙の実施と地方制度の改正

(1) 普通選挙法の制定
①明治44年の普選論

　明治23年（1890年）に衆議院の第1回選挙が行われたときの有権者の資格は、直接国税15円以上を納める25歳以上の男子というように極めて限定されたものであった。その後、明治35年（1902年）に若干緩和されて直接国税10円以上となったものの、ほとんどの国民が衆議院議員の選挙から除外されていたことに変わりがなかった。

　このため、明治35年から44年にかけて、普通選挙にするべきであるという法案が、毎回のように、議員から衆議院に提案された。とくに、明治44年に普選法案が提案されたときには、その法案に賛同するものが多く、圧倒的多数で衆議院を通過したほどであった。そのとき、提案者である政友会（政党）の議員は法案提出の理由を、次のように、説明していた。

　「現在の有権者は160万人という少数で、全国の人口に割り当てますると、100分の3である。之を指して、国民代表の実があるということは、馬鹿馬鹿しくって、出来まいと思う。…（他の国民を）圏外に駆逐して、一切容喙させないということは、道理に於いて許すべからず。権利の上からも蹂躙した話であって、殆ど議論にならぬ。問題にならぬ。又、国の体面からしても甚だ恥ずかしい訳であって、何処に国民代表の実があるか…」。

　「我が国は憲法政治の国と称して居りますけれども、其の憲法政治の根本義たる民意を代表する国会というものがない。民意を代表する国会のない国は、憲法政治の国ではない。…其の根源は、現行の極めて狭隘なる、極めて偏頗なる選挙法に原因する。…故に極度に選挙権を拡張して、而して民意代表の實ある国会を組織し、憲法政治を行い、憲法政治の本義を貫徹せんとするもので

あります」[717]。

　このときの内閣は第2次桂太郎内閣で、政党員が加わらない藩閥政府であった。そのためもあってか、政府はこの衆議院の議決に頑なに反発した。たとえば、この衆議院から回ってきた普選法案を、貴族院が審議する際に、政府委員（安廣伴一郎；法制局長官）は、次のように、普通選挙に反対するという意向を表明していた。
　「此の普通選挙ということの理想は、抑々も天賦人権論という…思想より起りました所のもので、各人悉く生まれながらにして選挙権を以て居るものだという、極めて杜撰なる、極めて危険なる思想に基づくものであろうと存じます。今日に於いてはもはや此の学説の勢力というものはございませぬ。無論、人は生まれながらにして左様な権利などもっておるものではない。即ち国家から与えられたる賜である…。
　我が帝国では、（普通選挙の制度は）到底適応しない制度だと考える次第でございます。若し斯くの如き制度をば採用致したならば…多数なる下流社会が少数なる上流社会を圧倒せざれば止まない所の結果を来たしはしないかという虞を懐いて居るのでござりまして、政府は徹頭徹尾、之に反対を表します」[718]。

　貴族院の姿勢も、次のように、衆議院とは、真っ向から対立するものであった。
　「（衆議院が）今日の立憲政体を虚偽であるかの如くに云うのは甚だ僭越の至りである…。場合によって、普通選挙にしたならば、実に適切なる人が挙がるという見込みが付きますれば…普通選挙も悪いことはない…。けれども、普通選挙を行えば、今日の弊害はますます加わるが、…今日より良き結果を見ようと云うことは断じてない…。普通選挙案は実際上の必要に出でて居らず、主義の問題に出ている。主義の問題は我々の否認する所である。…将来に於きましても、普通選の案は此の貴族院の門に入るべからずと云う札をかけて…置き

717）日向輝武議員（群馬県選出）の発言。明治44年3月9日、『衆議院　普通選挙に関する法律案委員会議録』、3-4頁。
718）明治44年3月13日、『貴族院議事速記録』259頁。

たい」[719]。

　こうして、明治44年（1911年）の帝国議会では、普選案は一蹴されてしまった。その後、しばらくは、普選運動の火は消えてしまったようになったという[720]。

②大正8年の選挙法改正

　大正8年（1919年）に入ると、再び、普通選挙を求める動きが活発になった。たとえば、憲法発布30周年記念にあたる2月11日に、普通選挙を求める大規模な学生のデモが行われた。東京の日比谷公園に学生約3000人が集まり、普通選挙を求めて皇居の二重橋までデモ行進をしたのである[721]。大阪でも普通選挙を求める運動があったが、これらの運動の背景には、大正6年頃から見られるようになってきた労働者の大規模なストライキ[722]、あるいは、大正7年の富山県から始まり全国に広がった米騒動、等々にみるような生活不安や社会不安、そこから生じた政治に対する国民の憤りがあったようである。

　この大正8年当時、政権を握っていたのは政友会の原敬を首相とする政府であった。この内閣は、陸軍大臣・海軍大臣・外務大臣の3大臣を除けば、すべて政友会の議員で構成されていた。それまでの内閣は、政党の党首が首相となった場合でも、多くの大臣ポストは政党員以外のものによって占められていた。それを考えれば、この原内閣はまさに政党内閣といえる内閣であった。その原内閣が、国民の動きに対応して、選挙法の改正案を大正8年（1919年）の帝国議会に提出した。しかし、普通選挙にするというものではなく、単に、選挙権の納税制限を緩和するというだけの改正案であった。ほかにも、議員定数を増員し、381人から464人にするということや、また、大選挙区制から小選挙区制に戻すというような提案もあったが…。ともかく、普選案については、何ら触れるところがなかった。

---

719)　穂積八束議員の説明。明治44年3月15日、『衆議院議事速記録第17号』、282頁。なお、穂積八束議員は東京帝国大学の教授でもあった。
720)　尾崎行雄、前掲書、252頁。
721)　前掲書『読める年表　日本史』、928頁。
722)　大正6年3月15日、室蘭日本製鋼所で職工3000人が賃上げを要求してストライキに入ったものの、指導者が検挙されて敗北した。また6月18日には長崎三菱造船所で職工1万人がストライキに入り、こちらは労働者（職工）の勝利で解決したという。（前掲『読める年表日本史』924頁。

政友会は、上述したように、明治44年に普通選挙法案が衆議院を通過したときには、中心的な働きをしていた。ところが、この大正8年のときには、普通選挙については、何ら触れることがなかった。なぜ、政友会の普選運動に対する姿勢が変わったのか、政権をとったからか、それとも、別に理由があったのか。明らかではない。しかし、床次竹二郎内務大臣（政友会；衆議院議員）の次のような説明をみる限り、当時の政友会にはどうしても普通選挙にしたいという思い入れはなく、ただ、時勢に合わせ、その時その時の情勢で、良かれと考える対応を、あるいは政友会にとって都合のよい対応をしていたというのが真相だといえそうである。

　「選挙権を与える与えぬと申しますのは、之を行使する能力があるや否やと云うことが、結局、問題の帰着点になるのだろうと思います。…選挙権の問題と云うものは、時に依って、所に依って、それぞれ差異のあることはもちろんのことと考えます。…我が国において選挙権を論ずるにも亦時勢に依らざるを得ない」[723]。

　「納税額をもって選挙資格の要件と致しますることは、もっとも適当にして穏当なる事柄と考えるのであります。それ故に、此の度の改正にあたりましても、此の標準を採用いたして、唯其の程度を下げると云うことが、最も穏当なる方法であると考えました」[724]。

　こうして原敬内閣は、選挙資格をそれまでの国税10円から3円に引き下げる改正案を提案し、衆議院も貴族院もそれを承認した。この3円というのは、府県会議員の選挙資格と同じであったが、これにより、それまでの140万人強の有権者が286万人に増加したとのことである。

③大正9年の普選運動

　この選挙法の改正後も、普通選挙を求める運動が静かになるということはなかった。それどころか、翌大正9年（1920年）に入ると、2月1日に、東京の両国国技館に5万人の大衆が集まって普通選挙の促進を求め、提灯行列によるデモ行進をするなど、普通選挙を求める運動はますます高まるようになった。その後も、東京芝の増上寺、上野公園、日比谷の広場などで集会が開かれ、デ

723）　大正8年3月10日、『貴族院議事速記録第16号』、283頁。
724）　同　上、276頁。

モ行進も行われた[725]。その先頭に立ったのは尾崎行雄（衆議院議員；三重県選出、憲政会）であった[726]（写真）。

このような動きに反応したのであろうか。犬養毅が率いる国民党が、突如として、普通選挙の法案を衆議院に提出した。その法案は、単に納税制限を撤廃するというだけではなく、「満20歳以上の男子に選挙権を与うべし」というように、年齢制限についても、25歳から20歳に引き下げるという徹底した普選案であり、しかも、被選挙権についても満20歳以上としていた。これは、大きな波紋を呼んだ。

図24　普選を求めるデモの
　　　先頭に立つ尾崎行雄
　　（大正9年1月18日）

普選運動の陣頭に立っていた尾崎行雄は、当時、憲政会に所属していた。しかし、その憲政会の党首（総裁）であった加藤高明は、この当時、内心では普選にそれほど積極的でなかった。そのため、憲政会も、国民党の普選論に刺激されて、普選法案を作ったものの、その法案は、「満25歳以上の男子にして、独立の生計を営むものに…選挙権を附与すべし」というように生ぬるいものであった[727]。

このときには、国民党及び憲政会のほかに、無所属議員のなかからも普選法案が提出された。しかし、政友会ならびに原内閣は頑なに反対した。たとえば、大正9年2月に開かれた衆議院の委員会に原首相が出席し、次のように反対していた。

「（昨年の選挙法改正が）まだ実行されていない。実行もされておらぬ憲法付属の大典と称する衆議院議員選挙法が、1年も経たぬうちに、而も実行もしないうちに、之を変更するすると云うに至っては、如何にして、議院として国民の信用を博することが出来るか…。政府はこの僅かなる時期に非常なる変化を

---

725)　尾崎行雄、前掲書、253頁。
726)　前掲、『読める年表　日本史』930頁。
727)　尾崎行雄、前掲書、252頁。

この法律に加うると云うことは、毛頭、思いもよらぬ。…政府は反対を表せざるを得ず」[728]。

　この国民党、憲政会、そして無所属議員から提案された3つの法案は、大正9年2月に委員会で審議された後、本会議に回された。本会議では、政友会が衆議院の多数を占めていたことから、当然に否決となるとみられていた。しかし、原首相は、本会議が始まると、採決を求めるどころか、唐突に衆議院の解散を宣言してしまった。理由は、民意を問うということであった。いわば無用ともいえる解散であったが、これについて、尾崎行雄を次のように解説していた。

　「これは原君の深謀遠慮に発したものである。すなわち、彼は将来引きつづいて政局を担当するためには不安定な多数でなく、政友会だけで絶対多数を得る必要があると考え、その確信もあったので、かかる挙に出たのである。しかも用意周到な原君は大選挙区制よりも、政府の目の届きやすい小選挙区制の復活を解散前に通過させておいて、野党に決戦を挑んだ」[729]。

　原首相のこの思惑は見事に的中した。大正9年5月10日に行われた総選挙で、全議席464のうち、278議席を政友会は獲得したのである。それに対し、野党最大の憲政会ですら110議席しか獲得できず、国民党となると29議席、そして、無所属は47議席しか獲得できなかった。そして、選挙後に開かれた衆議院で、普選案の採決もとられたが、もちろん、絶対多数を占めた政友会によって否決されてしまった。

④護憲三派の運動

　しかし、政友会の全盛は長くは続かなかった。原首相が翌年の大正10年（1921年）11月4日、東京駅で刺殺されてしまったのである。

　当時、首相は形式的には天皇の大命で決められていたが、実質的には、首相の推薦権を持つ「元老」たちが決めていた。そして、この頃の「元老」は山縣有朋、松方正義、西園寺公望であった。原首相が暗殺されたとき、山縣は病床にあった（間もなく死亡）。そのため、松方と西園寺の2人の推薦で高橋是清が首相となった。高橋は、政友会の総裁にも就任した。内閣と与党の2つのトッ

---

728)　大正9年2月23日、『衆議院議員選挙法中改正法律案委員会議録』（第7回）、74頁。
729)　尾崎行雄、前掲書、254頁。

プになったわけであるが、しかし、その膝元の内閣のなかで、また、政友会のなかでも、官僚出身者と旧自由党系の出身者が対立するという内紛があり、組閣してからわずか半年後に、高橋内閣は総辞職してしまった。

　高橋の後、海軍大将の加藤友三郎が大正 11 年（1922 年）6 月に首相に就任。政友会が与党として加藤内閣を支えたが、肝心の加藤友三郎首相が 1 年後の大正 12 年 8 月に急死してしまった。このため、加藤と同じく海軍大将であった山本権兵衛に首相の大命が降り、山本内閣が関東大震災の翌日（大正 12 年 9 月 2 日）にスタートした。

　この頃、犬養毅は、国民党を解党し、憲政会を除名された尾崎行雄、憲政会を離党した島田三郎などとともに、革新倶楽部を結成していた。そして、その犬養が山本内閣に加わり、文部大臣兼逓信大臣となった。政党からは、たったひとりの参加であった。普通選挙を推進するためであったといわれているが、実際に、山本内閣のもとで、普通選挙法の準備が着実に進められた[730]。

　ところが、大正 12 年 12 月 27 日、皇太子裕仁親王（後の昭和天皇）が帝国議会の開院式に出席するために虎ノ門を通過中に狙撃を受け、車の窓ガラスが壊されるという、いわゆる虎ノ門事件が起こり、山本内閣は、この責任をとって、大正 13 年（1924 年）1 月 7 日、総辞職ということになってしまった。

　後を継いだのは枢密院議長の清浦奎吾であった。清浦首相は、組閣にあたって、政党人をひとりも組み入れず、陸軍・海軍大臣と外務大臣以外はすべて貴族院議員を大臣とした。これらの大臣のほとんどは普通選挙に反対であった。それどころか、政治運動を抑制するための治安維持法の制定を求める論者が多かった。こうした清浦内閣の姿勢に、普選を主張してきた革新倶楽部と憲政会が反発したのは当然であった。また政友会も、それまでは普通選挙に反対という姿勢をとり続けていたが、清浦内閣に対する反発から、方向転換をし、普通選挙の実施に賛同するようになった。

　こうして、革新倶楽部と憲政会、それに政友会が加わり、3 党が、清浦内閣に対する反対、政党内閣の樹立、さらに普通選挙の実施を求める運動を展開しはじめた。この 3 つの政党は「護憲三派」と呼ばれるようになり、また、清浦内閣に対する反対や普選を求める運動などは「護憲運動」として位置づけられ

730）　前掲、『読める年表　日本史』、936 頁、939 頁。

るようになった。しかし、政友会の議員のなかには、この護憲運動に反発するものもあった。というよりも、政友会の半数近くの議員が護憲運動に反対であり、結局、これらの議員は政友会から脱党して「政友本党」という新党を結成した。しかも、清浦内閣の与党となった。

⑤護憲三派の政権獲得

　大正13年（1924年）1月30日、大阪で憲政擁護大会が開かれた。護憲三派の議員が何人か出席し、三派の党首も東京からかけつけた。その帰路のことであるが、列車が岐阜県を通過し、愛知県の一宮市に入った所で事件が発生した。レール上に20貫（75kg）の大石が置かれ、数本の枕木が置かれていたのである。明らかに、この元首相や大臣たちが乗る列車の転覆を企てたものであった。幸か不幸か、列車の先についていた除雪車が壊れただけで、列車に被害がなかったが、翌日の衆議院で、三重県選出の議員・浜田国松がこれを問題視し、緊急質問をして清浦首相の見解を問いただした。その質問を要約すると…。

　20貫の大石と数本の枕木をレール上に置くなどというのは、どう考えても、ひとりの犯罪ではない。しかも、30分前に別の貨車が普通に通過していることからいえば、これは、組織的な犯罪だと考えるのが妥当である。鉄道当局が何らかの関与をしていたということも考えられる。警察の動きも不思議である。政友会の高橋総裁は元首相、革新倶楽部の犬養毅は元大臣であり、こうした元首相や大臣が列車に乗る場合には、警戒のために特別に数人の警察官が同乗するのが慣習である。それにもかかわらず、この列車には、特別の警察官はひとりも乗っていなかった。これを、政府はこれをどう考えるのか[731]…。

　この緊急質問を受けて、清浦首相は答弁のために登壇した。が、そのとき、議場に壮漢が乱入。混乱のうちに休憩となり、すかさず清浦内閣は衆議院の解散を宣言した[732]。首相の何の説明もないまま、総選挙となったわけである。

　この解散による総選挙は、大正13年（1924年）5月10日に行われた。結果は、護憲三派の大勝であった。なかでも、憲政会が大きく議席を伸ばして151議席を獲得し、護憲三派は合計で280議席を超えた（全議席は466）。

　このため、清浦内閣は6月7日に総辞職に追い込まれた。その後任として、「元

731）　大正13年2月1日、官報号外、『衆議院議事速記録』第4号、18-20頁。
732）　前掲、『読める年表　日本史』、940頁

老」は憲政会の加藤高明を推薦し、組閣の大命が加藤高明に降りた。久しぶりに政党の党首が首相となったわけである。しかし、加藤高明は、憲政会という政党の総裁ではあったものの、衆議院議員ではなかった。前任の清浦奎吾と同じく、貴族院議員であった。また、加藤とともに護憲運動を起こした政友会の高橋是清も、この大正13年5月の選挙で初めて衆議院議員となったが、護憲運動を始めたときは貴族院議員であった。護憲三派のもうひとつの政党(革新倶楽部)の犬養毅だけは、ずっと岡山県選出の衆議院議員であったが…。

護憲三派が、"護憲"というスローガンのもとに、恐らくは、"政党政治"の実現を目指していたといってよいであろう。しかし、実際に出現した加藤内閣は、首相自身をはじめとして、半数以上の閣僚が衆議院議員ではなかった。これで"政党政治"といえるのかどうか疑念が生じるが、ともかく、護憲三派による内閣が組織された。そして、この3党の約束であった普通選挙の実施が具体的なスケジュールにのることとなった。

⑥普通選挙法の制定；大正14年

憲政会の加藤高明は首相に就任後、すぐに、普選法案の作成を内務省に命じた。内務大臣として内務省を率いていたのは、憲政会の副総裁で、貴族院議員であった若槻礼次郎であった。内務省は2ヶ月で草案を作成。それをもとに、三派で協議を重ね、大正13年11月6日、政府の普選法案を決定した。その内容は…

納税の制限はなく、選挙権・被選挙権ともに、25歳以上の男子に与えるというものであった。ただ、「生活の為め公費の援助を受くる者」などは選挙権も被選挙権も持たないという僅かな制限がついていたが…。

衆議院で圧倒的多数を占める三派で、何度も相談して法案をつくったことから、加藤首相は、この法案の実現に自信があったのであろう。直後に開かれた憲政会の大会で、「普選の時代は将に来たらんとしております…」[733)]と演説をしていた。しかし、その前途にはまだまだ越えなければならない難関があった。

第1の難関は枢密院であった。この当時、普選法案のような国政に重要な影響を及ぼしそうな法案は、枢密院の了承が必要とされていた。このため、政府は、普選法案を真っ先に枢密院に示すということになったが、その枢密院が普

---

733) 加藤伯伝記編纂委員会『加藤高明』(下巻)、宝文館、昭和4年、576頁。

選法案の修正を迫ったのである。なかでも強く要請したのは被選挙権についてであり、被選挙権は「25歳以上」ではなく、「30歳以上の者（男子）」に修正するべきである、等々、いくつかの修正を要請した。これに対して、政府は若干の抵抗を試みたようである。しかし、枢密院の要請は強く、結局は、枢密院の要請をほぼ全面的に受け入れざるを得なかった。こうして、かなり後退した形で、政府案が確定した。その上、枢密院からの要請で、普選法と同時に、治安維持法も制定しなければならなくなった。

このようにして、普選法案は、大正14年（1925年）年1月21日、やっと衆議院に上程された。この日、衆議院の議場には早朝から傍聴者が詰めかけて定刻前に満員となり、議場の外には、傍聴券を求めて人々が群がっていた[734]。午後1時15分、与党三派から盛んな拍手を受けて加藤首相が大臣席に着き、議長の指名を受けて登壇。演説をはじめた。それに続いて、普選案の審議が始まったが、野党である政友本党の議員から反対意見が続出した。その後の本会議でも、また、委員会でも、延々と反対意見が表明された。なかでも、強調されたのは、普通選挙は日本の家族制度を破壊するという反対意見であった。普通選挙になれば、ひとつの家庭に数人の有権者がいるということが多くなるが、そうなると、父子で意見が異なり、兄弟で所説を異にするという事態も起こりえる。そして、家族のなかで反目しあうという事態も生じかねない。したがって、選挙権は家長（世帯主）に限定すべきであるというのが、政友本党の議員の主張であった。しかし、このような反対意見があったとはいえ、野党の政友本党の勢力はあまりにも小さく、3月2日の本会議では、与党（護憲三派）の圧倒的多数の議員の賛同で、普選法案は難なく通過した。

ところが、次の貴族院はそうはいかなかった。若槻内務大臣は、後に、このときの貴族院の状況を次のように述懐していた。

「（法案が）貴族院へ回った。空気が非常に悪い。（貴族院の普選法案を審議する）委員会は委員長が渡辺千冬で、委員のなかには政友本党の水野錬太郎などがいて、ほとんど賛成じゃない。正面から否決もできんが、何とかして傷をつけてやろうという空気だ。そうは言わんが、顔色を見れば分かる」[735]。

---

734) 東京朝日新聞、大正14年2月22日。
735) 若槻礼次郎『明治・大正・昭和政界秘史―古風庵回顧録―』、講談社、昭和58年、264頁。

憲政会の議員は、手分けして、縁故を回り、貴族院の普選法委員を説得して回ったといわれている[736]。これが功を奏したかどうかは別として、貴族院は、25歳以上の男子に選挙権をあたえるという条項については、ともかく、承認した。しかし、政友本党の家族制度を守るべきという意見に影響を受けたのであろうか。「生活の為公私の救助を受ける者」には選挙権被選挙権を与えないと修正した。実質的に、家長（世帯主）以外の者に選挙権を与えないことにしようとしたわけである[737]。

　与党の三派が多数を占める衆議院がこれを受け入れるはずはなかった。このため、衆議院と貴族院の両院で協議会を開き調整をはかることとなったが、容易に調整がつかなかった。結局、「生活のため公私の救助を受ける者」という文言の頭に「貧困に因り」を付け加えるということで折り合いがついた。何とも意味不明の結論であったが、ともかく、これによって、大正14年3月29日、長年の懸案事項であった普通選挙法が衆議院と貴族院を通過し、法律となった。（公布は、大正14年5月5日）。

　このような経緯から、普選法は"骨抜き"になったと世間のうわさになったようであるが[738]、しかし、これで、25歳以上の男子は、納税額に関係なく、選挙権をもつこととなった。これは評価すべきである。

　この普通選挙による初めての総選挙が昭和3年に行われたが、この選挙で、労働農民党、日本労農党、社会民衆党などのいわゆる無産政党が初めて候補者を擁立することができ、議席も、全部で8議席獲得できた。なお、普通選挙とはいっても、女性の選挙権は認められなかった。

(2) 地方制度の改正
①護憲三派の分裂；憲政会の単独内閣

　憲政会と政友会・革新倶楽部のいわゆる護憲三派の3党は、連合して内閣を組織し、衆議院議員の普通選挙を実現した。しかし、その連携は長くは続かな

---

736) 東京朝日新聞、大正14年3月10日には「貴族院の形勢に躍起の憲政会─縁故をたどり極秘のうちに総出で説得運動」、また、3月24日には「寝込みを襲われた貴院の反普選組」という見出しの記事が掲載されている。
737) 東京朝日新聞、大正14年3月26日。
738) 加藤伯伝記編纂委員会『加藤高明』（下巻）600-1頁。

かった。政党の政策や構成メンバーが変り、また、政党が離合集散するのは、日本の特色とすらいえるが、このときの護憲三派も、すぐにバラバラになった。最初に変わったのは政友会であった。普通選挙法が制定された直後の大正14年（1925年）4月、高橋是清総裁が政界からの引退を表明。当然に政友会総裁の辞任となった。代わって、陸軍大将の田中義一が政友会の総裁に就任した。これによって、政友会の体質が大きく右傾化したようである。また、田中総裁の誘いで国粋主義の司法官僚であった鈴木喜三郎が政友会に入党。さらに右傾化した[739]。

これにより、政友会は大きく変貌したが、もっと驚くのは、革新倶楽部の変貌であった。革新倶楽部の大半の議員がこの政友会に加わったのである。革新倶楽部を率いていた犬養毅も政友会に加入した[740]。ただ、普通選挙実現の功労者であった尾崎行雄は、革新倶楽部の一員であったが、このときは、政友会に加わらず、自立して、新正倶楽部という議員集団を組織した。しかし、この組織は長くは続かず、以後、無所属を通した。

それはともかく、政友会の勢力は、このように、にわかに大きくなった。こうなると、加藤高明が率いる護憲三派の内閣のなかで、政友会の面々が独自の意向を主張しはじめるのは当然といえた。結局、普選法を制定してから、まだ半年も経っていない大正14年（1925年）7月31日に、護憲三派を基盤とする加藤内閣は総辞職という事態に追い込まれてしまった。

この間、政友会は、国粋的な色合いが強くなったこともあって、同じく国粋的な色合いが強かった政友本党と提携し、政友会は衆議院の多数を占めるようになっていた。これにより、政友会としては、組閣の大命が降下することを期

---

[739] 鈴木喜三郎は、昭和2年（1927年）に、田中義一政友会総裁が内閣を組織したときに内務大臣に就任。そのときに特高警察の整備をはかり、政治犯や思想犯を強圧的に取り締まった。また、普選による初めての総選挙（昭和3年の総選挙）で、大々的な干渉をしたことも有名である。

[740] この革新倶楽部の変貌について、尾崎行雄は、次のように解説している。「犬養君の政友会加入は世間を驚かしたようだが、これは同君の性格とその立場から来ている。…当時、犬養君の政界における勢力は、政友会と憲政会に圧せられて、しだいに凋落し、とても志を得られるような情勢ではなかった。人情家の犬養君は、それでは仲間に対してすまぬと思ったのである。まったく人情のために、多年の主張をすてたのが同君の政友会入りである」（尾崎行雄、前掲書、272頁）。

待していたのではないかと想像できるが[741]、残念ながら、大命は政友会の田中義一総裁には降りなかった。憲政会の加藤高明に組閣の大命が下ったのである。

こうして、加藤は、大正14年8月2日、今度は、憲政会単独の内閣を組織した。ところが、その加藤首相が、4か月も経たない大正15年1月に、病気で亡くなり、内閣の総辞職となってしまった。

大正15年1月29日、加藤の後を受け継いで、若槻礼次郎が憲政会の総裁となったが、その若槻に大命の降下があり、30日、若槻内閣がスタートした。何ともめまぐるしい内閣の交代が続いたわけであるが、これが大正時代の政界の特色でもあった。

ちなみに、大正時代の内閣の変遷を整理してみると、次の表15のようであった。

これをみても、大正時代の政情が如何に不安定であったか、一目瞭然であろう。また、これを見れば分かるように、政党の党首として首相になったものも、衆議院議員というわけではなかった。衆議院議員で首相になったのは、平民宰

表15　大正時代の内閣

	内　閣 （首相名）	組閣年月日 （大正）	与　党	備　考 （首相の経歴）
1	桂　太郎	1年12月21日	—	陸軍大将・貴族院議員
2	山本 権兵衛	2年 2月20日	政友会	海軍大将
3	大隈 重信	3年 4月16日	立憲同志会	貴族院議員
4	寺内 正毅	5年10月 9日	—	陸軍大将
5	原　敬	7年 9月29日	政友会	衆議院議員
6	高橋 是清	10年11月13日	政友会	貴族院議員
7	加藤 友三郎	11年 6月12日	政友会	海軍大将
8	山本 権兵衛	12年 9月 2日	革新倶楽部	海軍大将
9	清浦 奎吾	13年 1月 7日	政友本党	貴族院議員
10	加藤 高明	13年 6月11日	憲政会・政友会・革新倶楽部	貴族院議員
11	加藤 高明	14年 8月 2日	憲政会	貴族院議員
12	若槻 礼次郎	15年 1月30日	憲政会	貴族院議員

注）政友会の正式名称は「立憲政友会」である。若槻内閣は約1年3か月後の昭和2年4月20日に総辞職。同日、田中義一が組閣。

---

741)　前掲、『読める年表　日本史』、942頁

相といわれた原敬ただ一人であった。普通選挙を実現した加藤高明、若槻礼次郎なども、衆議院議員ではなく、貴族院議員だったのである。

②地方制度改正法案の提案

　この大正時代の最後の内閣である若槻内閣が、大正15年（1926年）2月27日、府県制・市制・町村制を改正するという案を帝国議会に提出した。これは、前年の普通選挙法の公布に合わせた改正であったが、それだけではなく、ほかにも、時代の変化に合わせた改正ももくろんでいるというのが若槻内閣の説明であった。若槻首相（内務大臣を兼務）によれば、この法改正のねらいは次の4点にあった[742]。

① 　地方議員の選挙権の拡張
② 　選挙方法の改善
③ 　自治機関の整備
④ 　地方の自治権の拡充

　第1の「選挙権の拡張」は、もちろん、衆議院議員の普通選挙に対応するものであり、税金を納めているか否かに関係なく、25歳以上の男子に選挙権を与えることにするというものであった。また、それまでは、市町村会議員、府県会議員、衆議院議員の有権者はそれぞれであったが、改正案は、これを統一し、すべての議員の有権者を同一にするということも強調していた。これにより、有権者は大幅に増えることになったが、たとえば府県会議員の選挙では、それまで約529万人であった有権者が、この改正案が通れば、1,252万人へと倍増することとなった。ちなみに、国勢調査によると、大正14年の日本の人口は約5,974万人であった。

　第2の「選挙方法の改善」の代表的な内容としては、たとえば、府県会議員と市会議員の選挙を候補者制度にするということが示された。若槻首相（内相を兼務）は、候補者制度にすれば、候補者が供託金を出すことになり、それによって、候補者の乱立を防ぐことができると、若槻首相は説明していた。

　第3の「自治機関の整備」の最大のねらいは、若槻首相によれば、府県参事会および市参事会の権限を小さくするというところにあった。具体的には、た

742）　大正15年2月28日、官報号外、衆議院議事速記録第22号、580-1頁。

とえば、市の場合でいえば、市長は、議案を市会に提出する前に、それを市参事会の審査に付し、参事会の意見を添えて、議案を市会に提出することとされていたが、この市参事会の審査を廃止したいというのが若槻内閣のねらいであった。

第4の「自治権の拡充」については、「地方自治権、殊に市町村自治権の拡張は、今回の改正事項中、最も重要なる意義を有している」[743]というように、若槻首相が自賛していた改正案であった。

しかし、改正案の内容をどれだけ綿密に眺めても、如何にも"自治権"の拡充らしいものは、政府案のなかには含まれていなかった。せいぜいのところ、市役所の位置の決定や変更を市町村自身で判断できるようにする、あるいは、市町村の職員（吏員）の採用や退職について、府県知事や内務大臣の許可や認可を受けなくてもよいようにする…という程度の内容であった。

ただ、この「自治権の拡充」の一環として、若槻首相は、郡長と郡役所の廃止を宣言していたが、これは、まさに町村の自治権を拡充するものといえた。

郡は、大正10年（1921年）の法律で廃止されることが決まり、翌大正12年には、すでに「郡会」は廃止されていた。しかし、その時には、郡長、そして郡役所はそのまま残され、国の出先機関として、町村の監督などの国政事務を処理していた。その郡長と郡役所の廃止が、若槻首相によって宣言され、この年（大正15年）の6月に実際に廃止されたのであった。もちろん、郡長および郡役所に代わって、町村を監督する職員が新たに府県に配置されたが、しかし、郡長・郡役所の廃止によって、町村の裁量権が拡大したことは確かであった。なお、郡は、これ以後、単なる地理的名称ということになった。この郡の廃止は別として…

若槻内閣が提案した4つのねらいをもつ地方制度の改正案、すなわち、府県制・市制・町村制の改正案は、大正15年（1926年）2月の衆議院にかけられたが、その審議の過程で、痛烈な質問・批判をし、改善案を示す議員が多かった。そのほとんどは、この時には、政府の反発によって、あるいは、賛同しない議員が多かったために消えてしまったが、後になってから、すなわち、第2次世界大戦後に、実現したものがかなりあった。選挙権者の年齢、女性の選挙

---

743) 大正15年2月28日、官報号外、衆議院議事速記録第22号、581頁。

権、首長の直接公選、等々、昭和21・2年に占領軍の命令で実現したといわれているものが、すでに、この大正15年の審議で議論されていたのである。

また、地方議会は知事や市長の"諮問機関"になってしまっていると指摘され、それを改善するにはどうするべきかというような議論も、この大正15年の衆議院で展開されていた。これは、2010年代の現在においても、地方議会の関係者には耳が痛い議論ではないかと思えるが、少なくとも、現在の地方議会さらには地方行政を考える上でも、参考になることは確かである。以下、これらの議論を簡単に整理してみることにしたい。

③選挙権者の年齢？

若槻内閣が提案した政府の改正案は、衆議院議員の選挙と同じく、25歳以上の男子に選挙権を与えるというものであったが、これは、当然のこととして、ほとんど問題にされなかった。それどころか、もっと選挙権を拡大すべきではないかという意見が数多く表明された。たとえば、植原悦二郎議員[744]（長野県選出・政友会）は、満20歳以上に選挙権を与えるべきではないかという意見を主張したが、そのときの植原議員と政府委員（俵孫一・内務省政務次官）[745]のやりとりを、ごく一部ではあるが、見てみると、次のようなものであった[746]。

（植原議員）「何故、20歳と御定めにならなかったのか。…満20歳以上の者を、すべての方面に於いて、一個の人格を備えたものと、法律上は認めている。…社会上に一人前として取り扱われて居るのであれば、20歳以上の者に選挙権を与えて、政治的訓練を施していくことが必要である」。

（俵政府委員：政務次官）「成る程、男子20歳になると兵役の義務が生じてきますし、また、法律上に於いても私法上に於いても其の資格を認めているのでありますが、併し…殊に選挙権に付きましては、満20才になったからと云うことを以て、直ちにいわゆる公的権利を与えると云うわけにはいかぬと思う。何となれば…其の権利を執行するに付いては、相当

---

744) 植原悦二郎は、ワシントン州立大学、ロンドン大学を出た後、明治大学教授。国民主権論を唱えた人物で、もともとは革新倶楽部に所属する議員。その後、犬養毅とともに政友会に移動し、この大正15年の審議のときは、政友会に所属。
745) 俵孫一は、この当時、島根県選出の憲政会の衆議院議員。もともとは官吏で、三重県知事、宮城県知事、北海道長官などを歴任した。
746) 大正15年3月3日、府県制中改正法律案外6件委員会議録、第3回、3-4頁。

の経歴を要する。…満25才になった頃が最も適当であると信ずるのであります」。

（植原議員）「民法が20歳で一人前の人間に認めている。…国家に対する重大なるところの兵役の義務を果たせる人格を備えた者と認められている。其の者が…市制町村制に規定してある位の問題を判断できないなどと仰(おっしゃ)るのは、これは、とんでもないことである」。…

このように、政府の主張にはほとんど根拠がなかったものの、政府は25歳以上の者に選挙権を与えるという説を頑なに守り、植原議員の20歳以上の男子に選挙権を与えるべきという意見は敢えなく消されてしまった。

④女性も有権者に？

衆議院に限っていえば、女性にも選挙権を与えるべきだという意思表示を明確にした議員が少なからず居た。たとえば山形県選出の高橋熊次郎議員（政友会）の発言を抜き書きしてみると[747]、

「政治と云うものは男子のみで占領いたして、婦人に解放すべきでないというようなる説を吐く人がありますけれども、私は之を固陋頑迷の説なりと考えて居る」。

「今日、婦人が市町村の自治体に於いて、何ら之に参与する能力と云うものがないと論じたならば、恐らく、之に賛成する者などは、今日に於いてはあるまい」。

「今日、小学校における吾々の子弟の教育というものは、男子の多くは関与いたしておりません。父兄懇話会の如き、内務次官などはお覗きになったかどうか分かりませぬが、集まるものは九分九厘までは婦人ではありませぬか。小学校の先生にも多くの婦人が居る。然るに、公の機関に携わるものは男子のみであると云うのは、矛盾も甚だしい」…等々、時間をかけて、女性にも参政権を与えるべしと主張していた。

この意見に、政府委員（俵内務次官）はいろいろな弁明をしていたが、その内容は要するに、「現時の婦人の程度は、未だ、之を施行するというところに達していない」[748]というものであった。

---

747) 大正15年2月28日、衆議院議事速記録第22号、584-6頁。
748) 同　上、585頁、俵孫一（政府委員：内務次官）の発言。

また、千葉県選出の土屋清三郎議員（政友会）は、国民の半分（女性）を国家の統治とは関係のない"化外"の人として扱うことになるという批判をしていた。そして、政府委員（潮恵之輔：内務省地方局長）は、これに正面から反論することはなく、次のように、女性には能力がないという発言を繰り返していた。

　「男子に較べれば、一般的に婦人の政治能力と云うものは幾分遅れて居る。随って男子には認めても、女子には認めない」[749]。

　世界の情勢を見ると、この1926年頃は、ヨーロッパの多くの国々、アメリカ、カナダなどでは、すでに、女性の参政権が認められるようになっていた。日本の内務省当局者もそうした動きを意識していたようであるが、次のように、理論にならない理論でそれを否定していた。

　「外国の選挙法あるいは地方制度に於いて、いわゆる男女同権でありましても、日本は日本として国情なり家庭の事情を斟酌して、また能力の程度も十分に斟酌した上で、婦人の参政権を」[750]考えるべきである。

　当時の政権を担う人たちは、それほど女性の参政権を恐れていたのだろうか。同じ男性として肯ける面もあるが…。また、当時の衆議院議員のなかにも、女性が選挙で投票し、議員となり、同僚となって登場することを恐れるものが多かったのであろうか。女性に選挙権を与えないということに、理由を示すことなく、固執する議員が圧倒的に多かった。こうして、女性の参政権を主張する意見は、このときの審議では、自然に消えてしまった。女性の参政権が実現したのは、第2次大戦後、占領軍によってその実施を強制されたときであった。

⑤市町村長の公選は？

　選挙権の拡張に関連して、市町村長を住民の選挙で選ぶようにするべきではないかと主張するものもいた。

　この当時、市長と町村長の選出の仕方は、形式的には、若干の違いがあった。市長の場合は、市会が内務大臣の命令に基づいて3人の候補者を推薦。内務大臣がその中から1人を選んで天皇に上奏し、天皇の裁可によって、市長が決まるという仕組みになっていた。これに対し、町村長の場合は、府県知事の認可

---

749) 大正15年3月4日、府県制中改正法律案外6件委員会議録（第4回）、8頁。
750) 潮恵之輔（内務省地方局長）の衆議院での発言。大正15年3月3日、府県制中改正法律案外6件委員会議録（第3回）、25頁。

が必要であったが、町村会の選挙で選ばれるという仕組みであった[751]。

しかし、市長選出の場合も、実際には、市会が推薦する市長候補者に、第1候補・第2候補・第3候補という順位がつけられており、内務大臣はその第1候補を選んで天皇に上奏するという慣習になっていた。言い換えれば、市長も実質的には市会によって選ばれており、その意味では、町村の選出と変わりがなかった。

そして、大正15年（1926年）の衆議院では、この選び方に問題があるとして、直接公選を主張する議員が少なからず居たのである。たとえば、青森県から選出された工藤鉄男議員（憲政会）は、次のように、発言していた。

「現在の市町村長の選挙というものは、実に奇々怪々なる選挙運動が行われて居る。…議員の勢力が伯仲した場合に於いては、実に見るに忍びないような醜態を演じているのであります。…少数の市町村会議員によって選挙されるから、斯ういうことが起こる。…市町村民の欲する適任者を得るためには、住民が適当な方法で選挙し得るようにするほうが宜しい。…住民は市町村会議員を選挙し得る力を持っているのですから、市長や町村長を選挙する能力ありと認定して宜しかろう」[752]。

これに対する政府側の言い分は、次のようであった。

「政府が今回改正案を立案する際に、無論この点は十分に考慮いたしました。が、今日考えておりまする所では、市会というものは市民の代表の機関であります。其の市民を代表したる市会が市長を選挙するということは、決して筋に於いて間違っておりませぬ。…兎に角、市長は市を代表したる執行機関でありまして、若し之を直接市民が選びますと、市の自治機関である市会と、執行機関である市長の間が円滑にできることであろうか。若しその間に争いが出来、意思の疎通を缺（か）くということになりますと、今日より却って自治を紊（みだ）すような心配があります」[753]。

---

751) 市制は明治44年に全面的に改正されたが、この市長選任の仕方は、明治21年の市制と変わりがなく、「内務大臣は市会をして市長候補者3人を選挙推薦せしめ上奏裁可を請うべし」（第73条）と定められていた。ただし、市長の任期は、明治21年の市制で「6年」とされていたものが、明治44年の市制では「4年」となった。
752) 大正15年3月2日、府県制中改正法律案外6件委員会議録（第2回）、11頁。
753) 同　上。潮恵之輔（内務省地方局長）の発言。

こうした政府側の主張に多数の議員が同意したのであろうか。市町村長の公選論は、政府によって押し切られてしまった。

しかし、市長公選論は消えたものの、衆議院は、市町村長の選任方法を大きく修正した。市長も町村長も、議会（市会・町村会）の選挙だけで選ぶということにし、天皇の裁可や知事の認可は必要なしということにしたのである。これは、もちろん、政府の改正案にはない改正であったが、貴族院もそれを了承し、法律となった。

⑥府県知事の公選論？

府県知事を府県住民の選挙で選ぶべきではないかという論議もあった。この当時、府県知事は中央政府から派遣された中央政府の職員、すなわち"官吏"であった。"官吏"である以上、知事は、中央政府の命令によって転勤するのは当然であったが、しかし、知事として任務を遂行しようとすれば、一定期間は、同一府県にとどまる必要があった。ところが、明治の後半頃から、知事の任期は一般に非常に短くなり、とくに大正時代に入ると、全体的に極端に短くなっていた。

ちなみに、三重県を例にとって、大正時代の知事の在任期間をみてみると、次の表にみるように、三重県に赴任してから、1年経つか経たないかで三重県を去る有様であった[754]。何も事情を知らない府県に赴任してから、たったの1年ほどの間に、知事はどういう仕事ができたのか、疑問が湧き、興味がそそられるところであるが、たとえば、長野県選出の植原悦二郎議員（政友会）は、この大正15年（1926年）の衆議院の審議で、次のように、知事の仕事ぶりを分析していた。

「府県知事は2・3年に於いて転任するがために、地方の事情に通じない。1・2年の間に転々せしめられることもある。…ある知事の如きは、自己の栄達を図らんとするがために、政党に関係して色々のことをする。然らざる者と雖も、前任者の仕事を継続すると、自己の存在が認められない為、継続しない。…県民の利害得失などと云うことは殆ど考慮することがない。知事と云う個人の存在のために、知事の仕事をするというような実例は、各府県を通じ、頻々たるものである」[755]。

---

754) 朝日新聞通信部編、『縣政物語』、世界社、昭和3年、305頁。
755) 大正15年3月3日、府県制中改正法律案外6件委員会議録（第3回）、7頁。

表16　大正時代の三重県知事

	氏　名	出身地	就任年月	前任	転任先
1	俵　孫一	島　根	1年12月	朝鮮総督府	宮城県知事
2	馬淵　鋭太郎	岐　阜	3年4月	山口県知事	広島県知事
3	永田　秀次郎	淡　路	5年4月	京都府警察部長	内務省警保局長
4	長野　幹	福　井	5年10月	神奈川県内務部長	山梨県知事
5	山脇　春樹	京　都	8年4月	山梨県知事	栃木県知事
6	柴田　善三郎	静　岡	11年10月	朝鮮総督府	福岡県知事
7	田子　一民	岩　手	12年10月	内務省社会局長	退職（注1）
8	千葉　了	宮　城	13年3月	新潟県内務部長	休職（注2）
9	山岡　国利	鹿児島	13年7月	群馬県知事	休職（注3）
10	遠藤　柳作	埼　玉	15年9月	青森県知事	退職（注4）

（注1）　田子一民知事の退職は、大正13年5月10日の総選挙に岩手県から立候補するためであった。このときは落選したが、次の総選挙で政友会の衆議院議員となった。
（注2）　千葉了知事は、政友本党を与党とする清浦内閣のもとで三重県知事となったが、憲政会の加藤高明内閣が成立した直後の大正13年（1924年）7月に休職。
　　　　昭和2年（1927年）4月に政友会の田中内閣によって長野県知事に任じられたが、その田中首相が退陣した昭和4年には辞職。昭和6年12月に政友会の犬養毅内閣が成立すると、広島県知事に就任した。まさに、政友会系の知事であった。
（注3）　山岡国利知事は休職後、田中義一政友会内閣のもとで宮崎県知事に返り咲いたが、田中内閣が退陣すると同時に休職となった。
（注4）　遠藤柳作知事は埼玉県から衆議院に立候補するために退職。政友会の議員となった。

　また、政府委員として、この衆議院の審議で、政府の意向を表明していた潮恵之輔・内務省地方局長も、「知事の更迭が頻繁にあることは宜しくない」と、知事の任期が非常に短くなっていることを問題視する発言をしていた。その一方では、「併し、知事の更迭は人事上のことで、私の容喙すべき範囲ではありませぬ」[756]と発言し、責任回避をはかっていたが…。

　ともかく、このように知事が頻繁に交代することを問題視した数人の議員は、その改善策として、知事の公選を主張したのであった。しかし、当然ともいえたが、それは、政府側の認めるところとはならなかった。知事の最も重要な任務は国政事務の処理であり、府県行政の首脳としての職務ではないというのが、その理由であった。

---

756)　大正15年3月3日、府県制中改正法律案外6件委員会議録（第3回）、28頁。

このときの政府は憲政会の政府であったが、府県知事の公選を否定する政府の姿勢に、憲政会に所属する議員が追随したのであろう。知事公選論も、市町村長の公選論と同じく、政府に押し切られてしまった。

⑦候補者制度

若槻首相（兼内相）は、地方制度の改正案を国会に示した際に、「選挙権の拡張」と同じく強調したのは、「選挙方法の改善」であった。そして、その具体策として、府県会と一定規模の市会の議員には、候補者制度を導入するという改正案を示した。

この候補者制度そのものについては、帝国議会では、ほとんど何の意見もなく、そのまま認められた。ただ、候補者制度とセットになっていた条文、すなわち、候補者は「２百円を供託することを要す」という条文が議論されたが、それも、反対というのではなく、供託金の額が少なすぎるのではないかという質問であった。たとえば、愛知県選出の加藤鐐五郎衆議院議員（政友本党）の、「２百円では余りに少ない。是では、泡沫候補者を防ぐことが出来ない…と思う」[757]という質問があった。

これに対して、潮孫一内務政務官（衆議院議員・憲政会）が政府を代表して、次のように説明していた。

「議員候補者に対して供託金を出させると云うことは、選挙の理想から云いまして如何かと思う。併しながら、議員候補者の制度を設け、泡沫候補者を防ぐと云う目的を達するが為には、已むを得ず供託金を設けて居るのであるが、此の２百円と云うものは、２百円ならざる可らずと云う絶対の意味はございませぬ。唯…衆議院議員の供託金２千円の一割位で適当ではあるまいかと云うことに決めたまでのことでございます」[758]。

なお、帝国議会では何ら言及されなかったが、この候補者制度の附帯的効果として、無投票当選という事実が生じることになった。

⑧戸別訪問の禁止

現在の地方議員の選挙戦といえば、候補者が選挙カーに乗り、名前を連呼しながら「よろしく」と手を振っている情景を思い浮かべるのではないだろうか。

---

757) 大正15年３月３日、府県制中改正法律案外６件委員会議録（第３回）、24頁。
758) 同　上、25頁。

最近は、自分の名前を書いた幟を自転車に立てて、ゆっくりと走っている、あるいは、歩いて幟を背負いながら歩いているという光景を連想するものもいるかも知れない。いずれにしても、候補者が、なぜ議員になろうとしているのか、現実の市や町あるいは府県のどこに問題があるのか、どのように改善しようとしているのか…等々を、有権者と向かい合って、一対一で議論しているというような情景は、全く、見られない。もちろん、候補者が、有権者の自宅のドアをノックしてまわり、政策論を展開するということもない。

　これに対して、たとえば、筆者は、イギリスの地方議員の選挙運動の情景を何度か見たことがあるが、最もポピュラーな選挙運動は、候補者が選挙区内の有権者の家を訪問するという運動である。そして、候補者について回ると、ドアの前で、住人が候補者に対して、学校教育のどこに問題があるか、治安をどうやって維持するか、道路の修復をどうするか、税負担を軽くするにはどうすべきか、等々、さまざまなことを質問し、議論をふっかけている。

　こうして誰に投票するかを決めている有権者もイギリスには多いようであるが、日本の有権者はどのようにして投票する相手を決めているのであろうか。地縁か、血縁か、それとも、雰囲気が良いからか…。いずれにしても、候補者の考えや特性を理解して、投票しているという有権者は、ほとんどいないのではあるまいか。

　日本の地方議員が、有権者の家々をまわって、有権者と議論するという選挙運動をしないのは、そもそもは、"戸別訪問"が禁止されているためであるといってよいであろう。戸別訪問を初めて禁止したのは、普通選挙を導入したことで知られている大正14年（1925年）の衆議院議員選挙法である。地方議員の場合は、この大正15年（1926年）の地方制度の改正によってはじめて禁止されたが、この地方制度の改正案が審議されたときには、なぜ、戸別訪問を禁止するのかという説明はなかった。少なくとも議事録には、そういう説明は全く収録されていない。

　また、議員の質問や反論も、高橋熊次郎議員（山形県選出、政友会）の、戸別訪問が禁止されれば、「如何にして適者を選出するか、選挙民は非常に迷うだろう」[759]という発言があっただけで、それに対する政府側の回答もなく、他

759）大正15年2月28日、衆議院議事速記録第22号、586頁。

の議員も無反応であった。

　国会議員（衆議院議員）の戸別訪問を禁止したときも同じで、政府委員も、議員も、戸別訪問の禁止を当然のこととして理解していたようであった。少なくとも議事録を見る限りでは、戸別訪問を批判した議員も、異論を唱えた議員もいなかった。これは、一体、何を意味するのであろうか。

⑨常任委員会のルーツは？

　日本の地方議会の委員会は、議会の内部機関として予備的審査を行う機関であり、独立した意思決定機関ではないとされている。こういう委員会は、日本独特のものといってよい。たとえば、イギリスの地方議会にも種々の委員会があるが、そのほとんどは、議会（本会議）から自立して審議する機関である。議会（本会議）の予備的審査を行う委員会が稀に設置されることがあるとしても、ほとんどの委員会は、委員会の審議だけで終結して、意思決定をしている。

　このように、地方議会の委員会は日本独特のものであるといってよいが、こうした委員会はいつ頃から存在しているのであろうか。大正時代にはかなり多くの地方議会が委員会を設置していたようであるが、しかし、全国的に広まるようになったのは、しかも、予備的審査を行う機関としての委員会が広まるようになったのは、この大正15年の府県制・市制の改正以後のことといってよい。いわば、現在の地方議会の委員会のルーツを、この大正15年の地方制度の改正にもとめることができそうである。

　とはいっても、このときの地方制度の改正で、委員会の設置を明確に定めたということではない。政府が意図したのは、府県参事会と市参事会の議案審査を止めようということだけであった。たとえば、若槻首相（兼内相）は次のような趣旨の説明をしていた[760]。すなわち…。

　参事会は、府県会や市会を補佐する副議決機関であり、その構成メンバーの大部分は、それぞれの議会の議員である。その参事会が、議会（府県会・市会）の事前審査あるいは予備審査のような形で、議案の審査をしているが、その一方では、多くの議会が委員会を設置して、議案の事前審査をしている。こうした状況からいえば、府県参事会や市参事会が事前審査をする必要はもはやない。こういう次第で、参事会の議案審査を廃止する改正案を提出した…と説明

---

760)　大正15年2月28日、衆議院議事速記録第22号、582頁。

していた。

　この政府の改正案は、大正15年の衆議院と貴族院でほとんど異論がなく認められた。知事や市長が議案を地方議会に提出する前に、参事会がその議案の審査をする制度が廃止されたわけである。しかし、そうなると、それまで委員会を設けていなかった議会は、いきなり本会議で議案の審議をすることに戸惑いを感じたのではないだろうか。そのために、どこの府県会でも、また市会でも、委員会を設置して議案の審査をするという仕組みを採用するようになったようである。そして、これらの委員会は、議案審査をする機関としてその活動が始まった以上、その活動は、いわば当然のこととして、本会議の事前審査・予備審査に限定されたといわなければなるまい。こういうことで、日本独特の委員会がうまれるようになり、また、委員会の審議は本会議の事前審査・予備審査であるという考え方が常識化するようになったのではないだろうか。

　ところで、府県参事会については、衆議院の審議で、政府が予定していなかった論議も巻き起こった。きっかけをつくったのは、若槻首相が政府案を最初に説明したときに、その内容を問いただした小橋一太議員（熊本県選出、政友会）の発言であった。府県の参事会には、府県会議員の互選で選ばれる議員の外に、知事と高等官2人、全部で3人の官吏がメンバーになっていたが、「役人が3人加わって居る結果として、往々にして地方の多数の民意が参事会の議決に反映されないことがあるように思う」[761]と発言したのである。

　小橋議員は、数年前まで内務省の官僚で、内務次官にまで上り詰めたという経歴をもっていたということも影響したのであろうか、多くの議員がこの小橋議員の発言に賛同し、貴族院もそれを認めたために、高等官2人は参事会のメンバーから除かれることになった。

　なお、後のことになるが、昭和22年の地方自治法で、地方議会の常任委員会の設置が定められ、それに伴って、府県参事会も市参事会も廃止された。常任委員会があれば、参事会の機能を果たすことができると考えられたためといわれている。

⑩ 議会は"諮問機関"？

　「いまの議会は知事や市長の"諮問機関"になってしまっている」。

761）大正15年3月2日、府県制中改正法律案外6件委員会議事録（第2回）、3頁。

「議会は、市長の諮問に応じるというような、軽い機関ではない」。

「議会は、本来、住民を代表して、府県や市町村の意思を決定するという"議決機関"であり、有力な機関である」…。

これは、もちろん、2010年代後半の現在の地方議会についてコメントしたものではない。百年ほど前、正確には大正15年に、衆議院の審議で、何人かの議員が地方議会の実態を批判したときの発言である。

この当時、府県は条例を制定する権限をもっていなかった。そのため、議会（府県会）がもっていた重要な権限は、知事から提案された予算案を議決し、決算を認定することだけだったということすらできた。一方、市会と町村会は、これに加えて、条例を制定するという権限をもっていたが、しかし、これも、議会自身の発案で、すなわち議員の発案で条例を定めるというものではなかった。市長・町村長が発案するものを、議会で議決するという権限であり、戦後、昭和22年（1947年）以後の市町村議会とは大きく違っていた。それでも、大正時代末の衆議院で、何人かの衆議院議員により、地方議会は"議決機関"としての立場を自覚するべきであると批判されていたのである。

こうした批判が展開されたのは、大正15年の衆議院で、地方制度の改正案が審議されたときであった。この地方制度の改正では、改正案を提出した若槻首相（兼内相）が「自治権の拡充」を重要なねらいとして説明していた。このことは前述したが、それを根拠にして、自治権拡充のためには、地方議会を本来の"議決機関"として機能できるように、運用を見直し、また、法律の整備をはかるべきであると批判されたわけである。

議会運用の見直しという面では、議会が議決権を行使して予算を修正しても、それが、府県知事や市長さらには中央政府に無視され、原案がそのまま執行されてしまうため、議会は知事や市町村長の提案をそのまま認めることになってしまっているという批判も多かった。

たとえば、加藤鐐五郎議員（愛知県選出・政友本党）は、愛知県の前年度（大正14年）の状況を例にとって、愛知県は、「議会によって否決されたものを悉く、零細なものまで、原案執行の申請をしている」[762]と批判していた。申請と

---

762) 大正15年3月3日、府県制中改正法律案外6件委員会議事録（第3回）、20頁。

いうのは、内務省（内務大臣）に申請するという意味であった。当時は、知事が議会の決定に従えないと判断した場合には、内務大臣に申し出て、その許可があれば、内務大臣の指示にしたがって原案を執行することができたのである。

これに対して、政府委員の潮恵之輔（内務省地方局長）は、地方の公益を考慮し、どうみても不適切という議会の議決に限って、いわばやむを得ない場合に限って、原案執行を許可していると反論していた[763]。しかし、たとえば田口文次議員（佐賀県選出・政友本党）が、佐賀県を例にして「事実に於いては、そうはなって居りませぬ」[764] と再反論していたように、原案執行を常態的にやっていると批判し、その改善を求める議員が多かった。それでも、このときは、政府側の原案執行を擁護する姿勢が崩れることはなく、これらの批判は、批判だけで終わってしまった。

一方、議会の"議決機関"としての機能を強化し、それによって"諮問機関"になってしまっている現実を改善しようという提言もあった。たとえば、熊本県選出の小橋一太議員（政友会）は、法規制定の権限すなわち条例制定権を府県にも認め、府県会を真の"議決機関"にすることが必要であり、それこそが「自治権の拡充」につながると、府県への条例制定権の附与を要請していた[765]。この当時、市町村には条例制定権があったものの、府県にはなかったために、こうした要請が出てきたのであるが、しかし、政府側は、曖昧な姿勢で、このときは、有耶無耶にしてしまった。

また、市町村の条例制定も、その発案権が市町村長にあり、議員が発案できないことも批判された。市会や町村会は、自主的にではなく、受け身の立場でしか、条例を制定することができず、これでは"諮問機関"でしかないと批判されたのである。こうして、市会や町村会を"議決機関"にするべきであると論じられ、"議決機関"にするには、議員の条例発案権を認める必要があると主張する議員が少なくなかった。しかし、政府側は現状維持の立場で終始し、たとえば、議員の条例発案は理事者と議会の紛争を引き起こすというようなあいまいな説明で、議員の要請を切り抜けてしまった。市会や町村会での議員の

---

763) 大正15年3月3日、府県制中改正法律案外6件委員会議事録（第3回）、21頁。
764) 同　上、30頁。
765) 大正15年3月2日、府県制中改正法律案外6件委員会議事録（第2回）、2頁。

条例発案権は、この大正15年の改正では認められなかったわけである。

⑪昭和4年の改正

　昭和4年（1929年）にも、かなり大きな地方制度の改正があった。この改正は、大きくいえば、自治権拡充を主とするものであり、いわば、大正15年の地方制度の改正で積み残したものを実現するものともいえた。なかでも大きな改正は、議会（府県会・市会・町村会）の権限拡充であった。たとえば、

① 府県も、府県条例を制定することができるようになった。

② 議会（府県会・市会・町村会）の議員も、予算案は別として、そのほかの議案については、発案できることとなった。

　府県は国の行政区画であり、中央政府の出先機関であるというのが、それまでの府県の基本的な位置づけであった。そのため、府県独自の法規すなわち条例を持つ必要がないとされていたが、これが、明治時代の後半の頃から、とくに大正時代にはいってから大きな問題となり、府県も"自治体"として位置づける風潮が強まっていた。大正15年の地方制度の改正の際にも、府県の条例制定権が議論されたが、それが、この昭和4年の改正で、ついに認められ、市町村と同じように条例を制定できることとなったのである。

　条例は議会（市会・町村会）の議決によって制定されてきた。しかし、条例案そのものを議員（あるいは議会）がつくるということは認められていなかった。市会や町村会の権限とされてきたのは、市町村長によって提案された条例が良いか悪いかを判断し、議決するということだけであった。大正15年の地方制度改正の際に、これが問題となり、議員にも発案権を認めるべきだということが論議されたが、それが、この昭和4年の改正で認められた。議員自身が条例案を提案し、審議できることとなったのである。もっとも、議員は1人で発案することはできず、議員が発案するには、議員3人以上が文書で発案することを義務づけられたが…。そして、府県会に条例制定権が認められたことと相まって、府県会議員にも、市会・町村会の議員と同じように、条例の発案権があるとされた。

　府県会については、このほかに、いくつかの改正があった。たとえば、それまでの府県会は知事によって招集されるだけであったが、府県会議員も、知事に対して府県会の招集を要請できることとなった。もちろん、議員ひとりで要請することはできず、議員定数の3分の1以上の議員が要請し、同時に、議会

で審議する事柄を文書で示す必要があったが…。

　また、それまでは、府県会と知事が対立するようなことがあると、知事は、府県会に"停会"を命じるという権限があった。そして、実際にその権限を行使した知事もいたが、この昭和4年の改正により、知事のこの権限も廃止されてしまった。いわば、府県会も、市会や町村会と同じ程度に、知事という行政機関から法的に自立した機関になったといえそうである。

　とはいっても、この昭和4年の改正は、議決機関である府県会や市会・町村会の権限を拡充しただけではなかった。その一方では、議決機関に対抗する形で、行政機関の権限を拡充するという計らいもしていたのである。ひょっとすると、真のねらいは、この行政機関の権限拡充にあったのではないかと思えるほどであった。その主なものを挙げてみると…。

① 　原案執行の手続きを簡素化した。
② 　議会がその権限の一部を知事・市町村長に委任できるようにした。

　従来、知事や市町村長が原案を執行するには、まず議会の再議に付す必要があった。それでも、議会が否決もしくは修正の議決を取り消さないという場合に限って、原案の執行を内務大臣に申請することができたが、昭和4年の改正は、議会の再議を経ずに、原案執行の申請ができるようにしたのである。

　また、市会や府県会はその権限の一部を"復委任"という形で知事や市長に任せてしまうということが、従来から稀にあったが、これは、実質的には、議会のチェックがなくなるということを意味した[766]。昭和4年の改正は、この"復委任"を簡単にできるようにしたのである。

6. 補足；戦後の地方制度の改正

(1) 東京都

　いまは、市町村を包括する広域の地方団体をまとめて「都道府県」というが、このなかの「都」というのは、もちろん東京都のことである。しかし、東京都は、最初から「都」であったわけではない。明治・大正時代は、京都府や大阪府と同じように、「東京府」と称されていた。その管轄区域内には、「東京市」

---

766)　亀掛川浩、『地方制度小史』図書印刷株式会社、1962年、193頁。

もあった。

　その「東京府」が、昭和18年（1943年）、すなわち、太平洋戦争のまっただ中に、「東京都」となったのである。このことからも推測できるように、これは、戦争を遂行するためのもの、具体的には、「東京市」という自治要素が強い機構を廃止し、中央政府の指示にしたがって敏速に動く機構にしようというものであった。

　事実、昭和18年の帝国議会（貴族院）の審議で、湯浅三千男内務大臣は、次のような趣旨の説明をしていた。すなわち…

　「東京府」と「東京市」という二重の機構が併存しているため、「行政の錯雑と不統一」という事態が生じている。これでは、「到底、敏活強力なる行政の遂行」をすることができない。そこで、今回、「帝都たる東京にその国家的性格に適応した確固たる体制を確立する」ことにした[767]。

　こうして、「東京都制」という法律が制定され、それに基づいて、「東京都」が設置された。「東京都」設置の最大の目的は、端的に言えば、「東京市」の廃止であった。そして、「東京都」に対する中央政府の統制を強化するため、その行政機関のトップにはもちろん官吏が就任した。その名称は「長官」で、他の府県知事より格上であった。

　しかし、この東京都の制度は長くは続かなかった。戦後の昭和21年（1946年）9月、当時日本を占領していた連合国軍最高司令官総司令部（GHQ）のもとで、民主化をはかり、自治体として機能させるという観点から、「東京都制」が改正され、その「長官」は住民の直接選挙で選ばれるということになったのである。この改正は、他の地方制度、すなわち府県制や市制・町村制と同時に行われた。その内容については、これらの地方制度の改正とともに、後に説明する。

(2) 北海道

　都道府県の「道」、すなわち北海道は明治の初めの頃は開拓地であった。その後、明治19年に北海道庁が設置されたが、これは、内務省直轄の地方行政機関であり、北海道庁長官の下で、中央政府の官吏が北海道を治めてきた。もちろん、明治23年の「府県制」は、北海道には施行されなかった。また、明

767）　昭和18年3月2日、貴族院議事速記録第15号、262頁。

治21年の「市制」「町村制」も施行されていなかった。北海道の地域は、官選の"戸長"によって治められていたのである。

しかし、明治30年の頃になると、各地域に移住してきた人々も増え、札幌や函館などに"区制"が施行され、"市"に準じるような扱いをされるようになった。また、町村にも北海道独自の町村制が施行された。そうしたなかで、北海道に「議会」を設置するということになり、明治34年、「北海道会法」が制定された。この法案を審議した帝国議会（貴族院）で、当時の担当大臣であった末松謙澄内務大臣が議会設置の必要性を、次のように、説明していた。

「（北海道は）既に余程の発達を致しまして…人間で言いますれば、最早17、8乃至18、9に達して居る、…数年後に、お前は独立して行かねばならぬと云うことを言うべき時が既に来て居る。故に、北海道の自治、並びに地方政務を…自らやっていくところの基礎を立てさせるために、北海道会が必要になっている」[768]。

しかし、この"北海道会"は、"府県会"に較べて、かなり権限が制約されていた。末松謙澄内務大臣はいう…。「北海道会を立てましても、是はそう広い権限を与えると云うわけではありません」。そして、北海道会は、せいぜいのところ、「地方の費用の収入支出について評議をさせるくらい」であり、しかも、「十分なる監督」をすると強調していた[769]。

このように、明治34年に設置された「北海道会」は、他の府県と同じような議会を設置するための準備として、設置されたものであった。いわば暫定的なものといえたが、しかし、実際には、この暫定的な状況は長期にわたって続くこととなった。札幌、函館などの"区"は、その後、大正11年に市制が施行され、一般的な"市"となったが、このときも、北海道は変わることなく、「北海道会」もそのままであった。

北海道が変わったのは、戦後の昭和21年（1946年）、GHQの統治下のもとで、民主化の観点から地方制度の改正が強要されたときであり、この改正によって、北海道にも「府県制」（法律）が適用されることになり、「府県制」の名称も「道府県制」と変えられた。そして、北海道「長官」も住民の公選で選ばれ

---

768) 明治34年3月23日、貴族院速記録第17号、264頁。
769) 同　上。

ることになり、北海道内の町村にも「町村制」が適用されることとなった。北海道会も、他の府県の議会（府県会）と同じ権限をもつようになったのはいうまでもない。

(3) 昭和21年の地方制度の改正

　地方制度は、戦後の占領軍（GHQ）の民主化を図るべきという指示のもとに、昭和21年（1946年）に劇的に改正された。この改正は「東京都制」、「道府県制」、「市制」、「町村制」を同時に改正するという形で行われたが、その目的を、当時の担当大臣であった大村清一・内務大臣は次のように説明していた。

　「現行地方自治制度の民主主義化を図りますことは…新日本建設の基礎をなす最も重大な事柄である。…（そのためには）、何よりも先ず国民の自覚と責任感に基づく能力の最大限の発揮が必要です。…殊に地方自治は、国民に最も緊密な、而して直接的な関係にある地方団体の政治でありますから、地方自治を民主主義化いたしますことは、新しい民主主義政治を確立する第一の捷径であります。…地方自治が真に地方住民の意思に基づき、地方の実情に応じて運営され」[770]…るようにいたします。

　要するに、この改正は、都道府県や市町村を、住民の責任ある意思にもとづいて、自主的に運営されるようにするという目的のもとに、行われたものであったといってよい。もちろん、これは、GHQの指示に基づいた改正であった。しかし、具体的にすべての内容を示された改正、いわば、完全に"受け身"の形で改正したというものではなかった。改正点の多くは、それまでにも、衆議院で、たとえば前述の大正15年の衆議院の審議にみるように、しばしば論議されていたものであった。とはいっても、戦争体制に入ると同時に、こうした議論は消えてしまっていたが…。この昭和21年の重要な改正点は次のようなものであった。

　まず、第1に、この改正で、女性の選挙権がようやく実現した。有権者の年齢も引き下げられ、20歳以上の住民が選挙権をもつこととなった。ただし、被選挙権は、都道府県議会及び市町村議会の議員の場合は、25歳以上という

---

770) 昭和21年9月4日、帝国議会貴族院「東京都制の一部を改正する法律案特別委員会議事速記録」第1号、112頁。

ように、それまでと変わるところがなかった。

　第2に、府県知事・市町村長の住民による直接公選もこのときに実現した。市町村長の場合は、それまでも、実質的には市会・町村会で選ばれており、間接的に、住民である有権者の影響下にあったが、知事の場合は、中央政府から赴任してくる中央の官吏であったため、住民とは全く関係がなかった。というよりも、住民に対しては、いわば支配者の立場にあった。それが、住民の選挙で選ばれるということになったのである。劇的な改革といえる改正であった。大村内務大臣も、衆議院の審議でこれを次のように説明していた。

　「知事をして住民の真の公僕たらしめ、民意を背景として強力なる施策の遂行を可能ならしめるためには、民意を直接に表現せしめる直接選挙に依ることが適切であります」[771]。

　もっとも、政府内では、都道府県を"自治体"にし、知事を公選とすることに、かなりの抵抗があったようである。たとえば大村内務大臣も、衆議院の審議で、府県は「中央政府の地方機関として国政上の重要政務を分担している」ため、理想的には、"国政を担う府県"と"自治を担う府県"の2つに分けるべきであるが、「敗戦後の今日の我が国と致しましては極めて不適当である」とし、知事の直接公選は受け入れるものの、住民の選挙で選ばれた知事を"官吏"に任命することで、折り合いをつけたと説明していた[772]。ただし、この知事を"官吏"に任命するという手法は、翌年の地方自治法によって打ち消され、知事も"公吏"ということになった。そして、それに代わって、"機関委任事務"という手法が採用された。また、府県も市町村も、"自治体"あるいは"自治団体"ということではなく、"地方公共団体"という「概念が明確でない」位置づけをされてしまった。機関委任事務は後に廃止されたが、しかし、今度は、法定受託事務という新しい概念がつくられ、府県の事務の多くが国政事務であるという状態は21世紀のいまでも続けられている。昭和21年の改正の際に、市町村長の被選挙権を25歳であるのに対し、知事の被選挙権が30歳とされたのも、都道府県を"自治体"とすることに抵抗感があったことの現れともいえそうである。

---

771)　昭和21年7月6日、衆議院速記録第12号、200頁。
772)　同　上、207頁。

それはともかく、昭和21年の重要な改正点としては、第3に、住民が、選挙権だけではなく、自治体の運営に直接的に参加する方式がいくつか採用されたという点を挙げなければならない。住民が条例の制定や改廃を請求できるようになったというのが、その代表的なものであるが、それに加えて、事務の監査を請求する権利もあるとされ、また、議会の解散の請求、知事や市町村長、議員などの解職の請求もできるようになった。

　また、重要な改正点の第4として、議会の権限の拡充も挙げる必要があろう。議会で議決すべきことを、議会自身が条例で定めることができるようになったというのが、それである。とはいっても、市町村の議会の場合は、戦時中に制約された権限を再び取り戻しただけであった。都道府県の議会の場合は、これによって、大幅に権限拡充となったのはいうまでもない。そして、こうした議決事項の拡大を定める条例の発案を、議員自身で行うことができるのはもちろんである。これは、昭和4年の地方制度の改正で、市町村会議員に、さらには府県会議員に、すでに与えられていた権限でもあったが…。

　このような昭和21年の改革は、昭和22年（1947年）に制定された「地方自治法」に引き継がれ、21世紀の今日まで続いてきたが、この間に、果たしてどれだけ根付いたことであろうか。住民も、さらには、知事や市町村長も、また、戦後、新たに設置されるようになった行政委員会（教育委員会や公安委員会など）の委員が、どれだけ"自治"ということを自覚していることであろうか。とりわけ、"自治"を実現する機関として期待されたのは、議会であるといえるが、その構成者である議員はそれをどれだけ自覚しているのであろうか。

あとがき

　数年前のある日、四日市看護医療大学の「地域研究センター」で雑談しているときに、何かテーマを決めて気楽に話し合おうということになった。この「地域研究センター」は、看護大学の研究機関の末端に位置づけられているものの、看護や医療の研究を目的とする機関ではない。もっぱら、地域社会との連携を検討し実践している機関である。この機関の責任者である私（筆者）も、もちろん、看護や医療の知識を持っていない。病人として治療されたり看護されたりしたという経験は持っているが…。長くイギリスや日本の地方政治や行政に関心を抱いてきた研究者である。

　こういう機関でテーマを決めて気楽に話し合おうというのであるから、テーマが現在の社会現象や政治現象になるのが自然であるが、ところが、参加者の一人である丸山康人氏（四日市看護医療大学学長、暁学園理事長）が明治時代の地方制度史をテーマにすることを強調。具体的には、現在にも大きな影響を及ぼしている明治時代の地方制度がどのような経緯のもとに創られたのかを理解したいというのであった。当時の私は、いま思い出してみると、明治時代にそれほど執着していなかった。"当面は、それでいくか"という程度の発想で、"気楽な話し合い"をスタートさせた。

　しかし、"気楽な話し合い"とはいっても、やはり、ちゃんとした根拠をもつべきであるということで、まずは、資料を丹念に読むということになった。そして、その作業は、メンバーのなかで時間的にもっとも余裕がある私にお鉢が回ってきた。当初、私は、明治時代の地方制度制定の経緯についてはほとんど解明されていると考えていたが、これまでの研究書や研究論文を読んでみると、疑問点が続出するという状況であった。

　そこで、いわば、やむを得ず、明治時代の資料がそろっている後藤・安田記念東京都市研究所の市政専門図書館に行き、元老院の議事録や、大森鐘一氏が残した文書（いわゆる大森文書）、さらには明治21年の市制町村制をつくったモッセ（Albert Mosse）の講義録などを読みあさることになったが、これを始めると、予想外に面白かった。資料を読んでいくと、現在の日本の地方政治や行政の不可思議な点のルーツがどんどんでてきたのである。たとえば市議会

議員の場合、"議員は市全体のことを考えなければならない"ということが強調され、その結果、議案に対する住民の反応を見ず、議員自身の考えだけで判断するというのが現在の日本の議会・議員の一般的な姿であるが、これは、まさに、明治21年（1888年）の市制町村制が制定された際に強調されたことであった。市制町村制をつくったモッセが、当時の地方官吏の幹部を集め、数十回にわたって、それをどのように運用するかの講義をしたが、その際に、厳しく教え込んだ発想だったのである。また、現在の日本の地方議会は、予算審議に見るように、行政機関から提案された議案を審議・議決するだけというのが普通であり、いわば"受け身"の議会であるといってよいが、こういう"受け身"の議会は、明治時代に築き上げられたものであった。

　もっとも、こうした地方制度ができあがったのは明治の中期以後のことであり、その前の明治維新の頃は、それとは違う構想もあった。たとえば大久保利通は、市町村に現在よりもはるかに進んだ"地方自治"を適用するという構想を持ち、実際にそれを制度化しようとしていたのである。資料を読んでいけば、こうしたことも判明したが、残念ながら、この構想は、大久保が亡くなったために、官治を主張する官僚たちの巻き返しにあい、その結果として、"自治"はつぶされてしまったが…。

　とはいっても、明治時代のはじめの頃は、たとえば明治10年代に設置された府県の議会は、自由民権運動が地方に浸透していたこともあって、"受け身"というよりも、もっと能動的に、そして、主体的に活動する議会が多かった。そして、そうした地方議会の動きに、中央政府が、さらには、府県知事などが反発し、最終的に、地方議会は"受け身"の機関になってしまったが、この経緯も、知れば知るほど面白く、私自身は、明治時代の難解な文章（資料）の解読にのめり込んでいった。

　目を通す資料の範囲も広くなり、いつの間にか、いくつかの「市史」や「市会史」、さらには「県史」や「県会史」などにも目がいくようになった。また、明治23年（1890年）に設置された帝国議会（国会）の議事録も国会図書館にあり、それも読み始めたが、この議事録は、これまた非常に面白い資料であった。たとえば、大正時代から昭和時代の初期にかけての議事録を読む限り、地方議会が"受け身"の審議機関になってしまっていることが大きな問題だとされ、これでは、地方議会は「諮問機関」と同じであり、とても「意思決定機関」

とはいえないというような議論が展開されていたのである。さらに、市町村長の住民による選挙はもちろんのこと、府県知事の直接選挙についても盛んに議論されるようになっていた。

　こうして、数年間にわたって、私が、月に２回ほど資料を整理し、その分析結果を文章化したものをみんなに示し、テーマの発案者である丸山康人氏などと、意見の交換をしてきた。もっとも、文章にしたといっても、ちゃんとした日本語になっているかどうかなどということをあまり気にせず、実態は書き散らしだけであった。私が書き散らしたものを点検してくれる人物がいたからである。「地域研究センター」のスタッフの土屋美雪さんがその人であるが、土屋さんがいなければ、明治時代の資料の分析も、さらには、"気楽な話し合い"をすることもできなかったに違いない。

　今回、こうして書き上げたものを本にしてもらえることになったが、これは、イマジン出版の青木菜知子さんがその段取りをつけてくれたからである。青木さん、そして、イマジン出版の片岡社長以下、スタッフの方々は、自治体議会政策学会の事務局であり、私がその会長を務めさせてもらっている。この学会が発足してから、20年経過したことからいっても、20年以上のつきあいである。そうしたこともあって、この明治時代の研究成果を本にしてくれるのであろうが、私としては、資料の読解にこれだけ没頭し、その成果を本にしたのだから、きっと面白い本になるに違いないと密かに自負しているところである。

竹下　譲

人名索引

あ

青木周蔵　214, 215, 216, 243, 280
荒川邦蔵　218, 267
板垣退助　56, 57, 83, 86, 87, 88, 89, 93, 100, 107, 156, 174, 175, 176, 181, 182, 188, 190, 192, 193, 194, 195, 196, 197, 200, 204, 209, 211, 275, 277, 278, 301, 302, 304, 306, 312, 325
井田譲　223, 251, 265
伊藤博文　1, 20, 31, 32, 33, 40, 84, 86, 87, 98, 99, 104, 111, 114, 115, 117, 123, 132, 133, 136, 145, 149, 174, 176, 177, 178, 181, 184, 200, 207, 208, 210, 213, 219, 265, 268, 270, 271, 272, 273, 277, 281, 282, 283, 284, 294, 295, 307, 311, 312, 313, 316, 325, 327, 342
犬養毅　184, 189, 358, 360, 361, 362, 365, 369, 374
井上馨　31, 71, 72, 73, 86, 91, 98, 99, 177, 181, 182, 184, 199, 209, 271, 273, 307, 311
井上毅　114, 115, 119, 268, 269, 270, 272, 273, 279, 280, 281, 282, 283, 285, 288, 290, 294
岩倉具視　11, 12, 13, 20, 31, 32, 38, 40, 53, 55, 56, 83, 181, 222
岩村定高　158, 159
岩村高俊　50, 51, 96, 107, 149, 201
大井憲太郎　301, 302
大久保利通　2, 11, 12, 13, 19, 31, 32, 40, 55, 56, 65, 75, 83, 84, 85, 87, 88, 89, 96, 98, 99, 100, 103, 104, 109, 110, 111, 112, 113, 114, 115, 117, 119, 123, 125, 129, 131, 132, 133, 134, 136, 137, 138, 139, 140, 162, 168, 170, 174, 176, 177, 218, 224, 234, 284, 329, 389
大隈重信　2, 56, 85, 86, 156, 167, 174, 177, 178, 179, 180, 181, 182, 188, 189, 195, 197, 199, 200, 270, 271, 272, 278, 280, 285, 304, 306, 312
大鳥圭介　265
大森鍾一　69, 70, 100, 101, 104, 114, 115, 119, 136, 137, 212, 213, 214, 215, 216, 225
大山巌　270, 279, 311
大山綱良　108
尾崎三良　221, 255
尾崎行雄　184, 189, 190, 221, 304, 305, 306, 311, 312, 313, 341, 342, 345, 356, 358, 359, 360, 365

か

片岡健吉　211, 277, 301
桂太郎　316, 355
加藤友三郎　360
加藤弘之　221, 265
木戸孝允　2, 21, 31, 32, 38, 40, 55, 56, 83, 84, 85, 87, 88, 89, 90, 91, 96, 98, 99, 100, 101, 102, 103, 104, 107, 109, 110, 111, 112, 115, 125, 136, 174, 176, 284
清浦奎吾　212, 360, 362
楠本正隆　260, 264, 265, 266, 337
グナイスト　283, 284
黒田清隆　181, 183, 219, 259, 270, 273, 275, 277, 281, 311
河野広中　187, 190, 196, 197, 203, 204, 205, 277, 301, 302
籠手田安定　96, 120, 154
後藤象二郎　12, 83, 89, 187, 210, 278, 279, 280, 306, 311

さ

西園寺公望　359
西郷隆盛　11, 14, 55, 56, 83, 89, 94, 107, 108, 110, 174, 177

391

西郷従道　85, 177, 270, 279, 290
佐野常民　126, 127, 128, 142, 178, 184
三条実美　87, 91, 280
品川弥次郎　199
島田三郎　299, 360
白根専一　212, 216, 222, 338
末広重恭　193, 194
末松謙澄　290, 384
スタイン（Heinrich Friedrich Karl vom Stein）　101
副島種臣　83, 89

――――――――た――――――――
高橋是清　342, 343, 344, 359, 362, 365
田口卯吉　193, 194, 260
田中義一　365, 366, 374
田中正造　50, 187, 188, 197

――――――――な――――――――
中江兆民　277
中島信行　93, 127, 188, 193, 305, 306
沼間守一　187, 188, 189, 190
野村靖　121, 122, 214, 215, 216, 243, 339

――――――――は――――――――
馬場辰猪　187, 188, 193, 194
原敬　356, 357, 367
福地源一郎　153, 190, 260
ブライス　226, 227, 228, 229, 231, 233, 252

――――――――ま――――――――
前島密　195
松方正義　2, 19, 65, 158, 178, 181, 184, 219, 270, 281, 282, 305, 307, 311, 312, 359
松田道之　104, 111, 114, 115, 117, 118, 119, 120, 121, 122, 123, 124, 125, 126, 127, 128, 129, 131, 132, 133, 134, 137, 138, 139, 145, 146, 148, 150, 151, 162, 168, 234
三島通庸　49, 50, 58, 59, 164, 203, 206
ミル　197, 249
宮武外骨　19, 20, 21, 22, 23, 42, 44, 49, 50, 53, 58, 59, 90, 106, 111, 153, 160, 161, 175, 176, 192, 203, 206, 207
陸奥宗光　125, 126, 306, 311
モッセ　2, 182, 214, 215, 216, 217, 218, 219, 220, 224, 225, 226, 227, 228, 229, 230, 231, 232, 233, 234, 235, 236, 237, 238, 239, 242, 243, 245, 246, 247, 248, 249, 250, 251, 252, 253, 254, 258, 261, 262, 263, 267, 281, 283, 284, 285, 287, 288, 289, 295, 296, 324, 328, 334, 388, 389

――――――――や――――――――
山縣有朋　2, 136, 171, 181, 182, 206, 207, 208, 210, 211, 212, 214, 215, 218, 219, 222, 224, 239, 240, 243, 255, 261, 263, 265, 268, 269, 270, 273, 277, 278, 279, 280, 281, 283, 284, 286, 287, 290, 295, 296, 298, 303, 304, 305, 306, 307, 311, 312, 313, 319, 324, 325, 326, 344, 345, 359
山口尚芳　31, 126, 222, 223, 256
山田顕義　181, 270
芳川顕正　215, 243
芳野世経　260, 337

――――――――ら――――――――
ロエスレル　215, 272, 282, 283, 284, 286, 290, 294, 295

――――――――わ――――――――
若槻礼次郎　362, 363, 366, 367

人名以外の索引

GHQ　383, 384, 385

━━━━━━━━━ あ ━━━━━━━━━

愛国公党　302
秋月の乱　107
石川県会　161, 198, 201, 296
意思決定機関　8, 9, 246, 377, 389
伊勢暴動　109, 110, 140, 159
王政復古　1, 11, 12, 20, 37, 38, 137
大蔵卿　126, 167, 174, 177, 178, 184, 186
大蔵省　19, 21, 22, 23, 25, 33, 43, 49, 55, 71, 73, 74, 177, 189, 193
大阪会議　87, 88, 125, 176
大阪事件　197
大森文書　269, 285, 388
御触書　27, 64, 116

━━━━━━━━━ か ━━━━━━━━━

会議規則　171, 246
外債募集　181
改進党（立憲改進党）　2, 156, 174, 187, 188, 189, 190, 192, 193, 194, 195, 196, 197, 198, 199, 200, 201, 202, 203, 207, 210, 263, 271, 272, 277, 279, 289, 297, 299, 302, 303, 304, 305, 306, 309, 312, 313, 314, 315, 316, 317, 320, 321, 341
開拓使　42, 181, 183, 184
華夷秩序　34, 35
革新倶楽部　360, 361, 362, 364, 365, 369
学制　62, 66, 70, 108, 348
各藩の借金　1, 22
加波山事件　50, 194, 195, 197
監察権　248
官治　5, 7, 8, 9, 10, 29, 30, 224, 389
官選戸長　167, 173, 207, 208

官の監督　217, 234
官僚党　202
議員候補者　152, 375
議員のあるべき姿　253
紀尾井坂の変　133, 136, 170
議会の定足数　333
議官　14, 112, 117, 125, 126, 127, 128, 129, 132, 133, 142, 146, 149, 150, 151, 188, 190, 207, 209, 213, 221, 222, 223, 224, 251, 255, 256, 264, 265, 266, 267, 268, 280, 295
貴族院　14, 159, 190, 221, 256, 287, 294, 295, 298, 299, 300, 310, 323, 324, 325, 326, 327, 330, 331, 332, 333, 334, 335, 336, 337, 338, 339, 340, 342, 346, 347, 351, 355, 357, 360, 362, 363, 364, 367, 373, 378, 383, 384, 385
偽党撲滅　194
義務教育　70, 348, 349
記名投票　298, 299, 300, 330, 332
教育勅語　348
協議費　164, 166
行政機関　135, 235, 236, 237, 238, 242, 244, 245, 246, 247, 248, 262, 266, 269, 286, 288, 289, 318, 319, 323, 337, 349, 350, 351, 382, 383, 389
行政裁判所　59, 246, 247, 326
行政事務　69, 164, 165, 235, 239, 248, 262
行政区画　68, 69, 113, 122, 128, 129, 130, 134, 135, 136, 139, 143, 146, 162, 233, 234, 265, 334, 335, 381
金本位制　178, 186
銀本位制　186
区会　92, 96, 97, 98, 99, 103, 122, 169, 171
区戸長会（区長戸長会）　93, 94, 95, 98, 99, 138
区長　1, 60, 63, 70, 73, 74, 75, 76, 77, 78, 79,

393

80, 81, 82, 91, 92, 93, 94, 95, 96, 97, 99, 116, 117, 118, 137, 138, 329
区長戸長会　93, 94, 95, 99, 138
区町村会法　169, 170, 171, 173, 208, 214
郡区町村編制法　2, 114, 115, 116, 117, 119, 120, 121, 123, 125, 126, 127, 128, 129, 131, 132, 133, 134, 139, 162, 164, 168, 218, 233, 334
ゲマインデ　214, 219
原案執行　156, 160, 315, 379, 380, 382
県参事会　288, 289, 319, 350, 351, 367, 377, 378
憲政会　358, 359, 360, 361, 362, 364, 365, 366, 369, 372, 374, 375
憲政党　86, 193, 194, 312, 313, 320, 327, 331, 333, 341, 342
憲政本党　313, 341, 342
検定制度　348
憲法発布　274, 275, 276, 277, 278, 284, 356
県令　42, 43, 44, 45, 46, 47, 49, 50, 51, 52, 58, 59, 79, 87, 88, 91, 93, 94, 95, 96, 97, 98, 106, 107, 108, 109, 111, 112, 116, 120, 121, 122, 124, 127, 129, 134, 136, 137, 141, 142, 143, 144, 145, 154, 155, 156, 157, 158, 159, 160, 162, 163, 164, 165, 167, 168, 169, 170, 172, 175, 188, 196, 198, 199, 200, 201, 202, 203, 204, 205, 206, 207, 213, 241, 297
権令　42, 43, 87, 91, 95, 96, 97, 120, 143, 144, 149, 150, 171
元老院　2, 14, 77, 81, 87, 112, 114, 115, 117, 125, 126, 127, 128, 129, 130, 132, 133, 134, 137, 139, 142, 146, 148, 149, 150, 151, 162, 168, 170, 178, 188, 190, 207, 208, 209, 220, 221, 222, 223, 224, 234, 243, 244, 251, 255, 256, 258, 259, 260, 263, 264, 265, 266, 267, 268, 269, 270, 280, 281, 282, 283, 285, 286, 287, 288, 290, 295, 296, 335, 388
公開選挙　252, 329, 330

講究会　224
公選民会　2, 83, 92, 93, 94, 95, 99, 108
候補者制度　367, 375
公民権　249, 250, 277
五箇条の御誓文　37, 144
国際法の秩序　1, 34, 35, 36, 39
国定教科書　349
国民党　358, 359, 360
護憲三派　359, 360, 361, 362, 363, 364, 365
戸籍（戸籍法）　1, 29, 47, 48, 55, 67, 68, 69, 70, 71, 72, 73, 74, 75, 78, 120, 122, 162, 167
戸長　1, 47, 60, 63, 67, 69, 70, 71, 72, 73, 74, 75, 76, 77, 78, 79, 80, 81, 82, 91, 92, 93, 94, 95, 96, 97, 98, 99, 116, 117, 119, 120, 121, 122, 123, 125, 126, 127, 128, 129, 134, 137, 138, 153, 156, 162, 163, 164, 165, 166, 167, 169, 171, 172, 173, 203, 207, 208, 212, 213, 217, 223, 384
国会　8, 76, 78, 84, 87, 89, 90, 99, 100, 102, 103, 181, 182, 183, 184, 187, 221, 222, 227, 228, 229, 262, 267, 272, 276, 277, 279, 294, 295, 296, 298, 314, 320, 321, 329, 332, 354, 375, 377, 389
国会（衆議院）　87, 277, 295
国会開設　90, 99, 100, 102, 103, 181, 182, 184, 221, 222, 294, 295, 298
国会開設の詔　184, 294, 295
国家の干渉　236
国家の監督　237
戸別訪問の禁止　375, 377
御用派　316
困民党　186, 301

━━━━━━━━━━━━　さ　━━━━━━━━━━━━

参議　56, 57, 84, 87, 95, 100, 107, 114, 117, 174, 176, 177, 178, 181, 182, 183, 184, 185
参事院　71, 74, 77, 79, 81, 160, 163, 206, 207,

394

213
参事会　235, 236, 262, 263, 266, 269, 286, 288, 289, 318, 319, 323, 349, 350, 351, 354, 367, 368, 377, 378
3市特例　336, 338, 339, 340
三大事件建白　210
讒謗律　57, 58, 174, 175, 176
市会　217, 220, 235, 242, 243, 244, 245, 246, 250, 251, 254, 258, 259, 260, 261, 289, 317, 318, 319, 321, 333, 334, 337, 338, 339, 340, 341, 349, 350, 352, 353, 354, 367, 368, 371, 372, 373, 375, 377, 378, 379, 380, 381, 382, 386, 389
市参事会　235, 289, 318, 319, 349, 350, 354, 367, 368, 377, 378
市参与　352
自主の権　231, 322
市制　2, 3, 136, 212, 218, 219, 220, 221, 222, 224, 225, 226, 231, 232, 233, 234, 235, 236, 237, 238, 239, 240, 242, 244, 245, 246, 247, 248, 249, 250, 251, 252, 253, 254, 255, 256, 257, 258, 259, 260, 261, 265, 280, 288, 289, 290, 295, 297, 298, 303, 306, 328, 332, 333, 336, 337, 338, 339, 340, 341, 348, 349, 350, 351, 352, 353, 367, 368, 370, 372, 377, 383, 384, 385, 388, 389
自治の制　100, 101, 216, 226, 229, 230, 231, 296
市長官選　243, 244
市長公選　243, 373
市町村会　220, 235, 236, 238, 244, 245, 246, 247, 248, 249, 254, 255, 298, 325, 328, 332, 353, 367, 372, 387
市町村長の公選　371, 373, 375
市町村長の公選論　373, 375
市町村長の選任方法　373
諮問機関　7, 71, 172, 350, 369, 378, 380, 389
借金党　186

衆議院　87, 93, 127, 159, 184, 188, 205, 221, 260, 261, 277, 287, 294, 295, 298, 299, 300, 301, 302, 303, 304, 305, 306, 307, 308, 310, 311, 312, 313, 314, 315, 317, 320, 321, 322, 323, 324, 325, 326, 329, 330, 331, 332, 333, 334, 335, 336, 337, 338, 339, 340, 341, 342, 346, 349, 350, 352, 354, 355, 356, 357, 358, 359, 361, 362, 363, 364, 365, 366, 367, 368, 369, 370, 371, 372, 373, 374, 375, 376, 377, 378, 379, 385, 386
衆議院議員の定数　300
自由新聞　190, 193
自由党　2, 51, 57, 86, 87, 93, 100, 127, 156, 174, 175, 176, 181, 182, 183, 187, 188, 189, 190, 192, 193, 194, 195, 196, 197, 198, 200, 201, 202, 203, 204, 205, 206, 207, 209, 210, 211, 227, 260, 263, 274, 275, 276, 277, 278, 279, 280, 289, 296, 297, 301, 302, 303, 304, 305, 306, 307, 308, 309, 310, 311, 312, 313, 314, 315, 319, 320, 321, 322, 323, 325, 327, 331, 333, 341, 342, 360
自由党（立憲自由党）　2, 51, 57, 86, 87, 93, 100, 127, 156, 174, 175, 176, 181, 182, 183, 187, 188, 189, 190, 192, 193, 194, 195, 196, 197, 198, 200, 201, 202, 203, 204, 205, 206, 207, 209, 210, 211, 227, 260, 263, 274, 275, 276, 277, 278, 279, 280, 289, 296, 297, 301, 302, 303, 304, 305, 306, 307, 308, 309, 310, 311, 312, 313, 314, 315, 319, 320, 321, 322, 323, 325, 327, 331, 333, 341, 342, 360
自由党史　57, 86, 87, 100, 175, 176, 181, 182, 183, 188, 189, 190, 192, 193, 194, 195, 209, 211, 274, 275, 276, 277, 301
自由党の再興　301, 302
自由民権運動　57, 83, 89, 90, 91, 98, 99, 100, 102, 107, 138, 139, 174, 175, 176, 181, 187, 188, 190, 193, 196, 197, 206, 208, 210, 212, 216, 220, 222, 255, 263, 271, 277, 278, 294,

395

297, 389
住民社会独立の区画　112, 119
住民の代表　28, 78, 135, 233, 348
小学校令　348, 349
常任委員会　377, 378
条約改正　31, 32, 125, 195, 209, 210, 222, 271, 272, 277, 278, 279, 285, 304, 305
上諭　225, 276, 293, 294
条例制定権　231, 232, 288, 322, 336, 380, 381
条例発案権　380, 381
松隈内閣　312
殖産興業　32, 176, 177
女性の参政権　249, 371
女性の選挙権　148, 149, 249, 364, 368, 385
新聞紙条例　174, 175, 176
枢密院　269, 272, 273, 274, 276, 281, 282, 287, 310, 360, 362, 363
征韓論　55, 56, 57, 83, 89, 106, 107, 174
政党政治　182, 313, 362
政党内閣　327, 356, 360
西南戦争　89, 94, 107, 108, 109, 110, 111, 174, 176, 178
政府党　192, 308, 311, 312, 327
政友会　200, 313, 320, 342, 354, 356, 357, 358, 359, 360, 361, 362, 364, 365, 366, 369, 370, 371, 373, 374, 376, 378, 380
政友本党　361, 363, 364, 365, 374, 375, 379, 380
選挙干渉　159, 202, 307, 308, 309, 310, 315, 317
選挙干渉（大干渉）　159, 202, 307, 308, 309, 310, 314, 315, 316, 317, 321
選挙権　51, 147, 148, 149, 150, 151, 165, 171, 189, 249, 250, 251, 252, 263, 298, 299, 300, 308, 330, 336, 354, 355, 356, 357, 358, 362, 363, 364, 367, 368, 369, 370, 371, 375, 385, 386, 387
選挙心得　152

選挙人の義務　252, 254
戦時税　346, 347
尊皇攘夷　35, 38

■■■■■■■　た　■■■■■■■

大区・小区　1, 60, 70, 74, 77, 80, 81, 82
大赦令　277
大審院　36, 87, 278, 279
大成会　303, 306, 307
高田事件　296, 297
兌換紙幣　178
太政官制　208, 219, 271
太政官布告　57, 62, 67, 68, 81, 116, 188, 348
太政官札　18, 19, 66
知事公選の建白書　202
知事公選論　375
地租　61, 68, 72, 80, 106, 108, 109, 111, 147, 148, 149, 150, 151, 154, 162, 165, 167, 179, 180, 185, 190, 209, 249, 298, 299
地租改正　61, 68, 72, 80, 106, 108, 109, 111, 180
秩禄処分　105, 107, 196
地方官会議　2, 75, 76, 79, 87, 88, 89, 90, 91, 92, 93, 94, 95, 96, 97, 98, 99, 100, 103, 108, 112, 114, 115, 117, 119, 120, 121, 122, 123, 124, 125, 127, 128, 129, 131, 132, 136, 138, 139, 142, 143, 144, 145, 146, 147, 148, 149, 150, 155, 163, 164, 166, 167, 168, 169, 170, 218, 220, 224
地方税　4, 50, 114, 115, 125, 126, 128, 129, 138, 139, 140, 141, 143, 144, 145, 155, 158, 159, 162, 163, 167, 168, 190, 204, 218, 346, 347, 348
地方税規則　114, 115, 125, 126, 128, 138, 139, 162, 163, 168, 218
地方制度編纂委員　2, 215, 216, 217, 218, 219, 225, 243, 261, 262, 263, 268, 280, 282, 287, 324

地方税の制限　346, 347
地方之体制等改正之儀　75, 103, 111, 119, 138, 139, 140
地方自治　2, 4, 8, 9, 10, 29, 72, 98, 99, 100, 101, 103, 104, 110, 112, 130, 131, 145, 146, 189, 225, 226, 228, 231, 232, 238, 336, 368, 378, 385, 386, 387, 389
地方分権　7, 130, 226, 232, 238
地方民会　90, 92, 97, 98
町村会　2, 72, 83, 90, 92, 97, 99, 100, 102, 103, 104, 121, 122, 164, 166, 167, 168, 169, 170, 171, 172, 173, 207, 208, 212, 213, 214, 217, 220, 235, 236, 238, 242, 244, 245, 246, 247, 248, 249, 250, 251, 254, 255, 256, 289, 298, 319, 320, 321, 323, 325, 328, 332, 333, 334, 352, 353, 367, 372, 373, 379, 380, 381, 382, 386, 387
町村合併　60, 237, 239, 240, 241, 255, 290
町村制　2, 3, 136, 211, 212, 213, 218, 219, 220, 221, 222, 224, 225, 226, 231, 232, 233, 234, 235, 236, 237, 238, 239, 240, 241, 243, 244, 245, 246, 247, 248, 249, 250, 251, 252, 253, 254, 255, 256, 257, 258, 259, 261, 265, 280, 288, 289, 290, 295, 298, 303, 306, 328, 332, 333, 336, 341, 349, 350, 351, 353, 367, 368, 370, 383, 384, 385, 388, 389
町村法案　2, 212, 215
町村法調査委員　212, 214
徴兵制　66, 68, 70, 108
直接選挙　165, 261, 289, 321, 322, 324, 325, 328, 383, 386, 390
勅令　78, 211, 272, 273, 276, 293, 322
帝国議会　76, 78, 100, 101, 125, 267, 276, 287, 293, 294, 298, 307, 314, 320, 321, 324, 325, 326, 337, 342, 346, 347, 349, 350, 352, 356, 360, 367, 375, 383, 384, 385, 389
帝国憲法　3, 205, 215, 272, 275, 276, 283, 293, 294, 295, 301

帝政党（立憲帝政党）　2, 153, 187, 188, 190, 192, 196, 198, 204
東京市会　254, 260, 261, 337, 338, 339, 340, 341
東京都制案　339
東京横浜毎日新聞　183, 187, 189, 190, 195
投票　96, 148, 151, 152, 153, 156, 159, 165, 166, 252, 298, 299, 300, 308, 318, 328, 329, 330, 331, 332, 371, 375, 376
投票責任　328, 332
鳥羽伏見の戦い　14, 15

な

内閣制度　56, 208
内務卿　75, 83, 85, 87, 104, 111, 119, 131, 132, 133, 134, 138, 139, 141, 142, 143, 158, 159, 168, 169, 171, 177, 178, 181, 204, 206, 207, 208, 212, 214
内務大臣　122, 150, 177, 199, 208, 211, 213, 214, 215, 216, 217, 218, 219, 224, 231, 232, 236, 239, 240, 242, 243, 244, 254, 259, 261, 262, 263, 264, 265, 266, 267, 268, 269, 270, 277, 278, 280, 281, 282, 285, 286, 287, 289, 290, 291, 295, 297, 303, 306, 307, 310, 312, 314, 324, 325, 349, 350, 352, 357, 362, 363, 365, 367, 368, 371, 372, 380, 382, 383, 384, 385, 386
中山文書　282, 284
新潟県会　198, 296, 297
日露戦争　341, 342, 343, 344, 345, 346, 347, 348, 349
日清戦争　16, 311, 341
日本国憲法　10, 294
農民騒動　111
ノルマントン号事件　208

は

廃藩置県　1, 17, 21, 22, 23, 25, 26, 31, 32, 41,

397

43, 49, 52, 56, 65, 67, 71, 83, 102, 104, 105, 137, 139, 177
萩の乱　108
番外達　164, 168, 169
万国公法　36, 37, 38, 39, 66, 249
藩札　18, 23, 25, 66
版籍奉還　20, 21, 25, 26, 32
藩閥内閣　327
半文明国　35, 39, 66
被選挙権　51, 147, 148, 149, 150, 165, 171, 249, 251, 263, 298, 300, 358, 362, 363, 364, 385, 386
日の丸演説　1, 31, 32, 40
秘密投票　252, 299, 328, 329, 330, 331, 332
不換紙幣　178, 180, 181, 186
福島事件　50, 192, 203, 205, 206, 277, 301
複選制　289, 290, 321, 323, 324, 325, 326, 327, 328, 329, 331
府県会　2, 49, 51, 96, 97, 99, 103, 111, 114, 115, 125, 132, 137, 138, 139, 140, 141, 142, 143, 144, 145, 146, 147, 149, 150, 151, 152, 153, 154, 155, 156, 160, 161, 162, 163, 168, 190, 195, 196, 200, 207, 218, 250, 261, 262, 263, 264, 266, 268, 269, 274, 275, 285, 286, 288, 289, 290, 294, 296, 313, 314, 315, 317, 320, 321, 322, 323, 324, 325, 328, 329, 330, 331, 332, 333, 334, 336, 357, 367, 375, 377, 378, 379, 380, 381, 382, 384, 385, 387
府県会議員選挙規則　329, 330
府県会議員定数規則　322
府県会規則　49, 51, 114, 115, 125, 132, 137, 138, 139, 141, 142, 146, 147, 149, 150, 151, 152, 155, 160, 161, 162, 168, 190, 218, 250, 288, 321, 322, 329, 332, 333
府県参事会　288, 289, 350, 351, 367, 377, 378
府県の条例制定権　336, 381
府知事　42, 43, 44, 45, 46, 47, 49, 52, 55, 75, 92, 101, 111, 122, 124, 129, 134, 137, 141, 142, 143, 144, 145, 154, 155, 156, 162, 163, 165, 167, 168, 169, 170, 171, 172, 213, 259, 260, 261, 269, 308, 335, 337, 338, 340
普通選挙法　354, 357, 360, 362, 364, 365, 367
不平等条約　30, 31, 39, 214, 271, 272, 341
不平士族　57, 89, 104, 106, 107, 108, 109, 111, 133, 174, 196
布令　64, 65, 116, 117, 153
文明国　35, 39, 40, 66, 221
保安条例　210, 211, 272, 277, 278, 301
封建制度　33
法人　235, 236, 237, 287, 334, 335, 336
法制局長官　115, 221, 268, 270, 273, 274, 279, 280, 281, 283, 285, 286, 355
戊辰戦争　15, 16, 18, 19, 20, 21, 23, 66, 108, 199, 203
北海道会　384, 385

　　　　　　　　　　　ま

三重県会　154, 156, 157, 158, 159, 160
未開国　35, 36, 39
民権運動弾圧　210
民権派　106, 192, 206, 207, 277, 278, 279, 289, 298
民撰議院（設立建白書）　89, 90, 91, 96, 98, 102, 103, 138
民党　186, 298, 301, 302, 303, 304, 305, 306, 307, 308, 309, 310, 311, 312, 313, 314, 315, 316, 317, 318, 319, 321, 322, 341, 342, 358, 359, 360, 364
民費　77, 80, 137, 138, 139, 140, 145, 150
無記名投票　298, 299, 300, 330, 332
無産政党　364
明治14年の政変　2, 181, 184, 185, 186, 188, 206
明治維新の三傑　2, 83
明治憲法　76, 215, 294
名誉職　236, 250, 253, 269, 289, 318, 349, 350

名誉職参事会員　236, 269, 289, 318, 349, 350
文部卿　56, 84, 85, 177

━━━━━━━━━ や ━━━━━━━━━

郵便報知新聞　59, 183, 189, 190
寄合　1, 17, 18, 27, 29, 60, 61, 63, 64, 67, 71, 80, 81, 82, 109, 114, 164, 166, 168, 170, 173

━━━━━━━━━ ら ━━━━━━━━━

立憲政友会　313, 342, 366

立志社　107, 174
立則権　144, 145, 150
立法権　122, 143, 144, 145, 155, 268, 288
吏党　303, 304, 305, 306, 307, 308, 309, 310, 311, 313, 314, 315, 316, 317, 318, 320, 321
連袂事件　154, 157, 158, 159, 160
老成着実の人士　267, 295, 296, 297, 306

━━━━━━━━━ わ ━━━━━━━━━

隈板内閣　312, 327

著者紹介

竹下　譲（たけした　ゆずる）

自治体議会政策学会　会長
四日市看護医療大学地域研究機構・地域政策研究センター　長

1940年生まれ。
1968年東北大学大学院法学研究科修了。政治学博士（明治大学）。
1967年より東京市政調査会主任研究員、東京都立大学講師、東京市政調査会主任研究員、明治大学講師、拓殖大学教授、ロンドン大学客員教授、神奈川大学教授などを経て、2001年から四日市大学教授。
1998年から自治体議会政策学会の会長として、全国の自治体議員の研修にあたる。
2004年～2005年度三重県教育委員会委員長。
拓殖大学地方政治センター長を経て
四日市看護医療大学地域研究機構・地域政策研究センター長。
議会の仕組みを「自治」「熟議」にふさわしいものにと、議会改革を説く。
主な著書に
単著『地方議会 その現実と「改革」の方向』、『パリッシュにみる自治の機能―イギリス地方自治の基盤』、『ロンドンの政治史―議会・政党は何をしてきたか？』。
監修・共著に『論点・地方分権―変わる自治体・変える自治体 地方分権推進委員会の流れを受けて』、『イギリスのママさん議員奮闘記―町議・県議として目指す地域の自立と幸せ』、『よくわかる世界の地方自治制度』、『新版 世界の地方自治制度』、（イマジン出版）。

地方自治制度の歴史
明治の激論－官治か自治か

発行日	2018年8月21日
著者	竹下　譲
発行人	片岡　幸三
印刷所	倉敷印刷株式会社
発行所	イマジン出版株式会社

〒112-0013　東京都文京区音羽1-5-8
電話　03-3942-2520　　FAX　03-3942-2623
https://www.imagine-j.co.jp

ISBN978-4-87299-795-8　　C1021　　¥3500E